TRAITÉ

DE

LA REVOCATION

ET NULLITÉ DES DONATIONS,

LEGS, INSTITUTIONS, FIDEICOMMIS
& Elections d'heritiers par l'ingratitude, l incapacité
& l'indignité des Donataires heritiers, Legataires,
Substitués & Elûs à une succession.

Par Me. DE LA ROUVIERE, *Ecuyer & Avocat
au Parlement de Provence.*

A TOULOUSE,

De l'Imprimerie de N. CARANOVE Fils, à la Bible d'Or.

M. DCC. XXXVIII.

AVEC APROBATION ET PRIVILEGE DU ROY.

n. 166.

A MONSEIGNEUR,

MONSEIGNEUR HONORÉ-ARMAND

DUC DE VILLARS,

PAIR DE FRANCE,

PRINCE DE MARTIGUES,

VICOMTE DE MELUN, MARQUIS de la Noële, Seigneur de Lançon, Iftres, S. Chamas & autres Lieux ; Chevalier de la Toison d'Or, & Grand d'Efpagne de la premiere Claffe ; Brigadier des Armées du Roy , & Gouverneur de Provence.

ONSEIGNEUR,

L'amour que Vous avez eu dès votre enfance ,
pour les Sciences & les beaux Arts , m'a fait

ā

prendre la liberté de Vous préfenter cet Ouvrage. J'efpere de trouver auprès de Vous la
même protection que le Grand Villars votre pere
accordoit aux Gens de Lettres. Digne Fils du
Heros qui vient de mourir dans le fein de la
Gloire ; toûjours vainqueur , & toûjours invincible. Vous avez eu part , MONSEIGNEUR ,

*Prife du à fes derniers Lauriers ; * & Vous réüniffez en
Château de votre perfonne les belles qualitez qui font fé-
Milan. parement tant de Grands Hommes. A peine

* A Aix, avez - vous paru dans cette Province, * que
à Marfeille, vous êtes devenu l'amour & les délices de fes
& à Toulon. Peuples. Chacun admire en Vous cette pieté ,
cette valeur , cet efprit , cette fagacité , cette
prudence , cette liberalité , cette fageffe , & toutes
les vertus qui vous mettent autant au-deffus
des autres hommes , que Vous l'êtes par les Dig-
nitez , dont les deux plus Grands Monarques
de l'Univers Vous ont honoré. *

* Les Rois Que n'ai-je , MONSEIGNEUR , une
de France & plume affez éloquente pour faire un Eloge digne
d'Efpigne. de Vous ? Mais cette Gloire n'étoit refervée

EPITRE.

qu'à un des Membres de la Sçavante Academie * où Vous venez d'être reçû. * Heureux
ſi je puis Vous aſſurer par un attachement inviolable pour votre perſonne, de profond reſpect, avec lequel j'aurai l'honneur d'être toute
ma vie.

* Par l'Ab-
bé d'Houte-
ville, un des
quarante de
l'Academie
Françoiſe.
*Le 10.De-
cembre 1734

MONSEIGNEUR,

Votre rrès-humble & très-
obéïſſant ſerviteur.
D. L. R.

PREFACE.

E Suffrage unanime, que le Public a donné à mon Traité de la revocation des
Donations, par la naiffance ou furvenance
des enfans, & qu'on a inferé à la fin du
premier Volume des Oeuvres de Mr. Ricard, nouvelle Edition 1734. m'a engagé à mettre au jour celui-ci

J'efpere qu'il fera bien reçû du Public, parce qu'on
y trouvera du bon, de l'utile, & du neceffaire pour
décider les queftions que j'y ai fait entrer.

La Loy *Generaliter, Cod. de revocand. Donat.* & la
Novelle 115. de Juftinien, ont été le premier objet que
j'ai faifi pour traiter les queftions qui regardent l'ingratitude & l'indignité des Donataires, Heritiers, & Legataires, foit pour les injures atroces qu'ils ont fait aux
Donateurs, aux Teftateurs, & à leurs pere & mere ;
foit pour avoir refufé de remplir les conditions inferées
dans les Donations & les Teftamens ; foit pour les
avoir accufés des crimes les plus énormes ; foit pour
avoir bleffé leur honneur, & celui de leur famille ; foit
pour avoir attenté à leur vie par le fer ou par le poifon, ou pour avoir attaqué leur mémoire après leur
mort.

PREFACE.

J'ai renfermé dans ce Traité tous les cas qui regardent l'incapacité des Ordres Religieux, des Aubains, des enfans naturels connus dans le Droit fous le nom de *fpurii & vulgo quæfiti*, & de plufieurs autres perfonnes que leur état, leur qualité, ou la mort civile privent des Donations, des Teftamens, & des autres actes entrevifs, qui font inféparables des effets Civils, parce qu'on ne peut ni les acquerir ni les recevoir, lorfque le Droit Public y refifte, & que pour difpofer de fes biens il faut être *civis Romanus*, pere de famille, ou *fui juris*, & avoir *Teftamenti factionem activam*. Capacité que les Loix Civiles, les Ordonnances, & les Maximes du Royaume exigent de ceux qui veulent tefter, faire des Donations, fucceder, & être élûs à un Heritage ou à un Fideicommi.

J'ai apuyé les queftions que j'examine fur les plus purs Principes du Droit Ecrit, fur la difpofition des Ordonnances, Edits, & Declarations du Roy, fur l'autorité des Docteurs & des Interprêtes, & fur la Jurifprudence des Arrêts; n'ayant rien avancé qui ne foit conforme aux Loix Canoniques & aux Loix Civiles.

L'ordre que je me fuis propofé dans cet Ouvrage, eft de décider toutes les queftions qui y font comprifes, par la Théorie & par la Pratique, fans m'écarter des Regles & des Axiomes, fur lefquels je fonde mon fentiment; ni des Arrêts des Cours Souveraines, qui m'ont fervi de flambeau pour donner un plus grand jour à la décifion des mêmes queftions.

Si j'ai combatu la Doctrine de quelques Auteurs, je l'ai fait avec beaucoup de moderation; parce que

j'ai vû qu'elle étoit contraire à la difpofition des Loix,
& à l'opinion du plus grand nombre des Docteurs, qui
eft le parti le plus fûr que l'on puiffe embraffer, felon
les Maximes de la Jurifprudence. Ma circonfpection
a été fi grande, que fans me laiffer aveugler de l'a-
mour propre qui nous feduit, & qui nous flatte prefque
toûjours, j'ai fait revoir ce Traité aux plus Sçavans
Magiftrats du Parlement de Provence, qui ont eu la
bonté de l'examiner avec beaucoup d'attention, & de
lui donner leur aprobation.

J'ai formé mon plan fur celui de mon premier Traité
comme le plus methodique, & je n'ai omis aucune des
queftions notables qui regardent l'ingratitude, l'indignité, & l'incapacité des perfonnes qui tombent dans
l'un de ces trois cas.

Il eft vrai qu'il femble que j'ai confondu les indignes avec les incapables ; mais je n'ai fait en cela qu'a-
dopter le fentiment du judicieux Ricard, Tome I. 3.
part. chap. 3. fect. 1. n. 199. où il dit, *nous n'avons nul*
interêt (parlant des François,) *dans notre ufage de dif-*
tinguer les indignes d'avec les incapables. Ce que les Romains avoient accoûtumé de faire, parce que les biens
des indignes étoient prefque toûjours deferés au fifc,
dans le cas du crime de leze-majefté ; ce qui eft encore
obfervé en France, & dans les autres pays de l'Europe
regis par le Droit Ecrit. Du refte, s'il m'eft échapé de
deplacer quelques queftions dans ce Traité, je prie le
public d'avoir quelque complaifance pour moi, parce
qu'il eft fi vafte qu'il n'eft pas furprenant que je me fois
un peu écarté de l'ordre que je me fuis propofe ; mais

comme aucun des Docteurs François & Ultramontains, n'a examiné ni traité *ex profeſſo* les queſtions que j'ai fait entrer dans cet Ouvrage, j'oſe me flater qu'on le recevra avec d'autant plus de plaiſir, que ces queſtions s'y trouvent toutes réünies ſous un même point de vûë, dans les differens Livres & Chapitres qu'il contient.

TABLE

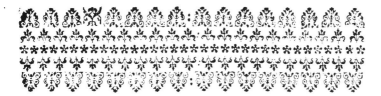

TABLE
DES CHAPITRES.

ε

TABLE

LIVRE SECOND.

DES CHAPITRES.

ë ij

TABLE

LIVRE TROISIE'ME.

LIVRE QUATRIE·ME.

ē iij

TABLE

LIVRE CINQUIEME.

TABLE

LIVRE SIXIE'ME.

CHAP.

DES CHAPITRES.

LIVRE SEPTIE'ME.

TABLE

LIVRE HUITIÈME.

TABLE

LIVRE NEUVIE·ME.

DES CHAPITRES.

TABLE

LIVRE DIXIE'ME.

DES CHAPITRES.

SUITE

DU LIVRE DIXIE'ME.

TABLE

CONTINUATION
DU LIVRE DIXIE'ME.

TABLE DES CHAPITRES.

Fin de la Table des Chapitres.

TRAITE'

TRAITÉ

DE

LA REVOCATION,

ET NULLITÉ DES DONATIONS,

Legs, inſtitutions & élections d'Heritier,
par l'ingratitude, l'incapacité & l'indignité
des Donataires, Heritiers, Legataires, &
élûs à une Succeſſion.

LIVRE PREMIER.

CHAPITRE PREMIER.

*Quelle eſt l'origine de la revocation des Donations, par
l'ingratitude des Donataires.*

 E S Empereurs Conſtantin & Conſtans, ayant
décidé la queſtion, concernant la revocation des
Donations, *ob ſupervenientiam liberorum*, par
une Loi auſſi juſte que neceſſaire en l'année 355.
Juſtinien, l'un de leurs Succeſſeurs à l'Empire, voulut en
faire une pour la revocation des Donations, par l'ingratitude

*L. 8. Cod.
de revocand.
Donat.*

*L. 10. Cod.
eodem tit.*

A

des Donataires 195. ans après, qui comprend les principales caufes qui peuvent fervir de bafe , & de fondement à cette revocation.

Dans cette Loi 10. ce grand Prince, après avoir dit qu'il veut que les Donations entre-vifs foient irrevocables, fermes, conftantes & inébranlables, s'explique enfuite en ces termes : *Si non Donationis acceptor ingratus circa Donatorem inveniatur.* Enfin il marque les caufes qui fervent de motif à la revocation d'une Donation, par l'ingratitude du Donataire ; en forte que s'il eft dans le cas de l'une de ces caufes, le Donateur eft en droit de faire revoquer la Donation.

Les Empereurs Valentinien & Galien, ont été fi attentifs à mettre un frein à l'ingratitude des Donataires envers les Donateurs, que par une Loi publiée en l'an 259. (& plus de deux fiécles avant la Loi 10. *Cod. de revocand. Donat.*) ils ordonnerent que les Donateurs pourroient rentrer dans la poffeffion des biens donnez, lorfque la Donation ayant été faite, à condition que le Donataire feroit obligé de lui fournir les alimens pendant fa vie , auroit voulu fe fouftraire à fon obligation, & rompre les engagemens qu'il avoit contracté par l'acte de Donation, *eo quod Legi obtemperare noluerit*, parce que dans ce cas, on peut fe fervir de la maxime qui nous eft aprife par Godefroy, *quæ alteri per alterum quæratur actio*, de-là ces belles paroles de l'Orateur Romain, *nihil eft quod me & gratum effe & videri, hæc eft enim una virtus, non folum maxima ; fed & mater virtutum omnium reliquarum :* De-là cet autre endroit du même Orateur, *quæ porro amicitia poteft effe inter ingratos.* De-là cette belle Sentence qu'il marque, *benefacta malè locata, malefacta arbitror.*

Ricard prend foin de nous tracer dans les Loix Civiles, l'origine de la revocation des Donations par l'ingratitude des Donataires, en ces termes : *Et même nous avons une Loi qui eft la 31. §. fpecies, ff. de Donat. qui nous fait voir que les Jurifconfultes avoient commencé auparavant les conftitutions des Empereurs, à introduire la revocation des Donations*

Dict. L. 10.

L. 1. Cod. de
Donat. quæ fub
mod.

Notte R. ad
L. 3. Cod. de
Donat. quæ fub
mod.
In oratione
pro Cn. plantio.
In eadem oratione.
Lib. 2. de Beneficent.

Des Donat.
Tom. 1. de la
dern. Edition,
part 3. ch. 6.
n. 669.

pour cause d'ingratitude. Cette origine peut-elle être contestée ? N'est-elle pas marquée par des traits qui la mettent dans tout son jour ? Ce sçavant Auteur ne semble-t-il pas la fixer dans le Texte de cette Loi 31 ? Est-il quelqu'un qui ait osé combattre l'opinion de cet Auteur depuis plus de 70. ans.

Mr. **Cujas** ne fixe cette origine de la revocation des Donations, par l'ingratitude des Donataires, que dans la Loi derniere, *Cod. de revocand. Donat.* sans vouloir la faire remonter à la Loi 1. *Cod. de Donat. quæ sub mod.* quoiqu'il paroisse clairement par le Texte de cette derniere Loi, que le Donataire tombe, & dans l'indignité & dans l'ingratitude, en refusant au Donateur les alimens qu'il s'étoit obligé de lui fournir par l'acte de Donation, & qu'il ouvre par ce refus la porte à son bienfaîteur à l'action, *præscriptis verbis & vindicationi rei Donatæ,* parce qu'il faut rapeller cette grande maxime de Godefroy. Dans cette occasion *speciale est incontractu Donationum, ut alteri per alterum quæratur actio,* soit à cause de l'inobservation du pacte concernant l'obligation de fournir les alimens, soit à cause du danger auquel le Donataire expose le Donateur de mourir de faim, ce qui est le cas d'une ingratitude qui n'a point d'exemple, suivant cette regle de droit, *necare videtur qui alimenta denegat.*

Ad tit. Cod. de revocand. Donat.

CHAPITRE II.

Sur quelles autoritez est apuyée la revocation des Donations, par l'ingratitude des Donataires.

LA premiere autorité sur laquelle est fondée la revocation des Donations par l'ingratitude des Donataires, est tirée des élemens du Droit, où l'Empereur Justinien dit, *sciendum est tamen quod etsi plenissimæ sint Donationes, si tamen ingrati existant homines in quos Beneficium collatum est, Donatoribus per nostram constitutionem licentiam præstitimus*

Institut. Lib. 2. tit. de Donat. § 1.

A ij

certis ex caufis eas revocandi. La raifon qu'il en donne, eſt bien claire & très-naturelle *ne illi, qui fuas res in alios con-tulerint, ab his quandam patiantur injuriam, vel jacturam.* Il eſt donc certain que fi les Donataires outragent les Dona-teurs, ceux-ci font en droit de revoquer les Donations qu'ils ont fait à ceux-là ; mais cette revocation ne peut avoir fon effet, que lorſque l'injure eſt grave & atroce, & qu'elle attaque, ou la vie, ou l'honneur des Donateurs.

Cod. de re-vocand. Donat. La feconde eſt priſe dans la difpoſition de la Loi *Genera-liter,* qui eſt obſervée dans tous les païs de l'Europe, qui font regis par le Droit Ecrit. La raiſon qu'a portée Juſtinien pour apuyer cette revocation des Donations, par l'ingrati-tude des Donataires, eſt *ne fit cuiquam licentia & alienas res capere, & frugalitatem irridere Donatoris.* Godefroy corri-geant le mot *frugalitatem,* l'explique par celui de *fragili-tatem.* Correction qu'il apuye de l'autorité d'Haloandre ; en forte que cette foibleſſe du Donateur, ne peut ni lui nuire, ni lui porter aucun préjudice, dans tous les cas où il paroît qu'il eſt neceſſaire de punir l'ingratitude du Donataire, fur-tout lorſque celui-ci eſt convaincu d'avoir donné lieu à la revocation de la Donation, par une des cauſes pour leſ-quelles la Loi *Generaliter, Cod. de revocand. Donat.* s'arme de toute fa feverité, pour punir fon ingratitude.

Notte D. ad dict. La troifiéme autorité eſt apuyée fur la Loi 1. publiée par l'Empereur Philipe, l'an 350. dans laquelle il eſt decidé, que fi le Patron ayant fait une Donation à fon Afranchi, peut prouver & démontrer fon ingratitude, il eſt en droit de la revoquer, ce qui eſt fondé fur cette raiſon fans repli-que, *nam qui obfequiis fuis liberalitatem patronorum provoca-verunt, non funt digni qui etiam retineant cum cæperint obſe-quia negligere, cum magis in eos collata liberalitas, ad obſe-quium eos inclinare deberet, quam ad infolentiam erigere.*

Cod. de re-vocand. Donat. La quatriéme autorité prend fa fource dans la Loi *His folis* 7. fous le même titre du Code qui attribuë à la mere Donatrice, qui n'a point convolé à des fecondes nôces, le droit de faire revoquer la Donation entre-vifs par l'ingratitude *Donatarii*, foit qu'il foit fils de cette Donatrice, foit que la Donation ait été faite à fa fille. La raifon qu'aportent les Empereurs Conftantin & Conftans, pour apuyer cette revocation, c'eft que ce fils Donataire ne doit pas joüir du fruit de fon impieté, *qui à matre impietatis ar-* *guitur ex titulo Donationis.* A cette raifon, on peut en ajoû- ter une autre, prife de la Loi 1. §. 2. dans laquelle le Jurifcon- fulte Ulpien établit, non - feulement quel eft le refpect que le fils doit avoir, & pour fa mere & pour fon pere ; mais dans laquelle il veut qu'il lui foit défendu *impias manus* *eis inferre*, & que ce crime regardant *pietatem publicam*, les Juges doivent le punir feverement ; d'où l'on doit conclurre que c'eft avec beaucoup plus de raifon, que le fils ou la fille Donataire de fa mere qui n'a pas convolé à des fecondes nôces, ne doit point outrager fa Donatrice, après la Dona- tion qu'elle lui a fait, pour qu'elle ne foit pas revoquée, *ex* *caufa ingratitudinis.*

Dig. de objeq. *parentib. & pa-* *tron. preftand.*

La cinquiéme autorité a pour fondement l'Autentique, *quod mater*, dans laquelle l'Empereur Juftinien indigné de l'ingratitude du fils Donataire qui veut abufer de la decifion de la Loi 7. (qu'on a déja cité) pour porter fes mains par- ricides fur celle qui l'a mis au monde, ou qui a formé le deffein de la reduire à une totale & parfaite indigence : Car pour lors l'Augufte Legiflateur permet à la mere Donatrice, de revoquer à la Donation par l'ingratitude du Donataire, dont il marque trois caufes qui feront comprifes dans ce Traité. La raifon que l'on peut aporter pour faire voir que dans le cas de cette parfaite indigence, la Donatrice eft en droit de revoquer la Donation ; cette raifon, dit-on, eft apuyée de cette grande maxime, *necare videtur qui ali-* *menta denegat.*

Cod. de revo- *cand. Donat.*

La fixiéme autorité eft tirée des Inftituts, dont on ne repe- tera point le Texte, parce que nous l'avons déja cité dans le Chapitre précedent, & que fa décifion eft claire, précife & formelle.

Tit. 7. §. 2. *lib. 2.*

La feptiéme & derniere autorité eft apuyée fur l'opinion

A iij

Ad tit. Cod. de revocand. Donat.

de Mr. Cujas, qui s'explique en ces termes : *In hoc titulo ponitur alia caufa revocandæ Donationis, fi ingratus & impius valdè fuerit Donatarius adverfus Donatorem, ut definit. L. Ult. ob quam caufam Donatori competit actio ingrati revocandæ Donationis gratiâ.*

Il doit donc demeurer pour conftant, après tant d'autoritez & de raifons que l'on vient d'alleguer, que la Loi *Generaliter, Cod. de revocand. Donat.* doit être inviolablement obfervée dans tous les états de l'Europe, où le Droit Romain eft fuivi, reçû & gardé, à moins qu'on ne veüille fubftituer à fa decifion, les maximes des Nations barbares, & qui ne font point policées, lefquelles n'ont ni pieté, ni vertu, ni religion à pratiquer, d'autant plus que Covarruvias, fçavant Prélat d'Efpagne, nous aprend que la Donation peut être revoquée par le Donateur *ex veri criminis exprobatione*, qui fert de fondement à l'action d'injure, contre l'Accufateur ou Donataire qui le manifefte, fi pour ouvrir la porte à la revocation de la Donation, *fi atrox gravifve fit ea criminis, etiam veri exprobatio.*

Lib. 1. cap. 11. n. 8. variar. refolut.

CHAPITRE III.

Si la Donation peut être revoquée par le Donateur, lorfque le Donataire a attenté à fa vie.

L'EMPEREUR Juftinien marque avec grand foin toutes les caufes qui peuvent fervir de bafe à la jufte exheredation des enfans dans fa Novelle 115. qui doivent être le fondement de la revocation des Donations par l'ingratitude des Donataires, comme nous l'aprend Ricard dans fon Traité des Donations. De forte que, dit-il, *par ce moyen, encore que les caufes d'ingratitude pour lefquelles la Novelle 115. veut qu'il foit permis aux Afcendans dexhereder leurs enfans, fe montent jufqu'à 14. Il n'y en a pas une qui ne foit de même que les quatre dernieres de la Loi Genera-*

Tom. I. de la derniere édition, chap. 6. fect. 2. 3. part. n. 690.

liter, *Cod. de revocand. Donat. que nous expliquons, ou qui ne soit comprise dans la premiere sous le même titre du Code, & qu'il faut toûjours entendre à l'egard des mêmes Ascendans dont cette Novelle parle, attendu que l'injure pour être qualifiée telle, doit être proportionnée entre celui qui la reçoit, ou celui qui l'a dit ou qui la fait.* La disposition de cette Novelle sur laquelle est fondée la doctrine de Ricard, n'est-elle pas claire ? sur-tout dans le Chapitre 3. où il est question d'un fils qui attente à la vie de celui qui l'a mis au monde, *vel vitæ parentum suorum*, dit Justinien, *per venenum aut alio modo insidiari tentaverit.*

En effet, qu'importe au Donateur que le Donataire ait voulu lui arracher la vie par le fer ou par le poison, celui-là est-il moins ingrat envers son bienfaîteur dont il veut anticiper la mort ? n'est-il pas certain que dès qu'il sera prouvé que le Donataire a dressé des embûches pour faire perir le Donateur, celui-ci est en droit, non-seulement de faire revoquer la Donation ; mais de le faire condamner à une peine proportionnée à son crime, principalement lorsqu'il est constaté par les charges qui resultent de la procedure.

Poussons ces reflexions plus loin, & disons qu'il n'est point d'injure plus grave, plus atroce, que celle de faire perdre la vie à son bienfaîteur ou Donateur, le poison n'est-il pas compris parmi les homicides ? est-il permis au Donataire, las de voir le Donateur rester si long-tems envie, de ne s'apliquer qu'à le faire perir ? peut-on douter que ce Donataire ingrat & perfide doit être non seulement privé des biens donnez ; mais puni très-féverement, *quia fata properavit, sive clam sive palam id enisus fuit*, pour me servir des termes d'une des Loix de l'Empereur Constantin ? est-il un crime plus grand que celui d'être homicide d'une personne qui a comblé de bienfaits son meurtrier, soit par le fer ou par toute autre forte d'armes ? est il permis à un Donataire de conspirer contre la vie du Donateur, de chercher, de mediter, de former le plan du genre de mort qu'il lui prépare, & des gens qu'il met en état de le priver de la lumiere

1. *Unic. Cod. qui parent. vel liber. occider.*

du jour ? n'eſt-on pas en droit d'apliquer à cet homicide ce
que dit le Juriſconſulte Ulpien , dans une des Loix ſous le

L. 15.

titre du *ff. ad Leg. Cornel. de Siccav. nihil intereſt occidat
quis, an cauſam mortis præbeat ?* en un mot, peut-on ſe ſouſ-

*L. 1. Cod. de
maieſtc. & ma-
leſtat.*

traire à la deciſion d'une Loi de l'Empereur Antonin , à
l'égard d'un empoiſoneur, *plus eſt hominem extinguere veneno,
quam gladio ,* puiſqu'il eſt certain qu'il n'eſt point de ſuplice
proportionné au forfait du Donataire, qui n'a d'autre vûë
que de faire mourir ſon bienfaîteur.

*Lib. 5. ſen-
tentiar. §. 1.
cap. 23.*

Ajoûtons à toutes ces reflexions , ce que dit le Juriſconſulte Paulus, contre ceux qui ſe ſervent, ou qui admi-
niſtrent le poiſon pour faire mourir une perſonne. Cette
deciſion eſt ſi connuë des Magiſtrats & des Avocats, que
nous croyons pouvoir nous diſpenſer d'en raporter le texte.
Peut-on ſoûtenir après cela que la Donation faite à un
homme, qui veut ſe defaire du Donateur par le poiſon, ne
peut pas être revoquée ? n'eſt-il pas certain , que ſoit qu'il
ait lui-même preſenté le poiſon, ou qu'il l'ait fait preſenter
par un autre , qu'il eſt au cas que *occaſionem mortis præbuit,*
& par conſéquent que la Donation doit être revoquée ,
ob ingratitudinem Donatarii , ſuivant la Loi *Generaliter* &

*Cod. de revo-
cand. Donat.
Cap. 3. §. 5.*

la Novelle 115. quoiqu'elle ne parle que du poiſon, dont
le fils s'eſt ſervi pour faire mourir ſon pere ; l'aplication de
cette exheredation fondée ſur la cruauté & ſur l'ingratitude
du fils, ne ſe fait-elle pas naturellement au Donataire qui
veut ravir la vie à ſon bienfaîteur , par le poiſon qu'il lui
fait prendre , par une perſonne qui lui eſt affidée ?

Enfin , le Donateur n'a qu'a prouver par une procedure
que le Donataire a attenté à ſa vie par le fer ou par le poiſon , par des embûches qu'il lui a dreſſées pour executer
ſon deſſein , ou qu'il s'eſt mis en état d'en venir *ad actum
proximum* pour le faire mourir , ſoit avec un poignard , ſoit
avec un bâton, par un coup de fuſil ou de piſtolet, il lui
ſuffit que ce fait ſoit conſtaté pour faire revoquer la Dona-

*Cod. de revo-
cand. Donat.*

tion *ob ingratitudinem Donatarii ,* par le benefice de la Loi
Generaliter , où il eſt dit , *vel vitæ periculum ei intulerit ;*

c'eſt

c'eſt donc une verité conſtante, apuyée & ſur les Loix Civiles, & ſur l'autorité de Ricard, que le Donataire qui met tout en uſage pour faire perir le Donateur par le fer, par le poiſon, ou par quelques autres armes qui peuvent lui donner la mort, eſt indigne de la Donation qui lui a été faite, & qu'elle doit être revoquée à cauſe de ſon ingratitude, ſoit qu'il ait conſommé ſon crime, ſoit qu'il en ſoit venu *ad actum proximum*, ou qu'il ait mis en campagne des aſſaſſins ou des empoiſonneurs, pour faire perdre la vie à ſon bienfaîteur : En ſorte, que dès que le crime eſt conſtaté, dès que la plainte ou l'accuſation en a été portée devant le Tribunal qui doit en connoître, l'ingratitude dans laquelle il eſt tombé, doit le faire priver des biens compris dans l'acte de Donation, pour faire retour au Donateur, par la diſpoſition de la Loi *Generaliter*, qui ne laiſſe aucun doute à former ſur cette queſtion, ainſi que le decide la Novelle 115. *cap.* 3. §. 5. mais il faut, ſuivant le Texte de la Loi que l'on vient de citer, que les cauſes d'ingratitude *ſint in judicium dilucidis argumentis cognitionaliter probatæ*, ſuivant les Loix que l'on vient d'alleguer, conformes au texte de la Loi *Donationes* 9. où il eſt dit, & *ex cauſis quæ legibus continentur fuiſſe conſtabit ingratam.*

Cod. de revo- cand. Donat.

CHAPITRE IV.

Si la mere qui a paſſé à des ſecondes nôces, peut faire revoquer la Donation qu'elle a faite à ſon fils, par la diſpoſition de la Loi Generaliter.

CETTE queſtion étant une des plus notables qui entrent dans ce Traité, on ſe voit obligé à la diſcuter avec beaucoup d'exactitude & de circonſpection ; & dans l'examen que l'on en va faire, l'on verra qu'elle eſt notre attention à ne rien avancer qui ne ſoit apuyé ſur des autoritez qui ne peuvent être, ni attaquées, ni détruites.

B

Il femble d'abord que les fecondes nôces d'une mere Donatrice, ne doivent pas la priver du fecours, ni du remede de la Loi *Generaliter*, *Cod. de revocand. Donat.* qui paroît être generalle, en faveur de tous les Donateurs, pour faire revoquer les Donations, par l'ingratitude des Donataires, & par conféquent que les meres qui fe remarient, doivent joüir du benefice de cette Loi ; mais comme chaque regle a fes exceptions, de même chaque Loi a fes limitations. Or la Loi *Generaliter*, quoique conçûë en termes generaux, ayant été publiée en l'année 530. par ordre de l'Empereur Juftinien, fans qu'il y ait aucune abrogation expreffe de la Loi *His folis matribus* 7. faite en l'année 349. par Conftantin & Conftans ; il faudroit pour foûtenir qu'elle a été abrogée par Juftinien, qu'il en fût expreffement fait mention dans cette Loi *Generaliter*, pour y apliquer la maxime *pofteriora derogant prioribus*.

Cod de revocand, Donat.

Il faut donc qu'on avoûé, & qu'on reconnoiffe avec nous, que la difpofition de la Loi 7. que l'on vient de citer, doit êtrę exactement obfervée, puifque fa difpofition fubfifte, & qu'elle forme un droit public pour les païs regis par le Droit Romain.

Cette Loi 7. eft fi claire, & fi decifive, qu'il ne faut qu'en lire le texte pour être perfuadé qu'elle eft encore obfervée dans toutes les decifions & limitations qu'elle contient. On ne le raportera point ici, on fe contentera feulement de remarquer, qu'elle n'accorde le privilege de la Loi *Generaliter*, qu'aux meres qui ne fe font mariées qu'une feule fois, & non à celles qui paffent à des fecondes nôces.

Cod. de revocand. Donat.

On voit par la decifion de cette Loi, que le benefice de la revocation d'une Donation, faite par la mere à fon fils ingrat, ceffe au moment qu'elle fe remarie, & qu'elle perd par-là ce benefice, fans pouvoir en joüir par la difpofition de la Loi *Generaliter*, quelque favorable qu'elle foit au Donateur, parce qu'elle reçoit une limitation par la Loi *His folis*, qui n'a point été levée par cette Loi

Cod. de revocand Donat.

Cod. eodem tit.

Generaliter qui n'a lieu, & qui n'eſt fixée qu'à la femme qui n'a point paſſé à un ſecond mariage ; en ſorte qu'on peut dire à cet égard, qu'on eſt au cas de la maxime du Droit Civil, *incluſio unius, eſt excluſio alterius.*

La deciſion de la Loi *His ſolis matribus*, eſt apuyée de l'autorité de Godefroy, dont voici les paroles : *mater quæ iterum nupſit, ab ingratis liberis Donationem non revocat.* Ce ſçavant Interprête va plus loin, il étend l'excluſion de la revocation de la Donation, à la femme qui ſe proſtituë, & dont l'impudicité eſt notoire, *quod dictum eſt de ſecunda nubente, ad eam quæ inhoneſtè vivit extenditur* ; ce qui eſt ſi conſtant, qu'on voit des Arrêts raportez par Automne, qui ont jugé que l'heritier peut accuſer la veuve d'adultere, ſi le mari n'en a rien ſçû pendant ſa vie, pour la faire declarer indigne des bienfaits de ſon époux, nous n'avons garde de nous engager à traiter ici cette derniere queſtion, pour ne la pas deplacer de l'endroit où l'on doit l'examiner, parce qu'il ne faut point perdre de vûë celle qui eſt contenuë dans ce Chapitre.

Notte Q. ad dict L. His ſolis 7.

Conference du Droit Franſois, Tom. I. pag. 345.

Mr. Cujas s'eſt declaré formellement pour la Doctrine de Godefroy, *non tamen matri*, dit-il, *repudiosè & luxurioſè viventi, nec matri tranſeunti ad ſecundas nuptias, ſpretis liberis primarum, quibus quod antè Donaverat, quod eis ſi iterum nubat eripere non poteſt, pretextu ingratitudinis* ; ce que cette lumiere de la Juriſprudence Romaine apuye de la deciſion de la Loi *His ſolis* 7. qui eſt formelle ; en ſorte qu'on ne peut mettre en doute, que la mere qui s'eſt remariée, perd le privilege & le droit de faire revoquer la Donation qu'elle a fait à ſon fils, *ob ejus ingratitudinem*, privation fondée, & ſur cette Loi, & ſur le ſentiment de ces ſçavans & profonds Interprêtes du Droit.

Ad tit. Cod. de revocand. Donat.

Cod. de revocand. Donat.

Il eſt vrai, que Ricard tient l'opinion contraire à celle de Godefroy & de Mr. Cujas ; mais de quelque poids que ſoit l'autorité de ce Docteur François, elle ne peut jamais contre-balancer celle de ces deux grands hommes, puiſque leur ſentiment eſt autoriſé, non-ſeulement par la deciſion

de la Loi 7. *Cod. de revocand. Donat.* faite par deux Empereurs chrêtiens, qui avoient prévû tout ce que Ricard
avance pour apuyer fon opinion; mais encoçe par la Novelle 22. de Juſtinien, en ces termes : *mater tamen donans
aliquid filio de fuo, fi ad fecundas venerit nuptias, non poterit per
occaſionem ingratitudinis revocare quod datum eſt.* Cet Empereur nous donne auffi-tôt la raifon qui l'a porté à l'ordonner, *non enim ex pura videtur voluntate ingratitudinem in-
troducere, fed fecundas nuptias confiderans, ad hanc veniſſe
cogitationem putabitur.* On ne voit donc pas furquoi fondé,
Ricard a embraffé l'opinion qu'il foûtient, lorfque les Loix
& les Interprêtes condamnent expreffement le paradoxe
qu'il ofe avancer fur cette queſtion.

CHAPITRE V.

*S'il eſt des caufes pour lefquelles la mere Donatrice qui a
paſſé à un fecond mariage, peut faire valoir en fa
faveur le privilege de la Loi* Generaliter, *contre fon
fils Donataire.*

L A queſtion que l'on va traiter, eſt une limitation à la
précedente, ce qui nous oblige à la difcuter de fuite,
pour garder l'ordre que nous nous fommes prefcrit.

La Loi *His folis matribus* 7. faite par les Empereurs Conftantin & Conftans, eſt bornée aux feuls cas qui font marquez
par ces auguftes principes; en forte qu'elle ne peut priver
une mere Donatrice qui s'eſt remariée, après avoir fait une
Donation à fon fils, de la totalité ou de la plus grande partie de fes biens, du remede de la Loi *Generaliter* ; c'eſt-à-dire,
de la revocation de la Donation, par l'ingratitude du Donataire, pour les caufes qui font exprimées dans une des Novelles de l'Empereur Juſtinien.

Ces caufes font marquées par ces termes : *niſi tamen apertè*

filius, aut circa vitam ipfam infidians matris, aut manus in-
ferens impias, aut circa fubftantiam totius ablationem agens
adverfus eum aliquid declaretur. C'eft le texte propre de ce
Chapitre 35. qui eft fi decifif, qu'il ne faut que le raporter
pour faire voir que la mere, quoique remariée ayant decou-
vert les embûches que fon fils barbare lui a dreffées, pour lui
faire perdre la vie, ou que ce fils a pouffé fon impieté, jufqu'à porter fes mains fur la perfonne de celle qui l'a mis au
monde ; ou enfin qu'il a refolu, & s'eft mis en état de faire
perdre à la Donatrice fa mere, tous les biens qu'elle poffede
encore, nonobftant la Donation qu'il a faite à ce fils cruel.
Dans ces trois cas, on ne peut revoquer en doute, que cette
Donatrice ayant des preuves claires & parfaites des attentats
& des injures atroces de fon fils Donataire, & en ayant
porté fa plainte au Tribunal qui en doit connoître, elle eft
en droit de faire revoquer la Donation, à caufe de fon ingratitude & de fa cruauté.

Eft-il un crime, une injure plus grande ni plus atroce, que
celle d'attenter à la vie de fa mere ? Un tel fils n'eft-il pas un
monftre dans la nature ? Ne doit-il pas être en horreur à tous
les hommes ? Eft-il une cruauté plus grande que celle d'attenter à la vie de fa bienfaîtrice qui l'a mis au monde, ou
de porter fes mains impies fur fa perfonne ? N'eft-ce pas aller
plus loin que Neron, de vouloir faire perdre les biens à fa
mere, pour la reduire à la faim, & à mourir tous les jours
dans l'indigence, en lui fufcitant des procès, pour les lui
enlever ? Un tel fils n'eft il pas encore un coup un monftre
dans la nature, & dès que ces faits, ces injures, ces attentats font conftatez, la mere quoique remariée, peut elle
être privée du fecours des Loix, pour ne pas revoquer la
Donation qu'elle a fait à ce fils barbare.

D'ailleurs, de quel droit ce fils impie peut il porter fes
mains fur celle qui lui a donné la vie ; les Loix du fang &
de la nature, ne devroient-elles pas l'arrêter, & lui faire
fentir l'horreur de fon crime & de fa barbarie ? N'eft-il pas
coupable d'un parricide formé de deffein prémedité, con-

vaincu de l'ingratitude la plus noire qu'on puiſſe concevoir ;
n'a-t-il pas violé, n'a-t-il pas tranſgreſſé un des préceptes
Divins ? & ne doit-il pas être en abomination à toute la
terre ?

En un mot, c'eſt arracher la vie, c'eſt faire mourir une
mere ſa bienfaîtrice, de vouloir la dépoüiller de tous ſes
biens, de lui intenter des procès, parce qu'elle a paſſé à un
ſecond mariage, pour la faire mourir de faim, en la redui-
ſant à la derniere miſere, après la Donation qu'elle lui a
faite de la plus grande partie de ſes biens, le droit naturel
n'oblige-t-il pas le fils de nourrir ſa mere & ſon pere, lorſqu'ils ſont tombez dans l'indigence *vitio fortunæ*, pourquoi
donc voudra-t-il lui arracher le pain de la main ? un tel
homme ne doit-il pas faire rougir la nature & la ſocieté
civile, dont il ne peut être regardé comme membre, puiſqu'il
n'a d'autre vûë ni d'autre objet, que de priver celle qui l'a
mis au monde, de tous ſes biens, & de toutes ſes facultez,
pour la forcer à mandier ſon pain, parce qu'elle s'eſt remariée.

Ces trois cauſes d'ingratitude que l'on vient d'examiner,
font encore marquées dans l'Autentique *quod mater*, tirée
de la Novelle dont nous avons raporté le texte ci-deſſus.
Cette Autentique s'exprime en ces termes: *quod mater filio
Donat, ex ingratitudine non revocatur, poſtquam tranſit ad ſecundas nuptias, niſi ex tribus cauſis 1. ſi vitæ ejus inſidiatur,
item ſi manus impias in illam intulerit, 3. ſi totius ſubſtantiæ
molitus eſt jacturam.* Ce qui donne lieu à Godefroy de dire
ſur cette Autentique, *notta exceptiones Legis 7. §. eodem*, &
ſur le Chapitre 35. de la Novelle 22. *tres caſus hic excipiuntur à regula L. 7. Cod. de revocand. Donat*, Mr. Cujas ſe
declare clairement pour Godefroy ; car après avoir établi
que la mere Donatrice qui paſſe à des ſecondes, ne peut pas
faire revoquer la Donation, par l'ingratitude de ſon fils Donataire, il ajoûte d'abord, *niſi ex cauſis graviſſimis & comper-
tiſſimis notatis in Novell. de nupt.* Il eſt vrai que ce Juriſconſulte ne marque pas dans quel endroit de cette Novelle, ces

*Cod. de revo-
cand. Donat.*

*Notte † ad
dict Autentic.*

Notte A. P.

*Ad tit. Cod.
de revocand.
Donat.*

caufes font exprimées ; mais il fuffit qu'elles le foient dans cette Novelle *de nupt.* pour pouvoir les decouvrir dans le Chapitre 35. que l'on a cité. Sont-ce là des autoritez formelles & decifives ? Pouvons-nous balancer d'adopter, & la decifion de cette Novelle, & le fentiment de Godefroy & de Mr. Cujas. L'Autentique *quod mater* n'eft-elle pas claire ? Laiffe-t-elle quelque doute, quelque difficulté à refoudre fur notre queftion ? Et ne feroit-ce pas fe rendre Pirrhonien d'embraffer le fentiment de Ricard, de fe declarer pour la negative, puifqu'il ne fçauroit jamais prévaloir à des autoritez fi refpectables dans le monde chrétien, où les Loix Romaines font obfervées comme le Droit public, dont on ne peut s'écarter, fur tout dans les cas où il s'agit de faire revoquer les Donations *ob ingratitudinem*, des fils à l'égard des meres Donatrices, quoique remariées, pour les trois caufes dont on a parlé plus haut.

Cod. de revo. cand. Donat.

CHAPITRE VI.

Si le pere qui a paßé à des fecondes nôces, eft privé de la faveur de faire revoquer la Donation qu'il a faite à fon fils, ob ingratitudinem.

LA connexion que cette queftion a avec les deux précedentes, nous oblige à l'examiner, pour ne laiffer rien à difcuter, de tout ce qui doit être compris dans ce Traité.

Nous ne doutons pas que le pere qui a fait une Donation à fon fils ou à fa fille, de la totalité ou de la plus grande partie de fes biens, eft en droit à la faire revoquer par la difpofition de la Loi *Generaliter*, quoiqu'il fe foit remarié après cette Donation, fi ce fils Donataire donne des marques certaines de fon ingratitude, envers celui qui l'a mis au monde ; plufieurs raifons concourent à apuyer notre fentiment, & nous allons les propofer, pour faire voir furquoi nous l'apuyons.

Cod. de revo. cand. Donat.

1°. C'eſt une maxime conſtante dans les païs où l'on obſerve le Droit Romain, que le pere quoique remarié, ne perd point l'autorité que les Loix lui donnent, ni la qualité de legitime adminiſtrateur de la perſonne & des biens de ſes enfans, qui peuvent ſe ſouſtraire à l'autorité paternelle, ni rompre les liens qui les tiennent attachez à la puiſſance que les Loix Romaines donnent à leur pere. Or ſuivant cette maxime, le fils Donataire ne peut ni s'opoſer aux ſecondes nôces de ſon pere, ni le faire exclurre de la faveur de revoquer la Donation qu'il lui a faite, par le benefice de la Loi *Generaliter*, ni de celui de l'exhereder que lui donne la Novelle 115. de l'Empereur Juſtinien, dès qu'il perdra le reſpeột qu'il doit avoir pour ſon pere, ou qu'il manquera de lui obéïr, dans tout ce qu'il lui commandera de juſte & de raiſonnable. D'où il eſt aiſé de conclurre, que ſi le fils Donataire étoit fondé, de faire priver le pere du droit de revoquer la Donation qu'il lui a faite *ob ingratitudinem* depuis qu'il a paſſé à des ſecondes nô_es, il briſeroit les liens de la puiſſance paternelle; & il ſeroit en même-tems en droit de lui manquer de reſpeột, & de ne lui pas obéïr, contre ce qui eſt ordonné par le précepte Divin.

2°. Si le fils Donataire de ſon pere étoit fondé de s'opoſer à la revocation de la Donation, ſous prêtexte que s'étant remarié, il ne pouvoit plus joüir de la faveur de cette revocation pour cauſe d'ingratitude, ne faudroit-il pas que la Novelle 22. eût compris dans cette excluſion de la Loi *Generaliter*, & le pere & la mere? Peut-on donner à cette conſtitution une extenſion au-delà de ſon cas? Et n'eſt-on pas en droit pour le demontrer, de faire valoir en faveur du pere Donateur, ce principe du droit, *odia ſunt reſtringenda, favores ampliandi?* Le fils qui eſt ſous la puiſſance du pere, quoique ſon Donataire, peut-il ſe pourvoir en Juſtice, peut-il le mettre en cauſe, contre la deciſion exɔreſſe de la Loi 3. *qui in poteſtate patrum agunt, adverſus eos experiri non poſſunt:* ce ſont-là les inconveniens qui s'enſuivroient, ſi le fils Donataire pouvoit ſe pourvoir devant un Juge, quoique dans les
liens

Chap. 3.

Cap. 35.

Cod de in jus vocand.

liens de la puiffance paternelle, pour empêcher que le pere
Donateur joüit de la faveur de la Loi *Generaliter*, pour faire
revoquer la Donation à caufe de fon ingratitude? ne feroit-ce
pas ouvrir la porte à l'impunité du crime du fils? ou plûtôt
lui donner une recompenfe, fi une pareille permiffion lui
étoit accordée?

3°. Enfin, fi le fils Donataire du pere étoit en droit de
s'opofer à la revocation de la Donation *ob ingratitudinem*,
fur le fondement qu'il a paffé à des fecondes nôces, l'Empereur Juftinien ne l'auroit-il pas marqué expreffement dans
la même Loi *Generaliter*, dans la Novelle 22. & dans la 115.   *Cap. 3.*
auroit il manqué de s'expliquer là-deffus? n'auroit-il pas
établi cette privation dans cette Loi, ou dans l'une de ces
conftitutions? cette peine auroit-elle refté dans l'oubli auprès d'un Legiflateur fi jufte, fi fevere, fi éclairé? & ne
l'auroit-il pas fait dans *l'Autent. quod mater*, qui étoit la veritable conftitution où elle devoit être placée pour cette privation:
il fuit donc de ce raifonnement, que nous fommes au cas de la
maxime du Droit *Cafus non expreffus habetur pro omiffo*, d'autant plus que dans tous les Tribunaux fouverains du monde
chrétien, on ne trouvera aucun Arrêt, aucun Jugement
qui ait attribué au fils le droit de faire priver le pere remarié, du benefice de la revocation de la Donation, par fon
ingratitude envers le Donateur qui l'a mis au monde, &
qui la comblé de bienfaits.

Mais ce qui tranche toute difficulté, c'eft que le fçavant
Godefroy decide la queftion en deux mots, en faveur du   *Notte N. ad*
pere Donateur, contre le fils Donataire *an idem in patre*,   *cap. 35. Novell.*
dit-il, *non eft*. & il apuye enfuite fon fentiment de la Doctrine   *22.*
de Mr. Cujas fur cette Novelle 22. qui ne laiffe aucun doute
à former fur cette queftion.

C

CHAPITRE VII.

*Si le Donateur peut faire revoquer la Donation, lorsque
le Donataire l'a accusé d'un crime capital, & si la
revocation doit avoir son effet, lorsqu'il est accusé par
le même Donataire du crime de Leze-Majesté.*

ON a crû devoir examiner ces deux questions dans un
seul & même Chapitre, pour n'en faire pas à deux
fois, & ne passer point les bornes que nous nous sommes
prescrit dans ce Traité ; on va pour cela commencer par
l'examen de la premiere question.

Il est necessaire de remarquer, que l'une des principales causes qui peut porter un pere à exhereder son fils, est
celle qui regarde l'accusation qu'il a formée contre lui en
son nom, ou en excitant le vengeur public *procurator fisci ;*
à le faire suivant la decision d'une des Novelles de Justinien,
qui est conçûë en ces termes : *Si eos in criminalibus causis
accusaverit quæ non sunt, adversus principem vel rempublicam.*
On voit par le texte de cette Novelle, que l'accusation d'un
crime porté par le fils contre son pere devant un Tribunal,
est un juste motif d'exheredation, peut-on douter qu'elle ne
soit une des causes d'ingratitude, qui doit mouvoir le pere
Donateur, & le pousser en même-tems à revoquer la Donation qu'il a faite à son fils ? n'est-il pas en droit de faire valoir en sa faveur la disposition de la Loi *Generaliter, Cod. de
revocand. Donat ?* Est-il une raison plus forte & plus sensi-
ble que celle de l'injure, que ce fils ingrat & denaturé fait
à celui qui l'a mis au monde, & qui s'est dépoüillé de la
plus grande partie de ses biens, pour les lui donner ? N'est-
il pas certain que dès que le Donataire met au jour sa plainte
contre le Donateur, dès qu'il l'accuse, & qu'il se rend partie formelle contre lui, pour un crime capital, *gravem &*

Novell. 115.
cap. 3. 5. 3.

inhoneſtam injuriam ei injecit, & que le Donataire devenant
ſon ennemi, dès lors il eſt indigne de joüir de l'irrevocabilité
de la Donation, parce qu'il ne devoit pas faire cette demarche ſi contraire à la gratitude, & à l'attachement qu'il doit
avoir pour ſon bienfaîteur. *Cum magis in eum collata libera-*
litas, ad obſequium eum inclinare deberet, quam ad inſolentiam
erigere, pour me ſervir des termes d'une Loi de l'Empereur
Philipe. Or le Donataire n'ayant ni reſpect, ni conſideration, ni tendreſſe pour le Donateur, il eſt cenſé dès lors
lui faire une injure grave & atroce, puiſqu'elle tend à le
faire punir d'une peine afflictive & infamante, en l'accuſant
d'un crime qu'il devoit enſevelir dans le ſilence ; d'où il
s'enſuit que cette accuſation de la part d'un Donataire contre le Donateur, étant une des cauſes pour faire revoquer
la Donation *ob ingratitudinem*, par le remede de la Loi
Generaliter, *Cod. de revocand. Donat.* elle doit l'être à plus
forte raiſon contre le fils Donataire, qui intente l'accuſation
d'un crime contre ſon pere Donateur, pour le faire mourir
ſur un échafaut par les mains d'un bourreau, ou qui ſe rend
le denonciateur de ſon pere au Procureur General du Roi,
ou à ſes ſubſtituts, pour un crime que les Loix du ſang &
de la Nature, devoient l'obliger de celer, plûtôt que de le
rendre public.

*L. 1. Cod. de re-
vocand. Donas.*

Mais cette maxime reçoit une limitation à l'égard du
Donataire étranger, & qui n'eſt point fils du Donateur,
lorſque celui-ci accuſe, maltraite, ou charge d'injures
celui-là, ou lorſqu'il ſe voit obligé de former une accuſation contre le Donateur, pour le faire punir des outrages,
des excès, & des mauvais traitemens que le Donateur a
commis ſur la perſonne de ſes plus proches parens ; car dans
l'un & dans l'autre cas, on ne peut faire revoquer la Donation par la diſpoſition de la Loi *Generaliter*, comme nous
l'aprend Covarruvias, *nam ſi Donatarius*, dit il, *ipſum Dona-*
torem veri criminis deferat propriam aut ſuorum injuriam
proſecutus, ingratus non eſt, nec privari re Donata poterit; mais
hors de ces cas, ce ſçavant Prélat Eſpagnol decide que l'ac-

*Var reſol. lib.
1. cap. 11. N° 8.*

C ij

cufation formée par le Donataire contre le Donateur, fe‑
roit joüir celui‑ci du benefice de la Loi *Generaliter*, pour
faire revoquer la Donation, *quid si Donatarius*, ajoûte‑t‑il,
*Donatorem reum fecerit veri criminis, quod nec ad ejus propriam
nec suorum injuriam, commodum ve rei familiaris pertineat,
ingratus est censendus ; & ideò à Donatore poterit Donatio
revocari.* Mais il faut en ce cas qu'il refulte des charges de
la procedure, que l'accufation ne regarde pas le Donataire,
ni fes proches, autrement fi le fait n'eft point conftaté, le
Donateur ne peut fe fervir du benefice de la Loi *Generaliter*,
pour faire revoquer la Donation, laquelle étant irrevocable
de fa nature, il ne dépend pas du Donateur d'alleguer une
accufation d'un crime porté contre lui, par le Donataire, en
Juftice pour la faire revoquer, tandis qu'il ne paroit point
que l'accufation ait été formée.

Venons maintenant à la deuxiéme queftion, qui peut
être decidée en très‑peu de mots.

Il eft neceffaire pour cela de remarquer, que par la No‑
velle 115. de Iuftinien, il eft decidé que le pere ne peut
exhereder fon fils, qui l'a accufé de crime de Leze Majefté,
contre le fouverain, ou contre la republique *si eos in crimi‑
nalibus caufis accufaverit quæ non funt, adversus principem
vel rempublicam* : De forte que fuivant le texte de cette
conftitution, on ne peut revoquer en doute, que fi le fils a
accufé le pere de crime de rebellion contre l'Etat, ou de
Leze Majefté contre la perfonne facrée du Roi, ne peut
l'exclurre de fon heritage ; avec combien plus de raifon, le
Donateur qui aura été accufé par le Donataire de l'un ou
l'autre de ces crimes, ne peut il pas faire valoir en fa faveur
la difpofition de la Loi *Generaliter, Cod. de revocand. Donat*,
pour faire revoquer la Donation *ob ingratitudinem Donatarii*,
qui l'aura accufé pour l'un de ces cas. En effet, le crime de
Leze‑Majefté n'eft‑il pas regardé comme un parricide ? Eft‑il
permis d'attenter & de confpirer contre la vie, ou contre la
perfonne du Souverain ? Eft‑il permis d'avoir des correfpon‑
dances avec les ennemis de l'Etat, pour lui ouvrir les portes

d'une ville, ou les en rendre maîtres : Eſt-il permis enfin de prendre les armes, & de ſe revolter contre le Prince ou contre la Republique? N'eſt-ce pas un crime de Leze-Majeſté, peut-on celer, peut-on garder le ſilence en pareil cas ; les ſujets ne doivent ils pas regarder leur Prince comme le pere des peuples ; ſurquoi donc fondé, les Aſcendans pourront-ils établir l'exheredation d'un fils, ou d'un petit-fils, qui auront revelé la conſpiration qu'ils ont faite contre la perſonne du Prince, ou contre l'Etat & la Republique, Juſtinien s'explique clairement là deſſus ; ce qui oblige Godefroy de dire, *liberi parentes accuſare poſſunt majeſtatis.*

Covarruvias examinant la queſtion que l'on traite, la decide bien nettement, *cogitur enim quis,* dit-il, *accuſare crimen valdè pernicioſum rei publicæ, cujuſquè punitio valaè utilitati convenit* ; & quelques lignes plus bas, *jure maximo à Juſtiniano excipiuntur crimina contra rempublicam, vel principem commiſſa, ea ſi quidem adverſus patrem filius defferens, ingratus non eſt.* Or ſi le pere ne peut exhereder ſon fils, parce qu'il l'a accuſé de crime de rebellion ou de Leze-Majeſté, ſuivant la diſpoſition des Loix Civiles, & la Doctrine de Godefroy ; comment veut-on que le Donateur accuſé par le Donataire de l'un ou de l'autre crime, ſoit fondé de faire revoquer la Donation par l'ingratitude du même Donataire, conſtatée par cette accuſation & par la Procedure, puiſque la rebellion & le crime de Leze-Majeſté ne ſont point compris dans la Loi *Generaliter,* ni dans le Chapitre 3. de la Novelle 115. de Juſtinien ; d'autant plus que Mr. Cûjas decide formellement, que l'action d'injures pour revoquer la Donation par l'ingratitude du Donataire, n'a lieu en faveur du Donateur que pour les cauſes marquées dans le titre du Code *de ingrat. liber.* dans la Loi penult. & dans la Loi derniere, *Cod. de revocand. Donat.* qui ne diſent pas un mot du crime de rebellion, ni de celui de Leze-Majeſté.

Notte E. ad §. 3. cap. 3. Novell. 115. var. reſolut. lib. 1. cap. 11. N°. 8. circa fin.

Cod. de revocand. Donat. Ad 111. Cod. de revocand. Donat.

CHAPITRE VIII.

Si le Donateur peut faire revoquer la Donation par le remede de la Loi Generaliter, *lorsque le Donataire a deposé comme temoin contre lui, dans une accusation d'un crime capital.*

CETTE queſtion, l'une des plus notables qui entrent dans ce Traité, eſt très-difficile à diſcuter, ce qui nous oblige à le faire avec beaucoup d'exactitude, & ſur des bons garens, & par des autoritez des Docteurs & Interprêtes du Droit.

Pour le faire par ordre, il faut d'abord établir que c'eſt un grand principe de Droit, que tout ce qui peut bleſſer l'honneur & la reputation de quelqu'un, doit être regardé comme une injure grave & atroce, qui tend à le couvrir d'infamie & d'un oprobre éternel. C'eſt la deciſion de la *Dig. de condi-* Loi 15. ſous un des titres du *Digeſte*, qui l'établit clairement *tionib. inſtitu-* *nam quæ facta lædunt pietatem, exiſtimationem, verecundiam* *ſion.* *noſtram, & ut generaliter dixerim, contra bonos mores fiunt,* *nec facere nos poſſe credendum eſt.* Or n'eſt-ce pas bleſſer la pieté, l'honneur, les bonnes mœurs, la pudeur même, de ſe prêter à être oüi en témoin dans une Procedure, qui regarde l'accuſation d'un crime capital, formée contre le Donateur? N'eſt-ce pas remettre le comble à l'ingratitude, de depoſer contre ſon bienfaîteur? Le Donataire ſe rend donc indigne par ce moyen de la Donation, & ouvre par ſa conduite oblique la porte au Donateur, pour faire valoir en ſa *Cod de revo-* faveur la diſpoſition de la Loi *Generaliter*, puiſque l'accuſa-*cand. Donat.* tion formée contre lui, tend à faire punir de mort celui qui s'eſt dépoüillé de la totalité ou de la plus grande partie de ſes biens, pour les faire paſſer dans la perſonne du Donataire.

On doit ajoûter à toutes ces reflexions, que ſi le Patron

ne peut pas faire caſſer le Teſtament de ſon Affranchi, lorſqu'il a été oüi en temoin dans une accuſation d'un crime
capital formé contre lui, avec combien plus le Donataire ne
doit-il pas ſe flater que le Donateur dont il a attaqué & l'honneur & la reputation par ſa depoſition, n'eſt pas en droit de
faire revoquer la Donation *ob ingratitudinem*, par le benefice
de la Loi *Generaliter*.

L. 14 § 5 ff.
de bon. liber.

Cette idemtité de raiſon eſt d'autant plus inconteſtable,
qu'elle a pour baſe & pour fondement, la Novelle 22. de
l'Empereur Juſtinien, qui decide la queſtion dans un cas
ſemblable. En voici le texte, *& quoniam ſcimus multas*
fratribus ad invicem factas conventiones, illum ſolum tanquàm
ingratum circa fratrem effectum participari hoc lucrum non
concedimus, qui mortem voluit fratri, aut criminalem inducere
contra eum inſcriptionem. Texte ſur lequel Godefroy a mis
cette excellente Notte *ingrati loco habetur qui mortem fratri*
procuravit, qui ſe adverſus eum criminaliter inſcripſit : ainſi
nous croyons que ſi le frere doit être exclus de la portion
de la ſucceſſion *ab inteſtat* de ſon frere comme ingrat, parce
qu'il l'a accuſé ou denoncé pour un crime capital ; on doit
dire la même choſe du Donataire, s'il ſe fait oüir en Témoin
dans une Procedure criminelle, priſe contre ſon Donateur.
Peut-on douter que ſa depoſition n'attaque la reputation de
ſon bienfaiteur *quâ invidiâ*, l'a-t-il fait ? Pourquoi vient il
de lui-même ſe preſenter à la face du Magiſtrat qui reçoit
l'information pour fortifier l'accuſation formée contre le
Donateur? Quelle eſt ſa vûë, ſon objet, ſon motif? C'eſt
ſans doute pour faire condamner à la mort civile ou naturelle, celui qui par une liberalité preſque ſans bornes l'a
comblé de ſes bienfaits ; d'où l'on doit conclurre que cette
marque d'ingratitude, ouvre la porte au Donateur, pour faire
revoquer la Donation, par le remede de la Loi *Generaliter*,
Cod. de revocand. Donat. ſi celebre & ſi connuë dans le monde
chrétien, regi par le Droit Romain.

Cap. 47.

Notte M ad
dict. cap. ejuſ-
dem Novell. 22.

Covarruvias examinant notre queſtion, la decide clairement, *ſic etenim*, dit-il, *idem erit ſi teſtimonium in capitali*

Variar. reſo-
lut. lib. 1. cap.
11. N°. 8.

caufâ, adverfus Donatorem Donatarius dixerit ; la Doctrine de ce Prélat, & Canonifte Efpagnol, eft apuyée de la Glofe fur une des Loix Canoniques, & d'un grand nombre des Docteurs & Interprêtes qu'il cite.

La Doctrine de cet auteur eft confirmée par la decifion d'une Loi dont le texte eft formel, & qui ne laiffe aucune difficulté à refoudre fur cette queftion, le Jurifconfulte Paulus s'y explique en ces termes : *His verò qui teftimonio fuo intentionem accufatoris adjuvaverunt, deneganda eft actio, id què Divus Severus decrevit.* Or fi le Legataire tombe dans l'indignité qui le prive du legat qui lui a été fait, parce qu'il a depofé dans une accufation d'un crime capital (portée devant un Tribunal qui eft en droit d'en connoître) contre le Teftateur, ne doit-on pas dire la même chofe du Donataire qui prête fon témoignage contre le Donateur accufé d'un crime capital qui eft en danger d'être condamné à une mort civile ou naturelle, n'eft il pas conftant que les heritiers *ab inteftat* du Donateur qui n'a pû pendant qu'il étoit prifonnier, avoir la liberté de pourfuivre en Juftice la revocation de la Donation, qu'il a faite à ce Donataire ingrat, par la difpofition de la Loi *Generaliter* ; n'eft-il pas conftant, dis je, que ces heritiers font en droit de faire valoir en leur faveur la decifion de cette Loi, puifque Barthole l'établit avec beaucoup de précifion & de folidité.

On voit donc, & par les autoritez que l'on a citées, & par les raifons que l'on vient d'alleguer, que la queftion que nous difcutons ne reçoit point de difficulté, d'autant plus que dans le dernier cas que l'on vient de propofer, les heritiers legitimes font en droit de revendiquer les biens donnez *ob ingratitudinem Donatarii*, qui doit en être dépoüillé ; ainfi que le decide l'Empereur Juftinien dans la même Loi *Generaliter* ; *vel vitæ periculum aliquod ei intulerit.*

Mais quoique cette maxime ne puiffe pas être combatuë, elle reçoit une limitation que l'on ne doit point omettre, qui confifte en ce que fi le Donataire eft oüi en témoin dans une accufation pour crime de Leze-Majefté ou de rebellion, ou
qui

qui intereſſe la Republique contre le Donateur, celui-ci peut
ſe ſervir du remede de notre Loi *Generaliter*, pour faire revoquer la Donation par l'ingratitude de celui-là, parce que
dans le cas où il eſt queſtion d'une conſpiration contre la perſonne du Prince, ou de rebellion contre l'Etat, ou contre la
Republique, le Donataire ne peut ſe diſpenſer de depoſer
dans la Procedure priſe contre le Donateur, accuſé d'être un
des chefs de la rebellion, ou de la conſpiration qui tend à
une revolution, & à un changement total dans l'Etat ou
dans la Republique, ce qui eſt fondé ſur l'autorité de Covar-
ruvias; *ſecundo opinor*, dit-il, *veri criminis exprobationem,*   *Var. reſolut.*
cujuſque rei publicæ intereſt manifeſtationem fieri, ſecluſo in-   *lib. i. cap. 11.*
juriandi animo à peccato, & ab injuriarum actione immunem   *Nº. 6.*
eſſe, ce que cet Auteur ſoûtient encore au Nº. 8. du même   *Cap. 3. S. 3.*
Chapitre, conforme à la Novelle 115. & à la Loi 148. 6. *ff.*
de bon. libertor.

CHAPITRE IX.

Si la Donation peut être revoquée par le remede de la Loi
Generaliter, *lorſque le Donataire a eu un commerce*
criminel avec la femme du Donateur.

ON va decider cette queſtion par les plus purs principes
du Droit Civil, & par l'autorité des Docteurs & Interprêtes.

De toutes les injures qui peuvent faire revoquer les Donations, par l'ingratitude des Donataires, il n'en eſt point de
plus grave ni de plus atroce, que celle qui regarde l'honneur
des mariez, ſur-tout lorſque le Donataire ſçait à n'en pouvoir douter, que ſon bienfaîteur a pris femme, & que le
mariage eſt legitime & public; car ſi la Novelle 115. de Juſ-   *Cap. 3. S. 6.*
tinien decide que le fils qui ſoüille le lit nuptial de ſon pere,
après qu'il s'eſt remarié, ou qu'il entretient depuis la mort

D'

de fa femme une Concubine dans fa maifon, fi ce fils, *fi fic*, peut être privé de l'heritage de fon pere. N'eft-il pas certain par un argument *à pari*, que le Donataire qui attentera à la pudicité de l'époufe de fon Donateur, tombe dans le cas d'ingratitude, marqué au coin de la revocation ordonnée par la Loi *Generaliter*, dans laquelle l'Empereur dit, que les Donations *Lege Confectas illibatafque permanere, fi non Donationis acceptor ingratus circa Donatorem inveniatur*. Eft-il encore un coup une injure plus grave, une ingratitude plus grande, que celle qui regarde la corruption des mœurs de la femme du Donateur *odiofis artibus* pour en faire fa Concubine ? Il faut donc le confiderer dans une conjonéture fi accablante, & fi remplie d'oprobre pour le bienfaîteur, *tanquàm facrilegus nuptiarum*, pour me fervir de l'expreffion du grand Conftantin dans une de fes Loix.

Mais après tout, comment peut-on colorer l'injure que le Donataire fait au Donateur, puifqu'elle attaque, & fon honneur, & la fainteté du Mariage, n'eft-ce pas lui *qui utriufque conjugis famam lædit* ? N'eft-ce pas lui qui porte l'infamie dans la famille du Donateur ? N'eft-ce pas le Donataire, qui par fon commerce avec la femme de fon bienfaîteur, transgreffe le précepte Divin *non machaberis* ? N'eft-ce pas lui enfin qui devient par cet adultere, abominable devant Dieu, & qui met en même-tems le comble à fon ingratitude ? De quel front donc ce Donataire ofera-t-il foûtenir, que nonobftant fa perfidie & fon ingratitude, il doit être maintenu en la poffeffion des biens donnez, & que fa Donation eft irrevocable.

Le Donataire peut-il en portant fa faux dans la moiffon d'autrui, par la voye de la feduétion, pouffer la femme de fon Donateur à violer la foi conjugale ? Il n'eft point de raifon quelque colorée qu'elle puiffe être, qui le mette à couvert & de l'injure, & de l'ingratitude dans laquelle il eft tombé, par l'adultere qu'il commet avec cette femme ; en forte que dès lors, le Donateur eft en droit de le pourfuivre par aétion criminelle, & de revendiquer en même-tems les

Cod. de revocand. Donat.

Leg. 30. §. 1. cod. ad Leg. Jul. de adulter.

biens donnez par le benefice de la Loi *Generaliter*, parce
que *injuriam atrocem in eum intulit*, par le crime dont il est
convaincu.

Pouſſons ces reflexions plus loin. Peut-on revoquer en
doute que les Loix permettent au mari de tuer ſa femme, &
celui qu'il trouve couché avec elle ; il faut certainement que
l'injure qui lui eſt faite, ſoit bien grave & bien atroce, puiſqu'il peut obtenir des Lettres de grace du Prince ou de la
Republique, pour le meurtre qu'il a commis en la perſonne
de l'un & de l'autre. Or n'eſt-il pas conſtant que le Donataire *qui illudit caſtitati uxoris Donatoris* (ſi le fait eſt conſtaté par une accuſation, & par un nombre de Témoins qui
ayent ſçû & vû le commerce criminel du Donataire avec la
femme du Donateur) que celui-là met le comble à ſon ingratitude & à ſa perfidie, & qu'il ne doit pas ſe flater, qu'on
donne une recompenſe à ſon crime, ni que la Donation qui
lui a été faite ſoit hors d'atteinte, puiſqu'il a ſoüillé le lit
nuptial de ſon bienfaîteur, & qu'il eſt convaincu du commerce adulterin qu'il a avec la femme de ſon Donateur, &
de l'injure qu'il lui a faite, contre laquelle la Loi *Generaliter*
s'éleve avec tant de juſtice & de ſeverité.

Quoiqu'il en ſoit, nous croyons qu'il ſeroit plus à propos
que le Donateur intentât l'accuſation d'adultere contre ſa
femme, pardevant un Juge competent, parce que dès que
le crime ſera conſtaté, & qu'on ne pourra plus revoquer en
doute, le commerce que cette femme a avec le Donataire,
l'atrocité de l'injure établira évidamment ſon ingratitude :
en ſorte que dès lors, le Donateur eſt fondé de faire revoquer la Donation, par le benefice de la même Loi *Genera-*
liter.

Il doit donc demeurer pour conſtant, que le Donataire
qui a un commerce criminel avec la femme de ſon Donateur,
tombe non-ſeulement dans le cas d'une ingratitude marquée
au veritable coin de cette Loi *Generaliter*; mais encore dans
l'indignité de la liberalité que le Donateur lui a fait, ſuivant
la diſpoſition des Loix qui ſont ſous le titre du Code, *de his*

D ij

L. 25. in prin-
cip. ff. ad leg.
Jul. de adulter.
& Novell. 117.
cap. 15.

Cod. de revo-
cand. Donat.

quib. ut indign. & qu'il n'eſt aucun païs du monde chrêtien,
où cette maxime ne ſoit inviolablement obſervée.

CHAPITRE X.

*Si le Donateur peut faire revoquer la Donation par la
diſpoſition de la Loi* Generaliter *, lorſque le Donataire
refuſe d'être ſa caution, pour le delivrer de priſon.*

L'EXAMEN de cette queſtion n'eſt pas d'une longue
diſcuſion, quoiqu'elle ſoit une des plus notables qui
doivent entrer dans ce Traité.

Il eſt neceſſaire de remarquer, que ſi le Donateur a contracté des dettes pour ſon entretien, après s'être dépoüillé
de tous ſes biens, ſous une modique reſerve qui ne peut pas
ſuffire pour ſubſiſter, pendant quelques années qu'il a encore
à vivre; & ſi pour ces dettes, il s'eſt aſſujetti à la contrainte
par corps, c'eſt une grande ingratitude de la part du Donataire, de refuſer de ſe rendre caution de ſon Donateur, pour
le delivrer de priſon, ſoit que le cautionnement regarde
la perſonne du Donateur, ſoit qu'il ne regarde que l'aſſurance
du payement de ſes dettes envers ſes créanciers; c'eſt ce
qui nous eſt apris par l'Empereur Juſtinien en ſa Novelle 115.
Cap. 3. §. 9. qui quoique limitée en la perſonne des enfans à l'égard de
leurs peres, doit s'apliquer au Donataire par un argument
à ſimili, parce que la même ingratitude qui eſt le motif &
la cauſe de l'exheredation des enfans, qui ne veulent pas
ſe rendre caution de leur pere pour le delivrer de priſon,
ſert à faire declarer la Donation revoquée par le benefice de
*cod. de revo-
cand. Donat.
Notte K. ad
dict. cap. 3.* la Loi *Generaliter*; Godefroy en marque la raiſon dans une
de ſes Nottes, en ces termes: *In parentem cenſetur ingratus,
qui pro eo carcere incluſo, fidejubere noluit*; ce ſçavant Interprête n'en demeure pas là, il ajoûte, expliquant le reſte de
ce §. 6. du même Chapitre, que l'on ſe rend caution *pro
perſona, vel pro debito.*

Qu'on nous dife après cela, fi c'eft gratitude, reconnoiffance, confideration, & retour de la part du Donataire d'a-
voir la dureté de laiffer mourir en prifon fon bienfaiteur,
privé de tout fecours de fa part? Lui convient-il après la
liberalité dont il a été comblé par le Donateur, d'être fourd
à toutes les prieres & à toutes les inftances qu'il lui fait, pour
le porter à le delivrer des horreurs d'une longue & cruelle
prifon? Pourquoi dans une occafion fi funefte au Donateur,
le Donataire refufe-t-il de lui tendre les mains, & de fe
rendre caution, foit de fa perfonne, foit de fes biens, en
payant fes dettes à fes créanciers? Ce Donataire ne met-il
pas le comble à fon ingratitude, en voulant faire confomer
ce qui refte des biens au Donateur, en laiffant groffir fes
dettes par le cours des interêts, & par les frais qui fe font
durant le tems qu'il eft detenu en prifon, *quæ non levem*
fenfum fubftantiæ Donatoris imponit, dit Juftinien dans la Loi
Generaliter.

Ced. de re-
vocand. Donat.

Cette queftion reçoit d'autant moins de difficulté, que
l'on ne peut mettre en doute, que les caufes pour lefquelles
le pere peut exhereder fon fils, fervent à revoquer la Donation par l'ingratitude du Donataire, & quoique nous l'ayons
demontré ci-deffus, comme nous ne voulons rien prendre
fur notre compte, il eft neceffaire de l'établir par l'autorité
de Godefroy fur la Novelle 115. *cap.* 3. *quid fi non exhere-*
daverit, dit il, *poteft ei ut ingrato hereditas auferri.* D'où l'on
doit conclurre, que la connexion de l'exheredation avec la
revocation de la Donation, par l'ingratitude du Donataire
pari paffu ambulant, & qu'on doit les traiter l'une & l'autre,
& par les mêmes raifons, & par les mêmes autoritez.

Notte P. ad
dict. §. 9.

L'ingratitude du Donataire eft fi claire & fi évidente,
que l'on voit que par le refus de fe rendre caution du Donateur pour le delivrer de prifon, il bleffe les droits de la pieté,
de la confideration, & de l'amité, de le laiffer croupir dans
cette prifon. Comment peut-il colorer, ni deffendre fon
ingratitude, puifqu'il ne peut ignorer que c'eft faire injure
au Donateur, de le laiffer gêmir fous le poids de la contrainte

par corps, tandis qu'il peut l'en degager en se rendant caution pour son bienfaîteur, pour les dettes qu'il a contractées après la Donation, pour son entretien. Le Donateur les auroit-il contractées, s'il ne se fût dépoüillé de ses biens en faveur de ce Donataire ingrat, puisqu'il auroit eu au-delà de ce qui lui étoit necessaire pour sa nourriture. De sorte que l'ingratitude du Donataire, étant visible, réelle & publique, il ne peut se soustraire à la disposition de la Loi *Generaliter*, pour se mettre à couvert de la revocation de la Donation.

La decision de notre question seroit encore plus incontestable, dans le cas d'un fils Donataire, & émancipé par son pere ; car par la constitution ou Novelle 115. de Justinien, il seroit privé de la Donation, pour avoir refusé d'être la caution de celui qui l'a mis au monde, & qui lui a fait une Donation de la plus grande partie de ses biens, sous une modique reserve, parce que ce refus de se rendre la caution de son pere, pour le delivrer de prison, est une des causes qui sert de base & de fondement à la revocation de la Donation par l'ingratitude du Donataire ; ainsi que l'établit Godefroy dans une de ces Nottes sur ce §. *in parentem censetur ingratus, qui pro eo carcere incluso fide jubere noluit ;* ce qu'il repete & soûtient encore dans un autre endroit, à peu près dans les mêmes termes.

L'opinion de ce judicieux Interprête, est apuyée sur la Jurisprudence des Arrêts, Papon en raporte un dans son Recueïl, & ajoûte en même-tems ces mots qui sont bien remarquables, *à faute dequoi le fils est jugé ingrat, par le texte de l'Autentique.* On voit aussi plusieurs autres raportez par Brodeau sur Mr. Loüet : en sorte qu'il y a contre ce fils Donataire ingrat, pour la revocation de la Donation, *series rerum perpetuo similiter judicatarum auctoritas,* qui ne laisse aucun doute à former sur cette question, parce que le *fils y est obligé par le droit naturel,* dit Brodeau, *& par l'obligation de la Loi éternelle.*

Cap. 3. §. 9.

Notte L.

Notte P. ad dict. §.

Liv. 7. tit. 1. Ar. 3.

Lettre A. N°. 9.

CHAPITRE XI.

Si le fils émancipé qui a fait une Donation à son pere,
ayant été mis en prison, le Donataire est obligé de se
rendre sa caution pour le faire sortir de prison, & si
par le refus du pere Donataire, le Donateur peut re-
voquer la Donation par la disposition de la Loi
Generaliter.

L'ENCHAÎNEMENT que cette question a avec celle que l'on vient d'examiner, nous oblige à la discuter de suite, parce qu'elle dépend presque des mêmes principes.

C'est une des grandes maximes du Droit Civil, qui nous est aprise par Mr. Cujas, que l'une des causes pour faire re-voquer la Donation, par la disposition de la Loi *Generaliter*, est *si ingratus & impius valdè fuerit Donatarius, adversus Do-natorem.* Suivant cette maxime, qu'on ait la bonté de nous expliquer, quelles sont les causes qui peuvent porter le Dona-teur à faire revoquer la Donation, par l'ingratitude du Dona-taire ; qu'on les examine avec attention, il est constant qu'on trouvera, que dans le refus où la negligence du Donataire, de se rendre caution de son fils émancipé, pour le faire sortir de prison ; on trouvera, dis-je, que par ce refus, *ingratus & valdè impius est* envers le Donateur, lequel s'étant obligé à la contrainte par corps, dans quelques actes qu'il a passé après la Donation, pour des sommes necessaires à son entre-tien, la reserve qu'il s'étoit faite par l'acte de Donation, ne pouvant suffire à sa nourriture & à son entretien, c'est le comble de l'ingratitude du pere Donataire, de le laisser en prison, sans se mettre en état de le faire sortir, soit en payant ses dettes, soit en se rendant caution pour lui ; c'est étoufer dans son cœur les sentimens que la nature devoit y avoir gravé, jusqu'au dernier moment de sa vie ; c'est n'avoir ni

Ad tit. Cod.
de revocand.
Donat.

amour ni tendreffe, ni gratitude, ni retour pour fon fils, qui
depuis la Donation & l'émancipation, l'avoit merité par fa liberalité ; d'où il fuit, que tout de même que le fils émancipé,
qui fouffre que fon pere foit détenu prifonnier, pour dettes
civiles, après la Donation qu'il lui a faite de fes biens, fous
une petite referve, donne lieu à celui qui l'a mis au monde,
& qui l'a comblé de bienfaits, de revoquer la Donation par
la difpofition de la Loi *Generaliter, Cod de revocand Donat* ;
ainfi le pere Donataire qui tomberoit dans la même caufe
d'ingratitude, feroit privé de la Donation, & le fils Donateur eft en droit de revendiquer les biens donnez, & qu'il a
gagnez, foit dans le Commerce, foit pour avoir fervi dans
les armées du Prince ou de la Republique, par le benefice
de cette Loi.

Cap. 4. 5. 8.   Difons plus, la Novelle 115. de Juftinien decide la queftion nettement : en voici le texte, *his cafibus etiam cladem
captivitatis adjungimus, in qua fi liberos detineris ; & per
parentum contemptum vel negligentiam, non redemptos, ab
hac luce tranfire contigerit, nullatenus eorum parentes ad facultates perveniant liberorum*; que peut-on alleguer contre
ce texte, fa difpofition n'eft-elle pas claire & formelle ? Le
pere heritier ou Succeffeur *ab inteftat* de fon fils émancipé,
refufe de le tirer de la fervitude ou de la prifon, il meurt dans
cette funefte & éternelle détention, le pere ne fe met pas
en état de le racheter ou de le faire fortir, & veut neanmoins
recueillir fa fucceffion en qualité de fon heritier ; l'Empereur
decide dans cette conftitution, qu'il doit en être ex lus,
parce qu'il s'en eft rendu indigne à caufe de fon ingratitude,
la même raifon ne doit-elle pas avoir lieu en faveur du fils
émancipé, qui a fait une Donation à fon pere de la plus
grande partie de fes biens, fous une modique referve ? Il tombe
entre les mains des infidéles, & eft reduit à un dur & éternel
efclavage, le pere refufe de le racheter, & il meurt en cap-
tivité ; où fi l'on veut rendre le cas plus familier, le fils émancipé après la Donation qu'il a fait à fon pere, n'ayant pas dequoi fe nourrir, eft obligé d'emprunter, il fe foumet par
l'acte

l'acte qu'il paſſe à la contrainte par corps, & il eſt conduit
en priſon, où il meurt, le pere Donataire negligeant de l'en
faire ſortir, il eſt conſtant que ſi ſa negligence ou ſon refus
eſt prouvé, les heritiers *ab inteſtat* de ce fils Donateur, ſont
en droit de faire revoquer la Donation, par la diſpoſition de
la Loi *Generaliter*, à cauſe de ſon ingratitude, dans une conjonƈture auſſi dangereuſe pour ce Donataire, d'être mort dans
la priſon ; c'eſt ce que Mr. Boyer dit être *ſufficiens cauſa
ingratitudinis*, ſoit qu'il ait été mis en priſon pour dette
civile, ou pour une affaire criminelle : D'ailleurs ſi le pere
eſt exclus de la ſucceſſion de ſon fils émancipé, pour ne
s'être pas mis en état de le faire ſortir de priſon ; à plus forte
raiſon doit-il être privé des biens compris dans la Donation
qu'il lui a faite, s'il refuſe ou s'il neglige de l'en delivrer, en
ſe rendant caution pour lui envers ſes créanciers, ou s'il ne
paye pas les dettes qu'il a contraƈtées, pour lui procurer ſa
liberté, puiſque tout de même que le pere peut, dès qu'il eſt
ſorti de priſon, exhereder ſon fils émancipé qu'il avoit inſtitué
ſon heritier univerſel, par ſon Teſtament fait avant qu'il fût
conduit en priſon ; ainſi par un argument *à pari*, le fils émancipé qui a été mis en priſon, après avoir fait Donation de la
totalité de ſes biens, ou de la meilleure partie à ſon pere,
lequel a la cruauté de le laiſſer perir en priſon, ſans ſe donner
aucun mouvement, ni ſans vouloir ſe rendre caution envers
ſes créanciers pour l'en faire ſortir, doit-il être privé de la
Donation, parce que tout parle, tout crie contre l'inhumanité du pere envers ſon fils, qui eſt ſon bienfaîteur.

Cod de revocand. Donat.

Deciſ. 128.
N°. 7.

Il eſt vrai que le pere ne peut être forcé de payer les dettes
de ſon fils émancipé, ni celui-ci les dettes de celui là, ſuivant la diſpoſition des Loix Civiles ; mais il eſt vrai auſſi,
que ſi le fils émancipé, Donataire de ſon pere qui ſe rend
ingrat, en refuſant ou en negligeant de le faire ſortir de priſon, par un cautionnement pour lui, ou en payant les dettes
pour leſquelles il étoit ſujet à la contrainte par corps, ainſi
que nous l'aprend Godefroy ; la même choſe doit avoir lieu
à l'égard du pere Donataire, ingrat envers ſon fils émancipé

Toto tit. Cod.
ne fil pro pair.
vel pater pro fil.
conveniat.

Notte L. ad
Novell 115, cap.
3. 5. 8.

E

qui s'eſt dépoüillé de la plus grande partie de ſes biens par
une diſpoſition entre-vifs, ce qui doit operer le même effet,
argumento à majori ad minus, tanquàm ingratus & impius,
ſur-tout dans une conjonĉture ſi triſte & ſi accablante pour
le Donateur qui a comblé de biens ſon Donataire, lorſqu'il
court riſque de mourir en priſon ; maxime fondée & ſur la
Loi *Generaliter*, & ſur les §. 13. & 7. des Chapitres 3. & 4.
de la Novelle 115.

CHAPITRE XII.

Si la dot & la Donation de ſurvie, peuvent être alienez par
la femme, & par les enfans mineurs, pour delivrer de
priſon le mari & le pere detenu pour homicide ; & ſi
c'eſt une ingratitude de leur part de refuſer de vendre
l'une & l'autre, pour lui procurer la liberté.

LA liaiſon qui ſe trouve dans les queſtions que l'on va
examiner, avec les deux précedentes, nous oblige de le
faire avec beaucoup de préciſion ; c'eſt un premier principe du
Droit Civil, que la femme dont le mari eſt en priſon, peut aliener ſa dot, de l'autorité du Juge de ſon domicile, ainſi que l'aſſure Benediĉtus *in cap. Raynutius*, & après lui Maſuer, *tit.*
de dot. & matrimon. N°. 12.

Verb. uxorem
N°. 84.

Par un ſecond principe de droit, le fils peut s'obliger, vendre, & aliener ſes biens quoique mineur, pour delivrer ſon
pere de priſon, ſelon l'autorité de la Gloſe, qui dit que dans
cette occaſion, le fils eſt obligé de rendre ce devoir à ſon pere
priſonnier *ad id filius naturaliter tenetur*, conforme à la deciſion de la Loi *Si paternam, Cod. ad ſenatus conſ. velleyan.* ce
qui ne peut être revoqué en doute, quand même le fils ſeroit
mineur, & qu'il ſe pourvoiroit en Juſtice pour faire vendre
ſes biens fonds, afin de tirer ſon pere de priſon, pourveu
que le Juge de ſon domicile lui permette par ſa Sentence de

In L. conditio-
nes 9 ff de con-
dit. inſtitut

les aliener. Ce principe eft encore apuyé fur la Doctrine de Lettre A. N°. 9. Brodeau fur Mr. Loüet ; *le fils*, dit-il, *y étant tenu par un devoir de nature, & par l'obligation de la Loi éternelle.*

Ces principes pofez, il eft conftant que la femme qui fçait que fon mari a été mis en prifon, foit pour dette civile, foit pour une affaire criminelle, dès qu'elle ne fe met pas en état, ou qu'elle refufe de s'obliger pour le faire fortir de prifon, non-feulement aliener fa dot & la Donation que fon époux lui a faite dans fon Contrat de mariage ; mais elle s'en rendroit indigne, fi elle negligeoit d'obliger, ou d'aliener fes biens dotaux pour le delivrer, fuivant la decifion de la Novelle §. 13. 115. *cap*. 3. & la Jurifprudence des Arrêts raportez par Mr. Loüet & fon Commentateur, en l'endroit qu'on vient d'alleguer. Ce qui eft encore fondé fur l'Autentique *fi captivi*, *Cod. de Epifc. & Cleric.* & fur un Arrêt notable que l'on voit dans Chenu fur Papon, Liv. 7. tit. 1. Arr. 3. rendu le 11. Avril 1571. & par un autre que l'on trouve dans Liv. 4. ch. 16. & liv. 6. ch. 28. Charondas en fes reponfes, qui ont jugé que la femme & les enfans peuvent renoncer au Donataire, quoique mineurs, pour l'alienation des heritages qui y font fujets, pour delivrer le mari prifonnier. Or ce Doüaire étant établi par la Coûtume, & ayant le même privilege que la Donation de furvie ; on ne peut mettre en doute, que la femme & les enfans en feroient privez, quoique mineurs, s'ils refufoient, ou s'ils negligeoient de faire fortir le mari de prifon, à caufe de leur ingratitude, fuivant la decifion de la Loi *Generaliter, Cod. de revocand. Donat*, parce que c'eft une injure grave de fouffrir qu'un mari demeure toûjours prifonnier, tandis que fa femme peut aliener fon Doüaire, pour le mettre en liberté, & qu'elle s'en rend indigne par fon refus, ou par fa negligence.

On paffe préfentement à l'examen de la feconde queftion, dont la decifion dépend des mêmes principes.

Avant la Novelle 115. de l'Empereur Juftinien, les mineurs étoient exempts de la peine de l'exheredation, lorfqu'ils refufoient ou negligeoient de delivrer leur pere de prifon, fur-tout fi ces mineurs n'avoient pas atteint la 18me.

Notte I. ad
§. 13. *cap.* 3.
année de leur âge accompli, comme le remarque Godefroy
fur cette Novelle ; mais depuis qu'elle a été publiée, le fils
quoique mineur eft obligé de tirer fon pere de prifon, jufques-là que la foibleffe de fon âge ne peut le fouftraire à cette
obligation, fuivant l'autorité de la Glofe, en l'endroit que
l'on a déja cité, parce que *ad id filius naturaliter tenetur* ;
en forte que fi ce fils mineur laiffe par fa faute, ou par fa negligence, croupir fon pere dans une prifon, & qu'il en foit deli-
vré par un étranger ; l'ingratitude dans laquelle il eft tombé,
fert de fondement à la jufte exheredation de celui qui l'a mis
au monde : & s'il vient à mourir pendant qu'il eft encore prifonnier, le mépris dont cet enfant a donné des marques
certaines, le fait exclurre de la fucceffion legitime de fon
pere, fuivant la decifion de la même Novelle au §. que l'on
vient de citer.

La Jurifprudence des Arrêts raportez par Brodeau fur Mr.
Loüet, en l'endroit allegué ci-deffus, a établi cette grande
maxime, que le fils mineur peut fe rendre caution de fon
pere pour aliener fes biens, fans pouvoir faire annuller fon
Cod de Epifc.
& Cleric.
obligation, ni la vente & l'alienation de fes biens ; ce qui
eft fondé fur l'Autentique *fi captivi.*

Liv. 7. tit. 1.
Arr. 3.
On va encore plus loin, & l'on foûtient que cette Jurifprudence eft fi conftante, que Chenu fur Papon en l'endroit
ci-deffus, cite un Arrêt rendu par le Parlement de Paris,
qui a jugé que le fils doit delivrer fon pere de prifon, & que
s'il ne veut pas payer fes dettes, il eft du moins obligé de fe
rendre caution pour lui envers fes créanciers, autrement il
tombe dans le cas d'une ingratitude, qui fert de motif au
pere pour l'exhereder ; & par un autre Arrêt raporté par le
Ubi fupra.
même Arrêtifte, le fils quoique mineur peut renoncer au
Doüaîre, pour faire fortir fon pere de prifon.

C'eft donc une verité conftante, que la femme & les enfans, peuvent vendre & aliener les biens dotaux, & ceux qui
font fujets à la Donation de furvie, pour délivrer le mari &
le pere de prifon, & que les enfans quoique mineurs, doivent non-feulement s'obliger à cet effet ; mais obliger, en-

gager, & transporter leurs propres biens : en sorte que si la femme ou les enfans mineurs se mettent en état de le faire, ceux-ci peuvent être exheredez par leurs peres, & tombent dans l'ingratitude qui les exclud de leur succeder même *ab intestat*, *si neget vel dissimulet*, dit Mr. Cujas en pareil cas, ou s'ils negligent de payer leurs dettes, parce que suivant l'expression de Tertullien, *æquum est Vicario corpore filii, corpus patris liberari* ; ce qui fait voir qu'il est, & du devoir des enfans, & de la pieté qu'ils doivent avoir pour ceux qui les ont mis au monde, de les faire sortir de prison, & qu'il n'est point de Loi qui puisse les mettre à couvert de l'ingratitude ; ainsi que la femme à l'égard du mari, s'ils ne vendent, n'engagent ou n'alienent, & leurs biens propres, & ceux qui sont compris dans les Donations qu'il a faites aux uns ou aux autres.

Ad tit. Cod. de ingrat. liber.

CHAPITRE XIII.

Si le Donateur étant tombé entre les mains des Infidéles, & le Donataire étant en demeure de le racheter, la Donation peut être revoquée par le privilege de la Loi Generaliter, *Cod. de revocand. Donat.*

CETTE question doit être traitée par les mêmes principes que les précedentes, fondez sur la Loi *Generaliter*, sur la Novelle 115. & sur l'autorité de Mr. Cujas.

Cod. de revo-cand. Donat.

On va commencer par l'examen de la Donation faite par le pere à son fils émancipé. Ce Donateur étant par son malheur tombé entre les mains des Infidéles, le Donataire aussi denaturé que dur & inflexible, sur tout ce qui regarde & son pere & son bienfaiteur, refuse ou neglige de le racheter en payant sa rançon : en sorte que *contra ipsam venit pietatem*, pour me servir des termes de la Loi *Donationes 9.* est-il une cause plus juste, plus legitime, pour faire revoquer la Donation *ob ingratitudinem Donatarii* ? Le Donateur est donc

Cod. de revo-cand. Donat.

L. 1. Cod. eo-
dem tit.
en droit, dès qu'il aura été racheté, & qu'il fera forti d'efclavage, de dire ces belles paroles à fon fils ingrat, *cum magis in
te collata liberalitas, ad obfequium te inclinare deberet, quam
ad infolentiam erigere.* Paroles prifes de l'Empereur Philipe :
le refpeѐt & l'amour que ce fils barbare n'a plus pour celui qui
l'a mis au monde, ne fe levent-ils pas contre lui, pour le
rendre indigne de la liberalité que fon pere lui a faite, avant
qu'il fut pris par les Infidéles ?

Cap. 3. §. 13.
L'Empereur Juftinien dans fa Novelle 115. s'explique nettement fur cette queftion. Lorfqu'il ordonne, que fi le pere
n'eft point racheté par fon fils, quoique mineur, il eft en
droit de l'exhereder par fon Teftament ; & que ce fils fera
Notte L. ad
dict. §.
exclus de lui fucceder *ab inteftat.* Godefroy ne s'explique
pas moins clairement que cet augufte Legiflateur : Il ajoûte
Notte M.
enfuite, *eft hoc fingulare in pœnis inferendis, ut pœna quam
fieri poffit maxima, delicti fpeciem animo delinquentis obje-
ciffe videatur, utque per ea quifque puniatur qua peccaverit.*
Ce Docteur va plus loin dans un autre endroit fur le même §.
où il dit, *minor 25. annis, major 18. potef̧ mutuo accipere pec-
cuniam, refque fuas pignori dare, liberandi patris captivi caufa.*
Il n'eft donc pas permis dans une conjonѐture fi accablante
pour le pere, que le fils temporife, ni qu'il refufe de payer
la rançon de celui qui lui a donné la vie, & qui l'a comblé de
bienfaits ; il faut qu'il ne perde pas un moment pour tirer
fon pere des mains des Infidéles ; il faut qu'il quitte tout, &
qu'il emprunte la fomme neceffaire pour le racheter des ennemis du nom chrêtien ; & qu'il engage & fes biens propres, & ceux qui lui ont été donnez, pour lui procurer la liberté, autrement le pere Donateur étant racheté par un
étranger, eft en droit de faire revoquer la Donation, par le
benefice de la Loi *Generaliter, Cod. de revocand. Donat.*
puifque par un mépris très-puniffable, il met le Donateur
eŋ danger de mourir dans l'efclavage, parce que fon ingratitude eft *ventus urens & ficcans fontem mifericordiæ, rorem
pietatis & fluentiam gratiæ* ; d'où il s'enfuit que ce fils Donataire ayant étouffé dans fon cœur tout fentiment d'amour,

de refpect, de gratitude & de confideration pour fon pere, il doit en être puni par la privation des biens donnez.

On pouffe ces reflexions plus loin, & l'on dit que ce n'eft pas feulement fur la Novelle 115. que la revocation de la Donation, par l'ingratitude du fils Donataire, que l'on apuye la decifion de la queftion que nous examinons ; mais fur l'Autentique *fi captivi*, qui eft formelle, parce qu'elle prend fa fource dans la même Novelle, & qu'elle contient les mêmes difpofitions. En effet, eft-il une injure plus grave, plus atroce, que celle de laiffer perir entre les mains des Infidéles, un pere malheureux qui gêmit fous le poids des fers qui l'accabient ? Faut-il dans cette conjoncture que la nature foit muëte, dans le cœur d'un fils denaturé ? Peut-il negliger fans paffer pour le plus ingrat & le plus inhumain Donataire qui foit fur la terre de le racheter, & de l'arracher des mains des ennemis de la foi, après qu'il s'eft dépoüillé de la plus grande partie de fes biens, pour en difpofer en faveur de ce fils denaturé ; d'où il fuit que ce fils Donataire doit être regardé comme l'auteur de la mort de celui qui lui a donné la vie, dès qu'il ne fe met pas en état de payer la rançon de fon pere ; & qu'ainfi le Donateur eft fondé de recourir au remede de la revocation de la Donation *ob ingratitudinem Donatarii*, marquée dans la Loi derniere, parce que *vitæ periculum ei intulit* ; mais il faut que dans la Requête du Donateur pour demander cette revocation, *hanc caufam ingratitudinis adfcribat* ; ainfi qu'il eft decidé dans la Novelle 115. *cap.* 3. §. 13. que l'on a fi fouvent citée.

On doit dire la même chofe de la Donation faite par le fils émancipé, à fon pere, qui refufe de racheter fon bienfaiteur tombé entre les mains des Infidéles, ou qui neglige de le faire, quoique la nouvelle foit publique, & qu'il ne puiffe pas l'ignorer. Eft il une ingratitude, une inhumanité plus grande que celle de ce pere Donataire ? Son refus, fa negligence, font des moyens très puiffans pour faire revoquer la Donation, par la difpofition de la Loi *Generaliter.* Cette revocation eft encore fondée fur l'Autentique *fi cap*·

Cod. de Epifct & cleric.

Cod de revocand Donat.

Cod. de revocand Donat.

tivi, Cod. *de Episcop. & Cleric.* où il est dit, *eadem pœna est parentum, si redemptionem neglexerint liberorum.*

Cap. 4. § 7.

La Novelle 115. porte que *His casibus etiam cladem captivitatis adjungimus*, dit l'Empereur Justinien, *in qua si liberos detineri & per parentum contemptum vel negligentiam non redemptos, ab hac luce transire contigerit; nullatenus eorum parentes ad facultates perveniant liberorum, de quibus filii testari potuerant.* Or si le pere qui ne se met point en état de payer la rançon de son fils captif parmi les Infidéles, après qu'il l'a institué son heritier, est indigne de lui succeder, soit *ex Testamento*, soit *ab intestat*, à cause de son ingratitude, de laisser perir dans un long & cruel esclavage, entre les mains des ennemis de notre sainte Religion ; ne doit-on pas dire la même chose du pere Donataire de son fils émancipé, dont il neglige ou refuse de payer la rançon ? Puisqu'il est obligé, à l'exemple du fils mineur, de vendre & engager ses biens pour procurer la liberté à son Donateur, & même d'emprunter une somme, quand il ne seroit pas son Donataire ; en sorte que pour nous

Ad tit. cod. de revocand. Donat.

servir de l'expression de Mr. Cujas, il est au cas *si ingratus & impius valdè fuerit Donatarius, adversus Donatorem* ; ce qui est une cause juste & legitime, pour faire revoquer la Donation par l'ingratitude du Donataire.

Enfin, on ne peut revoquer en doute, que le refus ou la negligence du pere Donataire, de racheter son fils émancipé, ne soit un moyen très-puissant, pour operer la revocation de

Traité des Donat. Tom. I. 3. part. ch. 6. sect. 2. N°. 690. de la derniere édition.

la Donation, après ce que nous aprend Ricard, qui s'explique en ces termes : *De sorte que par ce moyen, encore que les causes d'ingratitude pour lesquelles la Novelle* 115. *veut qu'il soit permis aux Ascendans, d'exhereder leurs enfans, montent jusqu'à* 14. *il n'y en a pas une qui ne soit de même que les quatre dernieres de la Loi que nous expliquons, ou qui ne soit comprise dans la premiere :* A quoi çe sçavant Auteur devoit ajoûter les causes justes & legitimes, marquées dans le Chapitre 4. de la même Novelle, qui comprend toutes sortes de

Cod. de revocand. Donat.

Donataires sans excepter les fils, ainsi que la Loi *Generaliter*, dont l'aplication se fait naturellement à la question que l'on vient de traiter.   CHAPITRE

CHAPITRE XIV.

Si le pere peut revoquer la Donation qu'il a faite à son fils, parce qu'il est entré dans une Troupe de Comediens, par la disposition de la Loi Generaliter *, Cod. de revocand. Donat.*

L A question que l'on va examiner, a été formellement decidée par la Novelle 115. de Justinien, qui porte que *le fils peut être exheredé par son pere, si præter voluntatem inter Arenarios & mimos se se filius sociaverit, & in hac professione permanserit.* Or si un enfant peut être exheredé par son pere, pour s'être associé avec une Troupe de Comediens ou Bateleurs; malgré les deffenses qu'il lui en a faites; peut-on revoquer en doute, si cet enfant doit être privé des biens dont son pere avoit disposé en sa faveur, par une Donation entre vifs, lorsque pour insulter à l'honneur de sa famille; & par un effet de son ingratitude, il embrasse la profession des uns ou des autres, sans la permission ou le consentement de son pere.

La revocation de cette Donation, a encore pour fondement deux Loix Romaines, dont la premiere porte que celui qui fait le mêtier de Comedien ou de Bateleur, devient infame.

La seconde de ces Loix s'explique en ces termes : A l'égard de la profession de Comedien ou de Bateleur, *ait prætor, qui in scænam prodierit infamis est.* La raison en est prise dans la définition de la Comedie que l'on trouve dans la même Loi, *Scæna est, ut labeo definit, quæ ludorum faciendorum causa quolibet loco ubi sit, in publico privatove, vel in vico quo tamen loco passim homines spectaculi causa admittuntur.* De-là l'infamie qui se repand & se communique à toute la famille; de-là, l'injure que le fils Donataire fait à son pere Donateur;

Cap. 3. §. 5.

L. 1. ff de his quæ notant infam.

L. 2. §. 5. ff. eodem tit.

F

de-là, le violement du respect, de la pieté, & de l'obéïssance de ce Donataire qui monte sur un Théâtre, pour y paroître en habit de Comedien, & pour répréfenter & joüer le rôle d'un des principaux Acteurs ; de-là, le mêtier de Bateleur que le même Donataire embrasse, malgré les deffenses de son pere qui lui a fait une Donation, de la plus grande partie de ses biens, à condition qu'il n'entrera point dans la Troupe des Comediens, ni dans celle des Bateleurs. Condition qui est tacite, quoiqu'elle ne soit point inférée dans l'acte de Donation. On ne peut douter après cela, que dès qu'il y aura preuve claire & parfaite, que ce fils Donataire est monté sur le Théâtre, pour faire le mêtier de Comedien ou de Ba-teleur ; on ne peut douter, dis je, que dès lors le Donateur est en droit, non-feulement de revoquer la Donation ; mais de revendiquer les biens donnez, par le privilege de la Loi *Generaliter*, comme le remarque très-folidement Ricard. Sur ce fondement, dit cet Auteur, *je dirai que le fils est coupable de ce chef d'ingratitude qui fait injure à sa famille, en s'associant avec les Charlatans, Bateleurs & autres personnes de cette qualité.*

Cod. de revo-cand. Donat.
Des Donat.
Tom. I. 3. part.
ch. 6. N°. 69.
de la derniere
édition.

Mais cette revocation n'auroit pas lieu, si le pere étant Comedien ou Bateleur, a fait une Donation à son fils qui embrasse le même métier, parce qu'il ne seroit pas juste de permettre au Donateur de revoquer cette Donation, sur le fondement que le Donataire est devenu Comedien ou Ba-teleur, suivant la decision de la Novelle 115. de Juftinien, *nisi forsitan*, dit-il, *etiam parentes ejusdem professionis fuerint*, d'autant plus que dans ce cas, le fils qui auroit été exhe-redé par son pere, seroit en droit d'attaquer son Teftament, par la plainte ou querelle d'inoficiofité, selon la Doctrine de Godefroy, sur le §. *datur filio Arenarii quærela inoficiofi*, ce qu'il repete encore dans un autre endroit, *parens filium Are-narium aut mimum potest exheredare, nisi ipse ejusdem con-dittionis fit.* La raifon qu'il aporte pour apuyer fon fentiment, eft que *mores quos quis in se approbat, in liberis repro-bare non potest.*

Cap. 3. §. 10.

Notte Q.
Notte O. ad
l. 11. Cod. de
inofic. Tefiam.

Mais hors du cas dont on vient de parler, il eſt conſtant que le pere peut faire revoquer la Donation, & exhereder ſon fils, ſuivant la diſpoſition de la Loi 11. principalement lorſque le fils *ſua ſponte Arenarius conſtituitur*, parce que le métier de Comedien ou de Bateleur, eſt ſi infame, que Tertullien dit dans ſon Traité *De ſpectacul.* que *ob vitæ tur-pitudinem ut à dignitatibus & honoribus arceantur.*

Cod. de inoſſi. Teſtam.

TRAITÉ

DE

LA REVOCATION,

ET NULLITÉ DES DONATIONS.

LIVRE SECOND.

CHAPITRE PREMIER.

Si le pere peut revoquer la Donation qu'il a faite à son fils, lorsqu'il est en commerce avec sa Concubine.

Cap. 3. §. 6.

A decision de cette question est marquée en termes clairs & précis dans la Novelle 115. de l'Empereur Justinien, qui ne laisse aucune difficulté à resoudre, en voici le texte. *Si Noverca sua aut Concubinæ patris, filius se se immiscuerit*; sur-tout quand le pere devenu veuf, a un commerce secret avec une fille, ou une veuve qu'il entretient dans sa maison; parce que l'un & l'autre étoit *solutus & soluta*, & ce commerce n'étant connu de personne, il n'est point aussi criminel devant les hommes, qu'il l'est devant Dieu; ce qui oblige

Note *I. ad dist. §. 6.* Godefroy de dire *Concubinæ patris consuetudine, filius absti-*

nere debet, etiam fi eam uxorem velit ducere, pricipalement lorfque cette Concubine *eft honefta*, fuivant l'expreffion de ce fçavant Interprête ; parce que pour lors ce n'eft pas feulement une injure, que le fils fait à fon pere Donateur ; mais une marque d'une très-grande ingratitude, qui fert de fondement à la revocation de la Donation qu'il lui a faite, par le benefice de la Loi *Generaliter*, tout de même que le pere feroit en droit de l'exhereder, pour avoir feduit fa Concubine, fuivant la decifion de la Novelle 115. *cap*. 3. au même §. 6.

Note *D. ad
L. 4. Cod. de
nupt.*

*Cod. de revo-
cand. Donat.*

Ricard fe declare expreffement pour l'affirmative de la queftion que nous traitons, lorfque parlant des caufes d'ingratitude des Donataires ; il dit que c'en eft une de donner ce deplaifir à fon pere, de debaucher fa Concubine pour coucher avec elle. En effet, n'eft-ce pas une injure grave, faite par un fils Donataire à fon pere (indépendament de l'incefte qu'il commet) de féduire la Concubine de fon bienfaîteur ? Lui eft-il permis de la debaucher pour la porter à rompre le commerce quelle a avec fon pere Donateur, pour en avoir un avec lui ? Celui qui l'a mis au monde, eft donc en droit de regarder fon fils Donataire, comme *valdè ingratus & impins* envers lui, & de fe pourvoir en Juftice pour faire revoquer la Donation qu'il lui a faite, par la difpofition de la Loi *Generaliter*, puifque la Novelle 115. permet au pere d'exhereder fon fils qui a debauché fa Concubine, & le regarder dès lors comme un fils ingrat, & indigne d'être inftitué fon heritier par fon Teftament, & d'avoir part en fon heritage.

Tome I. *ti
part.ch.6.fect.
1. N°. 691. de
la derniere é-
dition.*

*Cod. de revo-
cand. Donat.*

CHAPITRE II.

Si le pere Donateur peut revoquer la Donation qu'il a faite à son fils, par la disposition de la Loi Genera- liter, *si ce fils l'abandonne lorsqu'il est tombé dans la démence, ou qu'il est devenu furieux, s'il reprend son bon sens, & qu'il soit* sanæ mentis.

L A question que l'on va examiner, est formellement décidée par la Novelle 115. *cap.* 3. qui est conçûë en ces termes : *Si quis de prædictis p:rentibus furiosus fuerit, & ejus liberi vel quidam ex his, aut liberis eis non existentibus, alii ejus cognati qui ab inæstato ad ejus hereditatem vocantur, obsequium ei & curam competentem non præbuerint, si quidem à tali sanatus fuerit infirmitate, erit ei potestas utrum velit negligentem filium, vel filios aut cognatos, ingratum vel ingra- tos in suo scribere Testamento.* Or si la negligence d'un fils de faire traiter son pere, pour le faire guerir de la fureur ou de la foiblesse d'esprit, est un puissant moyen pour donner droit au pere d'exhereder son fils par son Testament, à cause de son ingratitude, avec combien plus de raison peut-on dire que la negligence du fils, Donataire de la totalité, ou de la plus grande partie des biens de son pere, qui est tombé dans la fureur & dans la démence ; avec combien plus de rai- son cette negligence sera-t elle une des causes justes & legi- times, pour faire revoquer la Donation qu'il lui a faite, avant qu'il devint furieux ou foible d'esprit, par le benefice de la Loi *Generaliter* s'il reprend son bon sens, & qu'il soit *sanæ mentis*, à cause de son ingratitude. La raison qu'en aporte Godefroy, est que *furiosi parentes à liberis impunè non negli- guntur,* d'où il s'ensuit, que dès lors le Donateur peut faire revoquer la Donation, & regarder son fils Donataire, *tan- quàm valdè ingratus & impius.*

§. 12.

*Cod. de revo-
cand. Donat.*

Notte E, ad
§. 12. cap. 3.
Novell. 115.

L'Autentique *liberi*, *Cod. de E i cop. audientia*, decide cette queſtion en termes plus formels & plus précis, (quoiqu'elle ait été tirée de la Novelle 115.) *liberi furioſi*, dit l'Empereur Juſtinien dans cette Autentique, *qui curam ejus negligunt, tam exheredatione digni ſunt, quam aliis pœnis legitimis, nam ſi quis alius atteſtatione ad eos miſſa, cum adhuc negligant in domum ſuam eum ſuſceperit, & procuraverit, ex hoc erit ſucceſſor legitimus.*

La diſpoſition de cette Autentique, oblige Godefroy d'établir cette grande & importante maxime, *filius juſtè exheredari poteſt, ſi parentis furioſi curam neglexerit.* De ſorte, que ſuivant la deciſion de cette conſtitution, & la Doctrine de cet Interprête, on ne peut revoquer en doute qu'un fils qui neglige de faire traiter ſon pere, qui eſt tombé dans la démence ou dans la fureur, eſt un ingrat qui n'a ni pieté, ni amour pour celui qui l'a mis au monde, & qu'il eſt par conſéquent indigne, & de la Donation que ſon pere peut lui avoir fait avant ſa maladie, & de ſa ſucceſſion dont il doit être privé, parce que d'un côté, le pere quoique tombé dans la foibleſſe d'eſprit, ou devenu furieux *retinet matrimonium & poteſtatem patriam.* D'un autre côté, le fils du pere Donateur qu'il ſçait être devenu imbecile ou furieux, peut être nommé Curateur à la démence de ſon pere, pendant la durée de ſa maladie, ſuivant la Doctrine de Godefroy ; ce qui doit l'obliger à être attentif à ne rien negliger, pour le faire guerir.

Ricard s'explique clairement, & en peu de mots ſur notre queſtion. Voici ſes paroles concernant l'ingratitude du fils Donataire, *s'il abandonne ſon pere reduit dans la fureur, & la foibleſſe d'eſprit.* Or n'eſt ce pas l'abandonner dans cette funeſte & dangereuſe maladie, dont le pere eſt attaqué, de negliger de lui donner tous les ſecours, & les remedes qui lui ſont neceſſaires pour le faire guerir ; quelle raiſon peut alleguer ce fils ingrat, pour colorer ſon ingratitude & ſon impieté, de ſouffrir qu'après que ſon pere s'eſt dépoüillé de la plus grande partie de ſes biens, par la Donation qu'il lui

Notte I. ad dict. autent.

Notte E. àd §. 11. cap. 3. Novell. 115.

Tome I. 3. part. chap. 6. ſect. 2 N°.691. de la derniere édition.

a fait, avant qu'il tombât dans la fureur, ou dans la foibleffe d'efprit ; quelle impieté, dis-je, n'eft-ce pas de fouffrir qu'un parent où un étranger lui fourniffent tout ce que fa maladie, & la trifte fituation dans laquelle le pere Donateur fe trouve reduit, exigeoient de fon amour & de fa gratitude pour celui qui l'a mis au monde, pour le guerir de la fureur ou de la démence dont il eft attaqué. Sa qualité de fils, & celle de Donataire, ne l'obligeoit-il pas à le faire ? & pouvoit-il ignorer fa maladie, lorfqu'elle étoit notoire & publique ? étoit-il en droit après cela de negliger de fecourir fon pere Donateur, dans cette trifte & fatale conjonĉture ?

CHAPITRE III.

Si le fils émancipé qui a fait une Donation à fon pere, peut la revoquer par le remede de la Loi Generaliter, *s'il neglige de le faire guerir, lorfqu'il eft devenu furieux ou imbecile.*

LA liaifon que cette queftion a avec la précedente, m'a obligé à l'examiner de fuite, parce que fa décifion dépend des mêmes raifons, & des mêmes principes.

C'eft un principe de droit, fondé fur la Loi *Generaliter, Cod. de revocand. Donat.* que toute injure eft une ingratitude très-grande, lorfqu'elle attaque ou la vie, ou l'honneur du Donateur, & que c'eft une des caufes juftes & legitimes pour faire revoquer la Donation.

Ce principe pofé, il eft certain que fi le fils émancipé, après avoir fait une Donation à fon pere de la plus grande partie de fes biens, devient ou furieux, ou foible d'efprit, & que le Donataire l'abandonne, ou neglige d'avoir foin de lui, & de le faire traiter pendant la durée de fa maladie : fi quelqu'un, foit un étranger où un parent, fe charge de le faire, & fi le Donateur revient dans fon bon fens, *& fit fana mentis*, il

eft

est en droit de revoquer la Donation par l'ingratitude du Donataire, à laquelle il l'a porté, soit par sa faute, soit par sa negligence, suivant la decision formelle de l'Autent. *liberi*, où il est dit, *eadem pœna parentibus imponenda, si quidem de liberis in furore constitutis curam neglexerint.*

Cod. de Epiſc. audient.

La Novelle 115. de Justinien, d'où cette Autentique a été tirée, decide la même chose en ces termes : *Si liberis vel uno ex his furore constituto, parentes eos curare neglexerint omnia & hic observari precipimus, quæ de parentibus furiosis superiùs disposuimus :* Or si le fils Donataire de son pere qui vient à l'abandonner, ou qui neglige de le faire traiter, lorsqu'il est tombé en démence, ou qu'il est devenu furieux, après la Donation que son pere lui a faite. Si ce fils negligent & ingrat donne lieu à la revocation de la Donation, pour ne l'avoir pas fait traiter pendant sa maladie, ne doit-on pas dire la même chose du pere Donataire, qui ne veut point prendre le soin de faire guerir son fils, qui par une Donation entre-vifs, a disposé de ses biens en sa faveur avant sa maladie, puisque cet argument *à simili* est apuyé sur le sentiment de Godefroy dans une de ses Notes, où il dit, *filius justè exheredari potest, si parentis furiosi curam neglexerit & è contra.* Ce profond Docteur dit encore la même chose en sa Note *R.* sur le Chapitre 4. par la même raison, en nous renvoyant à une autre de ses Notes sur le Chapitre 3. de cette Novelle.

Cap. 4. 5. 6.

Note I. ad Auth liberis, Cod. de Episc. audient.

5. 6. de la Novelle 115.

5. 11.

Ricard en son Traité des Donations, decide cette question en ces termes ; *de sorte que par ce moyen, encore que les causes d'ingratitude, pour lesquelles la Novelle 115. veut qu'il soit permis d'exhereder leurs enfans, se montent jusqu'à 14. il n'y en a pas une qui ne soit de même que les quatre dernieres de la Loi* (Generaliter, Cod. de revocand. Donat.) *que nous expliquons :* A quoi ce sçavant Auteur pouvoit ajoûter avec raison, que les mêmes causes d'ingratitude qui sont contenuës dans la decision de la Novelle 115. qui regarde les Ascendans par raport aux Descendans ; regardent aussi les Descendans par raport aux Ascendans, qui font des Donations de la totalité, ou de la plus grande partie de leurs biens ; ainsi qu'on

3. part. ch. 6. sect. 2. N°. 690. Tome I. de la derniere édition.

peut le voir dans les Chapitres 3. & 4. de la même Novelle ,
qui comprenent les uns & les autres ; ce que Ricard ne pouvoit paffer fous filence , puifqu'il donne un detail fuccint des
caufes juftes & legitimes qu'elle contient. Le travail ne lui
auroit pas coûté d'avantage ; & fon traité quoique très-fça-
vant , & très-utile au public , auroit été & plus methodique ,
& plus parfait.

CHAPITRE IV.

Si le pere peut revoquer la Donation faite par la Loi Ge-
neraliter à fa fille mineure de 25. ans , qu'il a éman-
cipée , parce qu'elle refufe de fe marier avec un hom-
me , que le Donateur lui propofe , pour vivre dans la
débauche , & dans l'incontinence.

S'Il falloit s'étendre beaucoup fur cette queftion , dans
l'examen qu'on s'eft propofé d'en faire , il eft certain
qu'elle fourniroit la matiere à une grande Differtation ; mais
la breveté que l'on a promis de garder dans ce Traité , m'o-
blige à la difcuter en très-peu de mots.

Cap. 3. §. 11. La decifion de notre queftion eft marquée en termes fi
clairs dans la Novelle 115. qu'elle ne laiffe aucun doute à former fur ce qu'elle renferme , en voici le texte avec la caufe
d'ingratitude. *Si alieni ex prædictis parentibus volenti fua*
filiæ , vel nepti maritum dare , & dotem fecundum vires fubftan-
tiæ fuæ , pro ea præftare , illa non confenferit , fed luxuriofam
Note R. ad *degere vitam elegerit.* Surquoi Godefroy dit très-à propos ,
dict. §. *poteft quidem filia impunè , jufta tamen de caufa detrectare nup-*
tias ei à parente oblatas ; fi tamen eas detrectaverit , eo fine ut
luxuriofam vitam eligeret ! Eh quoi , la proftitution , la de-
bauche , la vie fcandaleufe d'une fille , doit la faire regarder
comme une fille , qui par fon ingratitude envers celui qui l'a mis
au monde , par l'injure qu'elle lui fait , en refufant de fe marier

avec un homme de vertu, de merite & de probité, pour vivre dans le libertinage & dans l'incontinence ; & l'on revoquera en doute, si le pere qui a fait une Donation à sa fille émancipée, sera fondé de la faire revoquer par la disposition de la Loi *Generaliter*, parce que cette fille a refusé d'épouser un parfait honnête homme, pour se prostituer & tirer un profit honteux de sa débauche & de ses déreglemens? N'est ce pas contester la lumiere du soleil en plein midi? Est-il une injure plus grave que celle qui flétrit l'honneur d'une famille; cette fille ne tombe-t-elle pas dans le cas de l'exheredation, par sa conduite irreguliere & la depravation de ses mœurs; comment veut-on, que *injuriam atrocem in eum non effundat*; c'est-à-dire à son pere, lorsqu'elle transgresse le précepte Divin, qui regarde le respect que les enfans doivent avoir pour ceux qui lui ont donné la vie; comment veut-on que cette fille qui couvre d'infamie son pere & son bienfaiteur, ne tombe point dans une des causes d'ingratitude, qui ouvre la porte, non-seulement à l'exheredation ; mais à la revocation de la Donation qui lui a été faite, avant qu'elle refusât le mariage qu'on lui propose, pour se frayer le chemin à la prostitution & à l'incontinence?

Cod. de revocand. Donat.

Ces reflexions sont apuyées sur la decision *si filiam tuam*, qui est conçuë en ces termes : *Si filiam tuam, eo quod turpiter & cum flagitiosa fœditate vivit, à successione tua excludendam putes : si non in consulto calore, sed ex meritis ejus ad id odium incitatus es, postremi judicii liberum arbitrium habebis.* C'est-là une des justes causes d'ingratitude que l'on peut apliquer, non seulement à l'exheredation d'une fille qui se prostituë, & qui est dans l'impudicité ; mais même à la revocation d'une Donation faite à cete fille impudique, & dont l'incontinence est publique dans toute une ville. Peut-on douter que cette cause mise dans cette Loi, ne s'étende d'un cas à l'autre ; sur-tout lorsqu'elle est précedée du refus qu'elle fait de se marier avec une personne, que son pere & son bienfaiteur lui propose, en vûë de mener une vie pleine d'oprobre & d'infamie, à laquelle elle s'abandonne, parce

Cod. de inosic. Testam.

que c'eſt la fin qu'elle s'étoit propoſée lors de ce refus.

Godefroy va plus loin que la Loi que l'on vient de citer ,
& decide cette queſtion par ces termes, *liberi ob turpem vi-*
tam , poſſunt exheredari ; turpis liberorum vita exheredationem
meretur, Novelle 115. *cap. 3. ſed & dotis & alimentorum pri-*
vationem : Or ſi le pere peut priver ſa fille de la dot & des
alimens , n'eſt-il pas certain , que par un argument *à majori*
ad minus, ce pere Donateur peut revoquer la Donation qu'il
a faite à ſa fille émancipée , parce qu'elle a refuſé d'épouſer
un honnête-homme qu'il lui a propoſé en mariage , pour
avoir la liberté de ſe proſtituer , & de vivre dans l'incontinence ? N'eſt-ce pas une injure atroce , que cette fille fait
à celui qui lui a donné la vie , & qui la comblé de bienfaits , par une Donation de la plus grande partie de ſes biens ?

Cette fille ne viole-t-elle pas la pieté dont il eſt parlé dans
la Loi *Donationes* 19. *contrà ipſam venit pietatem* ? Elle fait
enfin une injure atroce à celui qui la miſe au monde, par l'oprobre & le deshoneur qui rejaillit ſur ſon Donateur , & ſur
toute la famille , *injuriam atrocem in eum effundit*. Inde-
pendament du violement du précepte Divin, qui ſeul devroit lui faire perdre la proprieté des biens donnez ; mais
ce qui tranche toute difficulté ſur notre queſtion ; c'eſt qu'elle

eſt apuyée ſur la Doctrine de Ricard , qui diſſipe tous les
doutes que l'on pourroit faire naître.

Cet Auteur parlant des cauſes juſtes & legitimes d'ingratitude , dit. *Enfin ſi une fille refuſe l'honneur du mariage*
que lui propoſe ſon pere , pour s'abandonner à l'impureté de ſa
concupiſcence ; il doit demeurer pour conſtant , que la fille
émancipée , & Donataire de ſon pere qui refuſe de prendre
en mariage la perſonne que le Donateur lui propoſe , pour
vivre dans le libertinage & l'impudicité , ouvre la porte à la
revocation de la Donation qui lui a été faite, non-ſeulement
par le benefice des Loix qui le decident ; mais encore par
l'autorité des Docteurs & Interprêtes , qui s'expliquent formellement en faveur du pere Donateur.

CHAPITRE V.

Si la fille majeure de 25. ans, Donataire de son pere ou de sa mere, qui vit dans l'incontinence, & qui mene une vie dereglée, peut donner lieu à la revocation de la Donation, par le benefice de la Loi Generaliter ; & si le pere où la mere, Donateur ou Donatrice de cette fille, refusant de la marier, elle peut contracter mariage sans leur consentement, & sans tomber dans l'une des causes de la même Loi Generaliter, & de la Novelle 115.

LA liaison que ces deux questions ont avec la precedente, m'oblige à les examiner presentement, pour ne pas violer l'ordre que je me suis obligé de suivre dans ce Traité.

Ces deux questions doivent être traitées l'une après l'autre, par les Loix de la France ; c'est-à-dire, par les Ordonnances, les Edits, & les Declarations de nos Augustes Monarques, & par les Loix Civiles.

On va commencer par la premiere, quoique l'une & l'autre dépendent des mêmes principes, pour ne perdre jamais de vûë tout ce qui concerne, & l'ingratitude des enfans, quoique majeurs de 25. ans, envers ceux qui les ont mis au monde, qui peuvent les faire exhereder, & l'ingratitude des mêmes enfans Donataires de leur pere ou mere, soit par la disposition de la Loi *Generaliter*, soit par la Novelle 115. de l'Empereur Justinien, ou par le droit public de la France.

C'est une des maximes generales du Droit Romain, établie par Justinien dans la Novelle dont on vient de parler, *cap.* 3. §. 11. que le pere ou la mere qui refusent, ou qui negligent de marier leur fille âgée de 25. ans, ne peuvent l'accuser

G iij

d'ingratitude, fi elle vit dans l'incontinence, & fi elle mene
une vie dereglée. La raifon de cette decifion eft prife du
texte même de cette Novelle, *hoc ad ingratitudinem filiæ
nolumus imputari, quia non fua culpâ, fed parentum id com-
miffiffe dignofcitur.*

Note *A.* ad
Novell. 115. §.
11. *cap.* 3. Godefroy expliquant ces mots, *in corpus peccare*, dit fort
judicieufement, *in corpus peccare, hîc aliud effe puto, quàm
meretricio more vivere. Eo igitur adducor, ut credam filiam majo-
rem 25. annis patre ceffante ei conditionem quærere, non ob id
exheredari poffe, quod in fuum corpus peccaverit, fortè femel aut
aliquoties, clam tamen.* Voilà qu'elle eft la decifion de ce fçavant Interprête fur l'explication de ces mots ; la luxure
d'une fille majeure de 25. ans, que fon pere neglige ou refufe
de marier, peut la faire tomber une ou plufieurs fois fecrete-
ment, dans un commerce avec un jeune-homme, ils font l'un
& l'autre *folutus & foluta* ; c'eft veritablement un concubinage caché aux yeux des hommes, quoique connu de Dieu :
elle perfevere & continuë à mener le même train de vie,
pendant quelque tems avec ce jeune-homme, le pere n'a point
de caufe legitime pour l'exhereder, *ad ingratitudinem filiæ nolumus imputari*, dit Juftinien. Comment veut-on après cela que
le pere ou la mere, qui auront fait une Donation à cette fille
de la plus grande partie de leurs biens, avant le dereglement
des mœurs qui l'a portée à devenir la Concubine fecrete d'un
jeune-homme, puiffe ouvrir la porte à la revocation de la
Cod. de re-
vocand. Donat. Donation, par le benefice de la Loi *Generaliter* ? Pourquoi
ne la pas établir par un mariage proportionné à fa condition
& à fes biens, avant fa majorité accomplie ? Quelle injure
fait-elle au Donateur, ou à la Donatrice, d'avoir un commerce fecret avec ce jeune-homme, ayant atteint cette majorité, *jam pronuba flamma pudorem follicitat* ; cette fille ne
peut dans cette conjonĉture être regardée comme vivant
meretricio more. Pourquoi donc veut-on pouvoir revoquer
cette Donation, par l'ingratitude de la Donataire, tandis
qu'il ne paroit aucune caufe legitime pour l'exhereder ; cette
fille peut donc opofer au Donateur ou à la Donatrice, cette

maxime de Godefroy, *pater peccandi occasionem filiæ præstare intelligitur, si eam viro intra* 25. *annos ætatis non elocat*, dont il aporte pour raison, *& meritò, nemo enim id punire potest, cujus ipse admittendi fuit occasio.* Maxime apuyée sur l'Autentique *sed si,* que l'on vient de citer, prise de la Novelle 115. *cap.* 3. §. 11. qui est conçûë en ces termes : *Sed si post* 25. *annos te differente filiam marito copulare, ea in suum corpus peccaverit,* Il s'ensuit donc de tout ce qu'on vient de dire, que le pere ou la mere, Donateur & Donatrice, ne peuvent pas faire revoquer la Donation qu'ils ont fait à leur fille, lorsqu'ayant negligé ou refusé de la marier à l'âge de 25. ans accomplis, elle devient la Concubine secrete d'un jeune-homme, avec lequel elle a une frequentation qui la précipite dans ce concubinage, qui n'est sujet à aucune peine, comme le decide le Jurisconsulte Marcien, en la Loi 3. §. 1. *quia concubinatus per Leges nomen assumpsit,* parce que selon la Doctrine de Godefroy, est *semimatrimonium & conjugium inæquale,* ce qui est fondé sur la Loi *Si qua illustris* 5. dans laquelle Justinien apelle le concubinage, entre *solutum & solutam;* c'est-à-dire, une fille & un jeune-homme, *licita consuetudo,* qui n'assujetit l'un & l'autre à aucune peine, quoiqu'il soit prohibé par le droit Divin, *Concubinatus jure Divino reprobatur.*

Mais on ne doit pas dire la même chose de la fille majeure de 25. ans, *quæ turpiter & cum flagitiosa fæditate vivit,* dont parle la Loi 19. *Cod. de inosic. Testam.* publiée par les Empereurs Dioletien & Maximien, parce qu'elle peut non-seulement être desheritée, suivant la decision de cette Loi ; mais parce qu'elle se prostituë à plusieurs, & que son impudicité est publique ; c'est d'elle qu'on peut dire que c'est une Messaline, parce que *peccat cum multis ;* c'est de cette fille debordée, & prostituée à tout le monde, dont parle l'Empereur Justinien dans la Novelle 115. *quæ luxuriosam vitam eligit ;* c'est à elle que l'on doit apliquer cette maxime de Godefroy, *quæ luxuriosam vitam eligit, ut ingrata à parente potest exheredari ;* c'est d'elle que parle la Loi 19. que

Note S. ad Autent. sed si Cod. de inosic. Testament. & Nota T.

Dig. de Concubinat.

Note O ad dict. L. 3. §. 1.

Cod. ad Senatusconf. orphit.

Godefroy, Note E. ad Novell. 91. Leon.

Cap. 3. §. 11.

Note R, ad dict. cap. 3. §. 11. Cod. de inosic. Testam.

l'on a fi fouvent citée ; c'eſt à cette fille impudique , *quæ meretricio more vivit*, que les Loix & les Conſtitutions du Droit Romain refuſent la legitime , *debitum bonorum ſubſidium.*

De-là , l'exheredation juſte & legitime de cette fille impudique ; de-là , l'atrocité de l'injure qu'elle fait à ceux qui lui ont donné la vie , & qui par une liberalité, s'étant dé-poüillez de la plus grande partie de leurs biens , ſe voyent deshonorez par une Donataire, dont la proſtitution les cou-vre d'oprobre & d'infamie , & ouvre la porte à la revocation de la Donation , par le remede de la Loi *Generaliter* , *Cod. de revocand. Donat.* De-là enfin , la privation de la dot & des alimens que cette fille impie , ingrate & impudique s'attire ſuivant la Doctrine de Godefroy , à cauſe de la cor-ruption de ſes mœurs , & qu'elle a voulu ſe ſouftraire au reſpect , à la pieté , & à l'obéïſſance qu'elle doit avoir pour ſes pere & mere , ſes Donateur ou Donatrice.

Note *P. ad L. 19. Cod. de inofic. Teſtam.*

On paſſe preſentement à l'examen de la ſeconde queſtion , dont la deciſion ne reçoit point de difficulté.

Liv.6. tit. 2. N°. 6.

L'Ordonnance de Blois , raportée dans le Code Henry , veut que les Enfans qui auront atteint l'âge de 30. ans , & les filles 25. ans accomplis , puiſſent ſe marier après avoir requis l'avis ou le conſeil de leurs peres. Ce qui eſt decidé par cette Ordonnance , met à couvert les enfans & les filles des foudres de l'exheredation ; & par une conſéquence ne-ceſſaire , de la revocation des Donations , que leurs peres & meres leur auront fait avant leur mariage , parce que l'ingra-titude qui ſert de baſe & de fondement à cette revocation , ſupoſe que les Donataires ſe ſont rendus indignes des libe-ralitez , que ceux qui les ont mis au monde leur auront fait : Or ſi ces enfans Donataires ont rempli la formalité requiſe par l'Ordonnance de Blois , lorſqu'ils ont atteint l'âge preſ-crit par cette Loi generale ; c'eſt à-dire , s'ils ont fait trois actes de reſpect ou de ſomation à leurs peres & meres ; com-ment veut-on qu'ils puiſſent être desheritez ; comment pour-ra-t-on ſoûtenir que les Donations qui leur ont été faites , doivent

doivent être revoquées par la difpofition de la Loi *Genera-liter* ? Quelle eft la caufe d'ingratitude, qui peut fervir de motif à cette revocation ? Quelle eft l'injure qu'ils font aux Donateurs ou Donatrices, font-elles marquées au coin de cette Loi ou de la Novelle 115. ? Ne voit-on pas au con-traire, que dans la même Novelle, Chapitre 3. §. 11. que la fille majeure de 25. ans, peut fe marier fans le confentement de fes pere & mere, qui ont negligé de l'établir. Godefroy le dit en termes fi clairs, qu'il ne faut que les raporter pour en être convaincu. Ce fçavant Interprête, après avoir dit que la fille mineure de 25. ans ne peut point fe ma-rier fans le confentement *id que metu ingrati*, ajoûte enfuite, *major 25. annis poteft ut hic*.

Note *E. ad dict. §. 11.*

Mr. Cujas établit une queftion bien finguliere, qu'il decide après l'avoir examinée : il demande fi le pere peut impofer cette condition à fa fille, qu'elle ne pourra fe marier qu'à l'âge de 30. ans, & fi pour ne l'avoir pas executée, elle peut être desheritée, fi elle fe marie avec un homme d'honneur, avant d'avoir atteint l'âge prefcrit par le pere ; & il décide que non, parce que c'eft-là une condition illicite, contraire à la difpofition des Loix, qui veulent que les filles puiffent fe marier à l'âge de 25. ans accomplis, en France, après avoir requis le confentement du pere, par trois actes de refpect ou fommations ; & nous ne doutons point, que fi un pere infti-tuoit fa fille heritiere fous cette condition contraire, & aux Loix Romaines, & aux Loix du Royaume, elle ne fût re-gardée comme une de ces conditions *qua pro non fcriptis ha-bentur*. D'où il s'enfuit, que fi un pere faifoit une donation à fa fille majeure de 25. ans, & émancipée avant cette Dona-tion, à condition qu'elle ne pourroit fe marier qu'à l'âge de 30. ans ; fi cette fille venant à entrer dans les facrez liens du Mariage, avant qu'elle eut atteint les 30. ans accomplis, le pere Donateur ne feroit point en droit de revoquer la Do-nation qu'il lui avoit faite, ni par le remede de la Loi *Gene-raliter*, ni fuivant la difpofition des Loix qui font fous le titre du Code, *de Donationib. qua fub mod.* par la même rai-

Conf. 19.

Cod de revo-cand. Donat.

H

son, que le défaut d'executer cette condition, ne pourroit pas la faire priver, ou exclurre de l'heritage de son pere, qui est un argument *à majori ad minus.*

Tome I. 2.
Part.ch.6.fect.
2, N°. 703.

Mais pour revenir à la question que nous examinons, Ricard s'explique en termes formels. *Nos Ordonnances,* dit-il, *ont ajoûté une nouvelle cause d'ingratitude, par laquelle les Donations peuvent être revoquées, qui est au cas que les enfans se marient sans le consentement, & au deçû de leurs peres & de leurs meres, si ce n'est qu'ils ayent atteint ; sçavoir les mâles 30. ans, & les filles 25. auquel cas, elles veulent que les enfans requierent par écrit l'avis de leur pere & de leur mere.* On voit donc par le sentiment de cet Auteur François, que dès que les enfans ont atteint la majorité legale, qui est l'âge de 30. ans pour les mâles, & 25. pour les filles ; ils peuvent se marier sans craindre que les Donations qui leur ont été faites, soient revoquées, parce que les Ordonnances étant penales, & n'attachant la peine de la revocation des Donations, qu'aux enfans mâles qui n'auront pas atteint l'âge prescrit par ces Ordonnances, on est au cas de la maxime *odia restringenda, favores ampliandi* ; pourveu qu'avant d'entrer dans les liens du mariage, ils ayent fait préceder les trois actes de respect, ou sommations qu'ils doivent faire signifier à leurs peres & à leurs meres, Donateurs & Donatrices, qui ne peuvent reclamer en leur faveur la disposition des Loix du Royaume, pour faire revoquer les Donations.

Loüis XIV. voulant faire connoître à ses peuples, qu'elle étoit son attention à obliger les enfans, d'avoir pour leurs ayeuls & ayeules, pere & mere, le respect, la pieté, & l'obéïssance qui leur sont dûs ; deffend par son Edit du mois de Mars 1691. aux fils & filles majeures de 25. & de 30. ans, demeurans actuellement avec leurs pere, mere, ayeul, de contracter mariage à leur insçû, à peine d'être privez & d'échus, & les enfans qui en naîtront, des successions de leur pere, mere, ayeul, & ayeule, & de tous les biens qui pourroient leur être acquis, de quelque maniere que ce soit, & même du droit de legitime. Telle est la Loi Vivante &

le droit public que l'on fuit en France, qui porte la peine encore plus loin que l'Ordonnance de Blois, à l'égard des enfans mineurs. Peut-on fe fouftraire à cette peine, tandis que les petits-fils même y font affujettis ? Eft-il quelque fils majeur de 30. ans, ou quelque fille majeure de 25. Donataires de leur pere, mere, ayeul ou ayeule, qui voulut encore, non feulement la privation de la legitime, & de la fucceffion des uns & des autres ; mais même de tous les biens qui peuvent leur être acquis à titre de Donation ? Donc la revocation eft comprife parmi les autres peines qui font contenuës dans cet Edit, de l'an 1697. fans avoir befoin du remede de la Loi *Generaliter, Cod. de revocand. Donat.* ni de la Novelle 115. puifque cette revocation eft prononcée, & ordonnée par l'Augufte Legiflateur qui l'a faite.

cap. 3. & 4.

On finiroit ici l'examen de cette feconde queftion, fi l'on fe bornoit à la decider par le droit public de la France ; mais comme mon deffein eft de rendre ce Traité commun, utile, & neceffaire aux autres Etats de l'Europe, où l'on fuit le Droit Civil. Je fuis indifpenfablement obligé d'établir encore quelques maximes qui regardent les mêmes Etats.

La premiere de ces maximes, eft fondée fur le §. 11. *cap. 3.* de la Novelle 115. de Juftinien, où il eft decidé que la fille majeure de 25. ans, peut *fine confenfu parentum marito, fe libero tamen conjungere* ; ce qui donne lieu à Godefroy de dire *major 25. annis poteft ut hic.* On ne voit pas que cette fille foit obligée par la Conftitution de cet Empereur, de requerir l'avis, & le confeil de fes pere & mere, avant que de fe marier, ni que Godefroy exige cette formalité, comme abfolument neceffaire, foit pour fe garentir de l'exheredation, foit pour empêcher l'effet de la revocation de la Donation *ob ingratitudinem*, puifque ce profond Interprête n'auroit pas manqué de le dire dans la Note qu'on vient de citer.

Note B. ad dift. §.11. cap.3.

La feconde maxime a pour fondement, que le fils émancipé, peut fe marier fans le confentement de fon pere, fuivant la decifion du Jurifconfulte Modeftin, en la Loi *filius* 25. fur laquelle Godefroy remarque, que le mariage de ce

Dig. de ritu nupt.

H ij

fils émancipé, eſt legitime par les Loix Canoniques, & par
Note G. ad
dict. L. 25. les Loix Civiles qu'il raporte en grand nombre ; & ajoûte
enſuite, *ſic ſentio quoſcumque liberos, ſive filios ſive filias, in-
juſſu patris contrahere nuptias impunè non poſſe, niſi ſint emancipati expreſſe (tunc enim videntur voluntate patris ſemper
contrahere, L. 3. §. 4. tit. de contr. tabul.) vel tacitè puta,
ſi majores 25. annis Novell.* 115. cap. 3.   Or ſi ſuivant la Doctrine de ce ſçavant Interprête, la fille eſt cenſée émancipée
tacitement à l'âge de 25. ans, & ſi le pere ne peut la regarder
comme une ingrate pour la desheriter, parce qu'elle s'eſt
mariée ſans ſon conſentement ; n'eſt-il pas certain, que ſi
après que cette fille aura atteint ſa majorité accomplie, elle
ſe marie ſans la permiſſion de ſon pere, qui lui a fait une
Donation à l'âge de 25. ans de la plus grande partie de ſes
biens ; n'eſt-il pas certain, dis-je, que ſi elle vient à contracter mariage ; le Donateur ne peut pas revoquer cette
Donation *ob ingratitudinem Donatarii*, par le privilege de
Cod. de revo-
cand, Donat. la Loi *Generaliter*, parce que ce mariage, quoique fait ſans
le conſentement du pere Donateur, n'eſt pas une injure
atroce qui puiſſe ſervir de fondement à cette revocation ; ce
qui eſt apuyé ſur la diſpoſition de la Loi 19. *ff. de rit. nupt.*

La troiſiéme maxime, eſt priſe d'une Note de Godefroy,
Note C. ad
§. 11. cap. 3. ſur la Novelle 115. où il dit, que ſi le fils émancipé ſe marie avec une fille de joye, ou avec une proſtituée *poteſt exheredari*, ce qui eſt fondé ſur la Loi 3. §. 5. *ff. de bonor. poſſeſſ.
contra tabul.* c'eſt cette fille de joye, cette proſtituée, que
ce Docteur apelle *propudioſa* ; c'eſt elle, *quæ meretricio more
vivit* ; c'eſt elle qui ſert de motif à l'exheredation du pere.

On peut donc apliquer cette Note de Godefroy, & la
Loi qu'on vient de citer, à une ingratitude du fils émancipé
Donataire du pere, pour lui fournir une cauſe juſte & legitime pour revoquer la Donation.   L'injure atroce que ce
Donataire lui fait, l'outrage qu'il porte juſqu'à deshonorer
ſa famille, & tous ſes parens ; ne ſont-ils pas des moyens
très-puiſſans, pour le rendre indigne de la liberalité de
ſon pere, & pour produire cette revocation par le benefice

de la Loi *Generaliter*, Cod. *de revocand Donat.*

La quatriéme & derniere maxime, a pour fondement la
même Note de Godefroy, où ce Docteur decide, que si la
fille majeure de 25. ans se marie avec un Esclave, avec une
personne notée d'infamie, ou avec un homme condamné à
la mort civile, le pere peut l'exhereder ; & par la même raison, revoquer la Donation qu'il lui aura faite dans sa majorité, à cause de l'atrocité de l'injure qu'elle fait à celui qui
la mise au monde ; & qui l'ayant comblée de ses bienfaits, ne
devoit pas être outragé par un mariage si infamant, pour couvrir d'oprobre son pere & son bienfaîteur.

CHAPITRE VI.

Si le pere peut revoquer la Donation qu'il a fait à sa
fille, par le benefice de la Loi Generaliter, *Cod.* de
revocand. Donat, *parce qu'elle ne veut point se sé-*
parer de son mari ; & si ce refus est une juste cause
d'ingratitude.

CEs deux questions se confondent, & dépendent des
mêmes principes, comme on l'établira par les raisons,
& par les auroritez sur lesquelles on apuyera la decision que
l'on en donnera.

Diocletien & Maximien, ordonnent par une des Loix,
qui sont sous le titre du Code *de inofic. Testam.* que le pere
ayant commandé à sa fille mariée de quitter son mari, & de
se séparer d'avec lui, parce qu'il est irrité contre lui, & qu'il
le regarde comme un de ses ennemis capitaux ; ces Empereurs, dis-je, ordonnent que si cette fille refuse de se séparer
de corps d'avec son mari, elle ne pourra être desheritée, &
qu'elle peut faire casser son Testament par la plainte d'inoficiosité, *ad exheredationis Notam*, disent-ils, *prolapsum esse*
dicas, inofciosi Testamenti quarelam inferre non vetaberis.

L. 18.

Note *O. ad dict. L.* 18.

Le judicieux Godefroy dans une de ses Notes sur cette Loi, assure que le refus de cette fille de quitter son mari, n'est pas une des causes justes d'ingratitude envers le pere, *parentibus, in quibusdam, citra mentem ingratitudinis non obtemperamus :* Or si la fille mariée peut refuser de se séparer d'habitation de son mari, sur la demande de son pere, sans que celui-ci puisse alleguer son refus, comme une cause legitime d'ingratitude pour la desheriter, *ne bene Concordantia matrimonia turbentur;* on ne peut revoquer en doute, que si un pere a fait une Donation à sa fille d'une grande partie de ses biens, dans son Contrat de mariage, s'il est irrité contre son gendre, devenu son ennemi capital; ce pere, dis-je, Donateur, ne peut demander la revocation de la Donation, fondé sur le refus de sa fille Donataire de quitter son mari, par la

Note *M. & N ad dict. L.* 18.

disposition de la Loi *Generaliter, Cod. de revocand. Donat.* Godefroy prend soin d'en aporter cette excellente raison, *uxoris summa pietas à marito non divelli patre volente;* d'où l'on doit conclurre, que la fille Donataire qui refuse de quitter son mari broüillé avec le Donateur, est à couvert de la revocation de la Donation, à cause de son refus, parce que son pere ne peut l'accuser d'ingratitude dans cette occasion; & que s'il ne peut fraper sa fille de la foudre de l'exheredation sur ce fondement; il ne peut par la même raison, faire revoquer la Donation contenuë dans le Contrat de mariage de cette fille, d'autant plus que les peines sont de droit étroit, & qu'on ne peut les étendre hors de leur cas.

Tom. I. 3. p. ch. 6. sect. 2. N°. 691. de la derniere édition.
Note *O. ad dict. L.* 18.

Ricard nous aprend fort judicieusement, que les reflexions que l'on vient de faire, & les conséquences qui s'ensuivent, s'apliquent de l'exheredation à la revocation des Donations, par l'ingratitude des Donataires, parce que si selon la Doctrine de Godefroy, dans une de ses Notes, *filia non divertens à marito parentis jussu, non meretur exheredari :* il s'ensuit, que le refus de la fille de quitter son mari, ensuite de l'ordre qu'il lui en a donné, ne peut être une cause juste & legitime d'ingratitude, pour faire revoquer la Donation, par le remede de la Loi *Generaliter, Cod. de revocand. Donat.* parce qu'il peut fervir de motif à la faire desheriter.

La Loi *Diſſentientis* 5. decide encore les queſtions que *Cod de repud.* j'examine, en ces termes : *Diſſentientis patris qui initio conſenſit matrimonio cum marito Concordante uxore filia familias, ratam non haberi voluntatem ;* ce qui oblige Godefroy de dire Note *X.* ad à cet effet, *parens bene Concordans matrimonium liberorum in* *diſt. L.* 5. *poteſtate poſitorum, diſſolvere non poteſt ;* fur-tout, lorfqu'il a confenti au mariage de fa fille ; parce que dans ce cas, elle peut avec juſtice s'opofer à l'ordre, & au commandement de fon pere, fans craindre qu'il puiſſe revoquer la Donation par le privilege de la même Loi *Generaliter*, foit qu'elle ait été faite avant fon Contrat de mariage, foit qu'elle l'ait été dans le Contrat, ou après les époufailles, le refus de cette fille n'étant pas une des caufes marquées dans la Loi qu'on vient de citer.

CHAPITRE VII.

Si le Donataire, ayant accuſé le Donateur d'avoir commis le crime de faux, la Donation peut être revoquée, par la diſpoſition de la Loi Generaliter.

LA queſtion que l'on va traiter, eſt une des plus importantes qui doivent entrer dans ce Traité, ce qui m'oblige à la difcuter avec beaucoup d'exactitude, & de circonfpection.

La Novelle 115. de l'Empereur Juſtinien, decide clairement cette queſtion, en voici le texte. *Si eos in criminalibus* *Cap.* 3. §. 3. *cauſis accuſaverit quæ non ſunt, adverſus principem, vel rempublicam.* Or le crime de faux n'étant pas compris parmi ceux qui regardent le Prince ou la Republique ; peut-on revoquer en doute, qu'après l'accufation que le Donataire en aura formé contre le Donateur, celui-ci ne foit fondé de faire valoir en fa faveur la difpoſition de la Loi *Generaliter*, Cod. de revo- puifque Godefroy n'excepte du cas, concernant la revo- cand. Donat.

cation de la Donation, par l'ingratitude (en fa Note *E.* *ad*
dict. §.) que le crime de Leze-Majefté. *Liberi parentes ac-*
cufare poffunt , dit-il , majeftatis ut & uxor maritum, fervus
Dominum, Libertus Patronum. En effet, n'eft-ce pas une
ingratitude, & une impieté d'accufer fon bienfaiteur d'a-
voir fait une fauffeté ? Eft-ce là un retour, une reconnoiffance du Donataire, qui vient d'être comblé de biens, par
la liberalité du Donateur ? N'eft-ce pas plûtôt une injure
atroce qu'il lui fait, puifqu'il s'en prend à fa vie & à fon
honneur. La Loi *Generaliter* que l'on a citée, decide for-
mélement que le Donataire eft un ingrat, & qu'il doit être privé
à jamais des biens dont le Donateur a difpofé en fa faveur,
fi vitæ periculum ei intulerit ; ce qui doit avoir lieu, principalement lorfqu'un fils émancipé, Donataire du pere a l'inhumanité de l'accufer du crime de faux.

On va plus loin, & l'on dit qu'il n'eft point permis au
Donataire d'agir criminellement contre le Donateur, fans
tomber dès lors dans une des caufes d'ingratitude, qui ouvre
la porte à la revocation de la Donation, ainfi que l'affure
Tome I. 3. Ricard ; *& il fuffit* , dit-il , *pour former l'ingratitude du Dona-*
part. chap. 6. *taire, qu'il ait été dans la penfée d'outrager le Donateur par*
fect. 1. N°. 693 *fon action,* dont il aporte auffi-tôt la raifon. *Celui qui a re-*
de la derniere *velé l'oprobre de fon bienfaiteur, pour le porter en Juftice, quoi-*
édition. *que peut-être dans le zele de rendre fervice au Public, & de*
lui faire tirer vengeance d'une mauvaife action, &c. On voit
par les paroles de cet Auteur, que quelque couleur que le
Donataire veüille donner à l'accufation de crime de faux,
qu'il a intentée contre fon bienfaiteur, dès qu'il la revele, dès
qu'il la rend publique, en la portant au Tribunal qui eft en
droit d'en connoître ; il outrage le Donateur & le met en
danger d'être condamné à la mort, & de perir par la main
du Bourreau ; d'où il fuit, que ce Donataire tombe dans la
Ad tit. Cod. caufe d'ingratitude dont parle Mr. Cujas, *fi ingratus & im-*
de revocand. *pius valdè fuerit Donatarius adverfus Donatorem, ob quam cau-*
Donat. *fam, Donatori competit actio ingrati revocandæ Donationis*
caufa.

Enfin

Enfin, cette queſtion ne reçoit plus de difficulté depuis l'Arrêt célebre, rendu par le Parlement de Touloufe, que l'on voit dans Mr. Catellan, qui jugea que le Donateur étoit en droit de revoquer la Donation qu'il avoit faite, à celui qui avoit eu la dureté & l'ingratitude d'accuſer ſon bienfaîteur d'avoir commis une fauſſeté, conformément à la diſpoſition de la Loi *Generaliter*, & la Novelle 115. *cap. 3. §. 3.*

Tome II. Liv. 5. chap. 54.

Cod. de revocand. Donat.

CHAPITRE VIII.

Si le pere & la mere, peuvent revoquer les Donations qu'ils ont fait à leur fille, qui ſe marie ſans leur conſentement, avec un homme noté d'infamie, ou mort civilement.

QUOIQUE l'on ait déja touché cette queſtion dans un autre endroit, j'ai crû que je devois la traiter avec plus d'étenduë, parce que l'on ne l'a fait qu'en paſſant legerement ſur-tout ce qu'elle renferme.

On ne met plus en doute dans ce Royaume, que les Donations faites par le pere & la mere, peuvent être revoquées, lorſque leurs filles ſe marient ſans leur conſentement, ſurtout depuis l'Ordonnance d'Henry II. raportée dans le Code Henry, & par Ricard en ſon Traité des Donations, *Tome I.* 3. *part. ch. 6. ſect. 2. N°. 703.* de la derniere édition.

Liv. 6. tit. 1. art. 4.

Mais la queſtion que l'on va examiner, regarde le mariage d'une fille Donataire de ſon pere & de ſa mere *ſui juris*, & majeure même de 25. ans accomplis. Fille qui ſe marie (à l'inſçû, & ſans le conſentement de ceux qui l'ont miſe au monde, & qui l'ont comblée de bienfaits) avec un homme noté d'infamie, ou condamné à la mort civile, quoique par contumace, dans les Etats d'un Prince voiſin de la France : Or, il eſt conſtant, que ſi cette fille foulant aux pieds l'honneur de ſa famillle, & violant la pieté & le reſpect qu'elle doit avoir, & pour ſon pere, & pour ſa mere, qui lui ont donné la plus grande partie de leurs biens ; oublie

& fa maifon & fa naiffance, jufqu'à contracter mariage avec
un homme du caractere dont on vient de parler. Il eft conftant, dis-je, que cette fille tombe, non-feulement dans une
des caufes d'ingratitude, dont parle la Loi *Generaliter, Cod.
de revocand. Donat.* mais dans une indignité qui la prive totalement de la proprieté des biens donnez.

Cette ingratitude apuyée fur l'indignité, a pour fondement ce grand principe de Godefroy, *natura debetur paren-*
tibus obfequium. Ce judicieux Interprête ne met aucune difference entre une fille qui eft encore dans les liens de la puiffance paternelle, & celle qui eft émancipée, *& fui juris.* En
effet, n'eft-ce pas perdre le refpect & l'obéïffance, que l'on
doit avoir pour fon pere & pour fa mere, de fe marier avec
un homme qui a une tache d'infamie, ou qui a été condamné à une mort civile ? Pourquoi fe tranfporter dans les
Etats d'un Prince voifin, pour y aller chercher un époux fi
indigne de cet augufte Sacrement ? Pourquoi faire une injure fi atroce à fon pere & à fa mere, après que l'un & l'autre fe font dépoüillez de la plus grande partie de leurs biens,
en vûë qu'elle fe mariera avec un homme d'une condition
égale à la fienne ; & dont les mœurs & l'Etat, ne püiffent
point outrager fa famille ? N'eft-ce pas mettre le comble à
l'ingratitude ; le Donateur & Donatrice, ne font-ils pas en
droit de revoquer les Donations qu'ils lui ont faites ; tandis
que la Loi *Generaliter* fi fouvent citée, & la Novelle 115.
exigent des enfans, & fur-tout des filles, qu'elles ne contractent mariage, qu'avec un homme d'une probité, & d'une
droiture parfaite, & non avec un infame, avec un homme
noirci de crimes, ou condamné à la mort civile ? N'eft-ce
pas *atrocem injuriam in eos effundere !* Quelle tache, quelle
oprobre pour la famille, qu'un mariage fi mal afforti ! Ces
raifons font apuyées de l'autorité de Mornac *ad L. ult.* qui
eft precife fur cette queftion, *fi filius invita matre quæ bono-*
rum partem maximam retento ufufructu Donaverit, indignam
uxorem, vel cujus familia effet afperfa macula. La Donation,
dit-il, peut être revoquée par la Donatrice *ob ingratitudinem*

Note B. ad
L. 28. Cod. de
inofic. Teftam.

Cap. 3. §. 11.

Cod. de revo-
cand. Donat.

Donatarii. N'eſt-il pas certain qu'on doit dire la même choſe de la fille qui ſe marie ſans l'avis & le conſeil de ſon pere & de ſa mere, quoique émancipée (après une Donation de la plus grande partie de leurs biens) à un Comedien, à un un Eſclave, à un homme noté d'infamie, ou condamné par contumace à la mort civile ; on ne croit pas qu'on puiſſe conteſter l'aplication qui ſe fait d'un cas à l'autre, par la même idemtité de raiſon, fondée ſur la même cauſe d'in-gratitude, & ſur la même atrocité d'injure.

Ricard en l'endroit allegué ci-deſſus N°. 704. s'explique à peu près dans les mêmes termes que Mornac : voici ces paroles. *Sur le fondement de cette Ordonnance* (celle d'Henry II.) *la Cour a jugé par Arrêt intervenu en l'Audience de la grand'Chambre, le 2. Juillet* 1640. *que le fils qui s'étoit marié contre la volonté de ſa mere, à une perſonne infame, s'étoit rendu indigne de la nomination qu'il avoit faite de ſa perſonne pour heritier de ſon pere, ſuivant le pouvoir que le pere lui en avoit donné, & en conſéquence que cette nomination avoit pû être revoquée.* On voit donc par cet Arrêt, que toute diſ-poſition entre-vifs, faite par un pere ou par une mere, en faveur d'un fils, ou d'une fille émancipée, peut être revo-quée par le Donateur ou par la Donatrice, lorſque l'un ou l'autre ſe marie contre la volonté de celui, ou de celle qui l'a mis au monde, avec une perſonne infame ; & que pour lors on eſt au cas de cette revocation, ſuivant la Doctrine de Mr. Cujas, *ſi ingratus & impius valdè fuerit Donatarius adverſus Donatorem ;* maxime que l'on ne peut trop rapeller, parce qu'elle eſt tirée des textes formels des Loix civiles, de la Novelle 115. & de l'autorité de Godefroy ſur cette No-velle.

Notte *B. ad* §. 11. *cap.* 3.

CHAPITRE IX.

Si le Donateur peut revoquer la Donation, par le pri-
vilege de la Loi Generaliter *, Cod. de revocand.*
Donat. lorsque le Donataire lui dit des injures graves.
en public, & au milieu d'une ruë, ou d'une place.

Tome I. 3.
part. chap. 6.
sect. 2. N°. 693.
de la derniere
édition.

C'EST un principe du Droit écrit, établi par Ricard,
qu'il suffit pour prouver l'ingratitude du Donataire,
qu'il ait formé le dessein d'outrager le Donateur par son action. Ce principe posé, on ne peut revoquer en doute, que
si le Donataire dit en public des injures graves au Donateur,
soit dans une ruë ou dans une place, en presence d'un grand
nombre de personnes ; & sur-tout qu'il a fait des actions
qui devoient le faire pendre, qu'il est un scelerat, & qu'il
n'a jamais rien valu ; on ne peut revoquer en doute, dis-je,
que ce Donataire blesse l'honneur de son bienfaîteur ; & que
ces differentes injures sont graves & atroces, parce qu'elles
suposent que le Donateur est un homme qui a commis un
crime capital, qui devoit le faire punir de mort, principalement lorsqu'il est constaté par une enquête faite à la Requête
du Donataire, qu'il continuë toûjours à publier par-tout où
son bienfaîteur paroît, que celui-ci a fait des actions qui devoient le faire pendre. C'est-là une des causes pour lesquelles la Loi *Generaliter* s'arme de toute sa severité, pour revoquer la Donation faite à cet ingrat, qui n'a ni respect, ni
consideration pour le Donateur. Un outrage de cet espece,
ne doit-il pas être regardé comme une injure qui tombe dans
le cas d'une ingratitude évidente ; & peut-on douter que le
fait étant constaté *atrocem injuriam in eum effundit.*

Cod. de revo-
cand. Donat.

Tome I. 3.
part. chap. 6.
sect. 2. N°. 693.
de la derniere
édition.

Ces reflexions sont apuyées sur la Doctrine de Ricard,
qui dit très-à-propos sur cette question. *Au reste, ce qui est*
faussement controuvé contre l'honneur du Donateur, n'est pas

ſeulement ce que nous apellons une injure ; ce que le Dona-
taire va recüeillir de ce qui s'eſt paſſé, à deſſein de déſobliger
ſon bienfaiteur, paſſe auſſi au même rang ; vû que la verité en
cette rencontre, ne nous bleſſe pas moins que ce qui eſt faux ; &
il ſuffit pour former l'ingratitude du Donataire, qu'il ait été
dans la penſée d'outrager le Donateur par ſon action ; & en
cette occaſion, nous regardons plus au cœur qu'à l'exterieur ;
parce que l'ingratitude eſt un vice de l'eſprit & de l'ame ; & ſi
la Loi condamne d'ingratitude, celui qui a revelé l'oprobre de
ſon bienfaiteur, pour le porter en Juſtice, quoique peut être
dans le zéle de rendre ſervice au public, & de lui faire tirer
vengeance d'une mauvaiſe action ; il n'y a point de doute qu'elle
doit bien plûtôt s'animer contre celui, qui va chercher dans la
vie paſſée de ſon Donateur, ſans autre deſſein que d'aſſouvir ſa
paſſion, & de repréſenter ce qui offenſe ſa memoire. Juſqu'ici c'eſt
le paſſage entier de cet Auteur, que l'on n'a pû ſe diſpenſer
de raporter, pour prouver que c'eſt foüiller, c'eſt chercher
dans la vie paſſée du Donateur, de publier dans une ruë ou
dans une place publique, des actions qui devoient faire condamner le Donateur à la mort, en vûë de manifeſter ſa haine
contre ſon bienfaiteur, en revelant un homicide, une fauſſeté qu'il aura fait pour le rendre criminel, & porter le vengeur public à pourſuivre le Donateur pour le faire punir du
crime qui devoit reſter enſeveli dans le ſilence, par raport
aux bienfaits dont le Donateur a comblé le Donataire. En
effet lui convient-il de reveler des faits que le même vengeur
public ignoroit ? Devoit-il ſe rendre en quelque façon le
denonciateur de ſon bienfaiteur ? Pourquoi donner des marques ſi éclatantes de ſon ingratitude ? Pourquoi ce Donataire veut-il être la cauſe de la mort civile, ou naturelle du
Donateur ? Eſt-ce là le retour, la gratitude qu'il lui témoigne, par une accuſation faite contre lui *palam & publicè*, ne
ſe rend-il pas indigne des liberalitez que le Donateur lui a
faites ? C'eſt encore une fois une injure atroce, qui fournit
au Donateur une cauſe legitime, pour revoquer la Donation
par l'ingratitude du Donataire, ſuivant la diſpoſition de la

Cap. 3. §. 2.
& 3.
Responf. Liv.
5. ch. 27.
Loi *Generaliter* , & la Novelle 115. de Juſtinien.

Charondas raporte un Arrêt du premier Parlement de France, qui a decidé notre queſtion en termes formels ; en jugeant que la Donation étoit revoquée , parce que le Donataire avoit dit en public, que le Donateur avoit fait des actions qui devoient le faire pendre , qu'il étoit un méchant homme , & qu'il n'avoit jamais rien valu ; mais cette revocation ne fut ordonnée , qu'après que le Donateur eut fait informer contre le Donataire.

CHAPITRE X.

Si le refus du Donataire de nourrir le Donateur indigent , peut faire revoquer la Donation , par la diſpoſition de la Loi Generaliter.

LE s Loix civiles ſont ſi claires , ſi préciſes , & ſi deciſives pour l'affirmative , qu'elles ne laiſſent pas ombre de difficulté à propoſer.

Il n'eſt point d'obligation plus grande ni plus naturelle, que celle des enfans envers leurs peres, pour ce qui concerne les alimens , ſuivant la deciſion des Loix qui ſont ſous le titre du Digeſte , *de liber. agnoſcend.* Cette obligation a été gravée par la nature dans leur cœur ; en ſorte que c'eſt violer le droit naturel , de refuſer les alimens à ceux qui nous ont donné la vie , ſoit que les peres leur ayent fait une Donation , de la totalité ou de la plus grande partie de leurs biens , ſoit qu'ils ſoient tombez dans une extrême indigence après la Donation ; d'où il s'enſuit , que ce refus renferme une cauſe juſte & legitime d'ingratitude , pour revo-
Cod. de revocand. Donat.
quer la Donation par le benefice de la Loi *Generaliter* , nonſeulement parce que *contra ipſam veniunt pietatem* , mais parce que *vitæ periculum eis inferunt.*

Ricard après avoir examiné les raiſons de part & d'autre, se declare formellement pour l'affirmative. *En effet*, *dit-il*, *il est bien juste que celui qui est tombé dans la disette*, *ait recours à ceux qu'il a autrefois gratifié de ses biens*, *& que ses Donataires l'assistent dans une pressante necessité*, *ou qu'ils lui abandonnent ce qu'ils tiennent de lui* ; *& même on peut dire en ce cas*, *que le retour peut être fondé en quelque façon sur l'exemple de la Loi Si unquam*, *puisqu'il est moins à présumer que le Donateur se fut desaisi de ses biens*, *s'il eût prévû la necessité future que la survenance*, *si bien qu'il me semble que nous ne devons pas aprehender d'aller contre l'esprit de la Loi*, *en disant que l'ingratitude se commet par le moyen que nous avons raporté pour le sujet de la presente question*, *puisque la Loi comprend toûjours tacitement*, *ce qui est contenu dans la raison de sa decision*, *en plus forts termes que ce qu'elle a exprimé.*

Tome I. 33 part. chap. 6. sect. 2. N°. 702. de la derniere édition.

Le raisonnement de cet Auteur, a pour fondement l'opinion du profond Dumoulin (qu'il n'a pourtant pas cité) dans ses Commentaires sur la Coûtume de Paris, où il s'explique en ces termes : *Fortiùs & proximiùs argumentum*, *quod ex ea causa Donatarius Donatione privaretur*, *ut tenet Gloss. in L. fin. in versic. voluerit*, & quelques lignes plus bas. *Tamen constat quod ex causis vel gravioribus expressis in dict. L. fin. potest æquè Donatio revocari*, *sed graviùs videtur alimenta denegare*, *quàm injuriosa verba aut verbera inferre.* Le sentiment de ce grand Homme, est fondé sur ce principe de droit, *necare videtur qui alimenta denegat* ; parce que c'est mettre le Donateur en danger de perdre la vie, que de lui refuser les alimens, lorsqu'il est reduit à cette dure necessité de n'avoir pas du pain à manger ; & que depuis la Donation, il est tombé dans une si grande indigence, qu'il est obligé de demander l'aumône.

Tit. 1. des fiefs §. 43. Gloss. 1. quest. 39. N°. 145.

Dumoulin continuant d'examiner notre question, ajoûte : *Et dico quod nedum in Donatione rei singularis & magna*, *sed etiam mediocris*, *nedum si immediatè propter illam Donationem*, *Donator factus sit inops*, *sed etiam si postea sine culpâ sua*, *casu quodam inciderit in inopiam*, *teneri Donatarium gratiam referre.*

La Doctrine de Dumoulin est suivie par Mr. le Président d'Argentré sur la Coûtume de Bretagne, qui dit : *certè etiam jure Romano Donatorem , magnæ cujusdam partis bonorum facultatibus lapsum, alendum* ; & quelques lignes plus bas, il en aporte la raison , *sed æquitas, & judicis officium , & humanitatis consideratio suadet faciendum, & ingrati actionem dandam.*

Cynus s'explique de la même maniere que Dumoulin, & Mr. le Président d'Argentré , ainsi que Cravetta en son Conf. 51. Ce seroit donc un paradoxe de soûtenir le contraire , après la decision de tous les Docteurs ; parce que la revocation de la Donation ne tend qu'à faire voir quelle est l'ingratitude du Donataire envers le Donateur , qu'il a la dureté de vouloir laisser mourir de faim , parce qu'il s'est dépoüillé en sa faveur de la plus grande partie de ses biens par sa liberalité , & qu'il ne pouvoit se persuader, que *lapsus facultatibus ,* étant dans une extrême indigence ; le Donataire l'abandonneroit dans la misere & la pauvreté qui l'accable.

On finira la decision de cette question , par l'autorité de la Glose, qui assure que le Donataire est obligé de nourrir le Donateur , lorsqu'il sçait qu'il est tombé dans l'indigence , & que s'il refuse de le faire, le Donateur est en droit de faire revoquer la Donation , *sed quid si Donator inops factus non alatur, potest dici ad hoc cogi, vel Donationem revocari.*

CHAPITRE XI.

Si le Donataire ayant ravi , ou violé la fille ou petite fille du Donateur , la Donation peut être revoquée par le remede de la Loi Generaliter.

DE toutes les injures qui blessent l'honneur d'une famille , il n'en est point de plus grande que celle qui attaque la pudicité de la fille , ou de la petite-fille du chef de cette famille , par le rapt de force & de séduction , ou par le viol.

Art.222.N°.2.

Lib 1. quæst. 9. Cod de inosic. Testam.

In L ult. Cod. de revocand. Donat.

viol. Mais cette injure *crescit*, & devient plus atroce, lorsque le Donataire étranger met tout en usage, soit pour ravir la fille ou la petite-fille du Donateur, ou pour la violer ; en sorte, que dès que le rapt ou le viol sont constatez ; il est certain que le Donateur est en droit de revoquer la Donation qu'il lui a faite, par le remede de la Loi *Generaliter*, parce que *injuriam atrocem in eum effundit*.

Cod de revocand. Donat.

Ce que l'on vient d'avancer, est apuyé sur l'autorité de Dumoulin, qui dissipe tous les doutes qu'on pourroit former sur cette question. *Conclusionem nostram*, dit-il, *de uxore amplia primo in filia, & in nuru & in nepte ex filio & in sorore patroni*, & deux ou trois lignes plus bas, *& eisdem casibus puta Donationem revocari per dictam, L. final.*

Sur la Coûtume de Paris, tit. 1. des fiefs §. 43. Gloss. 1. N°. 141.

La decision de ce grand Homme, est fondée sur la Novelle 115. de Justinien, qui permet au pere de priver ses enfans de leur succession, lorsqu'ils ont eu un commerce criminel avec leurs belles-meres, ou avec la Concubine de leur pere ; parce qu'on doit dire la même chose du Donataire, qui, soit par des artifices criminels, soit par force, a ravi la fille, ou la petite-fille du Donateur, y ayant dans l'un & dans l'autre de ces cas *idem jus*, & par conséquent, *eadem ratio esse debet*. En effet, peut-on se persuader qu'une personne fasse une Donation de la plus grande partie, ou de la totalité de ses biens, pour que son Donataire le couvre d'infamie, par l'atentat qu'il commet sur sa fille, ou sa petite-fille, ou sur sa sœur, par un rapt de force ou de persuasion. L'un ou l'autre de ces crimes blessent l'honneur du Donateur, par l'outrage que lui fait celui qu'il a comblé de bienfaits, par une liberalité précipitée, qu'il auroit peu faire à un autre, qui n'auroit pas donné cette marque d'ingratitude, qui est une injure des plus atroces, dont la flétrissure rejaillit sur toute sa famille, en joignant l'outrage à la perfidie à l'égard de son Donateur.

Cap. 3. § 6.

CHAPITRE XII.

Si la Donation peut être revoquée par l'ingratitude du Donataire, qui a un commerce criminel avec la veuve du Donateur dans l'an du deüil, par la disposition de la Loi Generaliter.

LA question que l'on va discuter, est une des plus nota-bles qui entrent dans ce Traité : On va l'examiner avec beaucoup de clarté & de précision.

C'est un grand principe de droit, que la veuve qui vit im-pudiquement dans l'an du deüil, est coupable du crime d'a-dultere, quand même elle viendroit à se marier avec celui qui auroit eu *intra annum luctûs* un commerce avec elle.

Ce principe posé, il est certain que si la veuve qui tombe dans le cas d'impudicité dans l'an du deüil, perd les Dona-tions & les liberalitez que son mari a faites, suivant la Doc-trine de Dumoulin, *sur la Coûtume de Paris, tit.* I. *des fiefs,* §. 43. *N°.* 14. & la Jurisprudence des Arrêts raportez dans le Journal du Palais ; par la même raison, le Donataire qui a un commerce criminel avec la veuve de son Donateur, *intra annum luctûs,* devient ingrat envers son bienfaiteur, & donne lieu à l'heritier écrit, ou au successeur *ab intestat,* de revo-quer la Donation par la disposition de la Loi *Generaliter,* parce que *atrocem injuriam in eum infundit* ; ce que, selon mon sentiment, est fondé sur ce que ce commerce blesse l'honneur & la memoire du défunt Donateur, qu'il couvre d'un oprobre éternel, *propter turbationem sanguinis* ; cette veuve ayant pû rester enceinte, avant ou après la mort de son mari

Dumoulin établit cette maxime en termes formels. *Dona-tarius vel feudatarius,* dit-il, *qui relictam Donatoris viduam, vel patroni, infra annum luctûs adulteratus est, debent tan-*

Tome I. *p.* 475. de la der-niere édition.

Cod. de revo-cand. Donat.

Ubi supra.

quàm ingrati privari donatione vel feudo, quod absque dubio puto verum esse. Quel outrage le Donateur ne fait-il pas à l'honneur de son bienfaiteur ? Sa memoire ne doit-elle pas lui être précieuse ? De quel droit, & à quel titre s'avise-t-il de séduire sa veuve ? Lui est-il permis d'avoir un commerce criminel avec elle dans l'an du deüil ; n'est-ce pas joindre l'injure à l'outrage, & à l'ingratitude, de mêler par ce commerce son sang avec celui de son bienfaiteur ? On est donc au cas de ce que dit Mr. Cujas à ce sujet, *si ingratus & impius valdè fuerit Donatarius adversus Donatorem, Donatori competit actio ingrati revocandæ Donationis gratia*, Doctrine que l'on ne peut trop rapeller.

Ad tit. Cod. de revoc. Donat.

La decision de Dumoulin sur notre question, est embrassée par Ripa, qui assure que le Donataire ouvre la porte à la revocation de la Donation, par la disposition de la Loi qu'on vient de citer, s'il entretient un commerce avec la veuve du Donateur dans l'an du deüil, à cause de l'injure qu'il fait à l'honneur, & à la memoire du défunt : De sorte, qu'il n'est plus permis de douter, que ce commerce ne soit regardé comme un adultere commis par le Donataire, & que l'heritier du Donateur ne soit en droit de faire revoquer la Donation, par la disposition de la Loi *Generaliter*. On ne peut donc soûtenir la negative sans une absurdité très grande, qui ouvriroit la porte à l'impunité, & à la recompense du crime.

In repetit. L. fin. quæst. 41. Cod. de revoc. Donat. sub ver- sic. forte.

CHAPITRE XIII.

Si le Donateur peut revoquer la Donation, lorsque le Donataire refuse, ou neglige de le faire traiter d'une maladie dangereuse.

IL n'est point de marque d'ingratitude plus grande, que de negliger, ou refuser de faire traiter le Donateur d'une maladie dangereuse ; lorsqu'après avoir disposé entre-vifs de la totalité, ou de la plus grande partie de ses biens en faveur d'un Donataire, il neglige ou refuse d'avoir soin de son bien⸗ faîteur, qui est dans un besoin extrême, par l'indigence à laquelle il a été reduit tout-à-coup,

Peut-on souffrir qu'un Donataire abandonne le Donateur? Celui-là peut-il avoir la dureté de le voir sur le grabat, at⸗ taqué d'une maladie très-dangereuse, & manquant de tout? N'est il pas obligé de veiller à la conservation de la santé de son bienfaîteur, & à lui prolonger la vie? Est il quel⸗ que raison qui puisse colorer sa negligence ou son refus, de le garantir du peril, en le faisant traiter de cette maladie? Un Donataire ne se rend-il pas indigne par un tel procedé, de la liberalité qui lui a été faite, ainsi que le decide l'Empe⸗ reur Justinien dans la Novelle 115. _si obsequium & curam com⸗ petentem non præbuerit._

Cap. 3. §. 12.

La decision de cette Novelle est confirmée par la Glose, qui assure que le refus, ou la negligence du Donataire, de faire traiter le Donateur atteint d'une maladie dangereuse, est une des causes d'ingratitude qui fait revoquer la Dona⸗ tion, _sic et si eum ægrum non curaverit._ L'autorité de la Glose est apuyée de la disposition de la Loi _Generaliter;_ dont le texte porte _vel vitæ periculum ei intulerit._ En effet, c'est atttenter à la vie du Donateur; c'est être la cause de sa mort, de refuser, ou negliger de le faire traiter, d'une maladie qui le met en danger de perdre la vie, suivant la decision de la Loi. _Nihil_ 15. _nihil interest occidat quis, an mortis causam præ⸗ beat._ C'est ce qui nous est encore marqué par Godefroy dans une de ses Notes sur cette Loi; & dans un autre sur la Loi _Necare:_ le Jurisconsulte Gaïus en donne la raison dans la Loi 8. _ff. ad Leg. aquil. qui dereliquerit curationem securus non erit;_ ainsi que celle que l'on voit dans la Loi _Indignum,_ qui declare indigne d'un heritage, celui qui refuse, ou qui neglige de faire traiter son parent, _qui per negligentiam, aut culpam suam, is à quo hæres institutus est, moreretur;_ parce que la même raison qui rend indigne d'un heritage, celui qui donne lieu par son refus ou sa negligence, de veiller à pro⸗ curer la santé ou la guerison de son parent, ou d'un étranger

In verb. negle-xerint, Novell. 115. cap. 3. §. 12.

Dig. ad l. Coll nel. de siccav.

Note B.
Note I. de liber. agnoscend.

Dig. de his quib. ut indign.

qui l'a inftitué fon heriter ; la même raifon, dis-je, eft une jufte caufe d'ingratitude, pour porter le Donateur à revo- quer la Donation qu'il a fait à ce Donataire ingrat, lorfqu'il ne fe met pas en état de fournir ce qui eft neceffaire à fon bienfaiteur, pour le garantir du danger de la mort, auquel cette maladie l'expofe.

C'eft donc une verité conftante, fuivant la decifion des Loix, & l'autorité des Docteurs & des Interprêtes, que la Donation entre-vifs, de la totalité, ou de la plus grande partie des biens, peut être revoquée par le privilege de la Loi *Generaliter*, lorfque le Donataire neglige, ou refufe de *Cod. de revo-* faire traiter le Donateur, d'une maladie qui peut lui faire *cand. Donat.* perdre la vie.

CHAPITRE XIV.

Si le pere qui a fait une Donation à fon fils, peut la revoquer, parce qu'il eft criminel de Leze-Majefté, ou rebelle contre fon Prince.

DE tous les crimes dont parlent les Loix Romaines, il n'en eft point de plus grand, ni de plus horrible, que celui de rebellion ou de Leze-Majefté, parce qu'il attaque la perfonne facrée du Roi, ou la fûreté de l'Etat & de la Republique.

Le Roi eft le pere du Peuple, l'oint du Seigneur, le Lieu- tenant de Dieu fur la terre, & fa vive image. Il n'eft donc point de crime plus grand, ni plus énorme, que celui de confpirer contre lui, d'être rebelle à fes ordres, ou de pren- dre les armes contre fon Prince, contre l'Etat, ou contre la Republique ; mais après tout, n'eft-ce pas un vrai parricide, de porter fes mains impies & facrileges, fur la perfonne facrée du Souverain, ou fur le chef de la Republique, foit par le fer ou par le poifon ? n'eft-ce pas violer le ferment de fidelité

K iij

de fe revolter, & de fe mettre à la tête des rebelles, pour fomenter & entretenir une guerre civile dans le fein de l'Etat; & l'Efprit faint, ne dit-il pas par la bouche du Prophete Roi, *nolite tangere Chriftos meos*?

Ce crime horrible & deteftable, a porté les Empereurs Arcadius & Honorius, d'ordonner dans la Loi *Quifquis* que les émancipations des enfans qui ont confpiré contre le Roi, les dots, & les Donations qui leur ont été faites par leurs peres, *quo primum memorati de ineunda factione ac focietate cogitaverint*, font nulles. Or fi ces liberalitez, ces difpofitions entre-vifs, faites par les peres à leurs enfans émancipez, dans leur Contrat de mariage, font annullées par cette Loi, & fi elle les prive des heritages de ceux qui les ont mis au monde; ainfi que des étrangers qui les ont inftituez leurs heritiers, lorfqu'ils ont confpiré contre le Roi, ou qu'ils fe font revoltez, ou pris les armes contre lui, ou contre la Republique, pour fe joindre aux ennemis de l'Etat: On ne peut revoquer en doute, que le pere Donateur qui voit que fon fils Donataire eft indigne de la Donation, peut demander la revocation de la Donation, par le privilege de la Loi *Generaliter*, dès que fon fils eft accufé d'avoir confpiré contre la perfonne de fon Prince, ou contre le Chef de la Republique. En effet, fi le Roi eft reconnu pour le pere du Peuple, peut-on balancer un moment, de revoquer la Donation qui a été faite à cet impie Donataire, à caufe de fon ingratitude à l'égard de la perfonne, & de la Majefté du Prince? N'eft-il pas neceffaire au bien, & à l'interêt de l'Etat, de punir ce Traitre, qui prend les armes contre fa Patrie; contre fa feconde mere, pour ainfi dire? N'eft-ce pas une peine legere, de revoquer les liberalitez que le Donateur lui a faites? Celui-ci ne doit-il pas fe mettre en état de le faire avant le Jugement ou l'Arrêt definitif, qui doit en France, non-feulement le faire condamner à la peine portée par les Ordonnances de nos Rois; mais encore confifquer fes biens, conformément à la Loi *Quifquis* que l'on a déja cité! Quel aveuglement! quelle imprudence, ne feroit-ce pas de la

§. 4. Cod ad L. Jul. Majeft.

§. 1. dict. L.

Cod. de revocand. Donat.

Code Henry.

pàrt du Donateur de garder le filence , & de refter dans l'inaction dans une pareille conjoncture.

A toutes ces raifons , on ajoûtera celle-ci : que fi la No- *Cap. 3. §. 5.* velle 115. permet au pere d'exhereder fon fils qui a conf- piré contre fon Prince , ou qui a allumé une guerre civile dans l'Etat ; pourquoi ne fera-t-il pas permis au Donateur de revoquer la Donation qu'il a fait à cet ennemi de la pa- trie, à celui qui met tout en ufage pour arracher la vie à fon Prince , par le fer ou par le poifon ; un tel monftre n'eft-il pas indigne des bienfaits dont on l'a comblé ; & fon ingra- titude envers le pere du peuple , ne merite-t-elle pas qu'on le prive des biens compris dans l'acte de Donation.

Jean Richard dit en peu de mots , tout ce que l'on vient *Prælect. in lib.* d'alleguer ; voici fes paroles , *ut fortè quia filius fit proditor* *6. Cod. tit. 28.* *patriæ , item fit rebellis , id eft contra cæfarem aliquid machina-* *licet. Tome II.* *tus , poteft eum exheredare* ; ne peut-on pas par idemtité de raifon , foûtenir que fi le crime de Leze-Majefté, ou de rebellion contre l'Empereur , le Roi , ou la Republique , rend un fils indigne de fucceder à fon pere (qui eft en droit de l'exhereder) le Donateur eft fondé de faire revoquer la Donation qu'il a faite à un Donataire ennemi de fa Patrie , qui prend les armes contre l'Etat , pour fe joindre avec ceux qui ne cherchent qu'à porter le fer & le feu au milieu d'un Empire , d'un Royaume , ou d'une Republique , pour outra- ger fon bienfaîteur , & l'enveloper dans le nombre de ceux qu'il veut faire perir , à l'exemple de Catilina , de Marius , de Silla , & de Marc-Antoine ; d'où il s'enfuit , que ce Traitre , cet ennemi de l'Etat *Donatoris periculum vitæ intulit* , & que le Donateur eft en droit de revoquer la Donation par le benefice de la Loi *Generaliter.*

TRAITÉ

DE

LA REVOCATION,

ET NULLITÉ DES DONATIONS.

LIVRE TROISIE'ME.

CHAPITRE PREMIER.

Si la Donation faite dans un Contrat de mariage, peut être revoquée, par le remede de la Loi Generaliter.

 ETTE question doit être decidée par le texte de la Loi *Generaliter, Cod. de revocand. Donat.* qui est si clair, qu'il ne faut qu'en raporter les termes pour en être persuadé, *Generaliter sancimus,* dit Justinien, *omnes Donationes Lege confectas, firmas illibatasque manere, si non Donationis acceptor ingratus circa Donatorem inveniatur.* On voit par le texte de cette Loi, que sa decision est generale, & qu'elle comprend toutes sortes de Donations, soit qu'elles soient comprises dans les Contrats de mariage, soit dans d'autres actes ; en sorte qu'on est au cas de ce principe du Droit civil,

ubi

ubi lex generaliter loquitur, generaliter est accipienda. D'où l'on doit conclurre, que le Donataire quoique posterieur des biens donnez dans son Contrat de mariage, se rend indigne de la Donation, dès qu'il tombe dans un des cas marquez par la Loi derniere.

cod. de revo-cand. Donat.

La Loi premiere, sous le même titre du Code, est aussi formelle que celle que l'on vient de citer, *etsi perfectis Dona-tionibus*, dit l'Empereur Philipe, *in possessionem inductis, Li-bertus quantolibet tempore, ea quæ sibi Donata sunt pleno jure ut Dominus possederit, tamen si ingratus sit, omnis Donatio mutata patronorum voluntate revocanda est.* Qu'on fasse reflexion sur ce mot *omnis*, qu'on en pese, qu'on en examine, & la force & l'étenduë ; il n'est personne qui ne convienne qu'il doit s'apliquer à la Donation faite dans un Contrat de mariage, parce que le mot de *tout* n'exclud rien, & qu'il doit s'étendre à toutes sortes de Donations, sans en excepter celle qui est faite *contemplatione matrimonii* : Godefroy dans une de ses Notes sur cette Loi premiere, dit, *Donatum liberto, propter ingratitudinem revocari potest* ; & dans la Note suivante sur la même Loi, *Donatori datur actio ingrati.* Sont-ce là des sûrs garens, sur lesquels on puisse établir la decision de cette question ? La Loi premiere, dont on vient de raporter le texte, & le sentiment de Godefroy, ne sont-ils pas plus que suffisans, pour resoudre toutes les difficultez qu'on peut faire naître ? On voit clairement que les deux Loix que l'on a citées, parlent en termes generaux, & qu'ainsi on est au cas de ce grand principe de Dumoulin, *non debent verba Legis captari, cum agitur de præjudicio tertii* ; d'où il suit, que le Donateur étant un tiers outragé, accablé d'injures par le Donataire, qui veut faire valoir le privilege, & la faveur de la dot de sa femme, pour s'oposer à la revocation de la Do-nation ; ce Donateur, dis je, doit être admis à cette revo-cation, soit par le remede de la Loi *Generaliter*, soit par la disposition de la *Loi premiere* qui est claire, & dont le texte ne peut être interprêté dans un autre sens.

Note E.

Cod. de revo-cand. Donat.

On dit plus, l'Empereur Justinien dans les Instituts, s'ex-

lib. 2. tit. de Donat.

L

plique nettement fur notre queſtion, *ſciendum eſt tamen quod
etſi pleniſſimæ ſint Donationes ; tamen ſi ingrati exiſtant homines in quos beneficium Collatum eſt, Donatoribus per noſtram
conſtitutionem licentiam præſtitimus, certis ex cauſis revocare.*
Eh quoi ! le Donataire faira une injure atroce au Donateur,
il l'excedera, il mettra la main ſur lui, il lui cauſera la perte
de la totalité de ſes biens, il attentera à ſa vie, ſoit par lui-
même, ou par une perſonne interpoſée ; il refuſera même
d'accomplir les conditions auſquelles il s'eſt aſſujeti dans
l'acte de Donation ; & il ne ſera pas au pouvoir du Donateur,
de revoquer la Donation par l'ingratitude du Donataire,
parce qu'elle ſera compriſe dans le Contrat de mariage ?
N'eſt-ce pas le plus étrange paradoxe que l'on ait jamais
propoſé en droit, pour ouvrir la porte à l'impunité des injures, & des outrages dont le Donataire ſeroit en droit d'accabler ſon bienfaîteur, qui peuvent, ou lui faire perdre la
vie, ou expoſer ſa perſonne au danger de perir par le fer ou
par le poiſon, que ce perfide, & ingrat Donataire peut lui
faire boire pour abreger ſes jours ?

Tome I. 3.
part. chap. 6.
ſect. 1. N°. 604,
de la derniere
édition.
   Le judicieux Ricard, après avoir refuté toutes les objections qu'on peut faire ſur cette queſtion, tient l'affirmative, en ces termes : *J'entens cette reſolution, au cas que la
Donation ſoit faite par un pere & une mere, en mariant leurs
enfans ; car quoique nous ayons dit en pluſieurs rencontres, que
ces eſpeces de donations étant fondées ſur quelques ſortes d'obligations de la part des peres & des meres, ne ſont pas ſujettes à
toutes les rigueurs qui ſont requiſes en general, pour la ſolem-
nité des Donations ; neanmoins, comme cette obligation n'eſt
que nature, & que la Juſtice parmi nous n'a point de Loix qui
contraignent les peres à doter leurs enfans, le fils étant le premier à rompre la Loi de nature, en conſéquence de ſon ingratitude : je ne vois plus rien qui puiſſe empêcher le pere d'uſer
en ce cas du droit general ; puiſque pour le même ſujet, il le peut
priver de ſa legitime, qui toutefois eſt dûë plus étroitement que
la dot.*

   Pour peu qu'on faſſe attention aux raiſons de cet Auteur,

il n'eſt aucune perſonne bien ſenſée qui ne convienne, que ſi un pere peut priver ſon fils du droit de legitime, pour les cauſes marquées dans la Novelle 115. lorſqu'il tombe dans un des cas d'ingratitude, d'ont il eſt fait mention dans cette Novelle. Ce pere Donateur peut par la même raiſon, revoquer la Donation qu'il aura fait à ſon fils, ou à ſa fille dans un Contrat de mariage, lorſqu'ils devienent ſi ingrats, que violant les Loix du Sang, ils attentent à la vie de celui qui les a mis au monde, & qui eſt leur bienfaîteur. N'eſt-ce pas un argument *à ſimili*, que l'on ne peut, ni combattre, ni refuter ?

Cap. 3.

Cette maxime eſt ſi conſtante, qu'elle a pour principe la Juriſprudence univerſelle des Arrêts de tous les Parlemens du Royaume. On en trouve un dans Papon, qui a jugé la queſtion en termes formels. Mr. d'Olive en raporte auſſi en ſa Note 12. qui ſont dans notre cas. On en voit encore pluſieurs dans Mr. le Préſident Cambolas, qui ne laiſſe pas ombre de doute ſur notre queſtion ; Lapeyrere en ſes deciſions ſommaires du Palais, ſous le mot *Donation*, aſſure que c'eſt la maxime que l'on obſerve au Parlement de Bordeaux ; d'où il ſuit qu'il y a pour ſoûtenir l'affirmative *ſeries rerum perpetuò ſimiliter judicatarum auctoritas*, pour la revocation des Donations faites dans les Contrats de mariage, par l'ingratitude des Donataires.

Liv. 11. tit. 1.
Arr. 23.
Liv. 4. ch. 5.

Liv. 5. ch. 48.

N°. 101.

Mais il n'en eſt pas de même dans le Parlement de Provence, où l'on a toûjours declaré les Donations faites par les peres ou par les meres, dans les Contrats de mariage de leurs enfans irrevocables, à l'égard des Deſcendans du mariage ; quoiqu'elles peuvent être revoquées à l'égard du premier Donataire. Mᵉ. Boniface raporte pluſieurs Arrêts qui ont fixé la maxime dans ce Parlement, conforme à la Juriſprudence des Arrêts du Senat de Chambery ; ainſi que l'ateſte Mr. le Préſident Faber. On voit donc par ces Arrêts, que dans le Parlement de Provence, & dans le Senat de Chambery, on n'oſeroit ſoûtenir, que les Donations faites par les peres ou par les meres, dans les Contrats de mariage de leurs enfans, ſont aſſujetis à la revocation, par le privilege

Tome I. liv.
7. tit. 9. ch. 1.
pag. 106. &
Tome IV. liv.
7 tit. 11. ch. 1.
Def 1 *Cod.*
de revocand.
Donat.

de la Loi *Generaliter*, Cod. *de revocand. Donat.* Cependant
hors les Refforts des Parlemens de Provence & du Senat de
Chambery ; ainfi que dans tous les autres païs de l'Europe ,
où le Droit civil eft inviolablement obfervé ; on ne revoque plus en doute, fi la même Loi *Generaliter* doit être gardée pour la revocation des Donations, faites dans les Contrats de mariage des enfans, par les peres ou par les meres *ob
ingratitudinem Donatarii* ; & je ne balance pas à me declarer
pour l'affirmative, d'autant plus que mon fentiment eft apuyé

§. *Donatio ,*
quæft. 21. N°. 3.
de l'autorité de Julius-Clarus, qui ne permet pas de former
des conteftations fur notre queftion.

CHAPITRE II.

Si la dot conftituée par un pere à fa fille , eft affujetie à la
revocation , à caufe de fon ingratitude ; & fi cette
dot étant conftituée par un étranger , peut être revoquée
par la difpofition de la Loi Generaliter.

L'ENCHAÎNEMENT que ces deux queftions ont l'une
avec l'autre, m'oblige à les traiter dans un feul & même
Chapitre.

C'eft un principe de droit, que le pere eft obligé de doter
fes filles *paternum eft officium dotare filias* , & que dès que le
pere a rempli fon obligation, en conftituant une dot à fa fille
dans fon Contrat de mariage , cette conftitution eft irrevocable *dos femel data , irrevocabilis eft ,* dit Godefroy.

Note K. ad
L. 7. Cod. de
dos. promiff.
Ce principe pofé , il eft aifé d'en faire l'aplication à notre
premiere queftion ; car dès que les Loix nous obligent à
faire quelque chofe, comme le pere de conftituer une dot à
fa fille , cette obligation qui prend fa fource dans le droit
public ; c'eft-à-dire , dans les Loix civiles , rend la conftitution irrevocable, par l'ingratitude de la fille qui a été dotée
par fon pere dans fon Contrat de mariage : Or la Loi *Gene-*

raliter, *Cod. de revocand. Donat.* fur laquelle la revocation
d'une Donation par l'ingratitude du Donataire eft fondée,
n'a pas abrogé la Loi 7. Celle-ci auffi-bien que celle-là,
ayant été faite par Juftinien en l'année 530. *Lampadio &*
Orefte confulibus. D'autant plus qu'on ne peut regarder une
Loi comme abrogée par une autre ; fi la derogation n'eft
pas expreffe dans la derniere qui a été publiée par l'ordre
du Souverain, dans l'étenduë de fes Etats ; d'où l'on doit
conclurre que la Loi 7. ayant déclaré la conftitution de
dot irrévocable, elle l'eft même dans le cas de l'ingratitude
de celle à qui elle a été faite.

Cod. de dot,
promiff.

Cod. de dot,
promiff.

Cette maxime eft fi conftante & fi generalement reçüe, obfervée, & aprouvée dans tous les Etats de l'Europe bien policés, où le droit Romain eft gardé, que foit que la dot ait
été payée par le pere, ou quelle ait été feulement promife
par le Contrat de mariage ; l'ingratitude ne peut jamais la
faire revoquer, ainfi que l'enfeignent tous les Docteurs &
Interpretes, & M. Boyer en fa queft. 127. n. 3.

Bald. in L.
fin. Cod. de re-
vocand. Donat.
jafon in L. pa-
tre furiofo 6.
in princip. ver-
fic. ff. de his
qui funt fui vel
alien. jur. &c.

L'autorité de ces Docteurs & Interpretes a fervi de fondement aux Arrêts du Parlement de Touloufe, raportés par M.
le Prefident Cambolas, *Liv. 3. ch. 44. & liv. 5. chap. 48.*
qui ont établi la maxime, que la dot ne peut point être revoquée par l'ingratitude de la fille Donataire ; en forte qu'on
peut dire dans ce cas, *res judicata jus facit ;* parce que le
grand nombre d'Arrêts rendus fur la même queftion, & entre perfonnes qui ont le même interêt *rerum judicatarum auc-*
toritatem habent, quæ vim legis obtinere debent.

On paffe prefentement à la feconde queftion, dont l'examen n'eft pas d'une longue difcuffion ; lorfqu'un étranger ou
un Collateral conftituë une dot à une fille dans fon Contrat
de mariage, auquel il eft prefent : comme cette conftitution
eft une pure liberalité de fa part, parce qu'il n'eft pas obligé de la faire ; peut-on douter fi cette dot peut-être revoquée
par la difpofition de la Loi *Generaliter ?* Cet étranger ou Collateral qui s'eft dépoüillé d'une grande partie de fes biens pour
faire cette conftitution, n'ont-ils pas pour eux, & en leur

Cod. de revo-
cand. Donat.

faveur les plus purs principes du Droit Civil ; eux qui ne font point obligez de doter cette fille ? Sera-t-il permis à la Donataire d'outrager son bienfaîteur, de l'accabler d'injures, de l'attaquer en son honneur, ou de le dénoncer pour un crime capital, afin de le mettre en danger d'être condamné au dernier supplice ? N'est-ce pas-là le veritable cas de ce qui est dit dans la même Loi, pour operer la revocation de cette dot, par l'ingratitude de la fille à qui elle a été constituée *si atrocem injuriam ei intulerit* ? Chaque jour depuis cette constitution doit-il être marqué impunément par quelque attentat, de celle que cet étranger ou ce Collateral a comblée de bienfaits ? Il n'est personne au monde qui osât l'avancer ; pourquoi donc voudra-t-on soûtenir que cette dot est irrévocable, & que l'ingratitude ne sçauroit donner atteinte à la liberalité faite à cette fille ? Ricard s'explique clairement sur cette question, & ne laisse aucun doute à former sur l'affirmative, *je ne prétens pourtant comprendre,* dit-il, *que celles qui ont eu la liberalité du Donateur, qui sont sujettes à cette révocation, n'y ayant pas de faveur à mon avis qui puisse couvrir l'ingratitude du Donataire :* Or on ne peut raisonnablement contester, que la constitution de dot faite par un étranger ou par un Collateral, ne soit une veritable Donation, une pure liberalité ; puisque ni l'un ni l'autre ne sont obligés de la faire ; ne s'ensuit-il pas de-là qu'elle est assujettie à la disposition, & de la Loi premiere, & de la Loi derniere, *Cod. de revocand. Donat.* dès que l'ingratitude est prouvée, dès qu'elle est notoire & publique dans une Ville, *quia valdè ingratus & impius fuit Donatarius adversus Donatorem.* D'autant plus que l'étranger ou le Collateral sont regardez comme des vrais Donateurs dans cette occasion, & qu'ils n'ont contracté, ni obligation, ni engagement qui puisse les forcer de faire cette constitution.

Tome I. 3. part. chap. 6. sect. 1. N°. 681. de la derniere Édition.

CHAPITRE III.

Si la Donation faite dans un Contrat de mariage à un homme & à ses enfans à naître de ce mariage, peut-être revoquée par le privilege de la Loi Generaliter.

QUOIQUE l'on vienne d'examiner cette question dans le Chapitre précedent, cependant comme on ne l'a fait que fort legerement ; on va la traiter avec beaucoup plus d'étenduë.

La liaison de cette question avec celle que l'on vient de décider, m'oblige à la discuter avec beaucoup de clarté & d'exactitude.

Ricard est celui de tous nos Auteurs François qui l'a examinée avec plus de solidité, *mais que doit on dire, dit-il, si la Donation est faite au futur époux, & aux enfans qui doivent naître du mariage ; sçavoir si l'ingratitude du pere & de la mere est capable de leur faire perdre l'avantage qui leur devoit venir de cette Donation. La resolution de cette difficulté dépend des principes d'une autre matiere, & de sçavoir quand les termes de la Donation qui font mention des enfans, emportent substitution en leur faveur, ce que nous avons traité en* la 4. part. au chap. des substitutions. *Car s'il n'y a point de Fideicommis au profit des enfans, & que le pere ait eu pleine & entiere faculté d'aliener à leur préjudice, ils ne peuvent entrer en aucune consideration pour empêcher l'effet de notre revocation ; que si au-contraire les enfans sont substitués, il n'y a point de doute que le pere par son ingratitude n'a pû donner lieu à la revocation, que de ce qui lui apartient en la Donation ; sçavoir de la joüissance des choses données, sa vie durant.*

Tome I. 3. part. chap. 6. sect.1.N°.685. de la derniere édition.

On n'a pû se dispenser de raporter le passage de cet Auteur si sçavant, sur les questions qui regardent les Donations.

Je ne balance pas à me declarer pour son opinion ; avec d'autant plus de raison que c'est une maxime constante, que lorsqu'il y a une substitution faite aux enfans à naître du Donataire dans le Contrat de mariage, les biens compris dans cet acte ont pour objet & pour cause finale ces enfans, & le pere quoique Donataire n'en est que l'usufruitier ; en sorte que l'injure faite par celui ci au Donateur, ne sçauroit détruire le Fideicommis, fait en faveur des enfans à naître de son mariage, & il n'y a que l'usufruit qui soit revoqué par l'ingratitude du Donataire.

On ne doit point omettre une raison décisive ; sçavoir que l'ingratitude du Donataire ne peut point nuire aux enfans à naître de son mariage, parce que *noxa caput sequitur*, & que ces enfans ne peuvent être regardés comme complices de l'ingratitude de leur pere, à qui le Donateur a confié le dépôt du Fideicommis pendant sa vie, d'où il suit qu'ils ne peuvent encourir la peine ordonnée par la Loi *Generaliter* contre les Donataires ingrats.

Cod. de revo.cand. Donat.

Mais il n'en est pas de même, lorsque les enfans ne sont mis que dans la condition au Contrat de Mariage. Car en ce cas il est certain, que l'ingratitude du pere nuit aux enfans, & donne la faculté au Donateur de revoquer la Donation, par le remede de la même Loi *Generaliter*. Parce que dès-là qu'elle parle en termes generaux *Generaliter est accipienda*, sans excepter les Donations faites dans un Contrat de mariage, à un homme & à ses enfans, le mot *&* étant une conjonction ; ainsi que l'assûre Godefroy sur la Loi 142. conforme au texte même de cette Loi, dans laquelle le Jurisconsulte Paulus, dit, *nec dubium est quod conjuncti, sunt quos & nominum & rei complexus jungit.*

Note G. ss.de verbor. signissat.

Ce que je viens d'établir, a servi de fondement à la Jurisprudence des Arrêts du Parlement de Toulouse qui a marqué cette grande maxime, comme l'observe Mr. d'Olive ; que la Donation entre-vifs faite en faveur du Mariage, & des enfans, ou descendans, est revocable par l'ingratitude du Donataire. Ce que ce sçavant Magistrat apuye dans une de ses notes,

Liv. 4. ch. 5.

notes, de la décifion de la Loi *Generaliter*, *Cod. de revo-*
cand. Donat. Mr. le Préfident Cambolas en raporte auffi un
grand nombre, qui ont jugé notre queftion *in terminis.*

Liv. 1. ch. 44 & Liv. 5. ch. 48.

Il doit donc demeurer pour conftant, qu'une Donation faite
par Contrat de mariage, à une perfonne & à fes enfans,
dès qu'ils ne font pas fubftituez, peut-être revoquée par l'ingratitude du Donataire ; mais lorfqu'il y a un Fideicommis
en faveur des enfans à naître de ce mariage, ou d'un feul ;
fçavoir le premier mâle, fi le pere tombe dans une des
caufes d'ingratitude ; les fubftituez, ou le premier mâle, qui
eft apellé au Fideicommis, n'a rien à craindre de l'ingratitude de fon pere, qui ne peut lui porter préjudice ; fur-tout,
lorfque les enfans ne font mis que dans la condition ; parce
que le Donataire peut dans ce dernier cas, ouvrir la porte
à la revocation de la liberalité qui lui a été faite, fuivant la
Jurifprudence des Arrêts que l'on a raporté dans le Chapitre
précedent, conforme à la Loi derniere, *Cod. de revocand.*
Donat. fans que les mêmes enfans foient recevables à s'opofer
à cette revocation ; au lieu que lorfqu'il paroît par le Contrat
de mariage qu'ils font fubftituez, ou le premier mâle à naître de
ce mariage ; elle ne peut être revoquée que pour ce qui concerne le pere, & non pour ce qui regarde le Fideicommis
fait en leur faveur ; fuivant les Arrêts que l'on voit dans Me.
Boniface, qui font formels fur notre queftion, & qui ne
laiffent aucun doute à former à leur égard.

Tome I. part. 1. Liv. 7. tit. 9. ch. 1.

CHAPITRE IV.

Si la Donation faite par un pere à fon fils, en l'émancipant,
peut être revoquée, par la difpofition de la Loi
derniere, Cod. de revocand. Donat.

C'EST ici une des queftions les plus notables qui doivent entrer neceffairement dans ce Traité. On va la difcuter d'une manière à ne pouvoir faire naître aucune difficulté
fur ce qui la concerne.   M

Après que le pere a émancipé son fils, & fait une Donation universelle de tous ses biens, sous une très-petite reserve, s'il arrive que ce fils Donataire soit assez inhumain pour le maltraiter, & pour lui refuser la nourriture, jusques-là que le Donateur soit trouvé mort en Campagne ; le Parlement de Provence a établi pour maxime, que cet infortuné Donateur qui a comblé de bienfaits ce fils denaturé, peut revoquer la Donation par l'ingratitude. Me. Boniface a pris soin d'en raporter les Arrêts avec beaucoup d'exactitude.

Tome I. part. 1. tit. 9. Liv. 7. ch. 1.
Je crois que le veritable fondement de cette Jurisprudence, est pris de cette grande regle du Droit civil, *necare videtur qui alimenta denegat* : En effet, n'est-ce pas se rendre l'auteur & la cause principale de la mort du Donateur, de lui refuser les alimens ? N'est-ce pas commettre un parricide, de ne pas secourir celui qui a donné la vie à un fils, à qui il a fait une disposition entre-vifs de tous ses biens, sous une très-modique reserve ? N'est-ce pas atenter à sa vie, de souffrir qu'il s'expose dans l'indigence extrême, à laquelle il est reduit d'aller mandier son pain à la Campagne ? Peut-il voir son bienfaîteur accablé de maux & de misere, sans se laisser fléchir ? De quel droit le maltraite-t-il, pourquoi lui refuse-t-il la nourriture ? Ce fils barbare, émancipé, Donataire universel de son pere, n'est-il pas dans ce cas tombé dans cette cause d'ingratitude, dont il est parlé dans la Loi derniere, *Cod. de revocand. Donat. vel vitæ periculum aliquod ei intulerit* ? N'a-t-il pas encore commis une injure atroce en la personne du Donateur qui l'a mis au monde, de le maltraiter ? Tous ces faits étant constatez, on ne peut douter que la Donation ne soit revoquée, *ita ut injurias atroces in eum effundat.*

Artic. 222. Gloss. 1. N°. 2.
A toutes ces raisons, il faut encore y ajoûter celle qui nous est aprise par Mr. d'Argentré, sur la Coûtume de Bretagne, contre le Donataire ingrat qui refuse les alimens au Donateur, *certè etiam Jure Romano, Donatorem magnæ cujusdam partis bonorum facultatibus lapsum* (c'est ici notre cas) *alendum* ; & quelques lignes plus bas, il ajoûte, *sed æquitas & judicis officium, & humanitatis consideratio suadet faciendum,*

ingrati actionem dandum ; ce que ce grand Magiſtrat apuye de l'autorité de Cynus, *Lib.* 1. *quæſt.* 9. & de Cravera en ſon Conſ. 511.

Dumoulin ne s'explique pas moins clairement. Voici ſes paroles, *poteſt æquè Donatio revocari, ſed graviùs videtur alimenta denegare, quàm injurioſa verba proferre.* Il eſt donc certain, ſuivant Mr. le Préſident d'Argentré, & Dumoulin, que le Donataire qui refuſe, ou neglige de fournir les ali-mens au Donateur, ouvre la porte à la revocation de la Donation *ob ingratitudinem.* Ce refus étant une cauſe plus grande, & un motif plus preſſant pour operer cette revoca-tion, que les excès, les mauvais traitemens, les outrages & les injures ; ſur-tout à l'égard du pere, qui par un fonds de tendreſſe, a non ſeulement émancipé ſon fils ; mais lui a en-core fait une Donation univerſelle de tous ſes biens. Ce fils ingrat, ne va-t-il pas plus loin que Neron, puiſque par le refus de la nourriture à ſon pere Donateur, reduit à la derniere miſere ; il le fait mourir tous les jours.

On finira l'examen de cette queſtion, par la deciſion de Mr. Cujas, qui parlant de cette revocation, par l'ingratitude du Donataire, dit, *ſi Donatarius in Donatorem manus intulerit, ſi atrocem injuriam ei fecerit.* Peut-on revoquer en doute après cela, que les mauvais traitemens du fils Donataire à ſon pere, ſoit une cauſe d'ingratitude. En un mot, n'eſt-il pas certain que s'il lui refuſe les alimens, il lui fait une injure ſi grave, & ſi atroce, qu'il ſuffit que cette injure ſoit prouvée, pour que le pere puiſſe revoquer la Donation ; ce qui oblige Mor-nac d'en aporter cette raiſon, *ne pietatis præmium inter ſcæ-leſtos & flagitioſos animos permaneat.*

Sur la Coû-tume de Paris, tit. 1. *des fiefs, §.* 43. *Gloſſ.* 1. *queſt.* 39. *N°.* 145.

Sur le Chap. dern. des Don. aux Decretal.

Ad L. 32. *§.* 2. *ſſ. de Donat. ins. vir. & uxor.*

CHAPITRE V.

Si la Donation ob caufam, *ou pour recompenfe de fervice,*
peut être revoquée par l'ingratitude du Donataire.

L'EXAMEN de cette queftion fera plus long, que celui
de la plus part de celles que l'on vient de traiter. On va
le faire, fuivant l'ordre que l'on s'eft obligé d'obferver dans
ce Traité.

Quaft. 1. de re-
vocand. Donat.
Gloff. 1. in L.
fin. Cod. de re-
vocand. Donat.
Ripa eft le premier des Docteurs qui a traité cette queftion,
& après avoir refuté toutes les objections que l'on peut faire
pour la faire revoquer, par la difpofition de la Loi *Genera-*
liter, Cod. de revocand. Donat. Ce Docteur tient la negative,
& affure que la Donation *ob caufam*, ou pour recompenfe de
fervice, ne peut point être revoquée par l'ingratitude du
Dig. de Donat. Donataire, & il apuye fon opinon fur la Loi 30. s. 1. dans.
laquelle le Jurifconfulte Paulus s'explique en ces termes :
Si quis aliquem à latrunculis vel hoftibus eripuit, & aliquid pro
eo ipfo accipiat, hac Donatio irrevocabilis eft, non merces exi-
mii laboris apellanda eft, quod contemplatione falutis certo modo
aftimari non placuit. La Loi 27. fous le même titre au
Digefte, n'eft pas moins claire, *dixi poffe deffendi*, dit Paffi-
nien, *non meram Donationem effe, verum officium quadam*
mercede remuneratum, regulam, ideoque non videri Donatio-
nem fequentis temporis irritam. Je demande ici, fi fuivant
la difpofition de ces Loix, c'eft la recompenfe ou la caufe
qui rendent ces Donations irrevocables ; ou fi elles doivent
être regardées comme des liberalitez affujeties à la revocation par la Loi derniere, *Cod. de revocand. Donat.* N'eft-il
pas plûtôt certain qu'elles font faites ces Donations *ob cau-*
fam, pour reconnoître les fervices qu'on a reçû des Donataires, tels que le danger de perdre la vie, ou la liberté
dont ils ont garanti les Donateurs ? Ceux à qui elles ont été
faites, les rendent par conféquent irrevocables ; peut-on

foûtenir aprés cela , qu'elles peuvent être revoquées par le benefice de la Loi *Generaliter* ; comment veut-on qu'il foit au pouvoir des Donateurs , de les rendre nulles par l'ingratitude des Donataires ?

Cod. de revocand. Donat.

C'eft une maxime conftante , qui nous eft aprife par Godefroy , que ces fortes de Donations *ob caufam* , ou pour recompenfe de fervice , ne peuvent être confidérées comme des pures liberalitez , *Donatio remuneratoria ut antidoralis non eft propriè Donatio.* Cette maxime eft conforme à la Loi 18. §. 5. au même titre ; d'où l'on doit conclurre , que ces fortes de Donations ne peuvent pas être revoquées par l'ingratitude du Donataire , d'autant plus qu'elles ne font point Donations (ce que l'on ne peut trop repeter) pour pouvoir être comprifes dans la Loi derniere , *Cod. de revocand. Donat.* comme l'affure le même Godefroy , *Donatio remuneratoria irrevocabilis eft , & non propriè eft Donatio* ; d'autant plus que les Donations *ob caufam* , ou pour recompenfe de fervice , étant *antidorales* , ainfi qu'on l'a déja remarqué ; on ne peut l'expliquer , fuivant les Docteurs , que par le mot de *don* ou *prefent , pour recompenfer une perfonne* , que l'ingratitude ne peut point faire revoquer.

Note *Q. ad l. 17. ff. de Donat.*

Note *D. ad L. 34. §. 1 ff. eodem tit.*

Les divers textes de Loix que l'on vient de raporter , ont porté une infinité de Docteurs à fe declarer pour l'irrevocabilité de ces efpeces de Donations. Ranchin fur Gui-Pape , l'affure formellement , ainfi que Mr. le Préfident Boyer , queft. 27. N°. 2. *fallit tamen* , dit ce dernier , *in Donatione remuneratoria , feu ob caufam quæ propter ingratitudinem non revocatur.* La Glofe parle clairement de l'irrevocabilité des Donations , *ob caufam* , ou pour recompenfe de fervice. C'eft encore la Doctrine de Balde & de Salicet , fur la Loi *Si dotem* , *Cod. de jur. dot.* & de Ludovicus Romanus *fingul.* 516. & Jacques de Sancto Georgio *in dict. L. fi dotem.*

In queft. 145.

2. *in L fin. Cod. de revocand. Donat.*

Mais parmi ce grand nombre de Docteurs , il n'en eft point qui decide cette queftion plus nettement , qu'Alexandre dans fes confeils , où il dit , *donatio ob caufam , non revocatur ob ingratitudinem.*

Lib 4. *conf.* 4. N°. 16. & *conf.* 44. N°. 32.

La Jurifprudence des Arrêts des Parlemens de Touloufe, & de Bordeaux, a fuivi les principes & les autoritez des Docteurs & Interprêtes, toutes les fois que la queftion s'eft prefentée à juger fur ces fortes de Donations *ob caufam*, ou pour recompenfe de fervice. On voit la decifion du fecond Parlement de France, marquée au coin de l'irrevocabilité dans Mr. le Préfident Cambolas ; Lapeyrere dans fes decifions fommaires du Palais de la derniere édition, *en la lettre* D. *fous le mot Donation*, N°. 74. qui raporte les Arrêts du Parlement de Bordeaux. Cette Jurifprudence uniforme, ne permet point aujourd'hui de revoquer en doute la negative, fur ce qui concerne ces fortes de Donations, parce que l'harmonie & le concert de ces deux compagnies fouveraines, fixe & rend certain le point de droit, & qu'il y a ici *feries rerum perpetuò fimiliter judicatarum auctoritas, quæ vim Legis obtinere debet* ; fur-tout lorfqu'il voit qu'il y a *idem jus* ; parce que pour lors *eadem ratio effe debet*, pour-établir une maxime dans les Refforts des Tribunaux Souverains du Royaume.

Mais à l'égard des autres païs de l'Europe, où l'on obferve le Droit Romain, & principalement la Loi *Generaliter*. Nous croyons qu'on ne peut fe difpenfer de fuivre l'opinion de cette foule de Docteurs que l'on a citez, pour fortifier les textes des Loix qui font précis fur cette queftion ; parce que les peuples de ces païs n'étant pas obligez de fe conformer à la Jurifprudence des Arrêts que l'on a raportez ; ils font obligez de s'affujetir à la decifion, & aux autoritez des mêmes Docteurs & Interprêtes.

Marginal notes:

Liv. 5. ch. 48.

Cod. de revocand. Donat.

CHAPITRE VI.

Si un pere & une mere , qui se font remariez , peuvent revoquer la Donation , par l'ingratitude du Donataire ; & s'ils ont perdu le droit de la revoquer , par le privilege de la Loi Generaliter.

CES deux questions n'en font qu'une seule ; parce qu'elles doivent être decidées par les mêmes raisons , & par les mêmes principes ; & que dès qu'on aura prouvé que le pere & la mere ne perdent point le droit qui leur est accordé par la Loi *Generaliter*, *Cod. de revocand. Donat.* en se remariant ; il s'enfuit qu'ils peuvent revoquer la Donation , par l'ingratitude du Donataire.

On va commencer par l'examen de la seconde question , parce que lorsqu'elle sera decidée , la premiere subsiste en son en entier, en faveur du Donateur contre le Donataire. On doit remarquer en traitant cette question , que suivant la Novelle de l'Empereur Justinien , il est ordonné que la *Cap. 35.* mere rémariée qui a fait une Donation à son fils , ne peut la révoquer , *nisi tamen*, dit l'Auguste Legislateur , *apertè filius , aut circa vitam ipsius insidians matris , aut manus inferens impias , aut circa substantiæ totius ablationem agens , adversus eam aliquid declaretur.*

L'autentique *quod mater*, ordonne aussi la même chose , *Cod. de revo-* & comprend les trois causes contenuës dans cette Novelle , *cand. Donat.* d'où elle a été tirée ; il est donc certain , suivant l'une & l'autre de ces constitutions , que lorsque le fils Donataire tombe dans l'une de ces trois causes d'ingratitude ; que la mere Donatrice , quoique remariée , peut revoquer la Donation qu'elle lui a faite , ce qui oblige Godefroy de dire sur cette autentique , *nota exceptiones*, *Lib. 7. tit. eodem.* *Note T. ad* Preuve évidente , qu'elle doit être observée dans toute son *dict. autent.*

étenduë, d'autant plus qu'on ne peut préfumer qu'une Loi ou une Ordonnance, qui comprend une femme qui paffe à des fecondes nôces, puiffe s'apliquer à l'homme qui fe rémarie. La Novelle ni l'Autentique, ne l'ayant point compris dans fes difpofitions, en forte qu'on eft au cas de la maxime du Droit, *odia reftringenda, favores ampliandi.* C'eft auffi ce qui nous eft apris par Godefroy, *an idem in patre non eft.* Et cite Mr. Cujas, fur cette Novelle, *fol.* 382. *B.*

Note N. al cap. 35. Novell. 22.

Le même Interprête nous fournit une autre preuve, que l'Autentique *quod mater.* Et la Novelle 22. *cap.* 25. ne peuvent s'apliquer au pere remarié, en ces termes : *Tres cafus hîc, excipiuntur à regula, Leg.* 7. *Cod. de revocand Donat.* Or cette Loi 7. ne parlant que des meres rémariées, qui veulent faire revoquer la Donation par l'ingratitude du fils Donataire, pour des injures atroces ; on ne peut revoquer en doute, que le pere n'y eft point compris.

Note P. ad ad dict. cap. 35.

Mr. Cujas n'y laiffe aucune difficulté à réfoudre fur cette queftion ; car après avoir prouvé que la mere Donatrice, perd le droit de revoquer la Donation, par le mariage, conformément à la Loi 7. *Cod. de revocand. donat.* Il ajoûte, *nifi ex caufis graviffimis & compertiffimis notatis in Novell. de nupt.* qui eft la Novelle 22. & l'endroit qu'on a fi fouvent allegué.

Sur le titre du Code, de revoc. Donat.

D'ailleurs, quand même le fils Donataire feroit en droit d'opofer fin de non-recevoir à la mere Donatrice, qui a paffé à un fecond mariage ; cette fin de non-recevoir contre la revocation de la Donation, tomberoit d'elle même, dès que cette mere prouveroit que cet indigne & barbare Donataire, a encouru la peine ordonnée, & par la Novelle 22. & par l'Autentique *quod mater.*

Cap. 35.

Je pouffe ces raifons plus loin, & je dis que l'on ne peut fans bleffer les plus purs principes du droit Romain, apliquer la Novelle & l'Autentique qu'on vient de citer au pere qui fe remarie, parce que d'un côté les fecondes nôces, ne font point perdre l'autorité paternelle au pere : fuivant les regles du droit Civil. D'un autre côté, parce que les Loix

penales,

penales, ont toûjours été limitées aux cas & aux personnes pour lesqu'elles elles ont été faites, sans pouvoir leur donner une extension au-delà de ce que leurs dispositions renferment ; d'où il s'en suit que cette Novelle & l'autentique *quod mater* : ainsi que la Loi 7. ne parlant que des meres remariées, & n'y étant fait aucune mention des peres rémariez ; on ne peut les priver du droit de revoquer la Donation par l'ingratitude du Donataire, parce que *erubescimus sine lege loqui* ; & l'on ne me persuadera jamais, que cette Loi & ces constitutions, puissent être oposées pour fins de non-recevoir au pere Donateur, pour l'empêcher de revoquer la Donation, par l'ingratitude du Donataire.

Cod. de revocand. Donat.

C'est donc une verité constante, que le pere & la mere qui se remarient, ne perdent pas le droit de revoquer la Donation. Le premier, parce qu'il n'est point compris dans la Loi septiéme, *Cod. de revocand. Donat.* La seconde, parce que le fils Donataire est tombé dans un des trois cas portez, & par la Novelle 22. & par l'Autentique *quod mater*, elle peut revoquer la Donation (quoiqu'elle ait passé à des secondes nôces) pour l'une des trois causes marquées par les constitutions de Justinien.

Cap. 35.

La premiere question est decidée par la seconde, parce qu'ayant montré par la decision des Docteurs & des Interprêtes, que la Novelle 22. & l'Autentique *quod mater*, ne peuvent s'apliquer au pere & à la mere remariez, quelque raison que puisse alleguer le Donataire ingrat, pour s'oposer à la revocation de la Donation qu'ils lui ont faite, quoiqu'il soit tombé dans l'un des trois cas, dont on a si souvent parlé : c'est une consequence necessaire, que le Donateur ou la Donatrice peuvent se servir du remede de la Novelle 22. & de l'Autentique *quod mater*, principalement lorsque l'un ou l'autre se plaignent, qu'il a attenté à la vie de ceux qui l'ont mis au monde, par le fer ou par le poison ; qu'il a porté ses mains impies & parricides sur l'un d'eux, ou qu'il lui a intenté un procès, pour lui enlever le peu de biens qui lui restent, après la Donation qui lui a été faite. Papon dans

Cap. 35.

Cod. de revocand. Donat.

Note I. liv. 5.

N

fes Notaires, obferve que le pere qui fe remarie, peut revoquer la Donation par l'ingratitude de fon fils Donataire, pour
les mêmes caufes, & pour les mêmes raifons qu'il auroit pû
la revoquer, s'il ne fe fût point remarié. Defpeiffes affure
encore la même chofe ; ce que l'on ne peut contefter, à moins
que de vouloir fermer les yeux à l'évidence des caufes alleguées, & marquées dans les Conftitutions de Juftinien.

Tome I. part.
1. fect. 4.

CHAPITRE VII.

Si la mere qui fe proftituë, peut revoquer la Donation, par la difpofition de la Loi derniere, Cod. de revo-cand. Donat.

ON a fait voir ci-deffus, que la mere qui fe remarie ne
peut pas revoquer la Donation, fuivant la difpofition
de la Loi 7. on a même marqué les limitations qu'il faut mettre à ces principes du Droit civil. On va examiner prefentement la queftion qui regarde la mere qui fe proftituë, après
la mort de fon mari, & difcuter le cas qui la concerne fur la
difpofition des Loix Romaines, pour fçavoir fi elle joüit du
privilege de la revocation, ou fi elle le perd par fa proftitution. La Loi *His folis* 7. eft fi formelle, & fi decifive fur
cette queftion, qu'il n'eft pas poffible de faire naître des conteftations fur la negative, *de cæteris autem,* porte le texte
de cette Loi, *quæ portentofæ vilitatis, objectæque pudicitiæ
funt, fatis etiam tacitè cautum putamus ; quis eft enim qui his
aliquid arbitretur tribuendum effe, cum etiam illis quæ jure tantum contraxerunt, nihil ex his privilegiis tributum effe veli-
mus ;* ce texte a obligé Mr. Cujas de s'expliquer fur la difpofition qu'il contient, en ces termes : *Non tamen matri repudiosè & luxuriosè viventi.*

La Loi feptiéme, & les paroles de ce profond Jurifconfulte, excluent les meres, qui après la mort de leurs maris,

Cod. de revo-
cand. Donat.

Cod de revo-
cand. Donat.

Ad tit. Cod. de
revoc. Donat.

fe proftituent, du droit de revoquer les Donations qu'elles ont fait à leur fils ou à leurs filles : c'eft la peine attachée à leurs dereglemens, & à la corruption de leurs mœurs ; cette peine peut-elle être regardée comme contraire au droit public ; puifque les Empereurs Conftantin & Conftans l'ont établi ? c'eft pour venger l'honneur & la memoire de leurs peres, que les enfans peuvent l'opofer à leurs meres Donatrices, qui les outragent par leurs debauches & leurs proftitutions. Surquoi fondées ces femmes lubriques, peuvent-elles reclamer en leur faveur la Loi *Generaliter*, contre l'ingratitude des enfans Donataires ; lorfqu'il paroît notoire que leur libertinage & leur proftitution outragent la famille & le nom de leur mari, & qu'elles devoient garder du moins quelque mefure pour empêcher que la chofe ne devint publique. La même Loi *Generaliter* n'a pas derogé à la Loi *His folis* ; de quel droit donc les meres Donatrices qui vivent dans un honteux concubinage après la mort de leurs maris, veulent-elles fe flater de revoquer les Donations qu'elles ont fait à leurs enfans ingrats ? Pourquoi vivent-elles dans l'incontinence ? Pourquoi deshonorent elles leur famille, en violant la Loi conjugale, pendant qu'elle eft en viduité, & qu'elle doit reflechir, que *radiis maritalibus corufcat* ? Ne feroit-il point plus à propos, fi elles ne veulent pas refter veuves, de fe remarier plûtôt que de mener une vie lubrique, par le dereglement de leurs mœurs, fuivant l'avis que donne l'Apôtre S. Paul aux veuves, *de viduis autem dico, melius eft nubere quam uri, nubant in Domino*.

Pouffons ces raifons plus loin. N'eft-ce pas une maxime certaine qui nous eft marquée par Godefroy, que la mere qui vit dans l'incontinence, ne peut pas revoquer la Donation qu'elle fait à fon fils *ob ingratitudinem*. Voici les paroles de ce judicieux Interprête, *mater abjectæ pudicitiæ, non revocat Donationem à filio ingrato*. Eh quoi ! tandis que cette Loi 7. exclud les meres qui fe remarient du droit de revoquer les Donations, par l'ingratitude de leurs enfans Donataires ; celles *quæ corporis fui quæftum faciunt*, auront plus de droit, de faveur, de privilege, que les veuves qui paffent à des

N ij

Cod. de revocand. Donat.

Note D. ad Leg. 7. Cod. de revoc. Donat.

Note E. ad
diſt. L. 7.
ſecondes nôces ? Quel étrange paradoxe eſt celui-ci ; puiſ-
que le même Interprête decide , que les meres qui vivent
dans l'incontinence , ſont celles *qua inhoneſtè vivunt* ; ſont-
ce là des ſûrs garans pour apuyer la negative de Mr. Cujas
& de Godefroy.

On demande à ceux qui voudroient ſoûtenir l'affirmative ,
quelle eſt la Loi , le Doſteur , l'Interprête qui ait oſé l'avancer juſqu'à preſent ? Pourquoi m'imputera-t-on à temerité ,
de me declarer pour la negative ; lorſque j'ai pour moi le
Droit Romain , & les Doſteurs pour garans ; eſt-ce ſur ces
Tome I. part.
1. ſe ſt. 4. n. 9.
autoritez ſeulement que j'établis mon opinion ; Deſpeiſſes
vient encore à mon ſecours pour décider notre queſtion , en
prenant le parti pour lequel je me ſuis declaré, contre les meres
qui ſe proſtituent , que cet Auteur prive du droit de revoquer
les Donations , par l'ingratitude des enfans Donataires.

Cette maxime reçoit pourtant , une limitation fondée ſur
les trois cas dont il eſt parlé , & dans l'autentique *quod ma-*
Cap. 35.
ter , *Cod. de revocand. Donat.* Et dans la Novelle 22. de
Juſtinien , ſi le fils Donataire *vita ejus inſidiatur* , *ſi manus*
impias in eam intulerit , *aut ſi totius ſubſtantia molitus ſit*
jaſturam. Godefroy , que l'on ne peut trop citer pour la
deciſion de cette queſtion , dit à peu près la même choſe
dans une de ſes Notes ; mais avec plus de préciſion ſur la
Note D. Cod.
de revoc Donat.
Loi *his ſolis 7. niſi tribus caſibus* ; mais il faut que l'un de
ces trois cas , dont la mere concubine accuſe le fils Dona-
taire , ſoit conſtaté d'une maniere auſſi claire que le ſoleil
en plein midi ; autrement on ne pourra jamais préſumer qu'un
enfant ait porté le crime , l'outrage , & l'attentat juſqu'au
parricide , contre celle qui l'a mis au monde , quelque dé-
bordée qu'elle ſoit, après le decès de ſon mari.

CHAPITRE VIII.

Si la femme qui vit dans l'incontinence pendant l'an du deüil, perd les Donations que son mari lui a faites.

QUOIQU'IL semble que cette question ne doive pas être comprise dans ce Traité, parce qu'elle n'a point de connexion avec la Loi *Generaliter* ; on verra qu'elle a beaucoup de raport avec les autres que j'y ai fait entrer, & que je n'ai pû me dispenser de l'examiner, par l'autorité des Docteurs & des Praticiens, pour apuyer l'opinion que nous en porterons. *Cod de revocand. Donat.*

Dumoulin examinant la question, si la femme qui a commis le crime de stupre dans l'an du deüil, perd les Donations & les legats que son mari lui a faits, il la decide en ces termes : *Tamen si infra annum luctûs commiserit stuprum, perdit dicta donata & legata.* En effet, cette veuve qui vit dans l'incontinence pendant l'an du deüil, n'est-elle pas indigne de tous les bienfaits, & des liberalitez de son mari ? Surquoi fondée, peut-elle soûtenir qu'elle n'est point tombée dans l'indignité ? Comment pourra-t-elle colorer son ingratitude envers l'honneur & la memoire du défunt dont elle porte le nom, dans le tems que son mari lui a fait une Donation, à condition qu'elle gardera viduité, ou qu'elle vivra dans un état de continence ? N'est-ce pas outrager la famille, dans laquelle elle est entrée, de commettre un stupre dans l'an du deüil ? Peut-elle faire une injure plus atroce à son bienfaiteur, que de deshonorer les enfans qu'elle a eu de lui dans l'état de mariage ; ces enfans ne sont-ils pas en droit en qualité de ses heritiers Testamentaires, ou *ab intestat*, de venger l'injure qui est faite par cette debordée, à eux & à leur pere, en prouvant & son incontinence, & la dépravation de ses mœurs Sur la Coûtume de Paris, tit. 1. des fiefs, §. 42. Gloss. 1. in verb. qui denie le fief, n. 143.

N iij

dans l'an du deüil, pour faire revoquer les legs & la Donation, par le remede des Loix *Generaliter*, *& his folis* 7. puifque celles-ci regardent les femmes qui fe proftituent dans l'an
du deüil; & celle-là, tous les Donataires qui font une injure atroce aux Donateurs. Il n'eft aucune perfonne bien
fenfée, qui puiffe foûtenir le contraire.

Dumoulin n'en demeure pas là; il pouffe fes reflexions
plus loin en traitant notre queftion, & fe declare pour l'affirmative, *non autem fit correctio in vidua*, dit-il, *fi mox hoc eft
infra annum luctûs proftituente, quod remanet vetitum, & pœnis
juris fubjectum*. Cette lumiere du droit n'apuye pas fon fentiment fur des raifons qu'il allegue; mais fur l'autorité de
Decce, *in Leg.* I. *Cod. de fecund. nupt.* & fur celle de Ripa,
in repetit. Leg. final. Cod. de revocand. Donat. verfic. fortè,
quæft. 61. Or cette Loi derniere, fur laquelle ce Docteur a
fait un Commentaire, ayant privé la femme des Donations
que fon mari lui a fait, lorfqu'elle mene une vie dereglée
dans l'an du deüil: cette privation a fans doute pour principe
fon ingratitude envers fon bienfaîteur, dont la memoire
devoit lui être affez refpectable, pour ne le pas deshonorer par
fon incontinence; donc les heritiers du Donateur font en
droit de faire revoquer la Donation qu'il a fait à cette femme
impudique; donc cette Donation peut être annullée par le
benefice de la Loi *Generaliter*, *Cod. de revocand. Donat.*
donc cette queftion doit être neceffairement comprife dans
ce Traité, à caufe de l'outrage qu' elle fait à la famille du
Défunt, qu'elle flétrit dans l'un & dans l'autre cas.

Les conféquences que l'on vient de tirer des principes que
l'on a pofez, font fortifiées par la Doctrine de Godefroy
dans une de fes Notes, qui eft conçûe en ces termes: *Baldus
idem dicendum putat, de ea quæ intra annum luctûs, cum aliquo
rem habuit.*

La Novelle 39. de Juftinien, porte la peine des femmes qui mettent des enfans au monde, (*circa terminum anni*
dans l'an du deüil,) fi loin, qu'il y eft decidé qu'elles perdent la proprieté & les fruits des Donations de leur premiers

maris, dont il donne pour raison, *non enim aliquid amplius habebit castitate, sed subjiciatur quidem & ipsa pœnis, periculumquè sustineat etiam circa spem scripturæ propter stuprum.* Godefroy dans une de ses Notes, sur le même Chapitre, tire cette conséquence, (qui est une des principales maximes du Droit civil,) *si non licet intra annum luctûs mulieri nubere, multò minùs ei licebit intra idem tempus scortari.* C'est sur ces Loix Romaines, sur ces grands principes du droit, que la Jurisprudence des Arrêts raportez dans le Journal du Palais, est fondée : ces Arrêts ayant jugé que l'enfant doit être reçû à prouver l'impudicité de sa mere, pendant l'an du deüil, pour la priver des avantages qu'elle a reçûs de son mari. Les motifs de cette Jurisprudence, sont très-faciles à découvrir : on voit clairement que cette femme ayant deshonnorè, & son mari & sa famille ; ces avantages ou ces Donations, doivent être revoquées par la disposition de la Loi *Generaliter* ; soit à cause de son ingratitude, soit à cause de son indignité, par son incontinence dans l'an du deüil.

Brodeau sur Mr. Loüet, après avoir raporté un Arrêt semblable, rendu par le Parlement de Paris, dit, *c'est la decision formelle de la Novelle 39. Chap. 2. qui prive la veuve comme indigne de la Donation à cause des nôces, quand elle est convaincuë d'avoir forfait à son honneur dans l'an du deüil, & en un enfant, d'autre que du fait de son mari.* De-là ce grand principe Dalciat, *ex serotino nimium partu præsumitur vidua scortata.* De-là, la decision contenuë dans la Novelle 39. en l'endroit allegué, que la veuve qui met un enfant au monde dans le onziéme mois après la mort de son mari, perd tous les avantages nuptiaux qu'il lui a accordez dans son Contrat de mariage, dont on peut voir la raison dans la même Novelle.

Note R.

Tome I. pag. 475. de la derniere édition.

Cod. de revocand. Donat.

Lettre I. n. 4. de la seconde édition.

Præsumpt. lib. 2. cap. 2.

CHAPITRE IX.

Si la femme convaincuë d'adultere , perd le doüaire &
les autres avantages nuptiaux ; & si l'heritier du ma-
ri , est reçû à pourfuivre l'accufation formée contr'elle.

JE me ferois difpenfé de faire entrer ces queftions dans
mon Traité , fi l'ingratitude & l'indignité d'une femme
adultere , ne m'avoit obligé de les examiner. On va le faire
avec beaucoup d'exactitude & de précifion.

⸱ Avant de difcuter les mêmes queftions , il faut établir ce
grand principe de Droit , que le crime d'adultere , prefcrit
dans cinq ans.

Ce principe pofé , il eft neceffaire de remarquer que l'une
& l'autre queftion , doit être decidée par les mêmes raifons ,
& par les mêmes maximes.

On les traitera par ordre , en commençant par la premiere.

C'eft une maxime conftante , que fi le mari s'eft plaint durant fa vie , & formé une accufation d'adultere contre fa femme ; fon heritier peut reprendre l'inftance criminelle , & pourfuivre cette accufation ; en forte que cette femme étant convaincuë par les charges qui réfultent de la procedure , elle
eft indigne du doüaire & des avantages nuptiaux , parce qu'elle a violé la Loi conjugale , & bleffé la fainteté du Sacrement de mariage ; & que par l'outrage qu'elle fait , & à fon
mari & à fa famille , elle doit être privée de toutes les liberalitez ordonnées par la Coûtume , ou fixées par le Contrat
de mariage , fuivant la decifion de la Loi *Generaliter* , *Cod.*
de revocand. Donat. En effet , n'eft-ce pas une injure atroce
de foüiller le lit nuptial par fa corruption des mœurs ? Eft-il
permis à une femme de donner des enfans à fon mari , dont
il n'eft pas le veritable pere , lorfque la Jurifprudence des
Arrêts a decidé le contraire ; ils font raportez par Mr. Loüet

&

& par Automne, Conference du Droit François, Tome I.
pag. 345. Il n'eſt perſonne au monde qui ſoit inſtruit des
maximes du Droit Romain, qui oſe ſoûtenir le contraire.

Cette Juriſprudence eſt apuyée ſur l'autorité de l'Abbé de
Palerme ; ſur celle de Gui-Pape, queſt. 214. de Ranchin ſur
cette queſtion, & ſur la deciſion de tous les Docteurs & Interprêtes du Droit civil, qui établiſſent la même maxime
par les Loix de l'un & de l'autre Droit ; ſur-tout par la Loi
1. §. *Ult.* & par la Loi 2. au même titre *du Digeſte.* Textes
qui n'ont leurs diſpoſitions certaines, que dans le cas où il
eſt queſtion de la plainte, ou accuſation formée par le mari
contre ſa femme avant ſon decès ; parce que dans cette conjonĉture, l'heritier du même mari eſt en droit de continuer
& pourſuivre l'accuſation contre la veuve ; ainſi, que l'aſſûre Ranchin ſur Gui-Pape en l'endroit alle gué ci-deſſus.
Fallit ubi Donator, dit-il, *in vita ſe præparet ad agendum,
& ad eam Donationem revocandam, nam demum heres hoc poterit.* Il n'eſt même neceſſaire ſelon Gui-Pape au même endroit, que de la declaration publique du mari Donateur
avant ſa mort, pour manifeſter ſa volonté contre l'incontinence de ſa femme durant ſa vie, pour operer cette revocation ; mais il faut que cette Declaration ſoit faite en preſence de quelques témoins, pour que ſon heritier puiſſe former
ou pourſuivre l'accuſation d'adultere contre ſa veuve, afin
de la rendre indigne & du doüaire, & des avantages nuptiaux
par ſon ingratitude, ſuivant la diſpoſition de la Loi derniere. Ce qui me paroît ſi certain, que je ne balance pas à me
déterminer pour cette revocation, dès que le crime ſera conſtaté par la procedure.

A toutes ces raiſons on peut ajoûter, qu'il eſt vrai, que ſuivant le Juriſconſulte Paulus dans la Loi 15. §. 1. *ff. ſolut. matrim.* l'heritier du mari, *morum coercitionem non habet,* mais
il eſt vrai auſſi que la Loi 10. *Cod. de Donat. int. vir & uxor.*
Décide qu'il ſuffit que le défunt ait donné des marques certaines & univoques de ſa volonté, pour que ſon heritier
puiſſe en pourſuivre l'execution. Ces nouvelles raiſons pa-

*In cap. ple-
rumquè de Do-
nat. int. vir. &
uxor.*

*Dig. ad Se-
natus-conſult.
Syllan.*

*Cod de revo-
cand. Donat.*

O

roiffent en quelque maniere furabondantes, pour fortifier la décifion de notre feconde queftion ; j'ai crû pourtant ne devoir pas les paffer fous filence.

Car dès-là que le mari aura gardé un profond filence, dès qu'il n'aura fait aucune demarche, aucune procedure, aucun acte, aucune pourfuite, pour faire voir que fa volonté étoit de revoquer, & le doüaire & les avantages nuptiaux qu'il avoit fait à fa femme, à caufe de l'adultere qu'elle a commis ; dès que ce mari ne voudra pas l'expofer au grand jour de la Juftice, mais étouffer fa plainte, fe reconcilier avec fa femme, & cohabiter avec elle jufqu'à fa mort ; on ne voit pas furquoi fondé, l'heritier du mari peut former une accufation d'adultere contre fa femme, *& fimiliter ut & actio etiam injuriarum non detur*, dit M. Cujas, *heredi & in heredem non fuerit conteftata à defuncto vel in defunctum* ; ce qui regarde l'heritier du Donateur, & celui du Donataire pour leur impofer filence, lorfque l'accufation n'aura pas été commencée par le Donateur & contre le Donataire, pour la pourfuivre en fon nom, & contre fon heritier.

Ad lit. Cod. de revocand. Donat.

CHAPITRE X.

Si la veuve qui s'eft remariée dans l'an du deüil avec celui qui étoit en commerce avec elle, doit être privée des avantages nuptiaux, & fi l'heritier du défunt peut l'en faire declarer indigne.

ON vient d'établir qu'elle eft la peine qui doit être infligée à la femme adultere, après la mort du mari ; lorfqu'il a commencé pendant fa vie à donner des marques qu'il étoit réfolu de revoquer les avantages nuptiaux qu'il lui avoit faits dans fon Contrat de mariage ; on va prefentement examiner fi celle qui s'eft remariée dans l'an du deüil, avec un homme qui étoit en commerce avec elle, doit encourir la même peine.

Quoique les fecondes Nôces foient tolerées dans l'Eglife, elles ne font pas aprouvées d'une maniere à donner des
loüanges aux perfonnes qui y paffent rapidement. Les Loix
Canoniques & les Loix Civiles ; ainfi que les Saints Peres
s'expliquent clairement là deffus ; principalement le Canon
27. au Decret, & S. Jerôme *ad pammachium.* Les Loix
Civiles qui font fous le titre du *Code de fecund. nupt.* n'im-
prouvent pas les fecondes Nôces, fi ce n'eft dans le cas des
queftions que l'on va traiter.

Queſt. 2.

Il femble d'abord que cette veuve ne foit pas privée du
fecours des Loix, & qu'elle ne peut-être déclarée indigne
des liberalitez & des avantages nuptiaux que fon mari lui a
fait, quoiqu'elle ait eu un commerce criminel avec un homme dans l'an du deüil, & qu'elle en ait eu un enfant, parce
que ce commerce eft couvert par le Mariage qui conftate la
légitimation de cet enfant, & qui doit la garantir de l'accufation d'impudicité dans le même an du deüil.

Cependant cette queftion s'étant préfentée à juger au premier Parlement de France, elle fut décidée contre la veuve ;
ainfi que l'affûre le Commentateur de M. Loüet & du Fref-
ne dans le Journal des Audiences, *Tom.* 1. *Liv.* 5. *Chap.* 25.
Brodeau prend foin de nous marquer les motifs de cet Arrêt
en ces termes, *ce que j'eftimerois avoir lieu, quand bien la
veuve auroit époufé celui* cum quo commercium libidinis habuerat intra annum luctûs ; *& du fait duquel elle fe trouve
groffe : parce que ce Mariage ne fert que pour l'abolition du concubinage, l'établiffement de l'enfant qui en eft provenu, lever
une partie de l'infamie que la veuve a encouru dans fa débauche, & non pour reparer l'indignité de l'injure faite à la
memoire du premier mari, qui emporte de plein droit la dé-
chéance du doüaire, & des autres dons & profits lucratifs,
procedans de fon bienfait & liberalité.* Peut-on s'expliquer
plus clairement que ce Commentateur de Mr. Loüet ? Ne
voit on pas à n'en pas douter, que quelque raifon que puiffe
alleguer la veuve, qui enfuite d'un commerce criminel qu'elle a avec un homme dans l'an du deüil, fe remarie avec lui,

Lettre I. n. 4.

ne voit-on pas, dis-je, qu'elle tombe & dans l'ingratitude
envers son premier mari ; & qu'ainsi *atrocem injuriam in eum*

*Cod. de revo-
cand. Donat.*

effundit, ce qui est une des causes marquées dans la Loi
Generaliter, pour lesquelles la Donation pense être revoquée ? Pourquoi la *Novelle* 22. de l'Empereur Justinien *cap.*
22. deffend-elle le Mariage dans l'an du deüil à cette veuve ; pourquoi la prive-t-elle des liberalités que son premier
mari lui avoit fait ? C'est parce qu'il ne lui est pas permis de
se marier dans l'an du deüil ; c'est parce qu'elle doit vivre
d'une maniere à ne point outrager & son bienfaîteur, & la
famille dans laquelle elle est entrée par ses premieres Nôces,
si elle tombe dans le dereglement des mœurs, si elle vit
dans l'incontinence, elle tombe dans le cas, & de l'ingratitude & de l'indignité pendant ce tems-là *neque percipiet aliquid horum quæ à priore relicta sunt ei consortio, neque fruetur
sponsalitia largitate*, à cause de l'atrocité de l'injure qu'elle a
fait à la memoire de son premier mari ; c'est ce que dit très-

*Ad L. 1. Cod.
de sicund nupt.*

à-propos le Docte Mr. Cujas *cum & mortui sanctè debeat servare per annum venerationem, atque memoriam.*

Tome I. p.
475. de la der-
niere édition.

L'Arrêt qu'on voit dans le Journal du Palais est formel sur
notre question, parce qu'il a jugé qu'un fils qui fut reçû à
verifier l'impudicité de sa mere, pendant l'an du deüil, pour
la faire declarer indigne des avantages qu'elle avoit reçûs de
son mari ; cet Arrêt, dis-je, est une preuve évidente de
l'ingratitude de la veuve, qui sous prétexte d'un commerce
qu'elle a eu avec un homme pendant l'an du deüil, passe
à un deuxiéme Mariage avec lui à cause de l'outrage qu'il
fait, & à son premier mari, & à sa famille qui la fait tomber dans une des causes marquées par la Loi *dern. Cod. de
revocand. Donat.* parce qu'il n'est point d'indignité sans ingratitude, ou plûtôt point d'ingratitude sans indignité.

De cette Jurisprudence ne peut-on pas induire, que cette
veuve insulte, non-seulement à la memoire du défunt son
bienfaîteur, mais qu'elle viole la foi Conjugale, puisqu'elle
a l'éfronterie de vivre dans la débauche & dans l'incontinence pendant l'an du deüil, & qu'elle veut colorer le dé-

reglement de ſes mœurs du prétexte d'un deuxiéme Mariage. Après avoir mêlé, pour ainſi dire le ſang de ſon mari, avec celui d'un homme qui a un commerce avec elle ! Fût-il jamais d'injure plus atroce *propter confuſionem ſanguinis vel ſeminis ?* Et cet outrage ne doit-il pas la faire priver des avantages qu'elle a reçûs de ſon premier mari.

Dumoulin examinant la queſtion, ſi la veuve qui tombe dans le crime de ſtupre dans l'an du deüil, eſt privée des avantages nuptiaux que ſon mari lui a faits dans ſon Contrat de mariage, la decide en termes bien clairs. *Tamen ſi infra annum luctûs commiſerit ſtuprum, perdit Donata & legata.* Or ſi cette indignité eſt une maxime certaine contre cette veuve, qui outrage & qui deshonore ſon mari par ſon déreglement *infra annum luctûs,* à combien plus forte raiſon, celle qui commence par un commerce illicite pendant l'an du deüil, pour le couvrir enſuite par des ſecondes Nôces, avec celui qui la ſéduite, & qui eſt l'Auteur de la corruption de ſes mœurs ? Pourquoi donc l'Empereur Juſtinien dans une de ſes Novelles exige-t-il *caſtè vivere, & intra naturam ſe continere,* s'il eſt permis à cette veuve de vivre dans l'impudicité pendant l'an du deüil ; pourquoi ce grand principe condamne-t il les ſecondes Nôces dans leſquelles une veuve paſſe dans le même tems en les apellant *intempeſtivè intra luctus tempora,* ſi la veuve peut impunement entretenir un commerce criminel pendant l'an du deüil, il ſuit donc de-là que la veuve qui a un commerce criminel pendant l'an du deüil, avec un homme avec qui elle ſe remarie peu de tems après, tombe dans l'ingratitude & dans l'indignité, & qu'elle doit être privée de tous les avantages nuptiaux que ſon mari lui a faits dans ſon Contrat de mariage. On ne croit pas que perſonne puiſſe conteſter, & les principes qu'on a poſés, & les conſéquences qui ſuivent.

Tit. 1. des
Fiefs, §. 43.
Gloſſ. 1. N°.
143.

Novell. 11.
cap. 1.

Novell. 39.
cap. 2.

CHAPITRE XI.

Si la Donation peut-être revoquée par le Donateur, propter perfidiam Donatarii.

L A queſtion que l'on va traiter, eſt une des plus notables qui entrent dans ce Traité, & l'on ne peut le faire
avec trop d'exactitude & de circonſpection.

De toutes les injures qui peuvent obliger le Donateur à
revoquer la Donation ; il n'en eſt point de plus atroce que
celle qui attaque ſon honneur ou ſa vie ; lorſque le Donataire pour manifeſter ſon ingratitude, dreſſe des embûches à
ſon bienfaiteur, travaille à lui ſuſciter des Procès criminels,
le fait paſſer pour un ſcelerat dans le public, ou qu'il attente à anticiper ſa mort par des voyes ſecretes & iniques,
principalement lorſque par la perfidie la plus noire, il s'unit
aux ennemis de ſon Donateur, pour former une accuſation
contre lui d'un crime capital ; pareils deſſeins, pareils com-
plots conduits par des voyes obliques, & des piéges qu'on
ne ceſſe point de lui tendre, pour lui faire perdre ſon honneur, ſes biens ou ſa vie, ne mettent-ils pas le comble à
l'ingratitude du Donataire, pour ouvrir la porte à la revocation de la Donation, par le Benefice de la Loi *Generaliter* ?
C'eſt contre une ſemblable perfidie que le Droit civil s'arme
de toute ſa ſeverité.

Cod. de revo-
cand. Donat.

Peut on douter que cette perfidie avec laquelle on affecte
de publier par tout, que le Donateur conſpire contre l'Etat,
& qu'il travaille à exciter le feu d'une revolte ou d'une ſé-
dition, tandis qu'il affecte par des détours obliques de ſoûtenir les interêts du Donateur ; peut-on douter, dis-je,
qu'un tel outrage ne mette la juſtice du côté du Donateur,
pour lui faire revoquer la Donation *propter perfidiam.* Les injures, les accuſations qu'on répand, ou que l'on fait répan-

dre en public contre lui ; ne font-elles pas de puiſſans motifs pour operer cette revocation ; fur-tout lorſque le Donataire *malis artibus* fait éclater ſon ingratitude contre ſon
bienfaîteur, lorſqu'il ne cherche, & qu'il ne s'aplique qu'à
perdre ou ruïner celui qui l'a enrichi par ſes liberalitez.

Mais après tout, peut-on douter que dans le cas de l'ingratitude du Donataire (marquée par les traits qu'on vient
de lui donner) que celui qui s'eſt dépoüillé de la totalité ou
de la plus grande partie de ſes biens, ne ſoit en droit de revoquer ou de faire caſſer l'acte qu'il en a paſſé, après ce que
dit Hotoman, que la Donation *propter perfidiam ipſo jure reſ-* Conſ. 86. n.
cinditur, conforme à l'opinion d'un grand nombre de Doc- 14.
teurs qu'il cite, principalement lorſque l'ingratitude du Donataire eſt conſtatée d'une maniere à ne pouvoir revoquer en
doute ſa perfidie ; parce que de l'Enquête faite par le Donateur, & de la dépoſition des témoins dépend la revocation
de la donation *propter perfidiam* qui eſt inſéparable de l'ingratitude du Donataire;en ſorte que dès lors cette revocation a ſon
effet par la diſpoſition de la Loi *Generaliter*, *ſi vitæ ejus in-*   Cod. de revo-
ſidiatus eſt, aut ſi damnum rebus ejus intulit.   cand. Donat.

CHAPITRE XII.

Si la Donation peut être revoquée par l'ingratitude du
Donataire, qui s'eſt deſiſté de l'accuſation qu'il avoit
formée contre le Donateur, avant qu'il intervint un ju-
gement définitif.

QUELQUE importante que ſoit cette queſtion ; il ſera
facile de la décider après qu'on aura établi quelques
principes du Droit.

Le premier principe eſt pris de la Loi 14. §. 18. ou le   Dig. de bon.
Juriſconſulte Ulpien décide que celui qui a intenté un procès libert.
criminel, s'il en fait l'inſtruction, & la pourſuite juſqu'à

Sentence définitive, & qu'il ne s'en defiste pas, est regardé comme le veritable accusateur, pour faire punir l'accusé des crimes qu'il lui impute.

De ce premier principe, il en naît un second marqué dans la même Loi, & par le même Jurisconsulte; que si après une Sentence ou jugement intervenu sur une accusation, on en interjette appel, & qu'on en abandonne la poursuite pendant sa vie *benignè dicetur pertulisse accusationem*, ces principes posés, on ne peut douter que le Donateur offensé, ne soit en droit de venger son juste ressentiment contre le Donataire ingrat, par la revocation de la Donation dont il s'est rendu indigne, par une accusation fausse & calomnieuse, que son Procureur avoit introduite par son ordre & en son nom, par la disposition de la Loi *Generaliter*, sur le fondement d'une minorité, constatée par un faux baptistaire impugné par le Donateur, si ce Donataire aprouve & ratifie tout ce qui a été fait par son Procureur jusqu'à Sentence ou jugement definitif. Suivant la Doctrine de Mr. Cujas *si capitis eum accusaverit, nec obtinuerit*.

Mais il n'en est pas de même, si le Donataire défavoüe l'accusation intentée par son Procureur, s'il s'en désiste, & s'il déclare qu'il ne lui a point donné d'ordre de la pourfuivre, & que ce baptistaire faux est l'ouvrage du Donateur qui la fabriqué ou fait fabriquer; car en ce cas il est permis au Donataire de s'opofer à la revocation de la Donation, & de se dégager de toutes fortes d'égards & de menagemens, pour soûtenir que la Donation lui a été faite par un majeur, qui ne l'attaque pour la faire annuller, qu'à la faveur d'un faux acte, sur lequel il apuye la revocation; en forte que s'il arrive dans la fuite que le Donataire fasse declarer ce baptistaire faux, ou qu'il vienne à se défister de l'accusation en crime de faux introduite contre le Donateur, avant la Sentence ou jugement definitif; son défavû de tout ce que son Procureur a fait en son nom dans le cours de l'instance à l'égard du faux, est un obstacle à la revocation de la Donation, suivant la maxime des Arrêts raportés par Mr. de Catellan.

Je

Cod. de revocand. Donat.

In cap. ult. de Donat. Aux Decretales.

Tome II. liv. 5. ch. 54.

Je crois que cette Jurifprudence eft apuyée fur deux textes, qui font formels. Le premier eft tiré de la Loi 14. §. 8.
ff. de bon. libertor. En voici les termes, *accufaffe autem eum
dicimus qui crimina objecit, & caufam perorari ufque ad fen-
téntiam effecit. Cæterum fi antè quievit, & non accufavit, &
hoc jure utimur; fed fi appellatione interpofita defiit, benignè
dicitur non pertuliffe accufationem.*

Le fecond texte eft pris de la Loi 16. §. 3. au même titre
du Digefte, *fed etfi poft litem conteftatam dicendum eft, nec
id nocere debere, quia non ufque ad fententiam duravit;* Godefroy dit auffi très-à propos à ce fujet, *eft enim ei ignofcendum
qui provocatus fe ulcifci currit,* parce qu'il n'eft rien de plus
jufte que de fe venger, quand on eft attaqué ou infulté par
quelqu'un, foit qu'il foit notre bienfaîteur, ou telle autre
perfonne que l'on voudra; fur-tout, lorfque l'outrage tend à
nous reduire à la derniere mifere, ou à nous faire perdre la
vie.

Note *L.* ad
*l. 16. ff. de bon.
libert.*

C'eft donc une verité conftante, que le Donataire ne
doit point paffer pour ingrat, lorfque le Donateur demande
la revocation de la Donation, fur le fondement de fa minorité établie par un faux baptiftaire, que le Donataire fait
impugner de faux, ou qu'il impugne lui-même; principalement lorfqu'il n'y a ni Sentence, ni Arrêt fur le faux; & que
ce Donataire fe defifte de l'infcription de faux avant le Jugement définitif: que s'il y avoit une Sentence, dont il eût
été interjetté appel, & que le Donataire apellant fe fût de-
parti du crime de faux pendant l'appel, ou qu'il eût laiffé
prefcrire l'accufation qu'il avoit introduite pendant l'efpace
de 20. ans; cette prefcription confentie & acquiefcée par
le Donateur, rend celui-ci non recevable à revoquer la Donation par l'ingratitude du Donataire, parce que fa demande
n'eft après cela ni jufte, ni bien fondée.

Quelque liaifon que cette queftion ait avec la précedente,
elle ne doit pas être décidée par les mêmes principes; ce
qui m'oblige à l'apuyer par d'autres que l'on va établir.

P

Tous ceux qui ont quelque notion du Droit Romain, ne revoqueront point en doute, que les enfans legitimes sont assujetis à la puissance paternelle, au moment qu'ils viennent au monde : les Elemens du Droit le prouvent si clairement, qu'il n'est pas permis de le contester.

Instit. lib. 1.
tit. quib. mod.
juss. patr potest.
solvit.

Cette puissance paternelle, étoit d'une si grande étenduë parmi les Romains, que les peres avoient *jus vitæ & necis* sur leurs enfans, lesquels ne pouvoient même rien acquerir, que le pere n'en fût & le Seigneur, & le proprietaire, sans qu'il fût au pouvoir des fils de famille d'en disposer, soit par des actes entre-vifs, ou par des actes de derniere volonté.

De là prit naissance la necessité d'être habilité par le pere, attachée à la qualité du fils de famille, pour pouvoir acquerir du bien, *sivè ex industria, aut ex commercio* ; de-là, le droit inséparable de la puissance paternelle, d'émanciper les fils de famille *coram Magistratu*, en gardant les formalitez requises par la Loi 5. *Cod. de emancipat. liberor.* pubiée par

Cod. de ingrat.
liber.

l'Empereur Anastase, l'an 509. La Loi Unique, contient la decision précise de notre question. En voici le texte, *filios & filias, cæterosque liberos contumaces, qui parentum vel acerbi convitii, vel cujuscumque atrocis injuriæ dolore pulsassent, leges emancipatione rescissa, damno libertatis immeritæ mulctari voluerunt.*

Note F. ad
dict l. unic.

Les Loix dont il est parlé dans celle-ci, sont fort judicieusement marquées par Godefroy dans une de ses Notes, *antiquas puta Romuli dixi ad Leges 12. tabular, lib. 2. tit. 27. §. 7. ubi hoc addendum est diueis parentum sacrum fieri nihil aliud esse, quàm in sacra & potestatem parentum reverti, ut filius ita reversus à parente impunè possit occidi, videlicet si impias manus ei intulerit.*

Ad tit Cod.
de ingrat. lib.

Ces Loix des 12. Tables dont parle ce sçavant Interprête, sont rapellées par Mr. Cujas, qui nous fait voir ensuite quel est son sentiment sur notre question, *regula est emancipationis*, dit il, *liberos in patriam potestatem invitos non reverti, L. ult. qui sunt sui vel alien. jur. sed excipitur causa ingrati-*

tudinis ; & fur la Loi *fed hoc* ; *non admittimus* , continuë t-il , *id eft ne dicamus ob caufam ingratitudinis non poffe redigi filium, qui invitus ex jufta caufa mancipatus fit , pietas paterna vetat maximè , cum fpecialiter ingratum eum tantum dicamus qui pulfat parentem , aut gravi afficit convitio.*

La Doctrine de cette lumiere de la Jurifprudence Romaine , eft fuivie par Godefroy, fur une des Novelles de l'Empereur Leon , *hoc ait emancipatos ingratos, in patriam poteftatem ob ingrati vitium revocari* ; & dans un autre endroit fur la même Novelle , *hoc caput exiftimo referendum ad emancipatos ingratos (de quibus agi fatis conftat hujus Novellæ principio.)* Il finit cette obfervation (qui decide une queftion très-importante) *eo fenfu emancipatos fi liberos habeant non revocari in poteftatem, fed tamen teftari de profectitiis non poffe.* Cette peine attachée à l'ingratitude du pere émancipé , paffe à fes enfans, qui ne peuvent pas difpofer des biens qu'il leur a laiffé après fa mort par fon Teftament , parce qu'ils font regardez comme venans d'une fource du vice le plus noir dans lequel on puiffe tomber , qui les prive de la faculté de tefter des biens , qui leur viennent du chef de leur pere émancipé.

Enfin , s'il reftoit quelque doute fur cette queftion, il feroit levé par la maxime établie par Ricard. La Loi unique , *Cod. de ingrat. liber*, dit-il , *nous fait voir que les enfans perdoient par la Loi des 12. Tables, les droits de leur émancipation , par l'ingratitude qu'ils commettoient contre celui qui les avoit émancipez ,* Leges emancipatione refciffa damno libertatis damnari voluerunt.

On ne peut donc plus revoquer en doute , que le pere ne foit en droit de faire refcinder l'émancipation de fon fils, à caufe de fon ingratitude après la decifion des Loix , & l'autorité des Docteurs & des Interprêtes , qui ne laiffent plus la liberté de lever des conteftations fur cette queftion ; mais il faut que l'injure foit atroce , pour que le pere puiffe revoquer l'émancipation ; ainfi que le decide Mr. Cujas , *maximè*

Note 8. ad Novell 25

Note 9.

Tome I. part. 3. c. 6. n. 668. de la derniere édit.

Ad tit. Cod. de ingrat. liber.

cum specialiter ingratum eum tantum dicamus, qui pulsat parentem, aut gravi afficit convitio, & pour lors le pere est en droit de porter sa plainte contre ce fils impie & denaturé devant le Magistrat qui doit en connoître, pour faire rescinder ou revoquer l'émancipation.

TRAITÉ

DE

LA REVOCATION,

ET NULLITÉ DES DONATIONS.

LIVRE QUATRIE'ME.

CHAPITRE PREMIER.

Si l'ingratitude d'un Evêque , ou d'un Chapitre d'une Eglise Cathedrale , peut faire revoquer la Donation par la disposition de la Loi Generaliter , Cod. de revocand. Donat.

DE toutes les questions qui sont comprises dans ce Traité , il n'en est guere de plus notable que celle que l'on va examiner.

Avant de decider cette question , il est necessaire de faire observer, que le Patron Laïque qui est tombé en pauvreté , peut obliger l'Eglise qu'il a fondée & dotée de le nourrir ; c'est-là une des plus grandes maximes du **Droit** Canonique, établie par tous les Canoniftes françois & Ultramontrains ; jufques là même que le Titulaire de l'Eglife ou du Benefice, dont il a le droit de Patronage, peut y être contraint par les Juges Royaux qui font en droit d'en connoître.

Mais il n'en eft pas de même de la Donation que le Patron a faite lors de la fondation, qui ne peut point être révoquée par l'ingratitude du Titulaire, quelque faveur, quelque privilege que la Loi *Generaliter* ait accordé au Donateur contre le Donataire, qui tombe dans le cas de l'une des caufes contenuës dans cette Loi ; parce que dès que la Donation ou fondation d'une Eglife, ou d'un Benefice, ont été décretées & fpiritualifées, elles font irrevocables, felon la Jurifprudence des Arrêts, raportez par Mr. Loüet & fon Commentateur, & par les Sçavans Journaliftes du Palais, *Tome I. page 681. de la dern. édit.*

Cod. de revocand. Donat.

Lettre D. N°. 3. de la feconde édition.

Cette maxime a lieu aufli dans le cas d'une Donation faite à l'Eglife, après qu'elle a été acceptée & infinuée ; parce qu'étant revetuë de ces formalitez ; le Donateur n'eft plus en droit de la revoquer, par l'ingratitude de l'Evêque ou du Chapitre de fon Eglife Cathedrale, fuivant la doctrine de Julius Clarus ; non pas même, dit il, quand cette ingratitude feroit conftatée, *dilucidis argumentis*. C'eft encore ce qui nous eft apris par Defpeiffes en ces termes : *La Donation faite à l'Eglife, ne peut pas être revoquée par l'ingratitude du Prélat ou du Chapitre ; encore moins par celle du Prélat & du Chapitre conjointement ;* ce qui eft apuyé felon mon fentiment, fur ce que cette Donation eft cenfée faite à Dieu, & que l'on ne peut fans impieté, préfumer être ingrat.

§. Donatio, quæft. 21. n. 5.

Tom. I. part. I. Sect. 4.

Independamment de cette raifon, une des Loix Canoniques en fournit une autre, pour montrer que la Donation faite à l'Eglife, eft irrevocable, même par ingratitude ; cette raifon eft, que *delictum perfonæ non debet in detrimentum Ecclefiæ redundare*, le Titulaire d'un Benefice, ou le corps d'un Chapitre, ainfi que l'Evêque n'en étant que les adminiftrateurs & ufufruitiers. En effet, fi dès le moment que

Cap. delictum de regul. par. in 6.

la Donation eſt faite à l'Egliſe, & qu'elle a été acceptée, inſinuée & ſpiritualiſée ; le Prélat ou le Chapitre, ou tous les deux enſemble, tomboient dans une des cinq cauſes d'ingratitude, contenuës dans la Loi *Generaliter*, (ſi célebre parmi toutes les Nations où l'on obſerve le Droit civil.) Surquoi fondé, pourroit on ſoûtenir qu'on eſt en droit de revoquer la Donation faite à l'Egliſe ; puiſque l'un & l'autre n'ont que l'uſufruit de la manſe qui les concerne, ſuivant les vrais principes du Droit canonique ? Peuvent-ils bleſſer les droits de l'Egliſe, à laquelle la propriété des biens donnez apartient ? N'eſt-elle pas propriété inhérante, & inſéparable de la fondation ou Donation qui lui a été faite ? Le Donateur a-t il eu d'autre vûë, d'autre objet, d'autre cauſe lors de cette Donation, que l'Egliſe ? On ne peut donc ſoûtenir que l'ingratitude de l'adminiſtrateur ou l'uſufruitier, puiſſe être une des cauſes pour revoquer la liberalité faite à l'Egliſe, parce qu'elle eſt cenſée faite à Dieu.

En un mot, on ne peut argumenter du cas de la revocation par la naiſſance ou ſurvenance des enfans, à celui de la Donation faite à l'Egliſe, que l'ingratitude du Prélat ou du Chapitre ne peut ébranler ; parce que la faveur des enfans dans le premier cas, prévaut à celle de l'Egliſe ; au lieu que dans le ſecond cas, où il eſt queſtion d'une Donation faite à l'Egliſe, qui ne peut être revoquée par la diſpoſition de la Loi *Generaliter*, *ob ingratitudinem* du Prélat ou du Chapitre ; parce que cette Donation, n'a eu pour objet que l'Egliſe, & nullement le Prélat ou le Chapitre, ayant été faite pour fonder ou doter une Egliſe Cathedrale, & homologuée par le S. Siége Apoſtolique, ce qui la rend inébranlable.

CHAPITRE II.

Si le Donateur peut revoquer la Donation par la dif-
pofition de Loi Generaliter *, lorfque le Dona-*
taire a tué fon fils.

CETTE queftion eft une des plus fingulieres qui entrent dans ce Traité. On va l'examiner avec beaucoup
de clarté , & en peu de mots : ramenant les chofes aux vrais
principes du Droit Romain.

On ne peut revoquer en doute , que c'eft une injure atroce
du Donataire envers le Donateur , de tuer ou de faire affaffiner le fils de celui ci ; parce que c'eft une maxime du Droit
civil , que *pater & filius cenfentur una eademque perfona* ; d'où
il s'enfuit que le meurtre ou l'homicide du fils du Donateur ,
eft une des caufes comprifes dans la Loi *Generaliter* ; & qu'ainfi

Cod. de revo-
cand. Donat.

le Donataire ne peut fe mettre à couvert de la revocation
de la Donation ; parce que *atrocem injuriam in eum intulit* ,
foit que le meurtre ait été commis par le Donataire , foit
qu'il ait donné des ordres à des fcelerats , pour faire perir le
fils de fou bienfaîteur par le fer ou par le poifon ?

Convient-il à un pere infortuné , de voir joüir fous fes
yeux , le Donataire meurtrier de fon fils , (*pars vifcerum fuo-*
rum) de la plus grande partie de fes biens ? N'eft-ce pas infulter au Donateur ? N'eft-ce pas l'outrager , de paroître en
fa prefence avec les mains teintes du fang de fon fils ! Quels
égards , quelle confideration , quel refpect ce Donataire
meurtrier , a-t-il pour fon bienfaîteur ! Quelles marques lui en donne-t il , lorfqu'il fe manifefte & qu'il paroît en public , plûtôt pour infulter à fon malheur , que pour
lui faire connoître que le meurtre ou l'homicide de fon fils ,
eft arrivé par un accident que la prudence humaine ne pouvoit prevenir ; le Donateur eft donc en droit pour revoquer
la Donation qu'il lui a faite , d'alleguer que *ingratus & im-*
pius

pius valdè fuit donatarius adversus donatorem, suivant l'ex-pression de Mr. Cujas.

Ad tit. Cod.
de revocand.
Donat.

On ajoûtera ici cette raison decisive sur cette question, que le pere est obligé de poursuivre, & le meurtre & l'assassin de son fils ; & qu'il ne peut sans se deshonorer, en negliger ni en abandonner la vengeance par la rigueur des Loix ; sur-tout lorsque le Donataire affecte de se manifester en public, pour braver ce pere infortuné, qui dans l'amertume de la douleur dont il est accablé, ne doit pas souffrir qu'un pareil attentat demeure impuni, non-seulement par la revocation de la Donation, à cause de l'atrocité de l'injure qu'il lui a faite en se rendant l'homicide du fils de son bienfaiteur ; mais pour le faire condamner à la peine ordonnée par les Loix qui sont sous les titres *du Digeste, & du Code, ad Leg. Cornel. de Sicar.*

Je ne sçaurois finir l'examen de cette question plus à pro-pos, que par la doctrine de Jean Faure, qui nous aprend que la Donation peut être revoquée par le Donateur, *si Donatarius occidit filium Donatoris*. Il s'ensuit donc de tout ce que l'on vient de dire, que si le Donataire a tué le fils de son Donateur, & que celui-ci en ait connoissance ; il est en droit de revoquer la Donation par l'ingratitude du Dona-taire, à moins que la mort ne fût arrivée que par un cas fortuit, & que le Donataire n'ait eu ni l'intention de le tuer, ni resolu de le faire perir par le fer ou par le poison.

In instit. lib.
2. tit. de Donat.

CHAPITRE III.

Si la Donation faite par le mari à sa femme, peut être revoquée par la disposition de la Loi Generaliter, *lorsqu'elle a attenté à la vie de son mari, & si la même revocation doit avoir son effet contre le mari à l'égard de sa femme.*

CES deux questions étant des plus notables qui sont comprises dans ce Traité ; on va les examiner dans ce Chapitre, parce qu'elles dépendent des mêmes principes.

Cod. de revocand. Donat.

La Loi *Generaliter* derniere les decide nettement, en ces termes : *Si non Donationis acceptor ingratus circa Donatorem inveniatur, ita ut injurias atroces in eum effundat, vel manus impias inferat,* & deux lignes plus bas, *vel vita periculum aliquod ei intulerit :* Or si la femme veut faire perdre la vie à son mari après la Donation qu'il lui a faite dans son Contrat de mariage, & qu'elle ait posté des assassins ou des empoisonneurs ; à cet effet n'est-il pas certain que le mari est en droit de revoquer cette Donation, & que la même chose doit avoir lieu contre le mari, à l'égard de sa femme Donatrice, qu'il veut faire perir par le fer ou par le poison, parce que *vita periculum ei intulit.*

D'ailleurs est-il une injure plus atroce, que celle de conspirer, ou de concerter la mort de son bienfaîteur ou de sa bienfaîtrice ; & n'est-on pas fondé d'apliquer au Donataire mari, ou à la femme qui a formé cet horrible dessein, & qui se met en état de l'executer ; cette maxime du Droit civil *nihil interest occidat quis, aut mortis causam præbeat.*? Quel exemple n'en voit-on pas dans la personne de Madame Tiquet ? Est-il permis à l'un ou à l'autre de conspirer & tramer de faire perir le Donateur ou la Donatrice par le fer ou par le poifon ? N'eft-ce pas attenter à la vie de celui, ou de celle qui eft *os de offibus ejus, & caro de carne ejufdem*, fuivant l'expreffion des textes facrez.

Doit-on être furpris après cela, fi les Empereurs Gratien, Theodofe & Arcade, s'arment de toute leur féverité contre les maris & les femmes qui confpirent la mort de l'un ou de l'autre; dans la Loi *Si fortè mulier*, difent ces grands Princes, *paraffe infidias vel quovis alio genere voluntatem occidendi habuiffe inveniatur, vel fi fortè maritus eodem modo infectetur uxorem, ibi eadem quæftione ab omni familia; non folum mariti; fed etiam uxoris fuæ (quæ tamen tunc temporis domi fuerit) quærendum eft fine cujufquam deffenfione.* *Cod ad leg. Corn. de Sicar.*

De-là procede cette maxime generale établie par Mr. le Préfident Boyer, que les femmes qui attentent à la vie ou à la perfonne de leurs maris, *funt homicidii viri mediatrices*. De là ce grand principe du Droit civil, que ce fçavant Magiftrat nous aprend que ces femmes homicides perdent, *& dotem & donationem*, indépendament de la peine que les Loix, & les Ordonnances leur infligent, lorfqu'elles font convaincuës d'avoir fait mourir leurs maris par le fer, par le poifon *vel quovis alio genere occidendi*. *Queft.* 161? N°. 3.

Ibid. N°. 2.

La queftion eft encore decidée par le même Mr. Boyer en l'endroit allegué, où il dit que la Donation faite par le mari à fa femme eft revoquée, fi elle ou fes proches parens ont outragé le Donateur, foit par des injures atroces ou autrement; ce qui eft conforme à la doctrine de Lupus *in repetit. rubric. de Donat. int. vir. & uxor.* La raifon qu'en donne Mr. Boyer, eft *fi uxor occidat aut occidere faciat, ipfa tenetur*. *Fol.* 57. *col.* 3. *verb. ex iftis.*

On doit dire la même chofe du mari à l'égard de la femme qui lui a fait une Donation, parce que *ubi eadem ratio, ibi idem jus concurrere debet*; fur-tout lorfque le deffein que le mari a formé pour faire perdre la vie à fa femme, eft parvenu *ad actum proximum*, parce qu'on eft pour lors au cas de l'atrocité de l'injure dont il eft parlé dans la Loi *Generaliter, Cod. de revocand Donat.* pour operer la revocation de la Donation par l'ingratitude du Donataire, qui met tout en ufage

pour faire perir fa femme & fa bienfaîtrice, qui a pour elle
ce que les Loix Romaines apellent *confortium vitæ humanæ,*
divini & humani juris communicatio, qui par leur union
avec la qualité d'époufer, doivent empêcher que le mari
n'attente à la vie de fa femme, par le fer ou par le poifon.

Lib. 2. conf.
95, n. 21. Enfin Farinacius traitant notre queftion, la decide clairement ; *hinc eft,* dit il, *quod fi conjux Donatarius graves injurias*
conjugi Donatori facere præfumpfit, tacitè videtur revocata Do-
natio, idem fi impias contra Donatorem manus intulit, efficitur
Donatori adeo ingratus, quod Donationem perfeĉtam revocare
poteft.

CHAPITRE IV.

Si l'heritier ou Donateur peut révoquer la Donation après
fa mort par le Benefice de la Loi derniere, Cod- de
revocand. Donat. *lorfque le Donateur ne s'eft point*
plaint pendant fa vie.

CETTE queftion eft formellement décidée par la Loi.
Generaliter en ces termes, *hoc tamen ufque ad primas*
Cod de revo-
cand. Donat. *perfonas, tantum modo ftare cenfemus, nulla licentia concedenda*
donatoris fuccefforibus hujufmodi quærimoniarum primordium
inftituere. On voit par la difpofition de cette Loi, que fi le
Donateur ne fait aucune démarche pendant fa vie pour de-
mander la révocation de la Donation par l'ingratitude du
Donataire ; fon heritier eft non recevable, & mal fondé
Ad tit. Cod.
de revoc.Donat. à le faire. Mr. Cujas tient *inofenfo pede,* que l'heritier du
Donateur ne peut pas demander la révocation de la Dona-
tion par le Benefice de la même Loi *Generaliter,* lorfque le
Donateur ne l'a point fait pendant fa vie, *quod noftri non in-*
tellexerunt, dit-il, *hanc aĉtionem ingrati effe perfonalem, & ita*
Note R. ad
L. Generaliter,
cod. de revoc.
Donat. *effe perfonalem ut nec detur heredi.* Godefroy nous apprend
encore la même chofe dans une de fes notes. Voici fes pa-

roles : *actio revocatoria non datur heredi ut hic ;* ce qui est appuyé sur la raison qu'allegue l'Empereur Justinien dans cette Loi *etenim si ipse qui hoc passus est tacuerit, silentium ejus maneat semper, & nona posteritate ejus scifcitari concedatur.*

A toutes ces autoritez on joindra celle de Ricard qui est formelle. *Comme cette action,* dit-il, *par laquelle la Donation est révoquée pour cause d'ingratitude, regarde principalement les personnes, & la vengeance de l'injure qui est faite au Donateur, & que le retour des choses données, n'est qu'accessoire, & une partie de la peine que le Donataire a meritée, elle ne passe pas leur personne, si le Donateur décede sans avoir poursuivi l'outrage qui lui avoit été fait par son Donataire, & sans avoir demandé en conséquence la révocation de la Donation qui lui avoit été faite, ses heritiers ne seront pas recevables à en commencer l'action :* C'est sur la décision de la Loi *Generaliter.* C'est sur ces autorités que l'on peut dire que le Parlement de Touloufe a fixé la maxime, ainsi que l'affure Mr. Maynard, conforme à la *Loi 1. & à la Loi 7. Cod. de revocand. Donat.* puisqu'on voit dans la premiere de ces Loix, que le droit de révoquer la Donation par l'ingratitude du Donataire, n'apartient ni aux enfans du Donateur, ni à leurs heritiers ; & dans l'autre, que les Empereurs Conftantin & Conftans, décident la même chose en ces termes : *Actionem vero matris ita personalem esse volumus, ut vindicationis habeat effectum.*

Il est donc conftant que l'action qui concerne la révocation de la Donation, ne passe point aux heritiers du Donateur, & qu'elle est attachée à la personne du même Donateur pendant sa vie, sans qu'elle puisse se tranfmettre même à ses enfans ; ce qui est fondé sur la doctrine de Godefroy, qui porte que *per mortem delicta & pæna extinguuntur,* d'où l'on doit conclurre que l'ingratitude étant une efpece de crime dont la peine est la révocation de la Donation, le Donateur étant venu à déceder avant d'avoir formé fa demande, fon heritier foit teftamentaire, ou *ab inteftat,* n'est pas reçû à l'introduire.

Tome I. 3. part. chap. 6. fect. 3. N° 704. de fa derniere édition.

Cod. de revocand. Donat.

Liv. 6. ch. 83.

Note H. ad Li. ff. de privat. delict.

Q iij.

Mais cette maxime reçoit quelques exceptions ou limitations, qui font marquées par les Docteurs & Arrêtistes. Ces exceptions ou limitations, font apuyées 1°. fur ce que dit Lapeyrere dans fes décifions fommaires du Palais, lettre D. que la Donation entre vifs peut être révoquée par l'heritier du Donateur, dans trois differens cas ; fçavoir, fi le Donateur a ignoré l'ingratitude pendant fa vie, conformement à la doctrine de Ranchin, decifion part. 1. conclufion 42. & de Ferriere fur la queft. 214. de Guy-Pape. 2°. S'il n'a point eu la liberté ou la commodité de fe plaindre contre le Donataire ingrat. 3°. Et s'il a déclaré ouvertement fe vouloir plaindre, c'eft-à-dire, en prefence de témoins que l'heritier du Donateur peut faire oüir dans une enquête, pour prouver l'ingratitude du Donataire & faire révoquer la Donation.

Sous le mot Donation. N°. 6. de la derniere édition.

Defpeiffes fixe & limite cette révocation de l'heritier par l'ingratitude du Donataire, à deux faits effentiels. Le premier, lorfque le Donateur meurt dans l'ignorance de l'ingratitude du Donataire ; le fecond, fi le Donateur ayant une connoiffance parfaite de cette ingratitude, a mis le Donataire en caufe devant le tribunal qui eft en droit de Juger la queftion, & s'il a formé fa plainte en révocation contre lui par le remede de la Loi *Generaliter* ; de ces deux limitations ou exceptions à la maxime que l'on a établie ci-deffus, l'une eft la même que celle marquée par Lapeyrere ; l'autre doit y être jointe, parce qu'elle tend à la revocation de la Donation, & qu'elle a pour fondement l'autorité des Docteurs, qui ne laiffent aucune difficulté à refoudre fur cette queftion, pour ce qui concerne l'interêt de l'heritier, Jequel eft cenfé n'être qu'une feule & même perfonne, que le Défunt fuivant la decifion de la Loi 59. *heredem ejufdem poteftatis jurifque effe cujus fuit defunctus conftat.* Charondas en l'endroit allegué, rapporte un Arrêt du Parlement de Paris, qui a jugé *in terminis*, que l'heritier du Donateur pouvoit revoquer la Donation *ob ingratitudinem Donatarii*, parce que celui-ci avoit dit en public, que fon bienfaîteur

Tome I. part. 1. des Donat. fect. 4. pag. 400. N°. 10.

Ranchin, Tome I. concluf. 410. Ferrier. fur la q. 214. de Gui-Pape, Charondas en fes réponfes, liv 5. ch. 1. &c. Dig. de regul. jur.

avoit fait des actions qui devoient le faire pendre, qu'il étoit un méchant homme, & qu'il n'avoit jamais rien valu ; mais il faut y ajoûter cette circonstance bien remarquable, que le Donateur avoit fait informer contre le Donataire avant sa mort.

Mr. Cujas tient l'affirmation de l'exception qui regarde le procès, ou la plainte formée par le Donateur contre le Donataire pendant sa vie, & decide que son heritier est en droit de poursuivre cette revocation après sa mort, à l'exemple de l'action d'injure que l'heritier peut poursuivre, *si his fuerit contestata cum defuncto* ; mais il ne dit rien des autres limitations que l'on voit dans Lapeyrere, Ferriere, Ranchin & les autres Docteurs que l'on a citez plus haut, quoique leur opinion soit fondée sur l'usage & les maximes du Palais.

Ad tit. Cod. de rev. Donat.

Ranchin dans ses annotations sur Gui-Pape, établit deux limitations en faveur de l'heritier du Donateur, pour revoquer la Donation par l'ingratitude du Donataire *fallit*, dit-il, *ubi Donator in vita se præparasset ad agendum & ad eam Donationem revocandam argum. L. si pater, & L. scimus, Cod. de inofic. testam. secund. limitatio erit ubi Donator in vita causa revocationis incæpisset, nam demum incæptam hæres persequi & suscipere potest.* Ces deux limitations n'ont pas échappé à l'exactitude & aux lumieres des autres Docteurs que l'on a allegué, apuyées de la décision de Mr. Cujas & de la Jurisprudence des Arrêts des Parlemens de Paris & de Touloufe.

In quæst. 214.

Ricard se declare pour les Docteurs qui tiennent l'affirmative en faveur de l'heritier ou Donateur, voici ses paroles. *Mais comme après la contestation l'action est parfaite, elle se transmet aux heritiers avec le reste du bien ; & si la prononciation du Jugement est transferé après la contestation, ce n'est que pour instruire la religion des Juges.* Et au N°. suivant sur la fin, il met au jour son opinion qu'il fortifie de plusieurs textes de Loix, en ces termes. *De sorte que comme nous avons d'autres Loix, qui decident que l'action d'injure ne passe à l'heritier, ni contre l'heritier qu'après la contestation.* Inju-

Tome I. part. 3 ch 6 sect.3. N°. 709. 710. & 711.

riarum actio neque heredi neque in heredem datur, femel autem lite contestata hanc actionem adversus successores pertinere, L. injuriarum 13. ff. de injuriis & L. si eam §. qui injuriarum ff. si quis cautionib. *Le même doit sans doute être resolu à l'égard de l'action d'ingratitude, puisque les mêmes raisons s'y rencontrent ;* on voit donc par l'autorité de Ricard, qu'il suit la doctrine de Mr. Cujas, de Ranchin & de quelques autres Docteurs, (à l'égard de la revocation de la Donation que l'heritier peut poursuivre contre le Donataire ingrat) & que ce droit ne peut lui être contesté, lorsque le Donateur est mort, *post litem contestatam ;* d'où il suit que la limitation à la maxime generale concernant la poursuite de l'heritier pour être reçû à faire revoquer la Donation par l'ingratitude du Donataire *post litem contestatam,* ne reçoit point de difficulté, & qu'on ne peut aujourd'hui soûtenir la negative sans donner atteinte aux maximes les plus inviolables du Droit civil, d'autant plus que cette limitation ne détruit point les exceptions qui sont alleguées par Lapeyrere, & les Auteurs qui ont embrassé son opinion en faveur de l'heritier du Donateur contre le Donataire ingrat.

Enfin il est constant, qu'encore que l'action pour la revocation d'une Donation, *ex causa ingratitudinis,* soit personnelle au Donateur, neanmoins lorsque par quelque accident il n'a point pû en former sa plainte, comme s'il est devenu imbecille ; elle passe à ses heritiers ; c'est la doctrine de Dumoulin en ses Notes sur le Chapitre X. *extra de Donat.* ce qui est une autre limitation à la maxime que l'on a établie contre les heritiers du Donateur, en soûtenant l'affirmative.

CHAPITRE

CHAPITRE V.

Si le Donateur peut revoquer la Donation, par l'ingrati-
tude du Donataire, & la pourſuivre contre ſon
heritier après ſa mort.

LA liaiſon que cette queſtion a avec la précedente, m'o-
blige à la traiter de ſuite, preſque par les mêmes principes & par les mêmes maximes que l'on a établi à l'égard de
l'heritier du Donateur.

Le ſçavant Mr. Cujas eſt le premier qui ait decidé cette
queſtion pour la negative, lorſque le Donateur ne fait pas   *Ad tit. Cod.*
ſes diligences contre le Donataire, pour la revocation de la   *de rev. Donat.*
Donation, par l'ingratitude de ce dernier, parce que cette
action en revocation *potiùs vindictæ*, dit-il, *quam pecuniæ*
perſecutionem habet ; & qu'à l'exemple de l'action d'injure,
elle ne peut avoir ſon effet, ni en faveur de l'heritier du Donateur, ni en faveur du Donateur, contre l'heritier du Donataire, *ſi lis non fuerit conteſtata cum defuncto vel in defunctum.*

Le texte de la Loi *Generaliter* paroît inſinuer la même   *Cod. de rev.*
choſe dans ſa diſpoſition, par ces termes : *Silentium ejus ma-*   *cand. Donat.*
neat ſemper, & non à poſteritate ejus ſuſcitari concedatur, vel
adverſus eum qui ingratus eſſe dicitur, vel adverſus ejus ſucceſ-
ſores. Voilà notre queſtion clairement decidée, le ſilence,
l'inaction, la negligence du Donateur ſont autant de fins de
non-recevoir, qu'on eſt en droit de lui opoſer, lorſqu'il attaque les heritiers du Donataire, pour demander contre lui
la revocation de la Donation par l'ingratitude de celui qu'ils
repreſentent, tout crie, tout ſe ſouleve en faveur de ces
heritiers : Godefroy l'aſſure par ces mots, *de heredibus ingrati,*   *Note S. ad*
rien ne peut être allegué pour colorer les demarches du Do-   *dict. L. Gene-*
nateur, qui ne ſe met pas en état de former ſa plainte contre   *raliter.*
le Donataire pendant ſa vie, il n'eſt point de Juge, de Ma-

R

giſtrat, de Tribunal, qui veüille écoûter la demande qu'il fera 20. ans après la mort du Donataire ; les Loix 1. & 7.

Note 6. ad dict. L. 1. ſous le même titre du Code, decident la même choſe. Godefroy s'explique formellement là-deſſus, *actio ingrati*, dit-il, *heredi & in heredem non datur*.

Cette grande, cette excellente maxime, eſt fondée ſur ce qu'il n'y a point d'injure, ſoit réelle, ſoit verbale, qui n'exige neceſſairement la plainte ou l'accuſation de celui à qui elle a été faite : En ſorte que nul crime, nulle accuſation ne peut être introduite, ni pourſuivre contre un heritier, que *poſt litis conteſtationem in quantum ad eum pervenit*, Cod. ſi adverſ. delict. ſuivant la deciſion de la Loi unique, d'où l'on doit conclurre que le Donateur peut pourſuivre la revocation de la Donation contre l'heritier du Donataire, *poſt litis conteſtationem*.

Tome I. 3. part. chap. 6. ſect. 3. N°. 708. Ricard tient auſſi pour la maxime que l'on vient d'établir, voici comme il s'explique. *Je croi que pour y parvenir, il faut ſuivre une voye mitoyenne, & dire que dans les deux chefs de notre queſtion principale, il n'eſt pas neceſſaire qu'il ſoit intervenu une condamnation par la raiſon que nous venons de toucher ; & d'un autre côté, qu'il ne ſuffit pas que l'action ſoit commencée ; mais qu'il faut pour cet effet qu'il y ait conteſtation.* Or cet Auteur ayant examiné, non ſeulement la queſtion de l'heritier du Donateur contre le Donataire ; mais celle qui concerne l'heritier du Donataire ingrat, comme il paroît par ces mots *dans les deux chefs de notre queſtion*. Il eſt certain que les raiſons qu'on peut alleguer en faveur de l'heritier du Donateur contre le Donataire, peuvent l'être par le Donateur contre l'heritier du Donataire, *poſt litis conteſtationem* : ainſi que l'aſſure le même Ricard, N°. 712. *L'action d'injure, & l'action d'ingratitude ſont fondées ſur les mêmes principes, même l'action d'ingratitude n'eſt proprement qu'une action d'injure, & la pourſuite de la reparation d'un outrage qui a été fait par celui qui étoit notre redevable, à cauſe du bienfait qu'il avoit reçû de nous.* N'eſt-ce pas là une autorité formelle pour la deciſion de cette queſtion, qui confirme la maxime generale que l'on a établie ? En effet fi après que la plainte ou l'inftance en revocation de la Donation , par l'ingratitude du Donataire , ont été introduites par le Dona-teur *lis conteftata fuit* , avec le Donataire avant fa mort , ou avec un accufé de quelque crime ; peut-on douter que le Donateur ou l'accufateur ne puiffe le pourfuivre contre les heritiers Teftamentaires ou *ab inteftat* du Donataire ou de l'accufé , pour le faire condamner à l'interêt civil du Dona-teur ou accufateur *in quantum locupletiores facti funt*. De forte que par la même idemtité de raifon , le Donateur ayant formé fa plainte en revocation de la Donation contre le Do-nataire , mis fa prefentation au Greffe jufques à la contefta-tion en caufe. Celui-ci venant à mourir dans l'entre-tems ; ce Donateur, dis-je , eft en droit de reprendre , & pourfuivre fa plainte contre les heritiers du même Donataire , pour faire ordonner cette revocation , fur-tout lorfqu'il y a une infor-mation ou une enquête faite contre celui qui a outragé fon bienfaîteur.

Cette maxime eft apuyée fur l'autorité de tous les Doc-teurs , & a pour fondement la conteftation en caufe à l'exem-ple de l'action d'injure ; d'autant plus que dans ces circonf-tances , toutes les actions paffent de la perfonne du défunt Donataire , dans celle de l'heritier , fuivant la decifion de la Loi 28. dans laquelle le Jurifconfulte Paulus dit que l'action d'injure *in bonis noftris computatur poft litem conteftatam*.

On voit donc que fi après la conteftation en caufe , l'action d'injure eft comprife parmi nos biens , celle en revo-cation de la Donation y eft également comprife , & qu'elle paffe de la perfonne du Donateur dans celle de fon heritier , à caufe de l'injure atroce , ou de l'outrage que le défunt a fait à fon bienfaîteur , pour faire revoquer la Donation *ob ingra-titudinem donatarii.*

Balde in L. furi-ti, Cod. de furt. Joannes Faber , in §. pœnales inftit. de per-pet. & tempo-ral. act. Mr. Cujas , *lib. 11. obfervat. cap. 21. &c.*
Dig. de injur.

CHAPITRE VI.

Si la portion de la Donation propter nuptias *dont le fils,
ingrat est privé, accroît à son frere qui ne s'est
pas rendu ingrat envers le Donateur.*

IL n'est presque point de Docteur, ou d'Inteprête du Droit
Civil qui ait examiné & décidé cette question, ce qui
m'oblige à le faire avec beaucoup de circonspection.

La Novelle 22. de l'Empereur Justinien est le Siége de
cette question : En voici le texte *si quis enim ex eis ingratus
videtur hoc aliis damus nihil tale agentibus, ut & alios cor-
ripiamus parentes honorare ; & ad fratrum exemplum respicere.*
Cette constitution est si claire, si formelle & si décisive,
qu'elle n'a besoin, ni de Commentaire ni d'explication, parce qu'elle est apuyée de ce principe du Droit Civil marqué
par Godefroy, *pars ingrati non ingrato accrefcit.* La raison
sur laquelle il établit ce principe, est qu'il est necessaire que
l'enfant ingrat aprenne par l'exemple de son frere envers
ceux qui l'ont mis au monde, *revereri L. 5. Cod. de patr. potest. honestam & sanctam eorum habere, L. 9. ff. de obligat.
alere, L. 5. ff. de Liber. agnoscend. eorum necessitatem succur-
rere ;* d'où il suit, que si ce fils manque de réünir en sa personne tous ces devoirs à l'égard de son pere & de sa mere, il
est constant que la portion qui lui étoit dûë de la Donation,
propter nuptias tant du chef de son pere que de celui de sa
mere est perduë pour lui, dès qu'il se rend ingrat envers l'un
ou envers l'autre, & cette portion est à son frere *jure accref-
cendi* suivant l'esprit & l'intention du Legislateur, qui a voulu par-là mettre un frein à la licence, que les enfans peuvent
se donner de ne point remplir les devoirs & les obligations
ausquels les Loix divines & humaines les soûmettent.

Est-il une marque d'ingratitude plus évidente envers son
pere & sa mere que le manque de respect des enfans ? Leur

Cap. 21.

Note *D. ad
dict. cap.* 21.

eſt-il permis de ſe repandre en injures contre eux, & de les outrager par des diffamations publiques? Leur eſt il permis de publier la turpide de ceux qui leur ont donné la vie, contre ce qui eſt ordonné par un des Préceptes du Decalogue? L'exemple de la malediction de Noé qu'il donna à un de ſes fils, ne doit il pas le contenir? Eſt-il permis aux enfans de s'en prendre & d'attenter à la vie de leurs peres & meres par le fer ou par le poiſon, ou de porter leurs mains impies ſur leurs perſonnes *impias manus inferre*, dit Godefroy aprés le texte de la Loi *Generaliter*? Cet Interpréte ne nous aprend-il pas encore que c'eſt manquer de reſpect à ſon pere, & ſe rendre ingrat envers lui de l'appeller ou qualifier de magicien & de ſorcier. En un mot on ne peut revoquer en doute que le fils ingrat ne doit point joüir de la portion de la Donation *propter nuptias*, & qu'elle vient par droit d'accroiſſement à ſes autres freres & ſœurs qui ne ſont point tombés dans le même cas; puiſque Juſtinien le décide expreſſement dans le Chapitre 21. de la Novelle 22. que l'on a ſi ſouvent cité *volentibus filiis ex parente à ſe exhonorato præmium habere, quod non eis propter hanc cauſam non damus.*

Cod. de revocand. Donat.

Note F. ad dict. cap. 21.

Ce texte n'eſt-il pas clair? l'indignité du fils ingrat qui manque de reſpect à ſon pere ou à ſa mere, n'y eſt-elle pas marquée à ſon veritable coin? Et il rien de plus juſte que de donner aux autres enfans la portion dont l'ingrat doit être privé; eux qui ont toûjours eu pour ceux qui les ont mis au monde, l'amour, le reſpect, la ſoûmiſſion qui leur ſont dûs; eux qui ont ſi bien merité de leurs peres & meres, tandis que leurs autres freres ou ſœurs ont porté l'outrage juſqu'à l'excès, pour être exclus par leur ingratitude de cette portion, ſoit parce qu'ils n'ont eu d'autre attention que de déclamer ſans ceſſe contr'eux, ou à les accabler d'injures atroces, eſt ce par ces manieres qu'on peut s'attirer des liberalités de ſes peres & meres? Les enfans qui tiennent de pareils diſcours ne ſont ils pas avec juſtice apellés *immeriti*? Ce droit ou cette portion de la Donation *propter nuptias* dont ils ſe ſont rendus indignes par leur ingratitude, peuvent-ils être partagés entre eux & leurs freres ou sœurs ? Ne seroit-ce pas

Note H ad
dict. cap. 21.

une injustice de les admettre au partage ? Est-il quelqu'un qui doute si elle doit accroître aux autres enfans, *immeritis*, dit Godefroy, *præmium non deffertur*, ne faut-il pas convenir que cette portion doit être dévoluë aux freres ou sœurs, de celui qui en est privé par son ingratitude, parce qu'ils l'ont meritée par leur pieté, par leur respect, & par l'amour qu'ils ont pour leurs peres ou meres, dévolution qui leur appartient sans contredit, *jure accrescendi* parce que le fils ingrat est tombé non-seulement dans une des causes marquées dans la Novelle 22. & dans le Chapitre qu'on vient d'allé-

Cod. de revo-
cand. Donat.

guer, mais encore dans une ou plusieurs de celles qui sont comprises dans la Loi *Generaliter*.

CHAPITRE VII.

Si le pere ou la mere peuvent revoquer la Donation qu'ils ont faite à un de leurs enfans, qui s'est marié à l'âge fixé par les Loix Civiles, & par les Ordonnances ; & si ce Mariage est une des causes qui peuvent rendre des Donataires ingrats.

QUELQUES vastes que soient ces deux questions, on va les renfermer dans leurs justes bornes, pour ne pas s'engager dans une dissertation qui nous meneroit trop loin.

Liv. 6. tit. 2.
n. 3.

Les Ordonnances d'Henry II. & d'Henry III. dans le Code Henry, deffendent aux enfans de famille de se marier à l'insçû, & sans le consentement de leurs peres & meres, sous peine d'être frapés de la foudre de l'exheredation

L. 18. L. 20.
Cod de inofic.
Testam. L. 18
L. 20. Cod. de
nupt. &c.

que les Loix Civiles apellent *fulmen paternum*. Ces Ordonnances sont apuyées sur une infinité de textes de Loix qui le décident en termes précis, sur-tout à l'égard des filles qui n'ont pas encore atteint l'âge de 25. ans accomplis.

Cette Jurifprudence Romaine eft conforme aux Ordonnances de nos Rois, qu'on voit tout au long dans le Code
Henry, en l'endroit allegué à la Novelle 115. de Juftinien,
cap. 3. §. 11. & à la doctrine de Godefroy dans une de fes
notes fur ce §. Cette Jurifprudence Romaine, dis je, peut-
être étenduë de l'exheredation, à la revocation de la Donation que le pere ou la mere auroit fait à l'un de leurs enfans,
qui fe marie enfuite fans le confentement de l'un ou de l'autre, parce qu'on peut argumenter d'un cas à l'autre *à majori*
ad minus; fur-tout lorfqu'il eft queftion d'une liberalité ou
d'une Donation faite par le pere ou par la mere à cet enfant.

Les enfans de famille qui ont reçû des Donations de leurs
peres ou meres, de la totalité ou de la plus grande partie de
leurs biens, bleffent la pieté, le refpect, & l'obéïffance qu'ils
doivent avoir pour eux, lorfqu'ayant atteint en France l'âge
fixé par les Ordonnances; ils fe marient fans leur confentement, ces Donations, dis je, ne font pas revoquées, lorfqu'ils ont requis par des actes de refpect le confentement de
leurs peres & meres. Charondas dans fes notes fur le même
Code s'explique clairement là-deffus, *la raifon de cette ex-*
ception fe peut colliger, dit-il, *ex L. qui liberos 19. ff. de rit.*
nupt. *ou les peres peuvent être contraints par les Préfidens ou*
Gouverneurs des Provinces à marier leurs enfans, & de la Novelle 115. *ou les filles ayant paffé l'âge de 25.ans,s'étant mariées,*
fes pere & mere n'ayant voulu les marier, ne peuvent être pour
telle caufe desheritées. Cet Auteur auroit pû appuyer fon fentiment de la doctrine de Godefroy qui eft formelle, *& merito*
nemo enim id punire poteft, cujus ipfe admittendi fuit occafio.
Et de l'Autentique qui eft conçûë en ces termes, *fed fi poft*
viginti quinque annos te differente filiam marito copulare, ea
in fuum corpus peccaverit, vel fine confenfu tuo marito fe li-
berè tamen copulaverit, eam exheredare non potes.

Le même Godefroy (que l'on ne peut trop citer) examinant fi la fille étant parvenuë à l'âge de 25. ans accomplis,
peut fe marier fans le confentement de fon pere, fans encou-

N°. 7.
Note B.

Cod. Henry ubi
fuprà n. 7.

Note 4. fur
le même n. 7.

Note T. ad
autentic. fed fi
Cod. de inofic.
teftam.

Note B. ad
S. 11. cap. 3.
Novell. 115.
rir la peine de l'exheredation, dit *Major 25. annis potest*; or
si cette fille majeure de 25. ans peut suivant la décision des
Loix Civiles, se marier sans le consentement de son pere &
de sa mere, si l'un & l'autre ne sont pas en droit de l'exhereder dans ce cas; comment peut-on soûtenir avec quelque
ombre d'équité que le pere ou la mere qui lui ont fait une
Donation entre-vifs avant son mariage, peuvent la revoquer
par la disposition de la Loi *Generaliter*, quelle est l'injure,
ou l'outrage, que cette fille fait à son bienfaîteur ou à sa
bienfaîtrice, n'est-il point plus à propos qu'elle se marie à un
homme de sa condition, que de vivre dans l'incontinence ou
dans le concubinage qui deshonorent, & ceux qui les ont
mis au monde, & leurs autres freres & sœurs. Le sçavant

Note H. ad
L 18. Cod. de
nupt.
Interprête qu'on vient de citer, dit encore la même chose
dans un endroit *aliud erit si majores 25. annis.*

Il est vrai qu'il semble que les Loix se contredisent sur la
question que l'on examine. Car on voit qu'une de celles qui
Dict. L 18.
sont sous le titre du Code *de nuptiis* décide que la veuve qui
est âgée de 25. ans accomplis, même *sui juris* & émancipée
ne peut se remarier sans le consentement de son pere, & que
la Loi 20. sous le même titre du Code ordonne à une fille
qui a atteint cette majorité légale, qu'elle ne pourra pas se
marier sans le consentement de sa mere & de ses plus proches
parens, si son pere est decedé, & s'il est encore en vie, qu'a-
vec son consentement pour la validité du Mariage. Mais Godefroy les a conciliées avec plusieurs autres Loix dans une
de ses notes, où il dit (parlant de la décision de la Novelle
115.) *an filia ob nuptias sine parentum consensu contractas ex-*
Note B. al
c. 3. s. 11. dict.
Novell.
heredari possit. Et il tient que si elle est mineure de 25. ans,
elle peut l'être *metu ingrati*, mais à l'égard de celle qui est
parvenuë à la majorité légale, elle peut se marier sans le consentement de ses peres & meres, & que les jeunes hommes
qui sont *sui juris* & émancipés, peuvent contracter Mariage
sans la permission de l'un ni de l'autre.

Le Jurisconsulte Modestin décide la même chose en fa-
Dig. de rit.
nupt.
veur du fils émancipé en la Loi *filius emancipatus 25.* qui

peut

peut fe marier fans le confentement de fon pere. Godefroy Note G. ad dict. L. 25. dans une de fes notes fur cette Loy nous l'aprend auffi. Voici comme il s'explique, *fic fentio quofcumque liberos five filios five filias, injuffu patris contrahere nuptias impunè non poffe, nifi fint emancipati expreffè vel tacitè, puta fi majores 25. annis, &* il met enfuite entre deux crochets l'Ordonnance d'Henry III. & un grand nombre de limitations à la maxime gene-rale du Droit Romain. Sont ce là des autorités qui puiffent décider les queftions que l'on examine ? Faut-il en raporter d'autres pour achever de convaincre ceux qui tiennent l'affir-mative, de la foibleffe de leurs raifons ? On va le faire en peu de mots ?

Ricard qui a fi bien traité les queftions qui regardent les Tome 1. 2. part. c. 6. fect. 2. n. 703. Donations, fe declare expreffement pour l'opinion que j'em-braffe. *Nos Ordonnances ont ajoûté,* dit-il, *une nouvelle caufe d'ingratitude, par laquelle les Donations peuvent être revo-quées, qui eft en cas que les enfans fe marient fans le confen-tement, & au deçû de leurs peres & meres, fi ce n'eft qu'ils ayent atteints, les mâles 30. ans, & les filles 25.* On ne peut donc revoquer en doute que les enfans mâles ou filles qui ont atteint l'âge prefcrit par les Loix & les Ordonnances, ne puiffent fe marier fans le confentement de leur pere & de leur mere, après leur avoir fait les actes de refpect requis par les mêmes Ordonnances, fans qu'ils puiffent revoquer les Donations qu'ils leur auront faites par le Benefice de la Loi Cod. de revo-cand. Donat. *Generaliter,* parce que ces mariages ne font point compris parmi les caufes dont il eft parlé dans cette Loi, & que la cap. 3. §. 11. Novelle 115. ainfi que l'autorité de Godefroy, décident les queftions que l'on traite en termes très clairs.

S

CHAPITRE VIII.

Si le parrain & la marraine doivent être nourris par leurs
filleuls ou filleules, si par leurs refus ils peuvent revo-
quer les Donations qu'ils leur ont faite, par le remede
de la Loi Generaliter. Cod. *de revocand.* Donat. *Et*
si les filleuls doivent être nourris par leurs parrains.

Faber sur la
Loi 1. Cod. de
Alend. liberis

In autent nisi
rogati n. 10.
Cod ad Senatus.
Conf. Trebell.

PLUSIEURS Docteurs se sont declarés sans balancer pour l'affirmative, en faveur des filleuls ; pour ce qui regarde la nourriture, Balde s'explique plus clairement que Faber *filius spiritualis*, dit-il, *à patre spirituali in subsidium est alendus, nam & adoptinus filius debet ali* : Or l'adoption spirituelle se contractant par le Baptême ; qu'elle inhumanité ne seroit-ce pas, si le parrain qui est le pere spirituel du filleul lui refusoit la nourriture, lorsqu'il le voit reduit à une extrême indigence ? N'est-il pas obligé de le faire par les

Ad L. si un-
quam in verb.
susceperit libe-
ros n 31. & 40.

Cod. de revo-
cand. Donat.

Loix de la pieté & de la charité ; ainsi que l'assûre Mr. Tiraqueau, & après lui, Benedictus *in verb. uxorem décis.* 5. *n.* 203. *& seqq.*

Lib. 4. tit. 6.
§. 18.

Budée en son Traité *de Philologia, lib. 1. fol.* 14. va plus loin, il dit que le filleul doit être nourri par le parrain, & qu'il a une action qu'il apelle *honoraria* contre lui *ad ejus nutricationem si egeat*, on trouve même dans Harmenopule que le filleul est reputé fils du parrain : or le pere étant obligé de nourrir son fils, à moins qu'il ne tombe dans une ingratitude si grande qu'il soit obligé de le laisser reduit à la misere, à cause des injures atroces, & des outrages qu'il a reçûs de ce fils dénaturé ; on doit dire la même chose du parrain à l'égard de son filleul, à qui il doit fournir les alimens, lorsqu'il est tombé dans une si grande pauvreté, qu'il est contraint à demander l'aumône.

Poussons ces reflexions plus loin, n'est-ce pas une espece

de cruauté de refuser les alimens à ceux & à celles que les parrains & les marraines font obligés d'inftruire ? L'un & l'autre ne font-ils pas apellés *quafi inftructores*, *fidejuffores*, *& fponfores* de leurs filleuls & de leurs filleules ? Ne voit-on pas dans les Capitulaires de Charlemagne ces belles paroles *parentes filios fuos*, *& patrini eos quos de fonte lavacri fuf-ceperunt*, *erudire fummopere ftudere debent*, *illi quia eos ge-nuere & eis à Domino dati funt*; *ifti vero quia pro his fidejuffo-res exiftunt*. On voit par ce paffage des Capitulaires de cet Augufte Prince, qu'elles font les obligations, les devoirs, les engagemens des peres envers leurs enfans, & des parrains envers leurs filleuls & filleules, que ceux-ci font regardés comme leurs peres fpirituels, & ceux-là comme leurs peres naturels ; en effet, fi les parrains font obligez de donner l'é-ducation à leurs filleuls ? Pourquoi ne feront-ils pas obligez de les nourrir, fi les parrains font riches, & que les filleuls & les filleules foient pauvres dès leur naiffance, & dans un befoin extrême ? Pourquoi ne leur tiendront-ils pas la place du pere naturel après fon decès ? Pourquoi leur refufera-t-on en juftice cette action *honoraria* ? Pourquoi fouffrira-t-on enfin que les parrains ayent la dureté de laiffer mourir de faim leurs filleuls ou filleules ; n'eft-il pas au contraire des re-gles de l'équité qu'ils leurs fourniffent les alimens, puifqu'ils tiennent lieu de pere ; en un mot, n'eft-il pas de l'honneur, pour ne pas dire de la charité des parrains, de ne les pas aban-donner dans l'état déplorable où ils font reduits.

Après avoir examiné la feconde queftion que l'on a crû devoir preceder la premiere. On va préfentement traiter cel-le-ci qui eft la principale.

Brodeau fur Mr. Loüet affûre qu'il y a des exemples, que très-fouvent les parrains font portés par la tendreffe qu'ils ont pour leurs filleuls ou filleules, ainfi que les marraines, à leur faire des Donations entre-vifs, & des liberalités *in honorem nominis*. Selon le témoignage de cet Auteur ; peut-on dou-ter fi les filleuls & filleules qui ont reçû de leurs parrains ou marraines ces Donations & ces liberalités, font obligés de

Lib. 1. cap. 39. & 40. & lib. 6. cap. 119.

Lettre F. n. 19. de la fe-conde édition.

les nourrir, lorfqu'ils viennent à tomber dans la mifere *fato cæli* ? Ne le feroient-ils pas indépendemment de ces liberalités ; à plus forte raifon doivent-ils être obligés de leur fournir les alimens , lors que leurs parrains ou marraines joignent à la qualité de pere & de mere fpirituels, celle de bienfaîteurs & de bienfaîtrices ? Le refus de les nourrir dans leurs preffans befoins , n'eft-il pas une des caufes comprifes dans la Loi *Generaliter* ? Ces Donataires ingrats ne mettent-ils pas leurs parrains Donateurs , ou leurs marraines Donatrices, en danger de perdre la vie faute d'un mourceau de pain *vitæ periculum eis inferunt.*

Ced. de revo-cand. Donat.

N'eft-ce pas faire une injure atroce ; n'eft-ce pas attenter à la pieté, au refpeçt, à la confideration qui font dûs aux Donateurs & aux Donatrices de fouffrir qu'ils foient obligés de mandier leur pain publiquement & de porte en porte ? Les Donataires durs , ingrats , inflexibles ne font-ils pas regardés dans cette occafion comme les meurtriers , les homicides de leurs parrains & de leurs marraines ? La Loy, les maximes ne nous aprenent-elles pas que *peccare videtur qui alimenta denegat* ? Les filleuls & les filleules ne tiennent-ils pas auprès de leurs parrains & marraines la place de *filiorum & filiarum* ; fuivant l'expreffion d'une des Loix Romaines , indépendemment de la qualité de Donataires ; d'autant plus que les parrains & marraines, les filleuls & les filleules doivent fe prêter des fecours mutuels dans leurs preffans befoins.

L. 26. Cod. de nupt.

Cependant on tient en France que hors le cas de la qualité de Donataires , les filleuls & les filleules ne peuvent pas être contraints à fournir les alimens à leurs parrains ou marraines , ni être condamnés à leur entretien, nonobftant l'alliance fpirituelle, parce qu'ils n'ont point d'action contreeux ; ainfi que l'affûre Brodeau fur Mr. Loüet en l'endroit allegué, où il prend foin de raporter des Arrêts qui'ont jugé que les parrains & les marraines, les filleuls & filleules font non-recevables, & fans action à ce fujet, *autrement* dit le même Brodeau, *il ne fe trouveroit perfonne qui voulût rendre*

à des enfans cet office de pieté & de charité chrétienne, & principalement aux pauvres. Il doit donc demeurer pour conftant, que les filleuls & les filleules ne font pas obligez de
nourrir leurs parrains & marraines en France, finon dans le
cas ou ceux-ci auroient fait une donation à ceux-là, qui
par leur refus de leur fournir les alimens, ouvriroient la porte
à la revocation de la Donation, par le benefice de la Loi
Generaliter, à caufe de leur ingratitude : c'eft auffi une verité conftante dans le Royaume, que les parrains & les marraines ne font pas obligez de nourrir leurs filleuls & filleules, quoique reduits à une extrême indigence, n'y ayant que
le cas de la Donation qui puiffe fervir de fondement à fe
pourvoir en Juftice, pour faire condamner les Donataires à
leur fournir les alimens, autrement les Donations feront
revoquées.

Cod de revo-
cand Donat.

CHAPITRE IX.

*Si le gendre tombe dans l'ingratitude, en refufant les ali-
mens à fon beau-pere ou à fa belle-mere, & s'il peut
y être contraint.*

LA connexion que cette queftion a avec celle que l'on
vient d'examiner, m'oblige à la traiter de fuite ; & quoiqu'elle n'ait pas fon fondement dans la Loi *Generaliter*, j'ai
crû que s'agiffant d'une ingratitude marquée à des traits fi
noirs contre un gendre ; il falloit la comprendre dans ce
Traité.

C'eft une maxime generale du Droit Romain, apuyée fur
divers textes de Loix, que *focrus, focer, nurus, gener parentum & liberorum loco funt.* La decifion de ces Loix a pour
fondement plufieurs endroits des Livres facrez : on en voit
un paffage dans la *Genefe, ch. 24. verf. 35.* dans le 1. *Livre
des Rois, ch. 34. verf. 1. & 17.* ou David apelle Saül fon
pere ; & celui-ci apelle David fon fils, parce que le premier

L. res judicato
ff folut.matrim.
L. 11. §. Lar-
g`us, ff. de ann.
legat & L. fi.
ff. de his quib.
ut indiga.

Cb. 3. verf. 33. ne fut que gendre de l'autre. On voit enfin un dernier paſ-
fage pris dans S. Luc, dont le terme obſcur de *deux peres*
Lib. 7. cap. 12. eſt ſolidement expliqué par Pierre Gabatinus en ſon traité
in fine. *de arcanis catholicæ veritatis.*

Ad L. cum pa- Mornac tient l'affirmative ſur notre queſtion, ajoûtant
ter Cod. de pact. que c'eſt une ingratitude & une injure bien grande, d'un
dotal.
Lettre F. N°. gendre envers ſon beau-pere ou ſa belle-mere, de leur re-
29. de la ſe- fuſer les alimens. Brodeau ſur Mr. Loüet, raporte deux
conde édition. Arrêts rendus par le Parlement de Paris, qui ont jugé la
queſtion en termes précis, quoique le gendre, lors du premier
Arrêt, ſoûtint qu'il avoit retiré dans ſa maiſon, nourri & en-
tretenu pendant pluſieurs années deux enfans de ſa belle-
mere, qui avoit poſſedé & joüi de tous les biens des mêmes
enfans, ſans en avoir jamais rendu compte, les ayant diſſipez
Tome I. pag. avec les ſiens. On trouve encore dans le Journal du Palais,
758. de la der- un Arrêt plus recent, qui a jugé préciſement que la cauſe
niere édition. d'alimens étoit ſolidaire; & en conſéquence qu'un gendre peut
être obligé de fournir ſeul tous les alimens à ſon beau-pere,
ſauf à lui ſon recours contre ſes beaux-freres & belles-ſœurs ?
En effet, quelle dureté, quelle ingratitude n'eſt-ce pas d'être
riche, & de refuſer de nourrir ſon beau-pere ou ſa belle-mere
reduits à la derniere miſere ? Les Loix, la Juriſprudence des
Arrêts ne les y contraignent-ils pas ? Les beaux-peres & les
belles-meres ayant contre leur gendre l'action *prætoria ex*
æquitate, action qui prouve que c'eſt une injure atroce, un
manque de reſpect, une ingratitude & une inhumanité du
gendre envers ſon beau-pere ou ſa belle-mere, qui ſe trouvent *fato cæli* dans l'indigence que la prudence humaine n'a
pû ni prévoir, ni prévenir.

CHAPITRE X.

Si le Patron étant tombé dans l'indigence, l'Eglise ou le Titulaire d'un benefice, peuvent refuser de le nourrir des revenus de la dotation ; & si à cause de leur ingratitude, ils peuvent y être contraints.

QUOIQUE cette question ne soit point comprise parmi celles qui regardent la revocation des Donations, on a crû qu'elle devoit l'être dans ce Traité ; parce qu'il peut arriver souvent, que le Patron d'une Eglise ou d'un Benefice, tombe dans une extrême indigence, & que le Titulaire ait la dureté par une ingratitude très-grande, de refuser de lui fournir les alimens.

Tous nos Canonistes François, & les Ultramontains, tiennent l'affirmative. Maréchal est celui qui l'assure en termes très clairs, *si le Patron tombe en pauvreté*, dit-il, *il peut demander d'être nourri des revenus d'une Eglise, que les liberalitez de ses Ancêtres ont enrichi.* Ces paroles sont à la portée de tout le monde. Cet Auteur suppose d'un côté, que le Patronage d'une Eglise ou d'un Benefice, soit perpetuel & hereditaire dans la famille de celui qui est reduit à la misere. D'un autre côté, que ses Ancêtres ayent comblé cette Eglise érigée en titre de benefice, de leur liberalité & de leurs bienfaits ; & que le malheur qui lui est arrivé, ne soit pas une suite de ses débauches & de ses déreglemens. Me. Simon (si connu par ses ouvrages sur le Droit canonique) se declare pour l'opinion de Maréchal sur le même traité, augmenté d'un autre du droit de Patronage. On sçait quelle est l'exactitude & la circonspection de cet Auteur sur les questions qu'il traite, & quels sont les éloges qui lui sont dûs. Les raisons sur lesquelles il apuye son sentiment, sont que les Patrons ont la surintendance de la conservation des biens de

Des Droits honorifiques, Tome I. ch. I. de la derniere édition.

Tome I.

l'Eglife qu'ils ont fait bâtir, ou qu'ils ont dotée richement, pour le culte & pour le Service Divin.

Ce que l'on vient d'établir, eft encore fondé fur la decifion des Loix Canoniques, fur le Canon 51. du Concile de Tours, fur le Canon *quicumque fidelium* 16. queft. 8. au decret ; & fur le Chapitre *nobis in fin. extra de jur. Patronat.*

De jur. Patronat. aux Decretales. Les Docteurs fuivent la decifion des mêmes Loix canoniques, en expliquant le Chapitre *à nobis* ; & ils nous enfeignent que le Patron d'une Eglife qui eft tombé dans la pauvreté, doit être nourri des revenus de l'Eglife ou du benefice dont il a le Patronage. *Archidiaconus in can. fi plures*, & Parriccius en fa decifion 170. difent la même chofe, ainfi que Lancelot fur les inftit. du Droit canonique, *lib.* 1. *tit.* 28.

16. queft. 7. au Decret.

Lib. 1. tit. 19. N°. 18. Paftor en fon traité *de benefic. Ecclefiaft.* après avoir donné un détail des droits qui apartiennent aux Patrons, tient l'affirmative. Voici fes paroles : *alia jura competunt Patrono quod alatur de redditibus Ecclefiæ fuper extantibus.*

Mais cette obligation de l'Eglife, ou du Titulaire du benefice fondé par la dotation d'un Patron, reçoit deux limitations. La premiere, qui eft marquée par Maréchal en l'endroit allegué ; fçavoir, lorfque le Patron eft reduit à une extrême indigence par fa faute ou par fes débauches, ou par diffipations ; car pour lors l'Eglife ou le Titulaire, ne peuvent être regardez comme des ingrats, s'ils refufent de le nourrir, quelque grande que foit la mifere qui l'environne, parce que *fibi imputare debet*, d'être tombé dans une entiere pauvreté par fes diffolutions & par fes débauches ; & il n'eft point de Tribunal, point de Juge chrétien dans le monde, qui puiffe condamner l'Eglife ou le Titulaire du benefice, de lui fournir les alimens.

La feconde limitation à cette maxime, eft lorfque la Dotation de l'Eglife ou du Benefice eft médiocre, & qu'elle peut à peine fuffire pour le culte & pour le Service Divin ; parce qu'il n'eft pas jufte que le Titulaire d'un Benefice, qui fuporte le poids du jour & de la chaleur, foit obligé de nourrir le Patron réduit à demander l'aumône, & que les revenus de
l'Eglife

l'Eglife ou du Benefice, pouvant fournir les alimens au Titulaire avec peine, le Patron qui l'a doté, foit nourri de la
fubftance de ce que lui ou fes Ancêtres ont voüé & dedié
à Dieu, qui ne peut être accufé d'ingratitude, lorfque les
revenus font deftinez à l'entretien du Titulaire & à la defferte
de l'Eglife.

CHAPITRE XI.

Si l'élection faite par un Contrat de mariage, peut être
revoquée par l'ingratitude de celui qui a été élú.

QUOIQUE cette queftion foit d'une longue difcution,
on tâchera de la renfermer dans fes bornes, & l'on ne
s'eft propofé de la decider, que par les plus pures maximes
du droit Civil.

C'eft un des principes du droit Romain, que celui qui
eft chargé de nommer, ou d'élire un de fes enfans, n'eft que
depofitaire *cuftos & minifter* de l'heritage ; & que s'il a fait
une élection pendant fa vie, il peut la revoquer. C'eft la
decifion du Jurifconfulte Papinien, dans la Loi 77. §. 10. *Digeft de le-*
laquelle s'eft conformée à l'autorité de tous les Docteurs ; *gat. 2. Gomez*
mais cette revocation n'a lieu que pour les élections que le *ad leg 17. N°.*
pere ou la mere ont fait par le teftament. Il n'en eft pas de *264 M. Cujas,*
même de l'élection qui eft faite dans un Contrat de mariage, *obfervat. l. 10.*
parce que lorfqu'elle eft parfaite, il n'eft plus au pouvoir de *cap. 39.*
l'électeur de la revoquer, felon le fentiment de S. Leger *Lib. 2. cap. 4.*
dans fes refolut. civil. & de Molina, en fon traité de *primo-*
gen. hifpanor.

Mais quelque faveur, quelque privilege que les Loix civiles, & les Docteurs ayent accordé à l'élection contractuelle, ou par un Contrat de mariage, pour la rendre irrevoca- *Dans fes ob-*
ble ; il eft des cas & des circonftances qui peuvent fervir de *vat. plaidoyer*
fondement à la revocation, ainfi que l'établit Bretonier fur *4 tom. 2. de*
Henrys ; & après lui Lapeyrere, dans fes decifions fom- *la dern. édit.*

T

maires, *lettre* E *n.* 23. *de la derniere édition.*

Cette revocation ne doit cependant produire l'effet que l'électeur ou l'électrice peuvent attendre, que lorfque l'ingratitude de l'élû eft grande, claire & évidente; c'eft-à-dire, que l'injure que l'un ou l'autre ont reçû, foit réelle, & qu'il y ait ou crainte, ou danger de perdre la vie par le fer, par le poifon, ou par le réfus des alimens; fur-tout lorfque le pere ou la mere, qui ont le droit d'élire un de leurs enfans, l'ayant fait dans leur Contrat de mariage, font reduits à la derniere mifere par un malheur imprévû qui leur auroit fait perdre tous leurs biens; peut-on douter que dans cette trifte & cruelle fituation, l'enfant qui a été élû dans fon Contrat de mariage, eft obligé de nourrir l'électeur ou l'électrice : peut-il dans cette conjoncture, avoir la dureté & l'ingratitude de refufer de le faire? Ne fçait il pas que le pere qui eft devenu pauvre *fato-cali*, peut contraindre fon fils de lui fournir le benefice de compétence? Peut-il ignorer que fi les Donations font revocables, lorfque les Donataires expofent les Donateurs au danger de perdre la vie, fuivant la difpofition de la Loi *Generaliter*; l'élection quoique faite dans un Contrat de mariage, peut être revoquée lorfque le fils élû, réfufe ou neglige de nourrir celui, ou celle qui l'a mis au monde, s'il ne veut pas les fecourir dans leurs befoins? Le droit naturel & le droit divin, n'obligent-ils pas les enfans de nourrir leurs peres & meres? N'eft-ce pas une maxime generale du droit civil, marquée dans la Loi 15. *nihil intereft occidat*

Digeft. ad leg. torn. de Sicar. NOTE B. — *quis, an caufam mortis præbeat*, conforme à celle qui nous eft aprife par Godefroy fur cette Loi, *caufam qui præbet magis quam qui occafionem.*

La revocation de l'élection, quoique faite dans le Contrat du fils ou de la fille élûë, étant apuyée fur la Loi derniere, *Cod. de revocand. Donat.* doit avoir fon effet, fi l'un ou l'autre ont pouffé leur ingratitude fi loin, que d'atenter à la vie de l'électeur ou de l'électrice; s'ils les ont accufé de quelque crime capital; s'ils ont intenté un procès contr'eux pour les oprimer, ou pour leur faire perdre tous leurs biens; fi *totius substantiæ moliti sunt jacturam* ; sur-tout en haine de ce que l'électeur ou l'électrice ont convolé à des secondes nôces, suivant *l'autent. quod mater*, & la *Novelle* 22. *chap.* 35. de l'Empereur Justinien ; mais il faut que ces causes d'in- gratitude, soient prouvées *dilucidis argumentis*, sans quoi l'élection ne pourra pas être revoquée.

Cod. de revo- cand. Donat.

Cette revocation de l'élection est si certaine, que Breto- nier établit pour maxime, que les enfans indignes peuvent être privez du benefice de l'élection, quand ils tombent dans des indignitez contre la mere, à qui le pere a confié le soin de rendre l'heritage à ses enfans. Et dans un autre endroit sur la même question, il assure que quoique la mere ait an- ticipé la restitution du Fideicommis au profit d'un de ses enfans ; s'il est assez malheureux pour oublier le bienfait de sa mere, elle peut revoquer l'élection ou nomination par elle faite de ce fils ingrat, quand même elle auroit été faite par une Donation entre vifs ; & il raporte pour apuyer son sentiment, un Arrêt rendu par le Parlement de Paris, le 2. Juillet 1640. Or si le fils élû, quoique dans son Contrat de mariage, se rend indigne de cette élection par son ingratitude marquée au coin de l'une des causes comprises dans la Loi *Generaliter* ;) le l'électeur ou l'électrice qui l'auront faite, soit par une Donation, ou dans telle autre forme qu'il leur plaira, sera sans doute en droit de la revoquer, quelque grande que soit la faveur d'un Contrat de mariage ; mais il faut que l'électeur ou l'électrice fasse signifier l'acte de revo- cation à leur fils élû.

Sur des Hen- rys, Tom. II. liv. 5. quest. 3. de la derniere édit.

Cod. de revo- cand. Donat.

CHAPITRE XII.

Si la reconciliation du pere Donateur avec son fils Dona-
taire, empêche que la revocation ait son effet ; & si
le Donateur n'est pas recevable à poursuivre la revo-
cation depuis cette reconciliation.

LE s caufes de la revocation des Donations, ayant une
grande liaifon avec celles qui regardent l'exheredation,
felon le fentiment de Ricard, & les raifons que l'on peut alleguer pour foûtenir l'une, pouvant fervir pour foûtenir
l'autre : on a crû ne pouvoir fe difpenfer de traiter cette
queftion, d'une maniere que l'on puiffe faire voir que l'on
peut argumenter d'un cas à l'autre.

Si le fils Donataire peut prouver *dilucidis argumentis,*
qu'il s'eft reconcilié avec le pere Donateur, s'il le fait voir
par la conduite de celui qui l'a mis au monde, après la demande en revocation de la donation introduite par le Donateur, s'il montre quelles font fes démarches depuis lors par
fes actions, & s'il prouve que cette reconciliation eft publique & notoire, qu'ils ont mangé enfemble, que le pere
Donateur a été vû, promenant avec lui Donataire frequem-
ment ; que celui-ci eft prefque tous les jours dans la maifon
de celui-là ; peut il pourfuivre contre fon fils la revocation
de la Donation *ob ingratitudinem*, tandis qu'il paroît, &
qu'il eft même conftaté qu'il lui a pardonné l'injure, & l'outrage qu'il lui a fait : n'eft il pas non recevable en fa de-
Digeft. de in- mande, ainfi que le decide le Jurifconfulte Ulpien dans la
jur. Loi II. §. I. *fi quis enim injuriam dereliquerit,* dit il, *hoc eft*
ftatim paffus ad animum fuum non revocaverit, poftea ex pæni-
tentia remiffam injuriam non poterit recolere. Voilà furquoi eft fondée la fin de non-recevoir contre le pere Donateur ; de quel droit prétendra-t-il après cette reconciliation

faire revivre fon action ? N'eft-il pas certain , que *actio femel extincta numquam revivifcit.* Son defiftement tacite , fa fréquentation avec fon fils Donataire , tout crie , tout parle contre le Donateur, pour fe faire declarer non recevable en fa demande en revocation , que lui ou fes heritiers veulent pourfuivre contre le Donataire. Cette maxime eft fi certaine & fi inviolablement obfervée à l'égard des enfans , que le Parlement de Provence l'a jugé en faveur de Beauffier de fix Fours , par Arrêt du 4. Mai 1649. qui l'admit à la preuve vocale de la reconciliation fur les faits qu'il coarta.

Godefroy fortifie cette fin de non-recevoir , par une Note B. *ad* maxime bien claire fur notre queftion , *qui facto ipfo remifit* dict. L. 11.§.1. (*injuriam*) *puta fi cum adverfario fciens convivatus fuerit, faltarit , aut cum eodem priftina familiaritate ufus fuerit.* Cette maxime s'aplique d'elle-même à toutes les circonftances dont nous avons parlé ci-deffus , & rend en meme-tems la fin de non-recevoir, que le Donataire eft en droit d'opofer au Donateur ou à fon heritier infurmontable ; furtout lorfque ces circonftances de fait font clairement & parfaitement prouvées , & réünies enfemble.

Ce fçavant Interprête va plus loin pour établir la juftice Note B. *ad* de la fin de non-recevoir , que le Donataire peut alleguer dict. L. & §. pour arrêter les pourfuites du Donataire qui s'eft reconcilié avec lui , & qui s'eft defifté par ce moyen de la revocation de la Donation ; cet Interprête , dis-je , affure que c'eft bleffer les regles de l'équité, de vouloir faire revivre une injure, que l'on a ou pardonnée , ou oubliée , *contra æquum venit , qui remiffam injuriam conatur reffufcitare.* Dès que ce defiftement tacite, cette reconciliation eft publique & notoire , dès que le pere Donateur abandonne la pourfuite de l'inftance en revocation de la Donation , ou qu'il laiffe paffer 20. ans fans obtenir un Jugement à ce fujet , principalement dans le cas d'une injure atroce , ou du refus de lui fournir les alimens ; il eft certain que la fin de non-recevoir contre le Donateur , le fera debouter de la revocation , parce qu'elle ne peut point avoir fon effet , par le benefice de la Loi derniere , *Cod. de revocand. Donat.*

Bretonier fur
Henrys, Tome
II. liv. 5. queſt.
46. derniere
édition , Fa-
chin *controver*
ſur liv. 6. cap.
7 . Ricard les
Donat. part.
3. ch. 8. ſect.
4. N°. 963. &
ſeqq. le Brun
des ſucceſſions
liv. 3. ch. 10.
ſect. 4.

Enfin , s'il ſuffit que le pere ſe ſoit reconcilié avec ſon fils , pour faire ceſſer l'effet de l'exheredation , ſelon la Doctrine de nos plus celebres Auteurs. Cette reconciliation du fils Donataire avec ſon pere Donateur , ne doit-elle pas faire ceſſer l'effet de la revocation de la Donation *ob ingratitudi-nem Donatarii* , puiſque l'ingratitude ſeule étant une cauſe d'exheredation , elle doit l'être de cette revocation ; ce qui doit arrêter le cours de l'une , doit empêcher la pourſuite de l'autre.

CHAPITRE XIII.

Si les enfans ingrats peuvent former la plainte d'ino-ficioſité contre les Donations immenſes , faites par leurs peres.

QUOIQUE la queſtion que l'on va examiner n'eût aucun raport avec la Loi *Generaliter* , j'ai crû que je devois la faire entrer dans ce Traité , parce que je me ſuis propoſé d'y comprendre toutes les queſtions qui ſe rapor-tent à l'ingratitude d'un Donataire , ou d'un heritier.

La déciſion de cette queſtion eſt priſe dans le texte d'u-ne des Loix du Code *de inofic. Donat.* qui eſt formel *ſi totas facultates tuas* , porte ce texte , *per Donationes vacuas feciſti, quas in emancipatos filios contuliſti , id quod ad ſubmoven-dam inofficioſi teſtamenti querelam non ingratis relinqui ne-eeſſe eſt , ex factis Donationibus detractum , ut filii vel nepotes poſtea ex quocumque legitimo matrimonio nati, debitum bono-rum ſubſidium conſequantur.*

On voit dans la déciſion de cette Loy que la plainte d'i-nofieioſité (qu'elle donne aux enfans qui n'ont point eu après la mort de leur pere leur droit de légitime) eſt refuſée à ce-lui qui eſt tombé dans une des cauſes d'ingratitude marquée

dans la Loi *Generaliter*, & dans la Novelle 115. chap. 3. Est-
il permis de manquer de respect à celui qui nous a mis au
monde, de l'outrager, & de lui faire une injure atroce ? Celui qui donne dans une conduite si déreglée & si impie, contraire au droit naturel & au droit divin, ne merite-t-il pas
d'être exheredé ; ainsi, que l'affûre Godefroy dans une de
ses Notes. *Liberi tamen non censentur qui sunt ingrati, pos-
sis etiam colligere ingratis liberis non permitti, Donationem à
patre factam revocare.* Qu'est-ce que veut dire ce sçavant Interprête par ces derniers mots, *non permitti Donationem à
patre factam revocare*, n'est-ce pas de la Donation inoficieuse
qu'il entend parler ? Peut-on douter qu'ils regardent la Donation immense de la totalité des biens, faite par le pere à ses
enfans émancipez ? Ceux qui font tombez dans une ingratitude criminelle envers le Donateur, peuvent-ils former la
plainte d'inoficiosité ? La Loy *si totas*, & Godefroy ne le dé-
cident-ils pas expressément ? Ces enfans ingrats peuvent-ils
se flater après cela de pouvoir faire retrancher cette Donation jusqu'à concurrence de leur légitime, eux à qui le Droit
Civil refuse *debitum bonorum subsidium*, il n'est personne qui
ait quelque connoissance des principes & des maximes du
droit qui puisse soûtenir l'affirmative ; Jean Sichard s'explique aussi formellement sur cette question que Godefroy ;
voici ses paroles. *Sic quod eadem ingratitudo excludit filios, quominus querelam possint intentare contra Donationes parentum
inoficiosas.* Ce qui est apuyé sur l'autorité de la Glose sur la
Loy derniere. *Cod. de inofic. Donat.*

Ces autorités ne laissent aucun doute à former sur cette
question, & il seroit absurde de croire qu'un enfant qui s'est
rendu ingrat envers son pere, peut intenter la plainte d'inoficiosité pour faire retrancher la Donation de la totalité de
ses biens à un de ses enfans émancipé, après la mort du Donateur jusqu'à concurrence de sa légitime ; d'autant plus que
Despeisses remarque que c'est l'opinion commune de tous
les Docteurs, fondée sur la décision de la Novelle 92. de
l'Empereur Justinien *hæc itaque dicimus*, dit-il, *de filiis gra-*

Cod. de revo-
cand. Donat.

Note G ad
dict. L. si totas.

Prælect in Cod.
Lib. 3. tit. 29.
in L. sine alie-
guis. Tome I.

Tome II.
part. 1. sect. 1.
n. 6.

Cap. unic. §. 1.

tis exiſtentibus eis , non de ingratis , & quibus pater juſtam
& legitimam ingratitudinem infert ; nam ſi hoc ita ſe habere
apparuerit , & approbentur ingratitudinis cauſæ , ſint ea quæ in
Lege de ingratis poſita ſunt , rata. Ce qui oblige Godefroy à
établir cette maxime *ingrati liberi non revocant Donationes*
à parente factas. Maxime que l'on ne doit point perdre de vûë
à l'égard des enfans ingrats qui ne ſont point fondés à former la plainte d'inoficioſité , contre la Donation faite par
leur pere à un de ſes autres enfans émancipé , pour la faire
retrancher juſqu'à concurrence de ſa légitime.

Note 1. ad
dict. cap. & 5.

TRAITÉ

DE

LA REVOCATION,

ET NULLITÉ DES DONATIONS.

LIVRE CINQUIE'ME.

CHAPITRE PREMIER.

Si la fille Donataire qui s'eſt remariée ſans le conſente-
ment de ſon pere Donateur, l'ayant pourſuivi crimi-
nellement, parce qu'il l'a maltraitée, eſt privée de la
Donation par ingratitude, & ſi elle eſt au cas de la
Loi Generaliter, Cod. de revocand. Donat.

L ſemble que l'enchaînement que cette queſtion a avec celle que l'on vient de diſcuter,
m'oblige à la traiter de ſuite pour ne me pas
écarter de l'ordre que je me ſuis preſcrit dans
ce Traité. Auſſi vai-je remplir mon obligation,
en l'examinant avec beaucoup d'exactitude & de circonſpection.

V

Une fille mariée en premieres Nôces perd son mary, son pere lui fait une Donation par son Contrat de Mariage, cette fille se remarie ensuite sans le consentement de son pere, elle fait informer contre son bienfaîteur, sans lui donner la qualité de pere, sur le fondement des mauvais traitemens qu'elle prétend avoir reçûs de lui, il est décreté de prise de Corps, cette fille dénaturée le fait crier à trois briefs jours, le pere se remet en prison, il purge le decret de prise, & prend des Lettres en cassation de la Donation.

L'affaire fut jugée par le Parlement de Touloufe, & la Donation fut cassée ; ainsi que le Decret de prise de Corps & tout ce qui s'étoit ensuivi par Arrêt du 12. Mars 1655. raporté par Albert Lettre *D*. Fut-il jamais d'Arrêt plus juste, plus conforme aux veritables maximes que celui-là.

Sous le mot Donation ch. 31. de la derniere édition.

Une fille que le pere a comblée de biens par son Contrat de Mariage, doit-elle lui manquer de respect ; Tertulien dans son Livre *de pudicitia*, ne dit-il pas que les enfans ne peuvent pas s'en écarter. Senêque quoique Payen, ne dit-il pas encore la même chose ? N'est ce pas une impieté à une fille Donataire de son pere de le reconnoître pour tel, & de ne le pas respecter ? Peut-elle faire informer ? Peut-elle poursuivre criminellement celui qui la mise au monde, fous le faux prétexte des mauvais traitemens; tandis que le pere bienfaîteur ne s'est point pourvû contre elle, pour faire déclarer son second Mariage nul & abusif ? Peut-elle étouffer dans son cœur les sentimens que la nature & les Loix doivent y avoir gravés ? La *Loy* 1. §. 2. ne décide-t-elle pas en termes formels, que c'est un crime aux enfans de former une fausse accusation contre leur pere ; une autre Loy sous le même titre ne deffend-elle pas aux enfans de mettre & pourfuivre en Justice leur pere, soit *actione ex dolo aut injuriarum* ? Jusques-là que le Jurisconfulte Ulpien dit, que dans ce cas-là *non effugiunt infamiæ notam* ? Comment peut-on avancer qu'une fille ne perd point le respect, l'obéïssance, & la pieté qu'elle est obligée d'avoir pour son pere, & en même-tems son Donateur, lorsqu'elle fait informer contre lui, qu'elle le

Liber 3. de benefic.

Dig. de obseq. parentib & patrin. præstand.

pourſuit criminellement ſans l'apeller par ſon veritable nom , & qu'elle le fait Decreter de priſe de Corps , ſur le fonde‑ ment des mauvais traitemens que ſon ingratitude & ſon im‑ pieté lui inſpirent , pour le faire enſuite crier à trois briefs jours.

La conduite de cette fille n'eſt‑elle pas contraire aux Loix divines & humaines ? Lui eſt il permis de faire une injure ſi atroce à ſon pere ? La fauſſeté de ſon accuſation étant prou‑ vée, nonobſtant les traits malins dont elle ſe ſert pour lui don‑ ner quelque couleur , la fait tomber dans l'ingratitude dont parlent les Empereurs Valentinien , Valens , & Gratien , *Cod de ingrat. liber.* dans la Loy unique ; & Mr. Cujas ſur le même titre du Co‑ de *maximè eum ſpecialiter*, dit il , *ingratum eum tantum di‑ camus qui pulſat parentem, aut gravi afficit convitio.*

Ajoûtons à toutes ces reflexions la Loi *Donationes* penul‑ *Cod de revo‑* tiéme , qui décide que le pere, l'ayeul, ou le biſayeul ſont en *cand. Donat.* droit de revoquer la Donation qu'ils ont fait à leurs enfans, petits fils , ou arriere petits‑fils , lorſqu'il eſt prouvé que les Donataires *contra ipſam veniunt pietatem*. Or la fille qui fait informer ſous prétexte des mauvais traitemens contre ſon pere Donateur , qui le fait Decreter de priſe de Corps , & qui le fait crier à trois briefs jours , ne vient‑elle pas *contra ipſam pietatem* ? Pourquoi cache‑t‑elle le veritable nom de celui qui l'a mis au monde , & qui lui a fait une Donation ; ce procedé inique , cette conduite oblique ne fait‑elle pas connoître que ſon accuſation eſt une calomnie ? Comment peut‑elle ſe mettre à couvert de la cauſe d'ingratitude qui ſert de fon‑ dement à la revocation de la Donation , marquée dans la Loi *Generaliter* , lorſque le Donataire *injuriam atrocem in eum ef‑* *Cod de revo‑* *fundit* ; enfin , cette fille n'eſt‑elle pas digne de la peine que *cand. Donat.* les Loix lui infligent à cauſe de ſon ingratitude ; ſur tout , dans la Novelle 115. *cap. 3. §. 3. ſi eos in criminalibus cauſis accuſaverit quæ non ſunt , adverſus principem ſive rempu‑ blicam.* D'où l'on doit conclurre qu'il ne fut jamais de cauſe d'ingratitude mieux caracteriſée que celle de cette fille , pour faire revoquer la Donation que ſon pere lui a fait par Con‑ trat de Mariage.   V ij

CHAPITRE II.

Si l'élection d'un fils par la mere peut être revoquée ob
ingratitudinem, *lorsqu'elle est comprise dans
un acte de Transaction.*

C'EST un principe du Droit Civil, que toutes sortes de
liberalitez & de bienfaits peuvent être revoqués *ob ingratitudinem* de celui qui les a reçûs ; ainsi que le décide la
Loy derniere.

¹ Cod. de revo-
cand. Donat.

Ce principe posé, peut-on douter, que si une mere
chargée d'élire tel de ses enfans qu'elle voudra, ayant anticipé cette élection avant sa mort, quoiqu'elle ne fut obligée
de la faire que par son Testament ; peut-on douter, dis-je,
si cette mere qui a fait cette élection par une Transaction
passée avec son fils qu'elle y a nommé, soit en droit de la
revoquer à cause de l'ingratitude de ce fils, lequel oublie
la pieté, l'obéïssance, & le respect qu'il doit avoir pour sa
mere, qui s'est dépoüillée des biens dont elle avoit la joüissance pendant sa vie. Cette liberalité anticipée, cette élection faite dans un tems qu'elle ne pouvoit y être forcée, peut
être annullée, lorsque ce fils fait une injure atroce à l'électrice, soit à cause de son impieté, soit à cause de son ingra-

Cod. de revo-
cand. Donat.

titude, suivant la disposition des Loix *Donationes & Generaliter*, lorsque l'élû à l'heritage dont la mere étoit *custos &*
minister pendant sa vie, porte ses mains impies sur sa personne, ou lors qu'il refuse de lui fournir les alimens, sçachant
qu'elle est reduite à une extrême pauvreté *fato cali*;s'il est certain qu'un fils Donataire ne peut pas attenter à la vie, ni à
l'honneur du pere Donateur, ou de la mere Donatrice, sans
se rendre indigne de la Donation par ses outrages, & par son
ingratitude ; avec combien plus de raison, l'électeur ou l'é-
lectrice qui sont en droit de n'élire un de leurs enfans à leur

choix que lorfqu'ils le voudront, peuvent-ils revoquer l'election qu'ils auront faite par un acte, de quelle nature & qualité qu'il foit, lorfque le fils qui a été élû, perd le refpect & la pieté qu'il doit avoir pour ceux qui l'ont mis au monde, & qui ont anticipé l'élection en fa faveur, non feulement felon les Loix *Donationes & Generaliter* que l'on a citées fi fouvent, mais felon la décifion de la Novelle 115. & l'autorité de Mr. Cujas, parce que dès que l'ingratitude eft prouvée *dilucidis argumentis*, dès qu'elle eft conftatée par une Enquête, ou qu'elle eft de notorieté publique, l'élection quoique faite dans un acte de Tranfaction peut être revoquée par l'électeur ou par l'électrice, par des Lettres de reftitution en entier, ou de récifion de cet acte pris dans le tems prefcrit par les Ordonnances en France, & par les Loix Civiles dans les autres Etats ou le droit Romain eft obfervé.

Cap. 3. Ad tit. Cod. de rev. Donat.

Ce que l'on vient d'établir fur cette queftion, eft confirmé par la Jurifprudence des Arrêts raportés dans le Journal du Palais, & par la doctrine de Bretonier fur Henrys *Tom.* 2. *Livre* 5. *queft.* 3. conforme aux maximes les plus conftantes du Droit Civil, qui rendent un fils indigne de l'élection faite à fon profit, lorfqu'il tombe dans une des caufes d'ingratitude marquées par le même Droit Civil.

Tome VIII. pag. 130. de la 1. édition.

CHAPITRE III.

Si le fils qui a été exheredé à caufe de fon ingratitude par fon pere, eft privé de la fubftitution de l'ayeul.

LA décifion de la queftion concernant l'exheredation, eft marquée dans la Novelle 115. de l'Empereur Juftinien, ou ce Prince a renfermé toutes les caufes qui peuvent fervir de fondement à la juftice de cette exheredation, apuyées fur l'ingratitude des enfans envers leur pere.

Cap. 3.

Ces caufes font fi puiffantes pour operer l'exheredation des enfans ingrats, que Juftinien en fait fentir toute la force

& l'autorité dans la même Novelle *aliquæ vero*, dit-il, *cum essent dignæ prætermissæ sunt, ideo necessarium esse prospeximus, eas nominatim præsenti Lege comprehendere, ut præter ipsas nulli liceat ex alia Lege ingratitudinis causas apponere, nisi quæ in hujusmodi constitutionis serie continentur.* On n'entrera pas dans le détail de ces causes, parce qu'on en a discuté plus haut la plus grande partie, dans les questions que l'on a traitées & decidées ; on se contentera de remarquer qu'elles sont reduites à 14. dans les §. *du même chapitre* 3.

Dès que la preuve de cette exheredation est certaine, dès que l'ingratitude du fils est évidente, & qu'elle est marquée dans le Testament du pere à des traits qui sont connus de tout le monde ; on ne peut pas revoquer en doute que l'enfant qui a été exheredé par son pere, ne doive être exclus de la substitution de son ayeul, parce qu'il est à présumer que cet ayeul n'a pas voulu que cet enfant joüit des biens substituez, puisque son impieté & son ingratitude l'ont rendu indigne de posseder les mêmes biens, à cause des attentats & des injures atroces qu'il a fait à son pere, jusqu'à perdre l'amour, le respect, & l'obeïssance qu'il doit avoir pour celui qui l'a mis au monde.

Ces raisons sont apuyées sur ce qui nous est apris par Berengarius Fernand *ad cap. unic de fil. nat. ex matrimon. ad mongànat. contract.* parce que ce petit-fils ingrat envers son pere, doit être privé selon lui de la substitution faite par son ayeul ou autres ascendans ; car il doit être consideré comme s'il n'étoit pas au monde, *puto tamen, effici inhabilem*, dit-il, *devolvique successionem debere in substitutum, quoniam tali ingratitudine à numero filiorum submovendus est, atque si numquam in natura fuisset.* Il ajoûte encore une raison très-forte & décisive, qui est que l'on doit présumer que la pensée de celui qui a fait la substitution, n'a pû être d'apeller des sujets indignes pour deshonorer sa famille & sa posterité. La doctrine de Fernand est confirmée par le sentiment de Mantica, & par Bretonier sur des Henrys *Tom.* **2.** *liv.* **5.** *quest.* **3.** *de la derniere édition.*

Ch. 10. n. 13.

De conject. ultimar. volunt. Liv. 3. tit. 3. n. 10.

Lapeyrere dans ſes déciſions Sommaires, aſſûre que c'eſt la maxime que l'on ſuit au Parlement de Bourdeaux, dont le Reſſort eſt regi par le Droit Civil ; cette maxime eſt, ſelon cet Arretiſte, que le fils qui eſt tombé dans le cas d'une juſte exheredation à l'égard de ſon pere, eſt exclus de la ſubſtitution de l'ayeul, & Bretonier embraſſe ſon opinion comme la plus ſûre, & celle que l'on doit ſuivre pour décider cette queſtion ; en ſorte qu'il n'eſt plus permis de lever des conteſtations là-deſſus, parce que le fils exheredé étant incapable des effets civils, ſes enfans ſont exclus de la ſubſtitution de leur ayeul, ce qui eſt fondé ſur l'impieté & l'ingratitude du fils.

Lettre S.n.86.

Sur Fenrys Tom. II. Liv. 5. queſt. 3.

CHAPITRE IV.

Si le fils ingrat peut être privé du droit de légitime.

ON auroit pû ſe diſpenſer de faire entrer cette queſtion dans ce Traité, parce qu'elle n'a point de liaiſon avec les Loix 1. 7. & derniere ; mais on a crû qu'on devoit l'y comprendre ſelon l'ordre & le deſſein (que l'on s'eſt fait une Loi de ſuivre) d'y renfermer toutes les queſtions qui regardent, & les enfans, & les étrangers.

Cod. de revocand. Donat.

Avant d'entrer dans l'examen de cette queſtion ; il eſt neceſſaire de remarquer que c'eſt un principe du Droit Ecrit dans la Novelle 1. de Juſtinien, que les pere, mere, ayeul & ayeule ſont obligez de laiſſer à leurs enfans ou petit-fils *quandam bonarum partem* par leurs teſtamens *tanquam hoc ſecundum naturam eis debeatur*, & c'eſt ce qui eſt apellé parmi nous *droit de légitime*. Obligation rapellée & ordonnée par le même Empereur dans la Loi *ſcimus* où il dit, *ne per hujuſmodi tramitem interim filius defraudetur debito naturali*, ce droit de légitime eſt dû aux enfans ſelon la doctrine de Godefroy *ex naturali quadam Lege & tacita*.

§. 1. in præfat.

36. §. 2. Cod. de inofic. teſtament.

Note D, ad dict. §. 2.

Ce principe poſé, la déciſion de la queſtion que l'on examine eſt très-facile par un argument qui diſſipe toutes les conteſtations que l'on pourroit faire naître ; car de deux choſes l'une , ou le fils ou petits fils a été exheredé injuſtement par ſon pere , par ſa mere, ſon ayeul ou ayeule ; ou il l'a été pour une cauſe juſte & légitime.

Au premier , cas il eſt certain que le fils ou petit-fils qui a été injuſtement exheredé , eſt en droit de faire caſſer le Teſtament de ſon pere ou de ſon ayeul , comme l'aſſure Godefroy dans une de ſes Notes ſur la Novelle 115. principalement lorſque la cauſe de l'exheredation n'eſt point exprimée ſuivant la déciſion de la même Novelle dans ce Chapitre , & pour lors les enfans ou petits fils ſont fondez d'apuyer la juſtice de leur demande ſur ce que leurs peres , meres , ayeuls ou ayeules ne leur ont pas laiſſé le *debitum naturale* ou le droit de légitime.

Note N. in cap. 3. in principio.

Au deuxiéme , cas on ne peut revoquer en doute que l'exheredation que les Loix Civiles apellent *fulmen paternum* , fait perdre aux enfans ou petits fils *fictivè* le droit de filiation , & la capacité de ſucceder à leurs peres , meres , ayeuls ou ayeules , lorſqu'il a été exheredé pour une des cauſes marquées dans la Novelle 115. de Juſtinien ; en ſorte qu'ils ſont privés dès lors de la légitime qu'ils étoient en droit de prétendre ſur les heritages de leurs peres , meres , ayeuls & ayeules ; cet argument pour le ſecond cas qu'on vient de poſer eſt incontestable , parce qu'il eſt fondé ſur l'autorité de Ricard ſur cette queſtion ; *encore que ceux qui demandent la légitime , dit il , y ſoient apellés , & ayent en eux la capacité que nous avons requiſe en la Section precedente , il y a des rencontres auſquelles ils y ſont toutefois exclus à juſte titre , par celui de la ſucceſſion duquel il s'agit.*

Cap. 3.

Tome I. 3. part. chap. 6. ſect. 4 n. 937.

Or le pere ayant exheredé ſon fils par ſon Teſtament à cauſe de ſon ingratitude , ou pour une injure quoique legere qu'il a reçûë de lui, peut-il reclamer contre ſon exheredation ? N'eſt-elle pas fondée ſur une cauſe juſte , priſe ou dans la Loi *Generaliter* , ou dans la Novelle 115. *cap.* 3. On ne voit pas comment il peut ſe flater de faire caſſer le Teſtament

Cod de revocand Donat.

ment de fon pere, *levior injuria*, dit Dumoulin, *vel injectio manus fufficit, tam ad exheredandum filium tanquam ingratum, quam ad revocandum Donationem ab extraneo.* La decifion de ce Jurifconfulte s'aplique parfaitement à la queftion que je traite, puifque fi le pere ne s'eft point pourveu par action criminelle contre fon fils pendant fa vie, pour l'injure qu'il lui a été faite, ou des excès que ce fils denaturé a commis fur fa perfonne, il peut s'en plaindre dans fon Teftament pour le priver du droit de legitime, & le fraper de la foudre de l'exheredation, en ces termes : *filius meus impiiffimus exhe-res efto.*

Sur la conft.
de Paris, tit.
t. des Fiefs,
§. 43. Gloff.
N°. 137.

On ne fçauroit apuyer la demande en caffation du Tefta-ment du pere fur la Loi *Liberi* 28. pour établir l'injuftice de l'exheredation ; car Ricard en l'endroit allegué, affûre que la Novelle 115. a derogé à cette Loi ; mais il ne s'enfuit pas de-là, que l'heritier du pere foit difpenfé de prouver que l'exheredation eft jufte, puifque Godefroy dans une de fes Notes fur cette Loi, & après lui Ricard, l'obligent à faire cette preuve, conformément à la difpofition de la Loi *Omnimodo* 30. fous le même titre du Code.

Cod. de inofic.
Teftam. n. 940.

Je croi pourtant que cet heritier ne peut éviter de faire cette preuve, l'exheredation du fils étant bien articulée dans le Teftament du pere, de la mere, de l'ayeul ou de l'ayeule, felon la doctrine de Ricard qui s'explique en ces termes : *Nous fouhaitons donc pour priver un fils de la fuccef-fion paternelle, que le pere ait fait l'exheredation formellement & précifement par un acte autentique, que le chef d'ingrati-tude qui y a donné lieu, y foit difertement exprimé ; & que celui qui prétend en tirer avantage, en faffe une preuve claire & conftante.* De quel poids n'eft pas le fentiment de cet Auteur ; fur tout lorfque la caufe qui fert de bafe a befoin d'être éclaircie & conftatée, puifqu'il n'apuye ce qu'il dit, que fur la Loi *Omnimodo*, dont la decifion porte, *fi tamen non ingrati legitimis modis arguantur, cum eos fcilicet ingratos circa fe fuiffe teftator dixerit* : ce qui fupofe que ce n'eft fur la declaration du Teftateur que l'exheredation eft fondée,

Ubi fuprà N°.
941.

Cod. de inofic.
Teftam.

X

Note S. *ad*
dict. L. ce qui n'eſt qu'une préſomption ſelon la doctrine de Gode‐
froy, qui doit être fortifiée d'une preuve de l'ingratitude du
fils exheredé.

Il n'en eſt pas de même, lorſqu'il paroît par bruit com‐
mun que le fils a porté ſes mains impies ſur la perſonne de
ſon pere, de ſa mere, de ſon ayeul ou de ſon ayeule ; ou
lorſqu'il eſt de notorieté publique que ce fils a dénoncé celui
qui l'a mis au monde pour le dénoncer, le faire accuſer d'un
crime capital ; ou lorſqu'il conſte qu'il a accablé d'injures
ſon pere pendant tout le cours de ſa vie ; parce que dans
tous ces cas la preuve ne peut pas être ordonnée, ni obliger
l'heritier de la faire, lorſque tous ces faits, ou l'un des prin‐
cipaux eſt prouvé d'une maniere claire & ſenſible. En un
mot, nous croyons que la Novelle 115. publiée 12. années
après la Loi *Omnimodò*, y a dérogé, puiſque l'on voit que
cette Loi l'a été en 528. & cette conſtitution en 541.
d'autant plus qu'il n'y a qu'à faire reflexion au texte de
celle-ci, & le conferer au texte de celle là, pour en être con‐
vaincu.

On finit l'examen de cette queſtion par cette raiſon in‐
vincible, qu'il eſt ſi vrai que le fils ingrat peut être exclus
Note R. *ad*
dict. L. ommi‐
modò. de ſa legitime, que Godefroy le decide en peu de mots,
ingratus, dit-il, *non agit ad ſupplementum legitimæ*. Or s'il
eſt non recevable à demander un ſuplement de legitime, ce
fils peut-il ſe flater qu'il eſt en droit de faire caſſer le Teſta‐
ment de ſon pere, parce qu'il l'a exheredé & privé de ſa le‐
gitime, à cauſe de ſon ingratitude?

C H A P I T R E   V.

*Si la femme qui fupofe un enfant à fon mari, eft privée
de la donation de furvie, & des autres avantages
nuptiaux.*

D E tous les crimes dont une femme peut être accufée
pour lui faire perdre la Donation de furvie, & les autres avantages nuptiaux, il n'en eft point de plus grand
que celui de fupofer un enfant à fon mari. L'énormité de ce
crime porte avec elle toute l'horreur dont on peut être
frapé, lorfqu'on réflechit que c'eft violer la fainteté du Sacrement de Mariage ; c'eft donner un heritier à fon mari ;
c'eft l'adopter dans fa famille ; c'eft lui donner le nom &
les armes de celui qui n'eft point fon pere ; tandis que la
filiation & fon état ne font point conftatez, tandis qu'il ne
paroît point en faire la preuve, ni par les époufailles, ni par
les Extraits-baptiftaires, fuivant les Loix du Royaume, &
celles du Droit Romain. On a pour cela en France l'Or-
donnance de 1667. art. 7. *Titr. des faits qui giffent en preuve vocale ou litterale.*

Les enfans que l'on fupofe être nés *ex legitimo matrimonio*, & dont l'état & la filiation font prouvés d'une maniere
à ne pouvoir être conteftez, ne peuvent être donnez à un
autre pere, n'y à un autre famille, quelque déclaration du
pere ou de la mere qu'on mette au jour, fuivant la decifion de
la Loi *non nudis* 14. *non nudis adfeverationibus nec ementita
profeffione (licet utrique confentiant,) fed matrimonio legitimo
concepti, vel adoptione folemni filii civili jure patri confti-
tuuntur*, decifion confirmée par la Loi 5. De forte que fi
une femme fupofe d'avoir mis au monde un enfant pendant
l'abfence de fon mari, hors du Royaume, ou des Etats de
la Republique ; l'état de cet enfant peut être contefté par
celui qu'on veut lui donner pour pere, que cette femme

*Cod. de pro-
bat.*

*Cod. de Tefta-
ment.*

X ij

veut adopter dans une famille , pour lui ouvrir la porte à la succession de celui qui ne l'a pas mis au monde , & que le mariage ne peut faire regarder comme son enfant , suivant cette grande maxime *pater est quem nuptiæ demonstrant* ! Quel outrage , quelle injure, quel attentat ne commet pas cette femme par le crime *de supposito partu*. La longue absence de son mari , un voyage d'outre-mer hors des Etats de la Monarchie , les preuves qu'il raporte des faits qu'il avance pour combattre & pour détruire l'état de cet enfant, qu'on veut lui donner pour heritier, cette femme ingrate & perfide, dont la débauche & la corruption des mœurs sont connus, par la preuve que le mari raporte ensuite d'une enquête faite à sa poursuite ; cette femme , dis-je , merite-t-elle de joüir de la Donation *propter nuptias* , & des autres avantages nuptiaux ? Ne s'en est-elle pas renduë indigne par la supposition de cet enfant , & par l'adultere dans laquelle elle a vêcu pendant l'absence de son mari ? Que peut-elle esperer après la mort

Cod. de revo-
cand. Donat.

de son mari , lorsque la Loi *Generaliter* permet au Donateur de revoquer les liberalitez qu'il lui a faites *ob ingratitudinem* ? Quelle injure ne fait-elle pas à son Epoux , par un crime

Cod. ad L.
Corn. de falsis.

capital , suivant la decision de la Loi premiere ; & Mr. Cujas sur le même titre du Code, *est enim capitale crimen* , dit-il, *suppositi partus* , dont il aporte cette raison, que *est fraus facta naturæ, ideo videtur eam fallere quæ subjicit partum.* Accaranza

Cap. 5. n. 9.
sect. 1.

dans son traité *de partu legit. & vital.* donne une idée de tous les maux que cause la supposition d'un enfant, par ces termes : *nam ordinum dignitas familiarumque confunditur.*

C'est sur ces divers textes de Loix , & sur les autoritez qu'on vient d'alleguer , qu'il a été rendu un Arrêt par le premier Parlement de France , le 6. Juillet 1636. raporté

Playd. 30.
Tome III. L.
3. tit. 21. ch.1.

dans les Playdoyers de Mr. le Maître , & un autre du Parlement de Provence, qu'on voit dans Me. Boniface, qui ne permettent plus de revoquer en doute l'ingratitude & l'indignité de la femme convaincuë du crime de supposition de part , pour la priver & de la Donation de survie , & des autres avantages nuptiaux après la mort de son mari , parce qu'elle a violé la faintecé d'un augufte Mariage , en voulant donner un enfant à fon mari, qui n'en eft point le pere, & qui eft étranger à la famille ? N'eft-il pas certain que l'injure atroce que cette femme fait à fon époux, fes proftitutions, & l'adultere qu'elle a commis pendant qu'il étoit abfent, font des caufes juftes & legitimes, pour faire revoquer les liberalitez qu'elle a reçûës de fon mari, lorfqu'elle lui a furvêcu, à caufe de fon ingratitude, & de l'outrage qu'il lui a fait ? La preuve de cette fuppofition étant complette, comme l'exige la Loi *cum fuppofiti* 10. peut-elle encore une fois fe flater de joüir de la Donation de furvie, & des autres avantages nuptiaux.   *Cod ad Lege Cornel. de falf.*

CHAPITRE VI.

Si la femme qui attente à la vie de fon mari, perd la Donation de furvie & les autres avantages nuptiaux par la difpofition de la Loi Generaliter, *Cod. de revocand. Donat.*

LA faintecé du Sacrement de Mariage, oblige le mari & la femme de fe regarder enfuite du nœud facré qui les unit, comme ne faifant qu'un feul & même corps, & une feule & même chair. *Et erunt duo in carne una.* De-là vient que le Mariage eft défini dans les élemens du Droit Civil *viri & mulieris conjunctio, individuam vitæ confuetudinem continens.* De-là vient que le mari & la femme fe font des Donations mutuelles & reciproques (dans les païs regis par le Droit Romain) par le Contrat de mariage qu'on apelle Donation de furvie ou *propter nuptias*, de-là vient enfin qu'étant confiderés l'un & l'autre comme Donateurs & Donataires ; fi le mari attente à la vie de fa femme par le fer ou par le poifon, ou celle-ci à la vie de celui-là ; nonfeulement ils doivent être privez de la Donation de furvie &   *Lib. 1. inftitut. de nupt.*

Cod. de revo-
cand, Donat.

des autres avantages nuptiaux, à caufe de leur ingratitude
& de leur impieté fuivant la difpofition de la Loi *Generaliter*,
parce que *vitæ periculum intulit* fuivant la Jurifprudence des
Arrêts qui font dans Lapeyrere dans fes décifions Sommaires
de la derniere édition, Lettre *A*. N°. 21. Arrêts rendus contre le mari qui avoit tué fa femme furprife en adultere ; ce
qui a lieu encore, fi c'eft la femme qui veut faire perir fon
mari par le fer ou par le poifon, elle perd l'augment de dot
à caufe de l'ingratitude & de l'indignité qui l'en exclud à jamais, ce qui a pour fondement l'atrocité du crime qui met la
vie du mari dans un danger imminent, fuivant la même Loi
vel manus impias inferat, lorfque profitant du tems du fo-
meil, elle donne plufieurs coups de bâton à fon mari.

Cap. 35.

La Novelle 22. de Juftinien, nous fournit encore une raifon
pour montrer que les liberalités que le mari à fait à fa femme
doivent être revoquées *ob ingratitudinem*. Par ces termes, *aut
circa vitam ipfam infidians* : En effet, peut-on foûtenir que la
femme qui attente à la vie de fon mari ne peut pas être privée de la Donation de furvie & des autres avantages nuptiaux, fans ouvrir la porte à l'impunité des crimes les plus
énormes ? Le mari qui par une fatale experience a vû cette
femme confpirer contre fa vie, doit-il donner une recompenfe au noir forfait qu'elle a voulu mettre au jour ? N'eft-il
pas en droit de revoquer, & la Donation *propter nuptias* &

Cod. de revo-
cand Donat.

les avantages nuptiaux par la difpofition de la Loi *Generaliter*, lorfqu'il aura rempli la preuve qu'il eft obligé de faire
pour conftater l'attentat qu'elle a voulu commettre fur fa perfonne par le fer ou par le poifon *circa vitam ipfam infidians
marito*.

Tome II. fur
Henrys plaid.
15. de la der-
niere édition.

Ces raifons n'ont pas échapé à Bretonier qui tient pour
l'affirmative de la queftion que nous examinons, *que fi la
femme*, dit il, *a attenté à la vie de fon mari, elle peut perdre fon augment de dot, pour toutes les caufes qu'un Donataire
peut être privé de fa Donation*. Il doit donc demeurer pour
conftant, que de quelque maniere que la femme attente à la
vie de fon mari, fi celui-ci a des preuves claires & évidentes de

son attentat, il est en droit de la priver de la Donation de survie & des avantages nuptiaux par le benefice de la Loi *Generaliter*, qu'on a si souvent citée, parce qu'elle s'en est renduë indigne, & par son impieté & par son ingratitude.

CHAPITRE VII.

Si la Donation faite à l'Eglise à condition qu'elle four-nira les alimens au Donateur, est sujette à revocation, lorsqu'elle n'execute pas la condition mise dans l'acte de Donation.

QUOIQU'IL semble que cette question ne doive pas entrer dans ce Traité, j'ai crû ne pouvoir me dispenser de l'examiner, après avoir fait reflexion à la condition mise dans l'acte de Donation, laquelle n'étant point executée par l'Eglise Donataire, doit la faire considerer en quelque maniere comme une ingrate envers son bienfaîteur.

Il est certain que si la clause concernant les alimens que l'Eglise s'oblige de fournir au Donateur, contient celle que faute d'executer la condition, la Donation sera revoquée; il est certain, dis-je, que cette Clause faute d'execution de la part de l'Eglise, donnera lieu à la revocation de cette liberalité, comme l'assure Mr. Tiraqueau, & après lui le Docte Covarruvias, *var. resolut. Lib.* I. *cap.* 14. *n.* 6. où il dit, *& sanè ubi modus causam inducit finalem, eo non servato Donatio revocatur.*   *Lib.* 2. *de retract. in fine n.* 11. *& 14.*

L'opinion de ces Docteurs est apuyée sur la decision de la Loi *ex conditione.* Dans laquelle les Empereurs Diocletien & Maximien, disent que la Donation est revoquée. *Quod non satis conventioni fecit contractus irritus constituitur.* La Loi 2. au Code est encore plus formelle; en voici le texte, *non est iniquum actionem condictionis ad repetitionem rerum Donatarum, tibi qui patri successisti, decerni,* c'est aussi ce que dé-   *Cod. de rescind. vendit.*   *De condict. ob causf. dator.*

cident expreſſement les Loix 8. 10. & 11. *au même tirre.* Mr.
Cujas ſur la Loi 2. qu'on vient d'alleguer, dit, très à propos
ſur cette queſtion, *Donatio quæ fit Lege aliqua, eſt contractus
nomine vacans, ut dono tibi prædia ut me alas, hoc negotium,
caret nomine, atque adeò eſt actio præſcriptis verbis*; c'eſt à-
dire, que faute par le Donataire de remplir l'obligation de
fournir les alimens au Donateur, celui-ci eſt en droit de le
faire condamner à ſes domages & intérêts.

Godefroy ne s'explique pas moins clairement que Mr.
Cujas; voici comme il parle *pacto reſoluto oriuntur conditio-
nes ob cauſam dati.* Maxime qu'il établit encore plus nettement en ſa note *F.* ſur la rubrique du même titre *Donatio
ob cauſam, cauſa non ſecuta revocari poteſt.* Mais il faut pour
apliquer ces textes & ces autorités à la queſtion que l'on
traite, que les alimens ou la nourriture ſoient la cauſe finale
qui a porté le Donateur à faire Donation à l'Egliſe, & pour
lors la dureté & l'ingratitude qu'elle a pour ſon bienfaîteur,
ne peuvent être, ni tolerées, ni palliées; ſur-tout lorſque
le Donateur a fait des actes pour mettre l'Egliſe Donataire
en demeure; ainſi que l'obſerve Covarruvias en l'endroit allegué.

Mais il n'en eſt pas de même, lorſque la Donation n'a
pour principe dans la clauſe qu'elle contient en faveur de l'E-
gliſe, qu'une cauſe impulſive qui le porte à le faire; parce
que dans ce cas, cette Donation ne peut point être revoquée
par le Donateur, & tout ce qu'il eſt en droit de faire contre l'Egliſe, c'eſt que s'il n'a pas fait inſerer dans l'acte, que
ſi le Donataire n'accompliſſant pas la condition, la Donation ſera revoquée; il n'a point d'action pour demander la
revocation, ſuivant la doctrine du même Covarruvias *tametſi
agi poſſit contra Eccleſiam, ut modum ſervet.*

Ricard s'explique encore plus expreſſement ſur cette queſtion touchant la cauſe finale, *j'ajoûte en vertu de notre Loi,*
dit-il, *d'autant que ſi cette revocation étoit prétenduë en vertu
du Contrat, comme s'il avoit été ſtipulé, qu'à faute de ſatisfaire par le Donataire aux conditions, ſous leſquelles il a ac-
cepté*

cepté la *Donation il demeureroit en la liberté du Donateur de rentrer en ses droits, & en la possession de la chose donnée ; il n'y a point de difficulté que cette revocation, ou plûtôt resolution se faisant* ex antiqua causâ *, & en vertu du Contrat, elle annulleroit tout ce que le Donataire auroit pû faire au préjudice de cette convention.*

Il est vrai, que cet Auteur semble se contredire lui-même (& détruire ce qu'il avance) dans un autre endroit où il dit *que cette revocation ne peut s'étendre contre le Benefice, ou contre celui qui en a la joüissance, pendant même le tems de son administration.* Mais pour peu qu'on fasse reflexion sur la question que Ricard examine dans cet endroit ; on verra qu'il ne parle que de la revocation qui est fondée sur l'ingratitude marquée dans la Loi derniere, *Cod. de revocand. Donat.* & nullement de celle dont la décision se trouve dans les Loix 2. 8. 10. & 11. qui regarde la cause finale de la Donation, avec la condition de fournir les alimens au Donateur, autrement que la Donation demeurera revoquée ; dans ce dernier cas le Donataire ne peut point purger la demeure à cause de l'inéxecution du pacte, que le Donateur a fait mettre dans l'acte de Donation, lequel rentrera dans les droits & dans la possession de la chose donnée qui opere la resolution de cet acte, au lieu que dans l'autre cas, il n'est question que de la revocation de la Donation par la disposition des Loix 1. 8. & derniere. Dans celui-là on voit qu'il y a la seule cause du défaut de remplir l'execution d'un pacte resolutif de l'acte ; quoique l'ingratitude & l'impieté s'y trouve de la part du Donataire. Dans celui-ci c'est la cause de l'ingratitude du Donataire qui sert de base à la revocation de la Donation.

Tome I. 3. part. chap. 6. sect. 1. n. 676. de la derniere édition.

Cod. de condict. ob causa dat.

Cod. de revocand Donat.

Y

CHAPITRE VIII.

Si la Donation peut être revoquée par le Donateur, quoi-
que le Donataire ne soit devenu ingrat que dans
sa minorité.

CETTE queſtion doit être traitée par les maximes les
plus conſtantes du Droit Romain, avant que de la décider.
C'eſt un principe du Droit Civil que le pupille *pubertati*
proximus eſt doli capax, & furandi, & injuriæ ferendi, ce
principe eſt apuyé ſur un autre pris dans la Doctrine de Godefroy *in delictis proximus pubertati, pro pubere habetur.*

Ces principes poſés, on ne peut revoquer en doute que le
pubere ou le mineur ne peut pas être reſtitué en entier *adver-*
ſus delictum, ſuivant la déciſion de la Loi 1. & de la Loi *auxi-*
lium 37. *ff. de minorib.* où il dit *in delictis autem minor annis*
25. *non meretur in integrum reſtitutionem :* Or le Donataire mineur étant tombé dans le crime ou vice d'ingratitude volontairement, & pour faire injure au Donateur, celui ci eſt en
droit de revoquer la Donation par la diſpoſition de Loi *Ge-*
neraliter, Cod. de revocand. Donat. quoique ſon ingratitude
n'ait pris ſon fondement que dans ſa minorité, principalement
lorſque l'injure qu'il a fait à ſon bienfaîteur eſt atroce, ou
lorſqu'il a attenté contre ſa vie, & porté ſes mains impies
ſur lui, juſques à le bleſſer ; la raiſon eſt marquée dans la Loi
in criminibus 1. *malorum mores*, diſent les Empereurs Severe
& Antonin, *infirmitas animi non excuſat ;* le Juriſconſulte
Triphonin en aporte une autre raiſon dans la Loi *auxilium*
§. 1. qui décide la queſtion que nous examinons en termes
formels *& non ſit ætatis excuſatio*, dit-il, *adverſus præcepta*
legum, ei qui dum leges invocat, contra eas committit.

Il y a néanmoins des cas ou le Donateur ne peut point
revoquer la Donation *ob ingratitudinem* du Donataire mi-

Leg. III. ff.
de regul. jur.

Note A. ad
dict. L. III.

Cod. ſi adverſ.
delictum.

Cod. ſi adverſ.
delict.

Dig. de mi-
norib.

neur, comme l'affûre Ricard. *Il faut toutefois*, dit-il, *prendre garde pour ce qui concerne les mineurs, qu'au lieu qu'à l'égard des autres, on préfume de leur volonté par leurs actions ; l'innocence des mineurs demande une difcuffion plus particuliere. Il eft neceffaire que le juge examine s'ils ont eu affés d'âge & de connoiffance pour difcerner la qualité de ieur action ; car fi elle a été toute exterieure, & qu'elle ne parte pas d'un deffein de mal faire, il eft jufte de fecourir leur foibleffe.* Pour apuyer la Doctrine de cet Auteur, il faut recourir à celle de Godefroy dans une de fes notes, *atas non excufat à delicto, nifi tam imbecillis fit, ut non fit capax delicti.*

Tome I, 3ᵉ part. chap. 6. fect. 1. n. 680. de la derniere édition.

Litt. N ad Leg. final Cod. fi adverf. delict.

La Loi derniere que l'on vient de citer nous en fournit un exemple dans la perfonne d'une mere qui n'a point fait nommer de Tuteur à fes enfans, & qui après leur mort demande de leur fucceder. Cette Loi lui adjuge la fucceffion, parce qu'elle étoit mineure, lorfqu'elle a commis ce délit *atatis lubrico lapfa.* Pourquoi n'accorder pas cette grace à un mineur Donataire, qui à peine eft forti de fa pupillarité, lorfqu'il a dit quelque injure au Donateur, quand même cette injure blefferoit fon honneur, & celle de fa famille ? Eft-ce que le *lubricum linguæ* peut le faire tomber dans une des caufes d'ingratitude énoncées dans la Loi *Generaliter derniere*, fi le Donateur par des manieres dures & aigres a pouffé le Donataire mineur à lui dire quelque injure ? Ne doit-on pas avoir quelque égard pour la foibleffe de fon âge, puifque la Loi 1. *Cod. fi adverf. delict.* lui promet fa protection, *fi delictum non ex animo fed extra venit* & que la Loi 128. décide que *ferè in omnibus pænalibus judiciis, & ætati & imprudentiæ fuccurritur* ? La revocation d'une Donation n'eft-elle pas une peine ? Peut-elle lui être infligée *ob ingratitudinem*, lorfque le Donateur s'eft attiré lui même les injures que le mineur lui a dit ?

Cod. de revoc. cand. Donat.

Dig. de regul. jur.

Mais après tout, peut-on trouver dans un mineur, qui à peine eft parvenu à l'âge de 15. à 16. ans, la même maturité de prudence & de jugement que doit avoir celui qui eft âgé de 22. à 23. ans ? N'eft-il pas jufte d'accorder plûtôt grace au

Godefroy,
Note *J. ad*
dist. L, 108.

premier, pour l'injure qu'il aura dit au Donateur *ut pœna et remittatur* qu'au second qui aproche de fa majorité ; Godefroy ne dit-il pas la même chofe en fa note B. *fur la L.* III. *ff. de regul. juris* ? Il faut donc conclurre de-là, que le mineur ne tombe pas toûjours dans une des caufes d'ingratitude contenuës dans la Loi *Generaliter* que l'on a fi fouvent alleguée, qui puiffe operer la revocation de la Donation, & qu'il faut neceffairement examiner la caufe, le principe, le motif, la qualité de l'injure, le deffein, & l'âge que le mineur peut avoir eu, lorfqu'il a dit une injure au Donateur, pour voir s'il n'y a pas *lubricum lingua* de fa part, ou fi cette injure vient *ex animo,* diftinction que l'on ne doit jamais perdre de vûë, pour décider fi la Donation doit être revoquée, ou fi elle ne doit pas avoir lieu.

CHAPITRE IX.

Si la mere peut revoquer la Donation qu'elle a fait à fa fille, par le benefice de la Loy Generaliter, *Cod. de revocand. Donat. lors qu'elle s'eft mariée fans fon confentement, ayant commis la même faute.*

CETTE queftion n'eft pas d'une longue difcuffion, quelque importante qu'elle paroiffe dès qu'on la regarde du premier coup d'œil ; elle ne laiffe pourtant pas d'avoir befoin d'être examinée avec beaucoup d'exactitude.

Si la fille qui fe marie après une Donation que fa mere lui a fait de la plus grande partie de fes biens, eft parvenuë à la majorité légale ; c'eft-à-dire, qu'elle ait atteint l'âge de 25. ans accomplis, cette fille, dis-je, ne doit pas craindre que cette Donation foit revoquée *ob ingratitudinem*, fi avant de contracter Mariage, elle a fait trois actes de fommation ou de refpect à fa mere Donatrice, pour tâcher d'avoir fon confentement. C'eft la difpofition expreffe de l'Ordonnance

de Blois rapportée dans le Code Henry conforme au Droit
Romain, & principalement à la décision de la Loi *capite*
trigesimo quinto 19. dans laquelle le Jurisconsulte Marcien
dit qu'il est permis aux filles de recourir aux Présidens, ou aux
Gouverneurs de la Province, pour obliger leurs peres de les
marier, ou de consentir à leur Mariage, & de les doter *co-*
guntur in matrimonium collocare & dotare, de quel droit une
mere Donatrice peut-elle empêcher sa fille majeure de 25.
ans sa Donataire, de se marier après avoir requis son consentement ? Comment peut-elle soûtenir que sa Donation
qu'il lui a faite doit être revoquée à cause de son ingratitude
par le benefice de la Loi *Generaliter* ? Godefroy dit très-à-
propos à ce sujet que *si parens conditionem non quærat, aut*
injuriosè prohibeat eas nubere, lors que les filles ont atteint
l'âge de 25. ans accomplis, elles peuvent contracter Mariage, c'est encore la décision de la Novelle 115. de Justinien,
qui défend aux peres & aux meres d'exhereder leurs filles,
lorsqu'elles contracteront Mariage après la majorité légale. *Si*
vero usque ad 25. annorum, ætatem pervenerit filia & parentes
distulerint eam marito copulare, & forsitan ex hoc contigerit in
suum corpus peccare, aut sine consensu parentum, marito se liberè
tamen conjungere, hoc ad ingratitudinem filiæ nolumus imputari,
quia non sua culpa, sed parentum id commisisse cognoscitur.

Or si le pere & la mere ne peuvent pas exhereder leur fille
majeure de 25. ans, parce qu'elle a contracté Mariage sans
leur consentement, & si elle ne peut être regardée comme
une fille ingrate qui viole le respect & l'obéissance qu'elle doit
avoir pour eux ; à combien plus forte raison une mere Donatrice, ne pourra-t-elle pas accuser d'ingratitude cette fille
majeure de 25. ans, ni revoquer la Donation qu'elle lui a
fait, parce que ce n'est point une injure atroce que la Donataire fait à la Donatrice de se marier, lorsqu'elle a atteint
la majorité légale ; sur-tout lorsque cette mere se trouve elle-
même coupable de la même faute qu'elle peut lui dire *mores*
quos improbas probas, vous condamnés en moi un Mariage revêtu de toutes les solemnités requises par les Ordonnances

Liv. 6. tit.
2. n. 7.

Dig. de ris.
nupt.

Cod. de revo-
cand. Donat.

Note G. ad
L. filius 25. ff.
de rit. nuptiar.

Ch. 3. §. 12.

du Royaume, par les Loix Canoniques, & par les Loix Civiles. Les actes de respect ou de sommation que la fille Donataire a fait à la mere Donatrice avant la celebration des
Epousailles, mettent cette mere en demeure. Pourquoi donc
veut-elle que sa fille soit plus sage que les Loix ne l'exigent?
Peut-elle étendre la peine portée par les mêmes Loix au-delà des cas qu'elles ont marqué? Or si une mere ne peut exhereder sa fille, parce qu'elle s'est mariée à l'âge de 25. ans
accomplis; comment peut-elle demander la revocation de la
Donation qu'elle lui a fait, sous prétexte d'une ingratitude
chimerique, dont il n'est point parlé, ni dans la Loi *Gene-*

Cod. de revo-
cand. Donat.

ralitèr derniere, ni dans la *Novelle* 115. *chap.* 3? Ces raisons
sont si puissantes qu'il est impossible de les détruire, & jusques à ce qu'on nous ait fait voir que nous nous sommes trom-
pés dans l'affirmative, pour ce qui concerne les païs qui ob-
servent exactement les Loix Canoniques & les Loix Civiles,
nous persisterons dans notre opinion.

Mais pour ce qui regarde la France, l'Edit du mois de
Mars 1697. y a introduit un droit nouveau, qui est une Loy generale, à laquelle on ne peut se souftraire, & que l'on doit
inviolablement observer : or cet Edit porte que les fils & filles majeures de 25. ans & de 30. ans, demeurans actuellement avec leurs peres & meres, contractans Mariage à leur insçû, sont privés & déchûs par leur seul fait; ensemble les
enfans qui en naissent, des successions de leurs pere, mere, ayeul
& ayeule, & de tous autres avantages qui pourroient leur
être acquis en quelque maniere que ce puisse être, & même du
droit de légitime; cette Loi generale paroît dure *sed justa Lex
est* pour mettre un frein à la licence, que les fils ou filles qui
ont atteint la majorité légale, se donnoient de contracter
Mariage sans le consentement de leurs peres & meres; elle
les declare, non-seulement exheredés & incapables de leur
succeder, mais les prive des avantages qui pouvoient leur
être acquis? Les Donations ne sont-elles pas comprises sous
ce mot *avantages*? Peut-on le revoquer en doute? Si ces
enfans quoique majeurs de 25. & de 30. ans en sont privés;

n'eſt-ce pas parce qu'ils n'ont pas eu pour ceux qui les ont mis au monde, le reſpect & l'obéïſſance qui leur ſont dûs ? Ces enfans ne tombent-ils pas dans l'impieté, & dans l'ingratitude, en contractant Mariage à l'inſçû de leurs peres & meres, avec leſquels ils demeurent ? Cette privation des avantages qui pouvoient leur être acquis, n'eſt-elle pas un équivalant de la revocation ordonnée par la Loi *Generaliter* que l'on a ſi ſouvent citée ? Surquoi fondés ces majeurs & majeures Donataires, prétendront-ils empêcher l'effet de cette privation ou revocation ? L'injure qu'ils ont fait à leur mere Donatrice (avec laquelle ils demeurent) de ſe marier à ſon inſçû, n'eſt-elle pas atroce ? Leur eſt-il permis de devenir ingrates envers leurs bienfaîtrices, & de n'avoir pas pour elles la pieté, le reſpect, & l'obéïſſance qu'elles leurs doivent ? En un mot, l'exheredation & la revocation d'une Donation marchant d'un pas égal, & ayant pour fondement l'ingratitude d'un fils, les cauſes qui donnent lieu à l'exheredation ſervent de moyens pour la revocation ; ainſi qu'on l'a établi dans pluſieurs endroits de ce Traité ; en ſorte que les filles de 25. ans Donataires de leurs meres, & demeurans avec elles, ne peuvent pas ſe garantir de la revocation des Donations qui leur ont été faites, avant leur Mariage fait ſans le conſentement de leurs bienfaîtrices ; en ſoûtenant que leurs meres avoient commis la même faute, lorſqu'elles contracterent Mariage, parce que l'Edit du mois de Mars 1697. eſt general, & qu'il parle en termes generaux *ubi Lex Generaliter loquitur, Generaliter eſt accipienda.*

Il n'en eſt pas de même dans les autres païs de l'Europe, où l'on ſuit les Loix Civiles ou Romaines, & où l'Edit du Roy de l'année 1697. n'eſt point obſervé ; parce que ſuivant la Doctrine de M. Cujas, le pere ne pouvant pas impoſer la condition à ſa fille, de ne ſe marier qu'à l'âge de 30. ans, à peine d'être privée de ſon heritage ; lorſqu'elle ſe marie avec un homme d'honneur, la mere Donatrice ne peut apuyer la revocation de la Donation qu'elle a faite à ſa fille, parce qu'elle a contracté Mariage à l'âge de 25, ans accomplis ;

Conf. 354

étant plus juste & raisonnable qu'elle se marie dans sa majorité , que de se prostituer ou vivre dans le concubinage pour
deshonorer sa famille , sans que la mere qui a commis la même faute que sa fille Donataire, puisse lui imputer qu'elle est
tombée à son égard dans l'impieté & dans l'ingratitude , en
contractant Mariage à son insçû , & dans le tems que sa fille
demeuroit avec elle dans la même maison ; les Loix Civiles,
& l'autorité des Docteurs n'obligeant pas la fille majeure de
25. ans , à demander le consentement de sa mere Donatrice ,
de qui l'exemple sert de moyen à la Donataire, de lui faire
voir que la Donation ne peut pas être revoquée ; ainsi que
l'a remarqué un Célébre Avocat du Parlement de Provence.

Questions
notables , &
maximes de
Droit.

CHAPITRE X.

*Si l'Ordonnance qui permet aux peres & aux meres de re-
voquer les Donations qu'ils auront fait à leurs enfans,
qui se marient contre leur gré, peut s'étendre au cas qu'ils
contractent Mariage contre leur volonté, après leur
mort déclarée par leurs Testamens.*

L'ENCHAÎNEMENT que cette question a avec celle
que l'on vient de traiter , m'oblige à l'examiner dans ce
Chapitre, selon le même ordre que l'on s'est obligé de garder.
C'est un principe de Droit, que les Loix qui défendent de
faire quelque chose sous une certaine peine qui y est attachée,
ne peut pas s'étendre hors des cas qui s'y trouvent compris.
Ce principe posé , il est constant que l'Ordonance qui permet aux peres & aux meres Donateurs & Donatrices, de
revoquer les Donations qu'ils ont fait à leurs enfans, qui contractent Mariage sans leur consentement ; cette Ordonnance,
dis-je, n'ayant point parlé du Mariage contracté après la mort
du pere Donateur, ou de la mere Donatrice ; on ne peut
l'apliquer à celui que le Donataire aura fait avec une fille
d'honneur

d'honneur après leur mort , quoique le Donateur ou la Donatrice le lui ayent défendu expreſſement par leurs Teſtamens. Cette Ordonnance ne peut s'étendre au-delà de ſes bornes , parce qu'elle n'éxige de requerir le conſentement de leurs peres & meres que pendant leur vie , & qu'on ne peut lui donner plus de force , plus d'étenduë , plus de pouvoir que celui que le Legiſlateur lui a donné , & qu'il n'eſt point permis dans le cas des Loix Penales de les appliquer à des queſtions , que ceux qui les ont faites n'ont point prévûës , & qui n'ont pas voulu les y comprendre ſuivant cette maxime de Droit *odia reſtringenda favores ampliandi*.

Les Arrêts raportés dans le Journal du Palais , nous en fourniſſent deux exemples , dans le premier on voit un pere qui défend à ſon fils de ſe marier après ſa mort , avec une fille de la Ville , à peine d'être privé de ſon heritage. Le fils contraĉte Mariage avec une fille d'honneur de la même Ville. On veut le faire déclarer indigne de la ſucceſſion de ſon pere à cauſe de ſa déſobéïſſance , & du défaut d'executer la condition inſerée dans le Teſtament , par lequel il eſt inſtitué heritier , on l'accuſe d'impieté & d'ingratitude , l'une & l'autre fondées ſur la défenſe portée par le Teſtament du pere. Mais parce que ce pere ne pouvoit pas porter ſes vûës au delà de ſa vie , & qu'il n'eſt rien de plus libre que de ſe marier avec une perſonne qui nous convienne , pourvû que ſes mœurs ne ſoient point déreglées. (Suivant cette expreſſion de Caſſiodore *ego eligam cumquo victurus ſum ego comitem laborum , curarum ſollicitudinum.*) Cette clauſe fut rejettée par Arrêt rendu par le Parlement de Provence , raporté auſſi par Me. Boniface , parce qu'elle étoit illicite , contraire aux bonnes mœurs , & à la liberté qu'on a de ſe marier avec qui l'on veut , & le fils fut maintenu dans la poſſeſſion de l'heritage de ſon pere.

Le ſecond exemple regarde l'inſtitution d'heritier d'un fils faite par un pere dans ſon Teſtament , à condition qu'il ne pourra ſe marier ſans le conſentement de ſon frere & de ſon oncle , à peine d'être privé de ſon heritage , ce fils ſe marie

Tome I. de la derniere édition, pag. 393.

Tome IV. pag. 258.

Z

à l'inſçû de l'un & de l'autre, on veut le faire declarer indigne de l'heritage du pere, parce qu'il ne s'eſt pas aſſujeti
à obſerver & executer la clauſe du Teſtament de ſon
pere. Un Mariage contracté contre la volonté du défunt, ſi claire & ſi conſtante, & le reſpect & l'obéïſſance que l'on doit avoir pour celui à qui les Loix parlant de ſon Teſtament, apellent *ſupremum judicium patris.*
Telles étoient les cauſes d'ingratitude & d'impieté, qui devoient rendre indigne ce fils de la ſucceſſion de ſon pere.
Mais parce que l'Ordonnance de Blois n'exige pas qu'on execute ſemblables conditions quoique Penales, & que la diſpoſition de cette Loi generale ne s'étend point au-delà de
la mort des peres & meres qui ont voulu les impoſer à leurs
enfans ; le Teſtament fut confirmé à l'égard de l'inſtitution,
mais la clauſe & la condition en furent rejettées comme nulles & contraires aux Loix Civiles & à celles de l'Etat.

Les motifs de ces Arrêts ne ſçauroient être plus juſtes ni
plus ſolides, il n'eſt pas au pouvoir des peres & meres de porter
leurs vûës, & l'autorité que les Loix divines & humaines
leur ont donné au-delà de leur vie, ni de vouloir contraindre leurs enfans à ſe marier, ou à ne pas épouſer une fille, ou
un homme d'honneur connu & reputé tel dans le monde, il
n'eſt rien de plus libre que le Mariage, il ne dépend pas du
pere, de l'ayeul, de la mere, ou de l'ayeule, de priver ſon
fils de ſon heritage, s'il contracte Mariage avec une fille de la
Ville où il fait ſa reſidence, ou ſans le conſentement d'un
frere & d'un oncle ? Eſt il permis d'ajoûter ni de ſuppléer à
l'Ordonnance de Blois, ce qu'elle ne veut ni ajoûter, ni ſuppléer pour ce qui concerne la peine de l'exheredation de
leurs enfans, & de la revocation des Donations, lorſqu'ils ſe
marient à l'inſçû de leurs peres & meres pendant leur vie,
M. d'Argentré ne le décide-t-il pas en termes formels *flagi-*
tium eſt, dit-il, *ad legem adjicere aut exigere quod illa non*
adjicit nec exigit : imo ſtultum videri ſapientiam qua vult Lege
ſapientior videri. D'ailleurs les liens de la puiſſance paternelle ſont rompus par la mort du pere, & il ne peut leur

Inſtitut. lib.
i. tit. ii. §. i.

donner plus de poids que les Loix lui en donnent ? Ce n'eſt donc que pendant la vie des peres & meres que les enfans ſont obligés de demander leur conſentement avant de ſe ma-rier, pour ne pas encourir les peines portées par les Loix Romaines, & par celles de l'Etat, & non après leur decès, & il ne leur eſt pas permis de l'étendre au delà des bornes qui leurs ſont preſcrites, pour ne pas bleſſer la liberté de l'homme dans le cas du Mariage, ſuivant la diſpoſition de la Loi pénultiéme *cum in contrahendis nuptiis libera poteſtas eſſe debet.* Cod. de ſpon-ſalib.

Enfin, le Docte M. Cujas diſſipe tous les doutes que l'on pourroit faire naître ſur cette queſtion, en ces termes : *eas tan-tùm pœnas poſſe exigi, quæ Legibus certo fine ſtatuuntur,* con-formement à la déciſion de la Loi *cum pro eo* unique. *Vel à Legibus certo fine conſtituuntur,* d'où il ſuit que l'Ordonnance de Blois ne permettant aux peres & aux meres d'exhereder leurs enfans, ou de revoquer les Donations qu'ils leur ont fait, que lorſqu'ils ſe marient pendant leur vie à leur inſçû & ſans leur conſentement, ils ne peuvent leur impoſer au-cune de ces peines, s'ils viennent à contracter Mariage après leur mort, avec une fille ou un homme d'honneur de la Ville où ils ont fixé leur demeure, lorſqu'ils l'ordonnent par leur Teſtament, ni leur défendre ſous les mêmes peines de ſe ma-rier, ſans l'avis ou conſentement de leurs freres ou de leurs oncles. Maxime établie par la Juriſprudence des Arrêts qui ne permet pas de lever aucune conteſtation là deſſus. Ainſi que le remarque un Célébre Avocat au Parlement de Pro-vence.

In titul. Cod. de ſponſalib.

Cod. de Sen-tent. quæ pro eo quod inter.

Dans ſes queſ-tions notables & maximes du Droit.

CHAPITRE XI.

Si la Donation peut être revoquée, lorsque le Donataire ne veut pas executer les conditions inserées dans l'acte de Donation.

Cod. de revo- cand. Donat. LA queſtion que l'on va examiner, doit être décidée par le texte de la Loi *Generaliter*, dans laquelle l'Empereur Juſtinien s'explique, en ces termes : *vel quaſdam conventiones ſive inſcriptis Donationi impoſitas, ſive ſine ſcriptis habitas, quas Donationis acceptor ſpopondit, minimè implere voluerit*, & il ajoûte deux ou trois lignes plus bas, que les Donations doivent être revoquées *etiam Donationes in eas factas everti concedimus.*

Cod. de Do- nat quæ ſub mo- do, titul. 55. La Loi 1. n'eſt pas moins claire ſur cette queſtion, *ſi doceas*, diſent les Empereurs Valerien & Gallien, *ut affirmas nepti tuæ ea Lege eſſe donatum à te, ut certa tibi alimenta præberet vindicationem etiam in hoc caſu utilem, eo quòd Legi illa obtemperare noluerit impetrare poteſt, id eſt actionem qua Dominum priſtinum tibi reſtituatur.* Ce ſont les textes de ces deux Loix qui apuyent, & qui fortifient la déciſion de cette queſtion, lorſque le Donateur impoſe par l'acte de Donation les conditions qu'il veut que le Donataire execute ; conditions auſquelles il ne peut ſe ſouſtraire, & qu'il eſt obligé d'accomplir, autrement le Donateur eſt en droit de rentrer dans la poſſeſſion des biens donnez. La Loi *Legem, Cod. de Donat.* décide la même choſe, ainſi que Godefroy en ſa note *G*, ſur cette Loi *lex Donationis ſervanda.*

In tit. Cod. de revoc. Donat. Mr. Cujas l'aſſure en termes précis. Voici comme il s'explique, *ſuperiore titulo proximo propoſita una cauſa revocandæ Donationis, ſi Donatarius non pareat conditioni Donationis vel legi, quam Donator rebus ſuis in Donando dixit, quæ cauſa etiam inculcatur in Leg. ult. hujus tit.* Ce grand Juriſconſulte va plus loin ſur un autre titre *at initio*, dit-il, *perficiendæ Dona-*

tionis , ſi Donationi lex dicta ſit & impoſitus modus aliquis & *Cod. de Donat.*
receptus à Donatario , Donatori condictio competit ob rem dati *quæ ſub modo:*
re non ſecuta , quia Donatarius non implevit modum ſive legem
dictam Donationi , Leg. 2. 6. & 8. de condict. ob cauſ. dator
&c. L. ult. tit. ſeq. ult. etiam quanti intereſt ſua modum im-
pleri Donationi impoſitum.

On voit par les deux paſſages de Mr. Cujas que l'on vient
de raporter , que l'inexecution des pactes & des conditions
miſes dans un acte de Donation entre-vifs , attribuë ce droit
au Donateur , de former deux actions contre le Donataire.
L'une apellée *actio ob rem dati re non ſecuta.* L'autre *actio*
præſcriptis verbis , c'eſt-à-dire , pour le faire condamner à ſes
domages & interêts : Godefroy ſe declare pour la maxime *Note C. ad*
établie par Mr. Cujas, & dit que la derniere de ces actions *tit. ſf. de præſ-*
peut être introduite par le Donateur , parce que *ad exem-* *cript. verb.*
plum civilium actionum comparata eſt , nam do ut des emptioni,
do ut facias locationi , facio ut facias mandato , commodato ,
& præcario proxima eſt , eaque ratione utilis dicitur , & quelques lignes plus bas dans la même Note , *nihil eſt enim,*
continuë-t-il , *actio præſcriptis verbis quam actio in factum*
civilis , quæ naſcitur ex contractibus qui non apellantur proprio
nomine. Doctrine que l'on doit apliquer aux Donations ,
quæ ſub modo , comme celle que j'examine dans ce Chapitre,
qui peut être regardée comme pure & ſimple ; mais qui eſt
en même-tems attachée à un mode , à une condition , ou à
une clauſe dont il eſt parlé dans la Loi 5. §. 1. *dubium non eſt* *Dig. de præſ-*
naſci civilem obligationem , in qua actione id veniet , non ut *cript. verb.*
reddas quod acceperis , ſed ut damnaris quanti intereſt mea.
Il en eſt de même des inſtitutions qui ſont faites ſous la condition *poſtquàm* après que , laquelle n'étant pas accomplie,
empêche l'heritier inſtitué d'acquerir la proprieté , ſuivant
Barboſa in dict. 2. in ſeq. dict. 272. N°. 2. & Gratien diſceptat
forens cap. 168. N°. 1. parce que le mot poſtquàm conditionem
præ ſe fert.

On n'a examiné juſqu'ici cette queſtion , que par les
principes des Loix Civiles , par la déciſion de Mr. Cujas .

& par la Doctrine de Godefroy. On va le faire prefentement par les maximes des Docteurs & Magiftrats des Cours
Souveraines, & par la Jurifprudence des Arrêts.

Defin. 12. Cod.
de revoc. Donat.
Le Préfident Faber eft le premier qui affure que la faute
ou la negligence du Donataire d'executer la claufe ou la
condition mife dans l'acte de Donation, eft un puiffant
moyen pour en operer la revocation *ipfo jure*, quoique cette
revocation n'ait pas été ftipulée dans le même acte ; mais
en fa Note fur cette définition, il veut qu'elle foit
mife, & qu'elle foit exprimée dans la Donation pour rendre la demande en revocation plus jufte & plus reguliere,
quam addi & exprimi femper melius : précaution que le
Donateur doit prendre pour être mieux affermi dans fon
action ; ce que l'on ne doit jamais perdre de vûë.

Ce fçavant Magiftrat ajoute dans la même définition pour
apuyer fon fentiment, *cum vel omnium maxima ingratitudo
ea fit, pacta non fervare*, conformément à l'autorité de Balde.
In L. ult. Cod.
de revoc. Donat.
D'où il fuit, felon la Doctrine de l'un & de l'autre, que
quand même le Donataire a mis le comble à fon ingratitude par l'inexecution des pactes inferez dans l'acte de Donation : il eft plus à propos pour l'intereft du Donateur, &
pour mettre fon action & fa demande hors d'atteinte, d'inferer
cette claufe dans le même acte. *Que faute par le Donataire
d'obferver & d'accomplir tout ce qui eft exprimé & contenu dans
l'acte de Donation, elle demeurera dès lors refoluë & de nul
effet & valeur, & qu'il fera permis au Donateur de rentrer dans
la poffeffion & joüiffance des biens donnez*, parce que cette
claufe met en demeure le Donataire, & qu'en vertu d'un
acte de fommation, le Donateur peut enfuite faire ordonner
fur la demande qu'il en fera, la revocation ou refolution de
la Donation, avec reftitution des fruits depuis le jour de fa
Defin. 15. Cod.
de revoc. Donat.
demande ; ainfi que le décide le même Préfident Faber dans fes
définitions, apuyé de la Loi *Cum quis*, *ff ob caufam dator*,
Note 3. fur
cette defin.
fur laquelle il établit fon fentiment dans une de fes notes. C'eft
fur ces grands principes, & fur les raifons de ce fçavant Magiftrat, que la Jurifprudence des Arrêts rapportez par Me.

Boniface, eſt fondée. Juriſprudence qui a fixé la maxime
conſtante & invariable , que l'inexecution des clauſes &
conditions inſerées dans un acte de Donation , eſt une des
cauſes d'ingratitude qui fait revoquer la Donation, ſur-tout
quand le Donateur ſoûtient pour apuyer ſa demande , que le
Donataire *pacta non ſervavit* ; & qu'ainſi la Donation doit
être , & revoquée & reſoluë.

Tom. II. Liv.
III. Chap. II.
pag. 169.

Ricard ſe declare pour la conduite que j'ai crû que le Donateur devoit tenir pour faire revoquer ou reſoudre la Donation. *Pour donner lieu ,* dit-il *, à cette eſpece d'ingratitude , il
ne ſuffit pas qu'il s'y rencontre une ſimple negligence du Donataire à executer ce qu'il avoit promis ; mais il faut qu'il s'y
voye une contumace affectée, & une demeure obſtinée contre les
ſommations que lui aura fait le Donateur de s'acquiter de ce
à quoi il s'étoit volontairement engagé ; car la negligence peut
bien cauſer le ſoupçon de quelque leger mépris ; mais elle ne
porte pas le crime d'ingratitude au point que notre Loi le requiert
pour donner lieu à la revocation ,* quas Donationis acceptor
minimè implere voluerit: *& il eſt même bien à propos en ce
cas , que le Juge prononce quelques Sentences cominatoires , auparavant que de prononcer définitivement la revocation.*

Tome I. 3.
part. Ch. VI.
ſect. 2. N°. 699.
de la derniere-
édition.

J'embraſſe avec d'autant plus de plaiſir l'opinion de cet
Auteur , qu'elle eſt conforme à l'uſage & à la pratique
du Palais ; mais il faut qu'après les ſommations dont il eſt
parlé , le Donateur preſente Requête au Juge du domicile
du Donataire , pour faire déclarer la Donation revoquée ou
reſoluë pour pacte promis & non obſervé , & qu'il demande
de rentrer dans la poſſeſſion des biens donnez , en conformité de la clauſe reſolutive , inſerée dans l'acte de
Donation , & que le Donataire ſera condamné à les lui rendre , & vuider en vertu de cette clauſe. Il faut même demander par les fins de la même Requête , que le Donataire mettra
en état d'executer les pactes & les conditions miſes dans l'acte
de Donation dans un tems préfix , autrement & à faute de
ce faire dans ledit tems , qu'il ſe demettra des biens donnez ;
ce que le Juge ne peut ſe diſpenſer d'ordonner en conformité
de la clauſe miſe dans le même acte.

C'eſt donc une verité conſtante , & dans la Théorie & dans la Pratique , que le Donateur peut revoquer la Donation , lorſque le Donataire eſt dans une demeure inexcuſable d'executer les pactes & conditions inſerez dans l'acte de Donation , après que le Donateur s'eſt pourvû en Juſtice pour en faire ordonner la reſolution en vertu de la clauſe irritante contenuë dans le même acte , parce qu'elle doit être executée enſuite d'une Sentence , ou d'un Arrêt diffinitif dont elle a la force & l'autorité.

CHAPITRE XII.

Si l'heritier du Donateur peut revoquer la condition miſe dans l'acte de Donation en faveur d'un tiers.

QUOIQUE cette queſtion ſoit une des plus importantes de ce Traité , elle n'eſt pas d'une ſi longue ni d'une ſi difficile diſcuſſion , que celle que l'on vient d'examiner.

On a établi demonſtrativement dans le Chapitre précedent , que le mode ou la condition étant la cauſe finale de la Donation entre-vifs , elle peut être revoquée ou reſoluë par le Donateur , s'il vient à ſe pourvoir en Juſtice contre le Donataire , à cauſe du refus ou de la negligence longue & affectée de ſa part , de l'executer lorſque cette condition en eſt le pacte eſſentiel.

La queſtion que l'on va préſentement examiner , regarde la clauſe ou la condition inherante à la Donation , en faveur d'un tiers qu'il paroît par l'acte avoir été *cauſa finalis Donationis* , à cauſe du fideicommis , mis dans le même acte qui charge l'heritier du Donateur de le lui rendre , parce que ce tiers eſt l'unique & principal objet qu'il a eu en faiſant la Donation , ſoit dans un Contrat de mariage , ou dans quelqu'autre Contrat entre-vifs *tempore Donationis.*

Il eſt vrai que le Donateur peut durant le cours de ſa vie ,
revoquer

revoquer le mode ou la condition qu'il a fait inserer dans l'acte de Donation, suivant la decifion de plufieurs Loix qui font claires & formelles; mais il faut convenir auffi, que felon l'autorité de tous les Docteurs & Interprétes (& principalement de Barthole *in L. qui Romæ*, d'Alexandre *fur la même Loi N°. 9. de Socin in dict. L. N°. 19. & de Jafonin eandem L. N°. 24.*) qu'il n'eft pas au pouvoir de l'heritier du Donateur de revoquer la claufe, la condition ou le mode mis dans un acte de Donation en faveur d'un tiers, quoique le Donataire refufe ou neglige de l'executer. Godefroy nous en fournit une raifon fans replique, *per quafcumque manus*, dit-il, *ambulet fuam tamen conditionem fervat*, & l'Empereur Alexandre en aporte une autre dans la même Loi, *nec enim tenor Legis quàm femel comprehendit intermittitur.*

Mais parmi les Loix que l'on vient de citer, il n'y en a point de plus decifive que la Loi *Si patroclus 1. Cod. fi mancip. ita fuer. alienat.* dans laquelle l'Empereur Alexandre s'explique en ces termes, à l'égard de l'heritier du Donateur : *Si modo patroclus non contraria voluntatis fuerit, aut etiam fi jam decefferat*; voulant faire entendre par-là que le Donateur *caufa dedit Lege latâ*, & par conféquent qu'il n'eft pas permis à cet heritier de revoquer la condition ou la claufe mife dans l'acte de Donation en faveur d'un tiers, fur le fondement d'une caufe d'ingratitude du Donataire, qui n'a pas été l'objet ni la caufe finale du Donateur, mais ce tiers *contemplatione cujus*, cette claufe a été inferée dans le même acte.

Covarruvias qui s'eft declaré avec le plus grand nombre des Docteurs & Interprétes pour la negative, en aporte cette raifon, *nec mirum cuiquam videri debet, non licere hæredi difcedere à contractu à quo poffet libere defunctus refilire, cum in hac quæftione contractus hic innominatus accedat nominato, & ei mixtus fuerit ab eoque deducatur.*

C'eft donc une maxime conftante & inviolable, que l'heritier du Donateur ne peut revoquer la claufe, le mode, ou la condition *appofita in contractu Donationis*, en faveur d'un

A a

L. 3. ff. de ferv. ex port. L. 1. Cod. fi mancip. ita fuer. alienat. & L. 3. ff. qui fin. manu miff. §. Flavius, ff. de verbor. oblig.

Note K. *in Leg. 1. Cod fi mancip. ita va n ierit.*

Var. refolut. N°. 17. cap. 14. Lib. 1. var. refolut,

tiers, l'ingratitude du Donataire ne pouvant jamais fervir
de fondement pour donner lieu à cette revocation, parce
qu'elle eſt perſonnelle , & qu'elle ne peut jamais bleſſer le
droit du tiers qui lui eſt acquis en vertu de la clauſe, ou condition qui n'a pour cauſe finale que ce tiers , & qui ſelon la
Doctrine de Covarruvias, *donatio quædam cenſenda eſt* ; Ber-
trand en ſon conſ. 259. Vol. I. nous aprend la même choſe,
ob non impletum pactum revocari poteſt, non tantum à Donatore,
ſed etiam ab heredibus.

On finiroit ici l'examen de cette queſtion , ſi l'on pouvoit
paſſer ſous ſilence quelques autoritez formelles qui influent
à la déciſion.

La premiere eſt priſe dans Godefroy, qui dit que c'eſt
une maxime conſtante, *ſpeciale eſt in contractu Donationum ,*
ut alteri per alterum quæratur actio : Or le Donateur ayant
par la clauſe , condition ou mode ſtipulée en faveur du tiers,
en préſence & du conſentement du Donataire, & n'ayant
point revoqué la Donation modale ou conditionelle pendant
ſa vie ; ſurquoi fondé l'heritier du Donateur, pourra-t-il
prétendre que l'ingratitude du Donataire , ou l'indignité
dans laquelle il eſt tombé , doit être une cauſe pour la faire

revoquer ; puiſque Covarruvias nous aprend que le Donateur même ne pourroit pas demander cette revocation, *quæ-*
cum ſit inter vivos revocationem ex ſola voluntate donantis ,
non patitur.

A toutes ces raiſons, on peut en ajoûter une derniere qui
ne peut être conteſtée. Le Donateur qui met dans l'acte de
Donation la clauſe ou condition que le Donataire reſtituera
les biens donnez dans un certain tems, à un tiers nommé
dans le même acte ſon heritier, ne peut après ſon decès revoquer cette condition , qui oblige le Donataire à remettre les
biens compris dans l'acte de Donation, parce qu'elle doit
être inviolablement obſervée & executée, & il n'eſt pas au
pouvoir de l'heritier de la revoquer , quelque raiſon qu'il allegue contre le Donataire , lorſque le Donateur ne l'a pas
fait pendant ſa vie ; parce que celui qui a fait cette liberalité

revêtuë d'un fideicommis en faveur d'un tiers, à qui il doit être rendu dans un tems préfix, a suivant la décision de la Loi *Quoties* 3. stipulé pour ce tiers, lequel a, *benigna interpretatione utilem actionem* contre le Donataire, pour se faire restituer les biens donnez, lorsque *dies venit*, pour l'obliger à s'en demettre en sa faveur, sans que l'heritier du Donateur puisse, ni revoquer la Donation, ni s'opposer à la restitution du fideicommis contractuel, suivant cette maxime de Godefroy, *quod cuique est permissum rei suæ legem dicere*, conforme à la doctrine de Covarruvias, qui dit que, *donationi potest apponi conditio non tantum inutilitatem ipsius Donatoris, sed & in favorem alterius*, ce qu'il apuye sur cette raison, que *in contractibus qui re contrahuntur alteri per alterum obligatio requiritur*; d'autant plus qu'il ne dépend point de l'heritier du Donateur, ni du Donataire, de rendre la condition inutile, ni de revoquer le pacte qui concerne la restitution du fideicommis, dans le tems marqué dans l'acte de Donation en faveur de ce tiers, à moins que l'on ne l'eut compris expressement dans l'acte de Donation.

Cod. de Donat. quæ sub modo.

Var. resolut: Lib. 1. cap. 14. N°. 2.

CHAPITRE XIII.

Si le fils émancipé, & majeur de 25. ans, qui se marie avec une fille impudique, peut être privé de la Donation que le pere lui a faite, & s'il peut encore l'exhereder.

ON traitera cette question suivant la décision des **Loix** Civiles, par raport aux païs où l'on observe le Droit Romain, & selon les Edits & Declarations du Roi, par raport au droit public que l'on doit observer en France.

Il paroît que l'on doit commencer par la décision des **Loix** Civiles, qui regardent cette question.

La Loi *Non tantum*, §. 5. est claire & précise sur cette question, *nam etsi tum ignominiosam*, dit le Jurisconsulte

Dig. de bonor. possess. contra tabulas.

Ulpien , *duxerit uxorem filius (emancipatus) ut dedecori fit tam ipfi quàm patri , mulierem talem habere dicemus & ex eo natum ad bonorum Avi poffeffionem non admitti , cum poffit Avus fuo jure uti , eumque exheredare.* Godefroy fur la

Note G. ff. de vit. nupt.

Loi *Filius emancipatio* 25. foûtient la décifion de cette Loi , *non tantum nifi fortè ,* ce font fes paroles , *propudiosè aut eum infami nuptias contraxerint ,* & fur la Nouvelle 115. *cap.* 3.

Note B.

§. 11. ce fçavant interprête dit la même chofe , *non tamen propudiofam alioquin poffunt exheredari.*

Or fi le pere peut exhereder fon fils majeur de 25. ans qui fe marie avec une fille impudique ; & s'il eft en droit après l'avoir émancipé , de le priver & de l'exclurre de fon heritage ; comment peut-on foûtenir qu'il ne foit pas fondé de revoquer la Donation qu'il aura fait à ce fils émancipé majeur de 25. ans , qui contraête Mariage avec une fille dont l'incontinence & la corruption des mœurs font publiques & notoires dans une Ville ? Quel outrage , quelle injure , quel des-honneur ne fait-il pas à fon pere , tandis qu'il s'eft dépoüillé de la plus grande partie de fes biens par cette Donation , pour les tranfporter à un fils qui met par ce Mariage le comble à fon ingratitude & à fon impieté ; il n'eft point de caufe plus puiffante que celle-ci , fuivant la décifion de

Cod. de revo- cand. Donat.

la Loi *Generaliter ,* parce que *atrocem injuriam in eum effundit :* depuis , quand un fils , quoique émancipé & majeur de 25. ans , peut-il fe foûftraire à l'obligation que Dieu lui a prefcrite par un de fes préceptes *honora patrem tuum* ? Un Mariage fi rempli d'infamie pour lui & pour fon pere , eft-il une marque de fon obéïffance , lorfqu'il flêtrit par là l'honneur de celui qui l'a mis au monde , & qui l'a comblé de biens , par une Donation lors de fon émancipation , ou après qu'il eft devenu *fui juris.*

Indépendemment de toutes ces raifons , la fletriffure dont ce fils ingrat fe couvre , ne rejaillit-elle pas fur lui , fur fon pere & fur fes enfans ? Ce Mariage n'eft-il pas une preuve évidente de fon ingratitude & de fon impieté ? N'eft-il pas au cas dont parle M. Cujas *fi ingratus & impius valdè fuerit*

Donatarius adverſus Donatorem ? Un tel fils peut-il meriter *In Tit. Cod. de revoc. Donat.*
le ſecours & la protection des Loix, lorſqu'il viole le droit
Divin, qui défend à tous les enfans ſans aucune diſtinction
d'âge ni de ſexe de ſe marier à l'inſçû, & ſans le conſentement de ſon pere, qui joint à un titre ſi reſpectable la qualité de Donateur, & qui ſe rend indigne de la Donation par
un Mariage ſi injurieux & ſi outrageant pour le pere & pour
ſa famille ?

Je paſſe preſentement à ce que l'on eſt obligé d'obſerver
en France, ſuivant les Declarations & les Edits du Roy,
qui font le droit public du Royaume ; l'Ordonnance de Blois
de l'an 1556. permet aux filles majeures de 25. ans, & aux
jeunes hommes âgés de 30. ans, de ſe marier ſans le conſentement de leurs peres, meres, &c. ſans qu'ils puiſſent être
exheredez, après avoir requis par des actes de ſommation
ou de reſpect, l'avis & le conſeil de leurs peres & meres ;
mais je ne crois pas que pour un Mariage contracté avec une
fille impudique, ces actes de reſpect ou ſommation puiſſent
garantir le fils émancipé & majeur de 30. ans, de la foudre
de l'exheredation, à cauſe de l'injure atroce qu'ils font à
leur pere & à la famille, il faudroit pour cela que le fils fut
reconcilié avec le pere, qu'il demeurât dans ſa maiſon, &
mangeât à ſa table depuis les Epouſailles juſques à ſa mort,
au vû & ſçû de tout le monde.

Mais hors de ce cas, quoique l'Ordonnance de Blois lui
ait permis de ſe marier à l'âge de 30. ans, après avoir requis
l'avis & le conſeil de ſes pere & mere, après qu'il ſeroit
ſui juris, il n'y eut pas lieu à l'exheredation, ſoit à cauſe de
ſon ingratitude *quia injuriam atrocem in eum effundit*, mais
à cauſe de l'outrage & du deshonneur qu'il fait à celui qui
l'a mis au monde.

Pouſſons ces reflexions plus loin, l'Edit du Roy du
mois de Mars 1697. porte qu'il ne ſera point permis aux fils
& aux filles majeures, l'un de 30. ans, & l'autre de 25. ans,
demeurans dans la maiſon de leur pere, de ſe marier à l'inſçû
& ſans ſon conſentement, & celui de leur mere, à peine

d'être declarés indignes des liberalités & des avantages qu'ils en auront reçûs, & d'être privés & exclus de leurs fuccef-fions. Le fondement de cet Edit n'eft-il pas marqué dans le refpect, l'obéïffance, & la pieté que les uns & les autres quoique majeurs de la majorité légale, doivent avoir pour ceux qui les ont mis au monde, & qui leur ont donné par une difpofition entre-vifs, la plus grande partie de leurs biens : or fi les fils majeurs de 30. ans, & les filles majeures de 25. ans, émancipés & Donataires de leurs peres, font privés des Donations qui leur ont été faites par leurs afcendans, peres, ayeuls, & ayeules, lorfque demeurans dans la même mai-fon, ils contractent Mariage avec des perfonnes d'une égale qualité, s'ils peuvent même être exheredés, lorfqu'ils le font fans leur confentement ; pourquoi ces fils majeurs de 30. ans, émancipés & Donataires de leurs peres, ne pourront-ils pas être privés des Donations qui leur auront été faites, lorfqu'ils fe marient avec une fille impudique, reconnuë pour telle dans une Ville ? N'eft-ce pas là une des caufes d'ingratitude mar-quée au coin, & de la Loi *Generaliter* & de l'Edit du mois de Mars 1697 ? Eft-ce que le deshoneur que l'on fait à fon bienfaîteur n'eft pas une injure atroce qui fert de bafe à la re-vocation des Donations ? Et n'eft-ce pas manquer à la pieté qui eft dûë à fon pere Donateur de l'outrager par une alliance fi infamante pour lui & pour fa famille ? Un tel fils quoique émancipé eft il a couvert des foudres de l'exheredation, lorf-qu'il fe marie avec une fille dont les mœurs font déreglées, & qui fe proftituë à tout le monde, fans le confentement de fon pere ? l'Edit du mois de Mars 1697. ne le met pas à cou-vert de cette revocation, & de cette exheredation, il parle en termes generaux, & fans aucune diftinction des fils ma-jeurs de 30. ans, qui contractent Mariage à l'infçû de leur pere, on eft donc au cas de la maxime du Droit *ubi Lex Generaliter loquitur, Generaliter eft accipienda.*

Ce n'eft pas feulement fur l'Edit du mois de Mars 1697. que la décifion de cette queftion eft fondée : mais encore fur la Jurifprudence des Arrêts, comme le remarque l'Auteur des

cod de revo vand. Donat.

Additions fur Ricard, qui s'explique en ces termes. *Il y a encore* Tome I, 3.
un autre Arrêt du 8. Juin 1638. en la Grand Chambre au Rôle part. chap. 8.
de Poitou raporté dans le 1. Tome du Journal des Audiences, fect. 4. n. 949.
liv. 3. chap 52. *qui a confirmé une exheredation faite par un*
pere & une mere, d'un fils lequel après plufieurs débauches re-
cidives, s'étoit marié avec une fille nottée à l'âge de 25. ans,
contre leur confentement, encore que l'acte d'exheredation ne
fut pas revêtu des formalités requifes pour les Teftamens. La
Cour *a même aprouvé par Arrêt du* 10. *Février* 1674. *en la*
Grand Chambre*, l'exheredation qu'une mere avoit faite de fon*
fils en cas qu'il époufât une telle qui étoit fa concubine, après
l'avoir été d'autres. Ces Arrêts ne font-ils pas formels pour
apuyer les raifons que l'on a avancées pour foûtenir mon fentiment ? Le fils exheredé étoit *fui juris*, âgé de 25. ans, il
avoit époufé fa concubine, la mere l'avoit frapé de la foudre
de l'exheredation, en cas qu'il fe mariât après fa mort avec
fa concubine, la caufe de cette exheredation fut jugée jufte
& légitime, parce que cette fille étoit veritablement *propu-*
diofa ayant été non-feulement fa concubine, mais celle de
plufieurs autres, ce qui eft l'efpece de notre queftion décidée
par les textes des Loix, & par l'autorité de Godefroy que
l'on a allegué ci-deffus.

Enfin, les caufes qui fervent de fondement à l'exheredation d'un fils majeur & émancipé qui fe marie avec une fille
impudique, fervent auffi pour faire revoquer les Donations
qui lui ont été faites par fes peres & meres, par identité de
raifon, parce que ces caufes ayant pour principes l'ingratitude d'un fils, qui par cette alliance outrage & deshonore
fon pere & fa mere, après la Donation qu'ils lui ont faite de Note *X.* ad
la plus grande partie de leurs biens ; c'eft la Doctrine de Go- L. 19 ff. *de rit,*
defroy dans une de fes notes. *Ignominiofa nubes.*   *nuptiar.*

CHAPITRE XIV.

*Si le fils ingrat peut succeder à son pere , lorsque des fre-
res lui imputent l'ingratitude pendant la vie
du pere.*

Q U O I Q U E cette question ne soit point comprise dans
  la disposition de la Loi *Generaliter.* Comme elle regarde l'ingratitude des enfans envers leurs peres, on a crû
qu'il étoit indispensable de la faire entrer dans ce Traité.

*Cod de revo-
cand. Donat.*

Pour examiner cette question par ordre, il est necessaire
de remarquer, que l'enfant qui se rend ingrat envers son pere,
est privé non-seulement de la Donation de survie ou *propter
nuptias* , mais de tout ce qu'il peut demander sur tous les autres biens de celui qui l'a mis au monde , en qualité de son
heritier ou successeur *ab intestat* , ainsi que le décide l'Empereur Justinien dans l'Autentique *ex Testamento quantum vero
ad antenuptialem Donationem pertinet* , dit-il , *erit similiter
ut in residuis omnino.* Suivant cette décision , il est certain que
l'enfant qui pendant la vie de son pere est tombé dans une
des causes d'ingratitude, marquée dans la Novelle 115. est
exclus de lui succeder, lorsque la cause d'ingratitude est contenuë dans le Testament du pere , suivant la même Novelle ;
sur-tout , lorsque son ingratitude est publique & connuë de
tout le monde ; ainsi que l'assure Justinien dans la même
Autentique en ces termes , *omnino ingratitudine inspecta* , les
freres de celui qui veut succeder *ab intestat* à son pere , ou
avoir une portion de cette succession , sont en droit de l'accuser d'ingratitude envers leur pere , & ils sont fondés de le
prouver ; en sorte que si la preuve est complette , il est constant que cet enfant ingrat est privé du droit de lui succeder.

*Cod de secund.
nupt.*

Cap. 3.

Disons plus , ce fils ingrat peut-il prétendre de succeder à
                son

ſon pere, lorſque ſon ingratitude eſt publique ? Ne s'en eſt-il pas rendu indigne par ſes demerites particuliers, par ſa déſobéiſſance, par ſon impieté, & par les injures qu'il a dit à ſon pere pendant ſa vie ? N'eſt-il pas cenſé dès lors exheredé *ex juſta cauſa* ? Ne doit-on pas dire de lui que *pro mortuo habetur*, & qu'il n'eſt plus de la famille, lorſqu'il eſt convaincu d'ingratitude par ſes freres ; ſur quoi fondé, prétend-il après cela être en droit de ſucceder *ab inteſtat* à celui qui l'a mis au monde ; tandis que ſes excès & ſes outrages l'en privent pour toûjours ?

Ces raiſons s'apliquent naturellement à notre queſtion, & elles n'ont pas échapé à Berenguier Fernand. *Quintum exemplum*, dit-il, *quando filius cauſam ingratitudinis (dinumeratæ in §. cauſas autent. ut eum de apellat. cognoſc.) commiſit, quâ certâ exheredari à patre poſſit, & mortuo illo inteſtato, non ſuccedit, aliis eum accuſantibus.* Maxime que ce Docteur rapelle dans ſon Traité *ſucceſſion. in teſtator.* Tant il eſt vraï qu'elle ne peut être conteſtée ſur l'affirmative qu'il ſoûtient, par des autorités déciſives. Mais à près tout, ſi les cauſes d'ingratitude qui doivent priver le fils ingrat de la ſucceſſion *ab inteſtat* ſont claires & évidentes, & qu'elles aillent juſques à la demonſtration, pour me ſervir de l'expreſſion de Godefroy ; il eſt certain que c'eſt un obſtacle invincible au droit qu'il peut reclamer en ſa faveur ; ces cauſes d'ingratitude étant connuës de tout le monde, ſont inébranlables, & l'on ne peut revoquer en doute que les freres qui ont accuſé leur frere d'ingratitude envers leur pere pendant ſa vie, ſont en droit de les faire exclurre de cette ſucceſſion *ab inteſtat*, après la mort de celui qui les a mis au monde.

In poſtrem.ars. de heredit. conſerv. n. 30.pag. 370.

Lib. 7.

Note K. *ad cap.* 46. §. 2. *Novell.* 22. *Juſtinian.*

TRAITÉ

DE

LA REVOCATION,

ET NULLITÉ DES DONATIONS.

LIVRE SIXIE'ME.

·CHAPITRE PREMIER.

Si un pere qui expose ou qui abandonne ses enfans, ou qui leur refuse les alimens, perd les droits de la puissance paternelle, & s'il doit être privé de l'usufruit des biens de ces enfans, & de la possession des mêmes biens.

 N auroit pû se dispenser de comprendre ces deux questions dans ce Traité, parce qu'elles n'ont point de connexion avec la Loi *Generaliter, Cod. de revocand. Donat.* mais la dureté, ou plûtôt la cruauté des peres qui exposent, qui abandonnent leurs enfans, ou qui leur refusent les alimens, ayant quelque espece de raport avec l'ingratitude, qui est l'objet de plusieurs questions que l'on examine dans ce Traité ;

la cruauté, dis-je, de ces peres m'a obligé de les difcuter dans ce Chapitre.

Ces queftions fe confondent & dépendent des principes du Droit Canonique, & du Droit Civil, mais pour en rendre la difcuffion plus claire & plus facile ; on les traitera l'une après l'autre.

On commencera par la queftion, qui regarde l'expofition des enfans que l'on va décider en très-peu de mots.

La Loi 2. eft précife & formelle fur cette queftion ; en voici le texte *unufquifque fobolem fuam nutriat, quod fi exponendam putaverit, animadverfioni quæ conftituta eft fubjacebit.* Pour fçavoir quelle eft la peine que les Loix infligent aux peres qui expofent leurs enfans, il faut avoir recours à Godefroy qui nous l'aprend avec beaucoup de précifion & de clarté *pater ut hic,* dit-il, *Dominus, Patronus (verf. fed nec Dominis vel Patronis) liberos, fervos, libertos exponentes jus poteftatis amittunt ;* d'ailleurs on voit par ces mots *fobolem fuam nutriat,* qu'il eft d'une obligation indifpenfable aux peres de fournir les alimens à leurs enfans ; autrement ils font privés à jamais des droits de la puiffance paternelle, s'ils les abandonnent, & s'ils refufent de les nourrir ; parce que cette obligation eft fondée fur le droit naturel ; ainfi qu'on le voit dans les Elemens du Droit *liberorum procreatio & educatio,* d'où l'on doit conclure que c'eft détruire le droit naturel, c'eft mettre le comble à l'impieté, c'eft être barbare & dénaturé de refufer de fournir les alimens à fes enfans, & que ce refus fait perdre au pere les droits de la puiffance paternelle.

Cod. de infantib. exponend.

Lib. 1. inftitut. tit. de jur. natur. gent. & civil.

Godefroy fur la Novelle 153. de l'Empereur Juftinien, parlant de l'expofition que le pere fait de fes enfans, dit, *nota argumentum fumptum à Domino ad patrem, infantem filium exponentem.* Et dans une autre note fur la Préface de cette Novelle, touchant le refus des alimens ; il s'explique en ces termes. *Negat enim alimenta qui exponit, qui negat alimenta necare intelligitur L. 4. ff. de agnofcend. liber.* n'eft ce pas là peindre l'horreur que l'on doit avoir de la barbarie, & de l'impieté d'un pere, avec les traits qui leur convienent.

Note *J. in cap. 1.*

Note F.

B b ij

Inflit. Cod. de infantib. expofit.

M. Cujas tient pour l'affirmative de la premiere queftion que l'on examine ; voici fes paroles. *Hic titulus pertinet etiam ad caufam patriæ poteftatis, quam amittit qui filium à partu retentum projicit inhumatum, & quodam modo ad mortem exponit.* Et dans un autre endroit fur le même titre, voulant concilier l'antinomie qu'il femble y avoir entre la Loi 2. *Cod.*

Cod. de nupt.

de infantib. expofit. avec la Loi *Patrem* 16. après avoir dit que celle-ci doit s'apliquer au pere, qui à caufe de la pauvreté & de la faim à laquelle il eft reduit, *filiam recens natam in cunis vagientem exponit alienæ mifericordiæ, quo cafu æquum eft patrem jus fuum non amittere,* il foûtient un cas bien dif-

Cod. de infantib. expofitis.

ferent de celui de la Loi 2. dans laquelle il eft décidé que le pere n'a expofé fon enfant que *impietate quadam, vel inhumanitate adductum,* un tel pere n'eft il pas un monftre dans la nature, & dans la focieté civile ? Et n'eft-on pas en droit de lui apliquer ces belles paroles de la Loy *Sancimus* fous le même titre du Code. *Velut omni refertis inhumanitate & crudelitate, quæ tanto quovis homicidio pejor eft, quanto miferioribus eam inferunt.*

Tome II. fur Henrys liv. 4. queft. 13.

Tout ce que l'on vient d'avancer eft apuyé fur un bon garant, qui eft le fçavant & judicieux Bretonier, *le pere,* dit-il, *qui expofe ou qui abandonne fes enfans, ou leur refufe les alimens,* perd non feulement la puiffance paternelle, parce qu'il en a violé la pieté, *L. fin. Cod. de infantib. expofit & cap. un. de infantib. & fanguinolent.* Mais il eft privé de l'ufufruit, &c. ce violement de la pieté va infiniment plus loin que l'ingratitude, elle eft plus deteftable, & rend, dès qu'elle eft conftatée, l'enfant émancipé & *fui juris* par un changement d'état, auquel la cruauté fert de fondement, en brifant lui-même les liens de la puiffance paternelle.

Le Parlement de Provence nous en a donné un exemple dans l'Arrêt rendu, la Grand'Chambre & la Tournelle, affemblées à la fin du dernier fiécle dans la célèbre affaire de Me. Artufel, Juge des Ports dans la même Province, lequel avoit expofé fon fils né *ex legitimis nuptiis* à l'Hôtel-Dieu de la Ville d'Aix, fous le nom de Balthafar la Croix, pouffé par des impreffions étrangeres à lui contefter fon état. Ce fils reconnu avec juftice par l'Arrêt, pour le fils légitime & naturel de Me. Artufel, fut déclaré *fui juris* & émancipé conformément aux Loix 2. & derniere, & au chapitre *unique de infantibus expofit. & fanguinolent.*

Cod. de infantibus expofitis.

On paffe prefentement à la feconde queftion que l'on va difcuter avec beaucoup de brieveté.

Lorfqu'un pere maltraite fes enfans légitimes, avec tant de fureur & de dureté, que par des excès & des coups réïterés, il y a danger qu'il n'arrache la vie, à ceux à qui il l'a donnée ; il perd l'ufufruit des biens aventifs de ces enfans, dont il n'eft plus en droit de joüir, dès que fa barbarie lui fait violer la pieté, & la tendreffe qu'il doit avoir pour ceux qu'il a mis, au monde ; principalement lorfque ces excès, ces coups, ces mauvais traitemens font conftatés.

Les Loix Civiles s'arment de tant de feverité contre ce pere impie & barbare, qu'elles le privent de la poffeffion des mêmes biens aventifs, s'il vient à la demander : la Loi *divus Trajanus* eft formelle fur cette queftion *divus Trajanus*, dit le Jurifconfulté Papinien *filium quem pater malè contra pietatem afficiebat, coegit emancipare, quo pofteà defuncto, pater ut manumiffor bonorum, poffeffionem fibi competere dicebat, fed confilio Neratii Prifci & Ariftonis ei propter neceffitatem folvendæ pietatis denegata eft.* Godefroy expliquant ce mot *pietatis*, dit, *id eft patriæ poteftatis* : or s'il eft neceffaire de rompre les liens de la puiffance paternelle, fi le changement d'état d'un enfant que les excès & les coups réïterés de fon pere, de fils de famille font devenir *fui juris* & émancipé, & fi l'émancipation forcée de ce fils de famille, exclud le pere après la mort de ce fils, de fe mettre en poffeffion des biens, n'eft-ce pas fon indignité qui l'en prive ? N'eft-ce pas le violement de la pieté qui le rend indigne de la joüiffance qu'il étoit en droit d'avoir, de ces mêmes biens ; c'eft donc fa barbarie, fa cruauté d'avoir attenté à la vie de celui à qui il l'avoit donnée, qui le fait tomber dans cette indignité ; c'eft donc

Dig fi à parente quis manumiff. fit.

Note A. ad dict. L. divus Trajanus.

B b iij

une ingratitude de ce pere inhumain d'avoir mis son enfant en danger de perdre la vie par ses coups & ses excès réïterés, qui lui ferment la porte à la succession *ab intestat* & à la possession des biens de son enfant, que la Loi l'a contraint d'émanciper ; c'est donc lui *qui vitæ periculum aliquod ei intulit*, & par conséquent qui est tombé dans le cas de la Loi derniere, *Cod. de revocand. Donat.* quoiqu'il ne s'agisse pas d'une revocation de Donation, mais d'une privation de la succession *ab intestat* d'un enfant émancipé, ou de se mettre en possession de ses biens après sa mort.

On ne sçauroit passer sous silence cette raison décisive, que par l'émancipation forcée que le fils obtient de l'autorité du Tribunal, ou du Juge à qui il aporte sa plainte. Ce fils est en droit de demander que ce pere impie & cruel (qui a étouffé dans son cœur les sentimens de tendresse que la nature y avoit gravés) soit privé de l'usufruit des biens aven-
Cod. de bon. que liber.
tifs que la Loi *cum oportet* lui donne, & ses heritiers *ab intestat*, quoique plus éloignés que le pere sont fondés après la mort de ce fils à le faire exclure, & de la succession, & de la possession des biens du défunt dont il s'est rendu indigne à cause de ses mauvais traitemens, suivant Bretonier,
Sur Henrys Tom. 2 liv. 4. quest. 13.
qui dit, que *ce pere est privé, & de l'usufruit des biens de son fils, & de la possession des mêmes biens*, ce qui est apuyé
Dig. ad Leg. pompei de paricid.
selon mon sentiment sur la disposition de la Loi, *divus Adrianus 5.* dont voici le texte : *nam patria potestas in pietate debet, non in atrocitate consistere* & sur la Doctrine d'Accaranza
Cap 4. sect. 1. n. 74.
en son Traité *de partu*, où il assure (en expliquant la Loi *divus Trajanus*) que l'Empereur Trajan fut porté à la faire,
Dig si à parente quis manumiss.
parce qu'il voulut que le fils *à patre ideo abstractus esset, ne fortè eum impunè occideret.* Ainsi ce fils étant tous les jours exposé au danger de perdre la vie par la main de celui qui l'a mis au monde, par ses coups & ses mauvais traitemens ; il faut necessairement que dans une conjoncture si perilleuse & si fatale pour lui, il soit émancipé, & qu'il devienne *sui juris* ; & qu'à cause de l'inhumanité de son pere, il soit privé, non seulement de l'usufruit des biens aventifs, mais de la suc-

ceſſion *ab inteſtat* & de la poſſeſſion des mêmes biens après le decès de ſon fils, à cauſe de ſon indignité *quia vitæ periculum ei intulit.*

CHAPITRE II.

Si l'ingratitude du mari peut faire revoquer la Donation faite à ſa femme, par le privilege de la Loi Generaliter, Cod. de revocand. Donat.

L A queſtion que l'on va traiter, n'eſt pas d'une longue diſcuſſion, & il ne faut que rapeller un grand principe du Droit Civil pour la décider.

Ce principe eſt pris de la Loi *attilicinus* qui décide que le mari *meliorem conditionem mulieris pacto facere poſſe, deteriorem non poſſe* : or l'injure que le mari fait au Donateur étant perſonnelle, la cauſe de l'ingratitude l'eſt auſſi, & ne peut pas s'étendre de lui à ſa femme, pour faire revoquer la Donation par le benefice de la Loi *Generaliter* derniere, ni porter aucun préjudice à ſon épouſe. C'eſt ce qui nous eſt apris par Ricard qui s'explique ſur cette queſtion, en ces termes: *j'eſtime auſſi, qu'un Tuteur pour ſon pupille, un mari pour ſa femme, ou tout Adminiſtrateur qui agit au nom d'autrui, quoiqu'il ait la conduite des actions de la perſonne qui a été miſe ſous ſa direction, ne peut rien faire au nom de celui pour qui il agit, qui emporte la revocation de la Donation qui a été faite.* L'opinion de cet Auteur eſt fondée, ſelon mon avis, ſur ce que d'un côté la Donation a été faite par un étranger ou collateral, à la femme qui s'eſt conſtituée en dot tous ſes biens preſens & à venir, dont le mari eſt l'Adminiſtrateur. D'un autre côté, le mari ne pouvant rien faire qui puiſſe nuire & porter préjudice à ſa femme pendant la durée de ſon adminiſtration, ſon ingratitude étant un crime à cauſe de l'injure qu'il a fait au Donateur, de quelle nature qu'elle ſoit

Dig. de pact. conventus.

Cod. de revocand. Donat.

Tome I. 3ᵉ part. chap. 6. ſect. 1. n. 677. de la derniere édition.

corporelle ou verbale , ou par écrit, qui blesse l'honneur du bienfaiteur de sa femme ; on est au cas de la maxime établie par M. Cujas, que la femme Donataire *non tenetur ex delicto mariti , & ideo ob delictum mariti , res uxoris fisco non addicuntur.* Or les biens de cette femme ne pouvant point être confisqués pour le crime du mari, comment veut-on que le crime qui dérive de l'injure faite par ce mari au Donateur , puisse retomber sur elle , ni qu'elle en soit reputée complice pour operer la revocation de la Donation , par le benefice de la Loi *Generaliter , Cod. de revocand. Donat.*

On dit plus , si ces biens donnés étoient aventifs ou paraphernaux à la femme , peut-on revoquer en doute qu'ils ne peuvent être, ni saisis ni confisqués , pour la faute , ou pour le délit du mari, suivant la décision de la Loi *ob maritorum* 2. *ob maritorum culpam uxores non inquietari* ; d'où il s'ensuit que les mêmes biens ne sont pas assujetis à la saisie , ni à plus forte raison à la revocation pour l'ingratitude du mari, ou pour l'injure qu'il a fait au Donateur , ni confisqués au Roy ou à la republique ; ainsi que l'assure Godefroy en faveur des femmes *non inquietari in rebus suis.* Doctrine qui prend sa source dans la Novelle 134. de l'Empereur Justinien ; où il est dit , *& non alios pro aliis , aut ex quibus nati sunt vitiis qui crimina præsumpserunt , alium pro alio comprehendere.* Ce qui donne lieu à ce judicieux Interprête à marquer & établir cette maxime de Droit *ex causa criminali alius pro alio teneri non potest , licet sit concivis aut contribulis , ut hic licet propinquus , L. 22. Cod. de idem est in causa civili.*

Cette maxime est apuyée de la décision de la Novelle 52. de Justinien *non enim habet rationem , alium quidem esse debitorem , alium vero exigi ; sed nec alteri molestum esse pro altero quodam , tanquam invasionem , aut injuriam committentem , & alium quasi vicaneum existentem cedi , aut injuriam sustinere.* Quelle conséquence ne doit-on pas tirer de là à l'égard du mari, qui a lui seul donné des marques de son ingratitude envers le Donateur , lorsque la femme Donataire n'y a point de part ; celui-là ne pouvant pas faire revoquer

quer la Donation qu'il a fait à celle ci, parce qu'elle n'eſt point complice de l'injure que ſon mari a fait au Donateur, qui ne peut ſe ſervir du benefice de la Loi *Generaliter*, pour rentrer dans les biens donnés, & faire revoquer la Donation.

Cod. de revocand. Donat.

La queſtion que l'on traite reçoit pourtant une exception dans le cas où il s'agit, d'une injure faite par un mari, qui a un pouvoir ſpecial de ſa femme Donataire, où il faut ſe conformer à la Doctrine de Ricard, qui s'explique en ces termes : *de ſorte qu'à moins que le mari n'ait agi par exemple en vertu d'un pouvoir ſpecial, de ſa femme ; il eſt certain que l'injure qu'il fera au Donateur, ne ſera pas capable d'emporter aucune revocation.* Ce qui doit être entendu ; ainſi que je le crois, lorſque la Donation a été faite à la femme, qui ne s'eſt pas mariée ſous une Conſtitution generale ; parce que cette Donation étant un bien aventif pour cette femme, le mari doit être muni d'un pouvoir ſpecial pour en avoir l'adminiſtration : la même choſe doit avoir lieu, lorſqu'elle donne un pouvoir ſpecial à ſon mari, pour faire injure à ſon Donateur ; parce que dans cette occaſion, on eſt au cas de la regle de droit *qui per alium facit, per ſe facere videtur*, & que l'injure faite par le mari, en cette qualité eſt regardée comme le fait propre de la femme, pour apuyer la demande en revocation que le Donateur peut former, pour rentrer dans les biens donnés.

Tome I. 3. part. chap. 6. ſect. 1. n. 678.

CHAPITRE III.

Si le fils émancipé qui a fait une Donation à ſon pere, peut la revoquer par le privilege de la Loi Generaliter, Cod. de revocand. Donat. lorſqu'il attente à ſa vie, par le fer ou par le poiſon.

C'Eſt un principe de Droit que les enfans émancipés, ou expreſſement, ou tacitement, enſuite d'une demeure pendant 10. ans feparés de leurs peres , peuvent difpofer de leurs biens , foit par des actes entre-vifs , ou par Teftament , & que le fils de famille Avocat , ou qui fert le Roy dans fes Armées eft *fui juris* , étant maître de donner les biens qu'il a acquis *ex peculio caftrenfi* , *aut quafi caftrenfi* , à qui bon lui femble ; ainfi que le même fils émancipé qui eft dans le commerce , où il a fait une grande fortune.

Ce principe établi ; il eft certain que fi le fils émancipé expreffement , ou tacitement , celui qui a embraffé la profeffion d'Avocat , ou qui eft au fervice du Roy , ou de la Republique , fait une Donation à fon pere de la plus grande partie de fes biens , & que le pere Donataire attente à la vie de fon fils , par le fer , ou par le poifon ; il eft certain , dis je , que le Donateur eft en droit de revoquer la Donation , fuivant la difpofition de la Loi *Generaliter* , *Cod. de revocand.* *Donat. vel vita periculum ei intulerit* felon la Novelle 115. de Juftinien , *& cap. 3. §. 5.* de la même Novelle : en effet , n'eft-ce pas mettre la vie du fils Donateur dans un danger évident , de faire apofter des affaffins dans une ruë , ou fur un chemin public pour le tuer , foit par un coup de fufil , ou de piftolet , foit par un coup d'épée , ou avec une dague , ou un poignard , *aut alio modo infidiari tentaverit.*

L'atrocité de cette confpiration , ne met-elle pas le comble à l'ingratitude du pere Donataire ? Lui eft-il permis par les Loix divines , & par les Loix humaines , de vouloir faire perir , foit par le fer ou par le poifon , celui qu'il a mis au monde , & qu'il a émancipé ; lorfque par un effet de l'amour & de la tendreffe qu'il a pour fon pere , il fe dépoüille de la plus grande partie de fes biens , pour lui en faire une Donation ? N'eft-ce pas violer la pieté de penfer à lui arracher la vie , en reconnoiffance de la liberalité qu'il a reçûë de fon fils Donateur ? Quel crime n'eft-ce pas à un pere Donataire d'adminiftrer lui-même , ou de faire adminiftrer un breuvage empoifonné , pour fe defaire de fon bienfaiteur ; en faut-il d'avantage pour ouvrir la porte à la revocation de la Donation , par le benefice de la Loi *Generaliter* que l'on a fi fouvent citée ?

Cap. 4. §. 2.
& 3.

La Novelle 115. de Juſtinien eſt claire & préciſe ſur cette queſtion. *Si parentes*, dit-il, *ad interitum vitæ liberos ſuos tradiderint*, ce qui eſt apuyé ſur l'autorité de Covarruvias, en ces termes : *ſi Donatarius gravem aut atrocem injuriam Donatori intulerit* ? Eſt il une injure, plus grave, ni plus atroce que celle d'un Donataire, qui attente à la vie du Donateur, par le fer ou par le poiſon ; ſur-tout, lorſque cet attentat vient de la main d'un pere envers ſon fils, qui met tout en uſage pour arracher la vie à celui à qui il l'a donnée, après qu'il a diſpoſé entre-vifs de la plus grande partie de ſes biens en ſa faveur.

Cap. 4. §. 2.

Var. reſolut.
lib. 1. *cap.* 11.
n. 8.

CHAPITRE IV.

Si le fils émancipé peut revoquer la Donation qu'il a fait à ſon pere par la diſpoſition de la Loi Generaliter, parce qu'il l'a accuſé d'un crime capital.

QUOIQUE la queſtion que l'on va traiter ſoit très-importante, elle n'eſt pas d'une longue diſcuſſion, parce qu'elle peut être aiſement décidée par les maximes du Droit Civil, & par l'autorité des Docteurs.

La Loi derniere permet au Donateur de revoquer la Donation, dès que le Donataire commet une injure atroce en la perſonne de ſon bienfaiteur : *ita ut injurias atroces in eum effundat.*

*Cod. de revo-
cand. Donat.*

N'eſt ce pas une injure atroce que le pere Donataire fait à ſon fils émancipé, de l'accuſer d'un crime capital ? Puiſque ſoit que l'accuſation ſe trouve calomnieuſe, ou quelle ſoit veritable, c'eſt violer la pieté que le Donataire doit avoir pour le Donateur. C'eſt une ingratitude la plus grande que l'on puiſſe concevoir, parce qu'elle vient d'un pere qui paroit n'avoir mis au monde ce fils, que pour lui faire perdre la vie ſur un échafaut, après qu'il lui a fait une liberalité de la

C c ij

plus grande partie de ſes biens ; tandis qu'il ne devroit avoir d'autre objet que de travailler à le mettre à couvert de tous les dangers , auſquels il pourroit être expoſé , & le garantir de la peine qui pourroit lui être infligée , pour lui donner des marques de ſa tendreſſe paternelle , de ſa gratitude , & de ſa pieté ; puiſque ce fils malheureux lui a fait une Donation en-tre-vifs , dans le tems qu'il n'y étoit pas obligé.

Lib. 1. *cap.* 11. *n.* 8.

Ces raiſons ſont apuyées ſur ce que dit Covarruvias , *nam quoties diximus ex veri criminis exprobatione , actionem injuriarum oriri adverſus convitiantem , dicemus ſanè toties Donationem à Donatore revocari poſſe, ſi atrox ſit ea criminis etiam veri exprobatio.* Ainſi quand même l'accuſation ſeroit veritable , quand même l'injure concernant cette accuſation ſeroit fondée ſur une procedure , ou ſur un jugement ; il ſuffit qu'elle ſoit grave & atroce , pour que le Donateur ſoit en droit de revoquer la Donation ; en effet , comment eſt ce que le Donataire peut ſe flater , que l'accuſation qu'il a formée contre ſon fils Donateur , ne peut pas ſervir de motif pour faire revoquer la Donation , après que celui-ci aura prouvé ſon innocence ; eſt-il permis à un pere Donataire de vouloir faire perdre la vie à ſon fils ignominieuſement , au lieu de la lui conſerver , & enſevelir dans le ſilence l'accuſation qu'il a manifeſtée contre lui , après qu'il lui a fait Donation d'une grande partie de ſes biens.

N°. 8.

Covarruvias en l'endroit allegué , ſe declare pour la revocation de la Donation en termes précis. *Quod ſi Donatarius , dit-il , Donatorem reum fecerit veri criminis , quod nec ad ejus propriam , nec ſuorum injuriam , commodumve rei familiaris pertineat ; ingratus eſt cenſendus , & ideò à Donatore poterit Donatio revocari , quoties jure non cogitur Donatarius crimen illud ad judicium deferre.* C'eſt à-dire , lorſqu'il le fait de propos deliberé & de gayeté de cœur , pour expoſer le Donateur au danger d'être condamné à la mort civile , ou à la mort naturelle.

Tom. II. liv. 5. *ch.* 54.

M. de Catellan raporte un Arrêt rendu par le Parlement de Touloſe , qui a décidé *in terminis* notre queſtion , il s'agiſ-

foit d'une accufation formée par le Donataire contre le Donateur, au-fujet d'une fauffeté qu'il foûtenoit que celui ci avoit
faite ; l'injure étoit atroce, parce qu'elle attaquoit & la vie
& l'honneur de fon bienfaiteur ; auffi fut-elle regardée comme
une des principales caufes pour revoquer la Donation *ob in-*
gratitudinem Donatarii exprimées dans la Loi *Generaliter :*   Cod. de revo-
Cet Arrêt peut être apliqué au pere Donataire de fon fils   cand Donat.
émancipé ; avec d'autant plus de raifon, que c'eft un excès
de cruauté auquel il fe porte, lorfqu'il accufe le Donateur
d'un crime capital pour le faire perir en Juftice, au lieu de
cacher le crime d'une maniere que fon fils ne fut pas en danger
de mourir fur un échafaut.

Il n'en eft pas de même, lorfque le pere Donataire de fon
fils émancipé l'accufe d'un attentat ou d'une confpiration,
foit contre fon Souverain, foit contre la Republique, fuivant la maxime de Godefroy dans une de fes Notes fur la
Novelle 115. de Juftinien, *cap.* 4. *vitæ liberorum infidiari*   Litt. K. §. 15
permiffum eft, ut in caufâ majeftatis; id eft, permiffum eft parenti
liberos majeftatis accufare, fans qu'il foit permis au fils émancipé d'exhereder fon pere, fuivant la décifion de la même
Novelle en l'endroit allegué, *citra caufam tamen quæ ad ma-*
jeftatem pertinere cognofcitur.

Covarruvias parlant de la revocation de la Donation par   *Var. refolut,*
l'ingratitude du Donataire, dit : *Sed fi crimen quod in judi-*   lib. 1. cap. 15,
cium defertur, eam qualitatem habeat, ut delator jure teneatur   n 8.
& cogatur ejus accufationem proponere ; tunc quidem fi verè ac-
cufatio inftituta fuerit, nullum ingratitudinis vitium accufator
contrahit ex dict. §. *caufas, cogitur enim quis accufare crimen*
valdè perniciofum reipublicæ, cujufque punitio maximè ejus
utilitati convenit. La raifon, pourquoi le pere Donataire de
fon fils émancipé ne tombe pas dans une des caufes d'ingratitude, qui puiffe produire la revocation de la Donation ; cette raifon, dis-je, c'eft, fuivant mon opinion, que
le falut & la confervation de la vie du Prince, ou de la
confervation de l'Etat & de la Republique, dépendent de
la découverte d'une confpiration. Le Prince étant le pere de

ſes Sujets , & l'image du Roy des Rois ; d'où il ſuit qu'on ne ſçauroit être trop attentif à la conſervation de la vie & de la perſonne ſacrée du Roy.

CHAPITRE V.

Si le pere peut être obligé de doter ſa fille , qui a donné des preuves évidentes de ſon ingratitude envers lui.

IL ſemble d'abord que la déciſion de cette queſtion ſoit très difficile , ſuivant ce grand principe du Droit Civil , *paternum eſt officium dotare filias* ; & qu'ainſi , le pere étant obligé de doter ſa fille en la mariant , ou lorſqu'elle peut contracter Mariage ſans ſon conſentement , après l'avoir requis par les actes qu'elle lui a fait , il ne peut ſe ſouſtraire à cette obligation, quand même cette fille auroit donné des marques certaines de ſon ingratitude envers ſon pere ; mais ce principe ne peut s'étendre à la queſtion que l'on va traiter ; ainſi qu'on va l'établir par des raiſons, & par des maximes que l'on ne peut , ni conteſter ni détruire.

Le Droit Romain a décidé que le pere eſt obligé de doter ſa fille, lorſqu'elle aproche de ſa majorité , & qu'il ſe preſente un parti convenable à ſa condition , ſuivant la Loi *Ca-*
Dig. de rit. pupi. *pite trigeſimo quinto* 19. ſur tout , lorſqu'il refuſe de conſentir à ſon Mariage , ſans alleguer aucune raiſon qui puiſſe faire voir la juſtice de ſon refus , quand la fille eſt âgée de plus de 23. ans , puiſque ſi elle ſe pourvoit devant le Juge de ſon pere , il ſera indubitablement ordonné qu'elle ſera autoriſée en Juſtice à cet effet ; comme il a été jugé par Arrêt du Parlement de Tournay, du 9. Decembre 1695. raporté par Arrêts nota-bles, Tom. I. M. le Préſident Pinault ; mais ſi la fille majeure de 25. ans veut ſe marier avec un homme , ou noté d'infamie ; c'eſt-à-dire , condamné aux Galeres à tems, ou au banniſſement pour 10. ans ; cette fille, dis-je, ne peut pas obliger ſon pere à la doter , quoiqu'il refuſe de conſentir à ce Mariage,

parce qu'elle tombe par-là dans l'ingratitude envers celui qui
l'a mife au monde , à caufe de l'injure qu'elle lui fait ; mais
parce qu'elle n'a pas pour fon pere le refpeçt que le précepte
divin l'oblige d'avoir , c'eft ce qui nous eft apris par Gode-
froy *ignominiofo nubat* , & dans fa Note *7.* fur la Novelle **22.** Note *X. ad*
L. 19. *ff. de rit.*
nupt.
cap. 27. *propter eandem rationem* , dit il , *colligitur parentes*
non cogi liberos ingratos dotare. La raifon qu'on peut alleguer
pour apuyer cette maxime de Godefroy , eft fondée fur la
Novelle 22. de l'Empereur Juftinien *ne fortè propter fpem hu-* *Cap.* 27. *circa*
finem.
jus poffeffionis contra parentes accedant , & protervi fint.

On doit dire la même chofe en faveur du pere , fi fa fille
étant Catholique embraffe le Luthéranifme , ou la Religion
prétenduë Reformée ; parce que dans l'un & dans l'autre cas ,
il n'eft pas obligé de conftituer une dot à cette fille, lorfqu'elle
contraçte Mariage avec un Luthérien ou Calvinifte ; car fui-
vant la décifion de la Loi 19. l'Autentique *idem eft* fous le *Cod. de bere-*
tic.
Cap. 3. §. 14.
même titre du Code , & la Novelle 115. de l'Empereur Juf-
tinien , il eft permis au pere de fraper fa fille , qui a quité
la Religion Catholique , pour devenir Luthérienne ou Calvinifte,de la foudre de l'exheredation;il peut par la même identité de raifon , être déchargé de l'obligation de doter fa fille
lorfqu'elle fe marie , fi étant Catholique elle embraffe la Religion Proteftante , parce qu'elle eft tombée dans la caufe d'ingratitude dont parle le même Empereur dans le §. 1. du même
Chapitre *licen tiamhabeant pro hac maximè caufa , ingratos eos*
& exheredes fuo fcribere Teftamento.

CHAPITRE VI.

Si un frere eft privé de la Succeffion de fon frere , à caufe
de fon ingratitude.

QUOIQUE la queftion que l'on va examiner n'ait point
de liaifon avec les autres , qui font décidées par la Loi *Cod de revo-*
cand. Donat.
Generaliter , on a crû qu'il falloit la faire entrer dans ce Traité

pour suivre l'ordre que l'on s'est fait une Loi de garder, en discutant toutes les questions qui regardent l'ingratitude des heritiers ou successeurs *ab intestat*, & les Donataires.

Cap. 47.

La Novelle 22. de l'Empereur Justinien, décide formellement cette question, en ces termes : *Et quoniam scimus multas fratribus ad invicem factas contentiones, illum solum tanquam ingratum circà fratrem effectum, participari hoc lucrum non concedimus qui mortem voluit, aut criminalem inducere contra eum inscriptionem, aut substantiæ ei properavit jacturam, ejus enim portio tam ad reliquos fratres quam ad matrem veniat.* Il paroît par le texte de cette constitution, qu'elle est l'attention qu'à eu le Legislateur de priver un frere ingrat de la succession de son frere, en l'exheredant ; sur-tout, lorsque les causes de son ingratitude sont grandes & pressantes, comme celles d'avoir attenté à la vie de son frere, de l'avoir accusé d'un crime capital pour le faire mourir ignominieusement, ou de l'avoir mis en danger par des Procès qu'il lui a fait essuyer, de perdre tous ses biens, & le reduire à la derniere indigence. Ces causes sont si justes & si bien fondées, qu'elles sont presque semblables à celles dont il est parlé dans l'Autentique

cod. de revo cand. Donat.

quod mater, qui permet à la mere remariée de revoquer la Donation qu'elle a fait à son fils, qui met tout en usage pour lui faire perdre la vie, ou qui par un Procès injuste, ne cherche qu'à s'emparer de tous ses biens pour la reduire à la derniere misere.

Note M. ad dist. cap. 47. Novell. 22.

Les causes qui sont comprises dans cette Novelle, n'ont pas échapé à l'exactitude de Godefroy, *ingrati loco habetur,* dit il, *qui mortem fratri procuravit, qui se adversus eum criminaliter inscripsit, qui omnium bonorum litem ei dictavit.* En effet, un frere qui se porte à de pareils excès, & à des pareils attentats, peut-il après cela se flater de pouvoir succeder à son frere ? Son ingratitude ne doit-il pas le priver de sa succession ? En est il une plus grande que celle de vouloir faire perdre la vie à son frere par les mains d'un meurtrier, ou d'un empoisoneur ? Ne doit-on pas le regarder comme un monstre de cruauté ? Surquoi fondé, viendra-t-il implorer le secours des

Loix

Loix, lorfquelles s'arment de toute leur feverité contre celui qui confpire la mort de fon frere ? Quelle temerité n'eft-ce pas de fa part de vouloir fucceder à fon frere *ab inteftat*, lorfqu'il travaille à le faire condamner à la mort, par l'accufation d'un crime capital qu'il a formée contre lui, ou en lui fufcitant un Procès, pour lui enlever tous fes biens, & l'obliger à demander l'aumône ; mais il faut auffi que les caufes d'ingratitude dont on vient de parler, foient claires, certaines, & conftatées d'une maniere à ne pouvoir pas être conteftées, fuivant l'autorité de tous les Docteurs & Interprétes.

Enfin, Godefroy nous aprend dans un autre endroit fur la même Novelle, que l'ingratitude d'un frere eft tellement en horreur, qu'elle peut lui être opofée par l'heritier, ou par l'heritiere du frere, à qui il en a donné des marques certaines ; fans qu'il foit permis à ce frere ingrat de venir par la plainte ou querelle d'inoficiofité contre fon Teftament, quoique fon heritier, ou fon heritiere foit fa concubine, ou une perfonne notée d'infamie *ob ingratitudinem frater fratrem, adeo ut Interpretes exiftimant, eo cafu fratri exheredato nullam competere inoficiofi querelam, etiam turpibus perfonis inftitutis.*

Note L. ad cap. 47. dict. Novell. 22.

Mais cette maxime ne peut avoir lieu, que lorfque le frere s'eft plaint pendant fa vie de l'ingratitude de fon frere, & quelle eft publique & connuë de tout le monde, autrement fon heritier ou fon heritiere ne feroient point reçûs à prouver les caufes de cette ingratitude.

CHAPITRE VII.

Si le pere peut priver fon fils ingrat des avantages nuptiaux.

LA Loi *cum apertiffimè* décide clairement cette queftion en faveur des peres qui fe remarient, contre leurs enfans ingrats. En voici le texte : *quapropter fancimus, ingratos re-*

Cod. de ficund. nupt.

D d

vera liberos , nequè hoc beneficium quod divalis conftitutio Leo-
nis Augustæ memoriæ eis præstitit , in posterum posse sibi vendi-
care , sed quasi ingratos ab omni hujusmodi lucro repelli ; quam
observationem in personnis etiam avi & aviæ , proavi & proa-
viæ , nepotum vel neptium , item pronepotum vel proneptium ,
sive in potestate , sive emancipati sint , ex paterna vel materna li-
nea venientibus , custodiri censemus.

Note *D. ad*
dict. Leg.

   Godefroy interprétant cette Loy , dit , *liberi ingrati non*
admittuntur ad lucra nuptiala , liberis primi matrimonii à Lege
data , ideoque justè exheredati liberi , in superflui partem non
veniunt ; imo nihil vindicare possunt , mais cette privation ne
peut avoir lieu , qu'après que l'ingratitude est constatée ; ainsi
que l'affûre ce sçavant Interpréte dans une autre endroit , où
il établit pour maxime , que les autres freres qui ne font pas
tombés dans l'ingratitude , *quod plus est , dividunt grati filii ,*
parentibus non ingrati circa hoc aprobati.

   Sont-ce là des fûrs garans , & des fondemens folides pour
apuyer notre fentiment fur l'affirmative que nous foûtenons ?
Un pere est-il obligé de recompenfer l'ingratitude de fon fils ,
lorfqu'elle est notoire & publique dans une Ville ? N'est-il
pas au contraire en droit de le priver de la portion qu'il pouvoit avoir de la Donnation *propter nuptias ;* c'est-à-dire , des
avantages nuptiaux ? N'est-il pas le maître d'en difpofer comme il veut par fon Teftament ? Ce fils ingrat peut-il reclamer
ni combattre ce que fon pere qui est le Juge dans fa famille
aura ordonné , puifque c'est une regle du Droit Civil qu'on
peut lui opofer *patris judicium suprema lex esto.*

   Mais pour ne laiffer aucun doute fur cette queftion , il fuf-
fira d'obferver que l'affirmative est apuyée fur la Jurifprudence
Liv. 5. chap.
48. des Arrêts raportés par M. de Cambolas , qui ont jugé que
les enfans ingrats qui font exheredés , font privés non-feule-
Verb. in eo-
dem testamento
p. 2. ment du droit de nature , *sed etiam à portione quam Lex Civi-*
lis & positiva deffert filiis ce qui est encore autorifé du fentiment de *Benedictus in cap. Raynutius.*

CHAPITRE VIII.

Si un enfant pendant sa pupillarité peut être exheredé par ses pere & mere pour cause d'ingratitude.

C'EST un principe de Droit que les enfans ne peuvent commettre aucune faute, & que leur âge les garantit de la peine qu'on inflige à ceux qui sont proche de leur puberté, ou qui ont atteint l'âge de 14. ans accomplis, ce qui est fondé sur la Loy *sed etsi* 55. ou le Jurisconsulte Marcien, dit, *in parvulis autem nulla deprehenditur culpa.*

Dig. de fidei- commiffar. liber- tat.

Ce principe posé, la négative sur la question que l'on examine, peut-elle être contestée ; cet enfant qui ne voit pas, & qui ne reconnoît pas les suites de ce qu'il fait, peut-il devenir ingrat envers son pere ? Peut-on attacher à son âge de 6. ou de 8. ans les degrés & les principes de la malice, qui précedent ou qui accompagnent les crimes? Peut-on lui imputer qu'il a blessé & qu'il a enfreint le précepte Divin, & de n'avoir pas eu pour son pere le respect & l'obéïssance qui lui sont dûs ? Tout le monde sçait que s'il fait une faute, c'est sans malice, *non dolo sed dolore peccavit* suivant l'expression d'un ancien. Parce que dans l'enfance on est privé de jugement & de raison ; & que s'il viole les Loix, c'est sans dessein, n'ayant ni volonté ni liberté dans ses actions ; ce qui oblige Godefroy de dire, *pupillus in iis quibus patientia inducit consensum, non obligatur* : & dans une autre endroit *infantem innocentia confilii tuetur à pæna* : or si un enfant ne peut à cause de la foiblesse de son âge, donner aucun consentement à ce qu'il fait, & si son innocence le met à couvert de la peine que les Loix veulent infliger aux criminels ; peut-on lui imputer d'être tombé dans une des causes d'ingratitude qui puisse servir de motif au pere pour l'exhereder ? Ne faut-il pas que *malitia suppleat ætatem* pour punir la faute, ou le crime qu'on lui impute ; de sorte que c'est un vrai paradoxe de

Note *T. ad L. III. ff. de re- gul. jur.*

Note *L. ad L. 12. ff. ad L. Cornel. de ficcar.*

foûtenir que le pere ou la mere puissent exhereder leur en-
fint pupille, pour cause d'ingratitude, à moins qu'il ne soit
injuriæ capax conformement à la Loi *sed etsi* 5. §. 2.

Indépendamment des raisons & des autorités qu'on vient
de citer, la Loi *si quis suo* 33. §. 1. est claire & formelle sur notre question, *Legis autem veteris iniquitatem tollentes*, dit
l'Empereur Justinien, *ut non diutius erubescat Lex posita, quam*
Julius Paulus in suis scripsit quæstionibus, hanc piissimam agredi-
mur sanctionem : cum enim infantem suum non posse ingratum à
sua matre vocari scripsit ; nequè propter hoc ab ultima sua matris
hereditate repelli, nisi hoc odio fecerit sui mariti ex quo infans
progenitus est : hoc iniquum judicantes, ut alieno odio, alius præ-
gravetur. Godefroy dans une de ses Notes sur cette Loi, dit
encore la même chose *infans ingratus dici non potest ut hic*,
sic alibi in parvulo nulla deprehenditur culpa, & dans un autre
endroit il prend soin d'en aporter la raison en ces termes :
qui ingratus esse non potest, exheredari non potest, ideoque nec in-
fans. Il pousse son raisonnement plus loin, en sa Note *B.* sur
la même Loi *sic consentire non videtur qui consentire non po-*
test Leg. 8. §. 2. *ff. de optione nec injuriam fecisse dici potest, qui*
sensu caret, instit. si quadrupes in f. pr. ingratitudo scientiam
atque sensum præsupponit. Justinien le décide encore expressement dans la même Loi 33. §. 1. en ces termes, *satis enim*
crudele nobis esse videtur, eum qui non sentit ingratum existi-
mari : Il faut donc une volonté libre & déterminée au mal,
une Déliberation faite avec Jugement, pour qu'on puisse être
accusé d'un crime, ou faire une faute. Déliberation avec maturité, & de dessein premedité que l'on ne peut jamais présumer dans un enfant pupille, qui dans l'âge de 5. 6. ou 7.
ans, ne peut commettre une action mauvaise, ni par conséquent être ingrat à ses pere & mere, pour meriter d'être frapé
de la foudre de l'exheredation que nos Loix apellent *fulmen*
paternum, qui doit être fondée sur des causes justes *quæ nullæ*
sunt in infante.

On ne peut donc infliger la peine de l'exheredation à un
enfant pupille pour cause d'ingratitude. La foiblesse de son

âge, le défaut de raiſon, de jugement & de volonté, tout
parle, tout concourt en ſa faveur; & pour me ſervir des termes d'un ancien, *infantes ſenſuum ſolum uſum habent, ratio-*
nis autem affectus tantum initia, ita ut pœnæ irrogari non de-
beant, niſi in eos qui delictum admittunt ex propoſito, condem-
nari creſcentes illæ animæ non poſſunt, propter quod nondum per
ætatem intelligunt.

CHAPITRE IX.

Si le fils émancipé peut exhereder ſon pere, à cauſe de
ſon ingratitude.

QU O I Q U E la queſtion que l'on va traiter ne regarde
pas la revocation des Donnations contenuës dans le
texte de la Loi derniere, *Cod. de revocand. Donat.* j'ai crû ne
pouvoir me diſpenſer de la comprendre dans ce Traité, à
cauſe de la liaiſon qu'elle paroît avoir avec les queſtions concernant les cauſes d'ingratitude, pour revoquer les Donations,
parce que celles qui influent à l'exheredation, s'apliquent
à la revocation.

La Novelle 115. marque les juſtes cauſes qui peuvent   *Cap. 4. ſ. 1i*
mouvoir les fils émancipez à exhereder leurs peres. La premiere eſt celle qui regarde la conſpiration que ces peres barbares ont formé contre la vie de leurs fils émancipez, parce
que cette conſpiration étant conſtatée, ſert de fondement à
cette exheredation, que les fils émancipez peuvent inſerer,
& faire mettre dans leurs Teſtamens. Juſtinien ordonne encore, que ſi le pere a attenté à la vie de ſon fils émancipé,
& qu'il ait voulu le faire perir par le fer, par le poiſon, ou
par des coups de bâton; ce ſont-là autant de cauſes, autant
de moyens juſtes & legitimes, que la même Novelle fournit
au fils émancipé pour exhereder ſon pere, *ſi venenis aut ma-*
leficiis, dit l'Empereur Juſtinien, *aut alio modo parentes filio-*   *Dict. cap. 4.*
rum vitæ inſidiari probabuntur. La force, la crainte, & la   *ſ. 1.*

D d iij

Dict. cap. 4.
§ 4.
violence que le pere met en ufage pour empêcher fon fils de faire fon Teftament, eft une autre caufe qui peut fervir de fondement à l'exheredation du pere ; ainfi qu'il eft décidé §. 3. dict. c. 4. par cette conftitution ; & la même chofe doit avoir lieu, fi ce pere a un commerce criminel avec la Concubine de fon fils émancipé, ou avec fa propre belle-fille.

On ne doit pas omettre ici, que le pere peut accufer fon fils émancipé de crime de rebellion envers la Republique, ou de Leze Majefté envers le Prince ; fans que ce fils puiffe l'exhereder, parce qu'il l'a denoncé au Prince, ou à la Re- Dict. cap. 4.
§. 1. publique ; ainfi que le declare Juftinien en ces termes : *Citra caufam tamen quæ ad majeftatem pertinere cognofcitur.* Decifion embraffée par Godefroy, en fa Note *K.* fur ce §. *vitæ liberorum*, dit-il, *infidiari permiffum eft, in caufa majeftatis, id eft, permiffum eft parenti liberos majeftatis accufare.* Cette caufe eft fi jufte, fi legitime, que le pere ne doit point aprehender que fon fils émancipé puiffe être fondé de l'exhereder, parce qu'il l'a accufé de rebellion contre la Republique, ou du crime de Leze-Majefté contre le Roi. Cette caufe étant la même qui empêche le pere accufé de l'un ou de l'autre de fes crimes par fon fils, de l'exhereder par fon Teftament, fuivant la décifion de la même *Novelle* 115. *cap.* 3. §. 3. ce qui eft une exception à la maxime qui défend au pere d'accufer ou d'énoncer fon fils émancipé pour un crime capital ; l'Empereur Juftinien l'ayant marqué en termes formels en l'endroit allegué, *adverfus principem five rempublicam*, parce que le bien & le falut de l'Etat, doit prévaloir à toutes les raifons qui pourroient obliger le pere ou le fils de ne point manifefter le crime qui peut être la caufe de la ruïne de la Republique, ou de la mort du Prince, *falus populi fuprema lex efto.*

CHAPITRE X.

Si l'inftitution contractuelle peut être revoquée, à caufe de l'ingratitude de l'heritier contractuel.

LA queftion que l'on va examiner, ne peut être décidée qu'après avoir établi quelques maximes generales du Droit écrit.

La premiere de ces maximes eft, que la promeffe d'infti-tuer heritier, faite par le pere dans le Contrat de mariage de fon fils, eft une Donation entre-vifs de fes biens prefens & à venir, felon la Doctrine de Mr. Maynard, Liv. 5. ch. 90. & de Mr. le Préfident Cambolas, & cette Donation eft irre-vocable de la part du Donateur.

.La feconde eft, que fuivant l'opinion de Berenger Fer-nand, ces inftitutions doivent être infinuées ; autrement elles feront annullées, parce que les Ordonnances les affu-jettiffent à cette formalité, dont elles doivent être revêtuës pour les rendre valables.

Ces maximes établies, on ne peut revoquer en doute, que l'inftitution univerfelle & contractuelle, ne foit fujette à la revocation, par l'ingratitude de l'heritier contractuel ou Donataire, fuivant la difpofition de la Loi *Generaliter* ; fur-tout lorfque le Donateur fe plaint des injures atroces de fon Donataire, ou que celui-ci a porté fes mains impies fur la perfonne de celui-là, *vel vitæ periculum aliquod ei intulerit*, foit par le fer ou par le poifon ; ou fi le Donataire refufe de fournir les alimens à fon Donateur reduit à une extrême in-digence ; ainfi que l'enfeigne Dumoulin fur la Coûtume de Paris, *& dico*, dit-il, *quod nedum in Donatione rei fingula-ris, & magni valoris, fed etiam mediocris, nedum fi imme-diatè propter illam Donationem, Donator factus fit inops ; fed etiam fi poftea fine culpâ fua, cafu inciderit in inopiam, teneri Donatarium gratiam referre* : C'eft encore le fentiment de

U. . . .
N° 2.

Prelud. cap. 6.
N°. ult.

Cod. de revo-
cand. Donat.

Tit. 1. des
Fiefs, §. 43.
Gloff. 1. queft.
39. N°. 145.

In confuetud.
Britann. art.
222. Glof. 1.
N°. 2.
Mr. d'Argentré, & la Jurifprudence des Arrêts raportez pa
Me. Boniface, Tome II. tit. 11. Liv. 7. Chap. I. fur-t ou
lorfque c'eft un pere qui a inftitué heritier fon fils par fon
Contrat de mariage, & que l'inftitution comprend les biens
préfens & à venir. Le fondement de cette Jurifprudence eft
pris dans cette regle de droit, *necare videtur qui alimenta*
denegat. A toutes ces autoritez, on doit ajoûter que l'inftitution contractuelle étant reputée Donation, & affujettie à
la formalité de l'infinuation, fuivant Mrs. Maynard, Cambolas, & Fernand aux endroits alleguez ci-deffus; & la
Donation pouvant être revoquée par l'ingratitude du Dona-

Cod. de revo-
cand Donat.

Tome II. tit.
11 Liv. 7. Ch.
1. & Tome I.
Part. I. Liv. 7.
tit. 9 Ch. I.
decif. fom. de
la derniere é-
dition.

Lettre D. N°.
10:.
taire (ainfi qu'il eft décidé par la Loi *Generaliter*,) quoiqu'elle
ait été faite dans un Contrat de mariage, fuivant la Jurifprudence des Arrêts que l'on voit cotez par Me. Boniface,
& dans Lapeyrere. Peut-on douter que l'ingratitude de l'heritier contractuel ne ferve de fondement à la revocation de
l'inftitution; principalement lorfqu'il a fait une injure atroce
à l'Inftituant ou Donateur, s'il a atenté à fa vie, *vel manus*
injecerit, felon la Doctrine de Dumoulin; d'autant plus que
l'injure ne fçauroit être plus atroce, quand elle eft faite par
un fils heritier contractuel à fon pere, qui a difpofé de tous
fes biens prefens & à venir dans fon Contrat de mariage en
fa faveur.

CHAPITRE XI.

Si la Donation peut être revoquée par la difpofition de la Loi Generaliter, lorfque le Donataire attente à l'honneur du Donateur.

LA difcuffion de la queftion que l'on va traiter, eft très-
facile; & la décifion eft fondée fur les maximes les plus
conftantes du Droit Civil. Il femble même qu'on l'ait déja
examiné dans plufieurs endroits de ce Traité; mais comme
on ne la touchée qu'en paffant; on va le faire prefentement
avec

avec plus d'ordre , de méthode , & d'étenduë.

C'eſt un principe du Droit Civil qu'on attente à l'honneur d'une perſonne , ſoit par des injures verbales , ſoit par des injures répanduës dans des écrits qui bleſſent l'honneur d'une famille , ou qui attaquent l'état d'une perſonne ; parce que ces ſortes d'injures doivent être regardées comme atroces , ſuivant le lieu , le tems & la qualité de la perſonne à qui elles ſont faites.

Ce principe poſé , on ne peut douter que lorſque le Donataire dit publiquement des injures contre le Donateur , en le qualifiant de fauſſaire , d'uſurier , de bâtard , d'aſſaſſin , & d'empoiſonneur ; on ne peut douter , dis-je , que le Donateur ne ſoit en droit de revoquer la Donation , par la diſpoſi- *Cod. de revo-* tion de la Loi *Generaliter* , qui décide que ces injures ſont *cand. Donat.* des cauſes d'ingratitude , qui ſervent de fondement à cette revocation , *ita ut injurias atroces in eum effundat* , quand même elles ſeroient veritables , & apuyées ſur des preuves qui ne peuvent être détruites ni conteſtées ; parce qu'elles manifeſtent la malice du Donataire , qui ne s'applique qu'à offenſer ſon bienfaîteur , dans le tems même qu'il devroit avoir pour lui le reſpect que la liberalité qu'il lui a fait exige , pour lui marquer , & ſa gratitude & ſa pieté , ſelon la Doc- *Note M. ad* trine de Godefroy , *quid ſi quis proteſtatione habita vel ſecuta,* *L. 5. Cod. de* *convicium alicui dixerit , tenetur injuria.* Le Juriſconſulte *injur.* Ulpien ne s'explique pas avec moins de clarté dans la Loi *Dig. de injur.* 15. §. 11. *ex his apparet non omne maledictum convicium eſſe ,* *ſed id ſolum quod cum vociferatione dictum* ; c'eſt-à-dire , dans une ruë ou dans une place publique , en preſence de tout le monde , pour attaquer l'honneur d'une perſonne de deſſein prémedité , après mille bienfaits qu'on en a reçû , & principalement un Donataire qui ne ſçauroit être trop reſpectueux , & trop circonſpect , à l'égard de tout ce qui concerne la reputation du Donateur , & l'honneur de ſa famille.

Pouſſons ce raiſonnement plus loin. N'eſt-il pas certain que ſi on apelle la femme du Donateur une proſtituée ;

E e

que l'injure eft atroce, parce qu'elle attaque l'honneur du
mari ; fur-tout lorfque le Donataire porte fa haine contre fon
bienfaiteur, jufqu'à ce point que de le redire plufieurs fois
au Donateur dans un endroit public, pour que tout le monde
puiffe fçavoir qu'il a traité cette femme de proftituée ; ainfi
que le décide le Jurifconfulte-Paulus, *Lib. 5. fententiarum,*

Titulus 4. §. 3. *aut uxori fiat injuria noftra intereft*: D'où il s'enfuit, que l'a-
trocité de l'injure ouvre la porte à la revocation de la Dona-
tion, par la Loi *Generaliter* fi fouvent citée *ob ingratitudinem Donatarii*, lequel fe porte à perdre le refpect qu'il doit
avoir pour fon bienfaiteur ; dès qu'il attente à fon honneur,
en accufant les mœurs & la pudicité de fa femme.

La même chofe doit avoir lieu pour la revocation de la
Donation, fi le Donataire contefte l'état du Donateur, s'il
l'accufe d'être le fruit d'un concubinage, ou d'un commerce
adulterin, & qu'il ne peut porter, ni prendre le nom, ni
les armes de fon veritable pere, dont le Donateur conftate
qu'il eft le fils né *ex juftis nuptiis*, & par l'extrait de la Cé-
lébration de fes époufailles, & par celui de fon Baptiftaire ;
parce que c'eft une efpece d'injure femblable à celle dont

§. 19. parle le même Jurifconfulte en l'endroit allegué *factum contemplatione morum, & obfcœno nomine*, l'injure feroit beaucoup plus atroce, fi le Donataire traitoit le Donateur publiquement de fils d'un Prêtre, ou d'un Religieux, dans le tems
que fon bienfaiteur prouve qu'il eft né d'un légitime Mariage
ex foluto & foluta ; fur tout s'il affectoit de le redire plufieurs
fois en prefence de fon bienfaiteur, & dans le même endroit ;
en forte que dès lors le Donateur eft en droit de revoquer la
Donation par le benefice de la Loi *Generaliter*, fans que le
Donataire puiffe colorer fon ingratitude, & fa malice, parce
qu'on voit par une recidive qu'il l'a fait de deffein premedité
& maturo confilio.

Mais fi le Donataire pouffoit fa haine & fon ingratitude
contre le Donateur, jufqu'à bleffer fon honneur par des écrits,
ou par un Libelle diffamatoire ; il eft certain que l'injure feroit plus grave & plus atroce fuivant la décifion du même

Paulus *lib.* 5. *fententiarum.* Car après avoir dit que ceux qui Tit. 4. §. 13. font les Auteurs de ces écrits, ou d'un Libelle diffamatoire, doivent être condamnés au banniffement, il ajoûte. *Carmen facit non tantum qui Satyras & Epigrammata, fed illegitimam infectandi alicujus caufam, quidve aliud alio genere componit.* Et il en allegue auffi-tôt la raifon. *Quoniam omninò deformanda eft ejus perfona, contra quam venimus.*

Les Empereurs ont regardé ceux qui compofent, ou qui publient des Ecrits ou des Libelles diffamatoires, comme des affaffins ou des meurtriers, ce que l'on peut voir dans la Loi Unique, qui les condamne à la mort ; parce qu'il n'eft rien Cod. de famof. Libell. de plus précieux que l'honneur & la reputation ; c'eft auffi ce qui eft porté par les Ordonnances de nos Rois, qui font contenuës dans le Code Henry ; principalement par celle de Liv. 8. tit. 18. n. 1. & 2. Charles IX. à St. Germain en Laye, en Janvier 1561. art. 13. qui défend les Placars & Libelles diffamatoires, à peine du foüet pour la premiere fois, & pour la feconde, de la vie.

On voit donc par la difpofition des Loix Civiles, & par les Ordonnances, que les injures répanduës dans des Ecrits, & les Libelles diffamatoires font fi atroces, qu'elles doivent être punies d'une peine afflictive ou corporelle ; & qu'ainfi le Donataire qui affecte, ou de les fémer dans le public, ou de les compofer, tombe dans le cas de la Loi *Generaliter,* à caufe de fon ingratitude qui fert de fondement à la revocation de la Donation, que le Donateur eft en droit de former contre lui , devant le Tribunal, ou devant le Magiftrat qui doit en connoître ; jufques-là que fi le Donataire a fait tenir quelque argent à des gens pour leur faire chanter, afficher quelque écrit, chanfon, ou Satyre, qui attente à l'honneur de fon bienfaîteur ; celui-ci peut fe fervir du remede de la même Loi *Generaliter,* pour revoquer la Donation *ob ingratitudinem Donatarii.*

CHAPITRE XII.

Si le vassal peut être privé de son Fief, à cause de son ingratitude envers son Seigneur.

LA question que l'on examine est une des plus importantes qui entrent dans ce Traité ; on va la discuter avec beaucoup d'exactitude & de précision.

C'est un principe du Droit François que les Fiefs sont Patrimoniaux dans le Royaume, & que le vassal peut librement joüir de son Fief. Principe apuyé sur la Jurisprudence des Arrêts raportés par Papon dans son Recüeil ; en sorte qu'il peut le vendre, aliener, transporter, & hypotéquer comme il lui plaît. De là cette maxime generale que le Seigneur Féodal ne peut plus changer la nature du Fief, après en avoir donné l'investiture, & d'un Fief franc & libre, en faire un Fief chargé d'un hommage personnel ; parce que l'investiture consomme tout le Droit du Seigneur, & empêche d'exiger de son vassal d'autres droits que ceux qui sont compris dans l'investiture.

Liv. 13. tit. 1. art. 2. & 4.

Ce principe posé ; il est constant que le vassal ne peut pas être privé de son Fief, pour avoir séduit & débauché une des filles de service, ou Demoiselles de la femme de son Seigneur ; quoiqu'il semble d'abord que cette privation doive avoir lieu à cause de l'injure faite au Seigneur, & qui paroît le faire tomber dans une des causes d'ingratitude, dont parle l'Empereur Justinien dans la Loi *Generaliter, Cod. de revocand. Donat.* Parce que l'on tient en France, avec les plus sçavans Feudistes, que le vassal ne perd pas légerement son Fief ; ce qui est fondé sur les Arrêts que l'on voit dans Mr. le Président Boyer en sa question 149. n. 27. & dans Papon, liv. 13. tit. 1.

Arrêt 14.

Il est vrai, que si le vassal tombe dans le crime de felonie

contre fon Seigneur, ou s'il attente à fon honneur, il doit
être privé de fon Fief, fuivant la difpofition de la Loi *Gene-*
raliter que l'on vient de citer ; parce que *injurias atroces in*
eum effundit, & que le Seigneur eft à l'égard du vaffal comme un Donataire eft à l'égard du Donateur ; mais on doit
convenir qu'il faut des preuves pour faire perdre le Fief au
vaffal accufé de felonie, qui foient *luce clarioribus expeditæ* ;
ainfi que le décident les Empereurs Gratien, Valentinien,   *Leg. fciant*
& Théodofe ; dans le titre du Code *de probationib.* & après   *cuncti 25.*
eux Godefroy en fa Note fur cette Loi *liquidæ & manifeftæ*
probationes ; en forte que dès que le crime de felonie n'eft pas
conftaté *dilucidis argumentis* ; il eft certain que le Seigneur
féodal ne peut pas priver le vaffal de fon Fief. C'eft la maxime
des Arrêts rapc rtés par Mr. le Préfident Boyer, & par Papon
aux endroits allegués ci-deffus par M. Loüer, & fon Com-   En la Lettre
mentateur ; & par deux Arrêts nouveaux rendus par le Par-   *c. Som. 53.*
lement de Provence, le premier en faveur de Me. Jacques
Barlet Lieutenant Civil au Siége de Cyfteron, contre Meffire Jean de Matheron Dumalric, Seigneur de Lefcale, le
25. Juin 1732. le fieur de Lefcale ayant accufé des crimes de
felonie, incendie, & atroupement nocturne avec armes Me.
Barlet. Le fecond Arrêt a été rendu en faveur de Meffire
Henry Raynaud d'Albertas, Premier Préfident en la Cour
des Comptes, Aydes & Finances de Provence, contre Jean
Jayne Bourgeois du lieu de Gemenos, le 27. Juin 1733. ce
vaffal ayant foûtenu que M. d'Albertas n'étoit pas fon Seigneur Direct contre la teneur des piéces, & des preuves par
écrit raportées & communiquées par cet Illuftre Premier Préfident. Cette Jurifprudence eft fondée fur ce principe de Droit
que le vaffal *non eft pleno jure Dominus*, & qu'il ne l'eft que
fub conditione ad onus commiffit, *propter feloniam aut ingratitu-*
dinem.

    Les Arretiftes du Parlement de Paris, citent un grand nom-
bre d'Arrêts, qui ont privé le vaffal du Fief pour avoir démenti fon Seigneur en Jugement. M. Loüet en raporte un   *Litt. F. Som.*
qui eft bien notable ; fur tout en ce que le vaffal fut condam-   *9.*

né à l'amende honorable , & que le Seigneur joüiroit du
Fief , tant que le vaffal vivroit. Sur quoi ce fçavant Magiftrat , dit , *qu'il falloit qu'il fut qualifié , ou accompagné de quel-*
ques paroles ou injures. Papon affûre qu'il en a été rendu plufieurs autres en femblables cas ; on en voit encore quelques-
uns dans Automne , Conference du Droit François , Tome 1.
pag. 607. Brodeau fur M. Loüet en l'endroit ci-deffus , en
raporte deux rendus *in fimili fpecie* , & ajoûte enfuite , *donc*
le démenti donné par un vaffal à fon Seigneur , & notamment
en lieu public & refpectable , doit être grievement puni , & par
la commife du Fief fa vie durant , comme étant une efpece de
perfidie & felonie. Enfin il y a un Arrêt rendu par le Parlement de Paris , le 29. Mars 1703. en faveur de M. de Caf-
tagners de Château-neuf , Confeiller au même Parlement ,
contre Antoine Vital de Breteüil , qui a jugé prefque dans
le même cas , que le Fief du vaffal eft confifqué par droit de
commife , pour caufe de défaveu temeraire ; tous ces Arrêts
ont pour motif la décifion de la Loi derniere , qui permet au
Donateur de revoquer la Donation , fi le Donataire *atroces*
injurias in eum effundat.

Mais fi après le crime commis par le vaffal contre le Seigneur qui doit le priver de fon Fief , par commife , par felonie ,
ou *ob ingratitudinem* , le Seigneur vient à mourir fans l'avoir
pourfuivi , pour faire perdre le Fief à fon vaffal , ou s'il a laiffé
paffer 20. ans fans faire declarer la commife ouverte en fa faveur ; l'heritier du même Seigneur ne peut pas felon la Doctrine de Gui-Pape , le faire ordonner , ce que j'eftime devoir
être limité au cas ou le Seigneur ne s'eft point mis en état
pendant fa vie , de faire aucune procedure contre le vaffal ; car
s'il avoit fait informer avant fa mort fur les crimes commis
par felonie , défaveu avec des injures atroces , ou un démenti
en jugement ; l'heritier feroit en droit de faire declarer le
Fief tombé en commife , pour le faire perdre au vaffal , du
moins pendant fa vie , felon la Jurifprudence des Arrêts dont
on a parlé plus haut.

Il y a une infinité d'autre cas qui donnent lieu à l'ouvert

Marginal notes:

Liv. 8. tit. 3.
Art. 17. & liv.
19. tit. 1. Art.
18. 16. & der-
nier.

Cod. de revo-
cand. Donat.

Quaft, 214.
n. 4.

ture du Commis qui nous font marqués par les Feudiftes, principalement par Paftor en fon Traité *de jure Feudali*, ces cas   *Lib.* 7. *tit.* 2.
font fuivant cet Auteur, fi le vaffal a attenté à la vie de fon
Seigneur, par le fer ou par le poifon ; s'il a porté fes mains
fur fa perfonne ; s'il a refufé de fecourir le Seigneur, ou de
le deffendre dans un danger imminent pour fa vie, lorfqu'il
étoit à portée de le garantir de ce danger ; s'il s'eft rendu l'accufateur ou inftigateur de fon Seigneur ; s'il ne s'eft pas mis
en état de le délivrer du péril, auquel il eft expofé dans
un combat ou une bataille, étant auprès de fa perfonne ;
s'il a découvert aux ennemis du Seigneur une affaire fecrete, & d'une très - grande importance ; s'il a refufé de le
délivrer de prifon, tandis qu'il étoit en fon pouvoir de le faire ; s'il a tué le fils du Seigneur, ou s'il l'a outragé & infulté
en public ; s'il eft devenu le meurtrier du frere de fon Seigneur ; s'il a dépofé comme témoin dans un Procès civil ou
criminel contre lui, ou il s'agit de *fumma rerum*, ou de lui
faire perdre la vie par la main du Bourreau, & une infinité
d'autres dont il donne le détail ; mais dans tous ces cas il faut
que la preuve foit claire, évidente, & parfaite ; autrement le
Commis n'auroit pas lieu en faveur du Seigneur, *Dilucidis
argumentis* ; ainfi que le porte la Loi derniere, *Cod. de revocand. Donat.* Il faut auffi que le Commis foit ordonné ou declaré par un Jugement ou Arrêt définitif ; fans quoi le Seigneur ne peut fe mettre en poffeffion du Fief de fon vaffal *fed
judicis fententia venit privandus*, felon la Doctrine du même
Paftor en l'endroit allegué n. 2. & de M. le Préfident de   Traité de l'u-
Boiffieu qui s'explique en ces termes : *par les conftitutions*   fage des Fiefs
chap. 10. pag.
50.
féodales, & par l'ufage du Dauphiné, le Seigneur n'ufe point
de faifie, foit avant ou après la communication de fon Titre,
il vient par action pour avoir declaration du Commis, qui ne
s'acquiert pas de pur droit, il faut qu'il y ait un Jugement qui
le déclare, & en la page 51. du même Chapitre, il dit encore
qu'il n'encourt point (le vaffal) *la peine du Commis qu'il ne*
foit déclaré par fa Contumace. Ce fçavant & judicieux Magif-   Ch. 5. pag.
29.
trat ajoûte dans un autre endroit, que le Seigneur ne peut fe

mettre en possession du Fief, sans connoissance de cause, &
sans que le Commis n'ait été déclaré par Jugement ; cette
maxime est encore apuyée sur l'autorité de Ranchin, lequel
attefte que c'est l'usage qui est observé en Languedoc conforme au sentiment de Rebuffe *in præmio*, & d'une infinité d'autres Docteurs que l'on ne citera pas, pour se renfermer dans les
bornes que nous nous sommes prescrit.

Mais lorsque le vassal attente à la pudicité & à l'honneur
de la veuve du Seigneur féodal dans l'an de deüil ; il est sans
contredit dans le cas de perdre son Fief ; ainsi que le décide
Dumoulin *Donatarius vel Feudatarius qui relictam Donatoris,
vel Patroni infra annum luctus adulteratus est, debent tanquam
ingrati privari Donatione vel feudo* ; ce qu'il apuye de l'autorité de *Ripa in repetit. L. fin. quæft.* 41. & en termes encore
plus formels de Paftor, qui assûre sans aucune limitation
que le vassal perd le Fief, & doit en être privé *si cum uxore
Domini, filia innupta, vel sorore se miscuerit*, ce qui est conforme au §. *rursus, lib.* 1. *tit.* 5. *de feudis*, & à la Loi derniere.

Enfin, quoique suivant la judicieuse remarque de M. le
Préfident de Boissieu, le devoir du vassal envers son Seigneur soit moindre que celui du fils envers le pere. Il paroit
cependant que le Seigneur étant apellé *Patronus* par tous les
Feudiftes, le respect que le vassal doit avoir pour son Seigneur, l'oblige à ne commettre aucun attentat contre lui, ses
biens, son honneur, & sa famille ; de forte que s'il s'oublie jusques-là que de l'attaquer, ou ses enfans en public, &
qu'il n'ait pas pour lui tous les égards, & tous les ménage-
mens ausquels sa qualité de vassal l'assujettit ; il doit être privé
du Fief à cause de son ingratitude envers son Seigneur ; ainsi
que nous l'aprend Paftor de *jure Feudali* ; parce que les vaf-
faux doivent prendre l'investiture de leurs Fiefs des mains du
Seigneur, sous la Reconnoissance que celui-ci est en droit
d'obliger celui-là de lui passer, lorsqu'il est prouvé par les anciens Titres que le vassal tient son Fief du même Seigneur.

CHAPITRE

Sur la queft. 107. de Gui-Pape.
Gloff. 5. n. 64.

Tit. 1. des Fiefs, §. 43. Gloff. n. 143. consuetu. d'Paris.
Cod. de revocand. Donat. subvers. forte de jure Feudali, lib. 7. tit. 2. n 1.
Cod. de revocand. Donat.

Traité de l'usage des Fiefs, chap. 73. pag. 383.

lib. 7. tit. 8. n. 6.

CHAPITRE XIII.

Qu'elle est la peine qui est infligée à l'heritier ingrat.

QUOIQUE la question que l'on va traiter, soit d'une très-grande étenduë; on la reduira dans ses bornes, sans omettre les raisons qui doivent concourir à sa décision.

Avant d'entrer dans l'examen de cette question, il est necessaire de remarquer que l'heritier *ex Testamento* ou *ab intestat*, qui attaque l'honneur ou la memoire du défunt, tombe dans une si grande ingratitude, qu'il doit être privé de l'heritage auquel il avoit été institué par son Testament, ou de la succession à laquelle il étoit apellé *ab intestat*; parce qu'il se rend indigne de la recuëillir par sa conduite, & par ses démarches obliques, contraires au respect & aux obligations ausquelles sa qualité d'heritier Testamentaire ou *ab intestat*, l'assujettissoit suivant la décision de la Loi 59. *heredem ejusdem potes- tatis jurisque esse, cujus fuit defunctus constat.* Ce qui porte Godefroy à dire sur cette Loi *nec in eum transit potestas revo- candi, infirmandi & similium.* Dig. de regul. jur. Note K.

Cette maxime établie, peut-on revoquer en doute, que si l'heritier écrit, ou l'heritier & successeur *ab intestat*, conteste l'état du Défunt qui l'a institué par son Testament, ou auquel il a succedé en qualité de son plus proche parent; s'il blesse sa memoire par des écrits ou des diffamations publiques; peut-on douter, dis-je, que cet heritier *atroces inju- rias in eum effundit*, & qu'il ne se rende par son procedé, ingrat & indigne de l'heredité & de la succession, à laquelle le Testament ou la qualité de plus proche parent l'apelloit; cette heredité, cette succession n'est-elle pas déferée à celui des autres parens, dont les démarches & la conduite n'ont jamais attaqué l'honneur ou l'état du Défunt, soit pendant sa vie, soit après sa mort? Cet heritier écrit, ce Successeur *ab intestat*, ne doit-il pas être privé de la possession & de la

F f

joüiſſance des biens de cet heritage ? Ne doit-il pas encore être condamné à la reſtitution des fruits, & à la perte de toutes les prétentions qu'il pourroit avoir dans la ſucceſſion ; ainſi que le décide la Loi *heredem* 17 ? Eſt-il permis encore une fois à cet heritier *ex Teſtamento* ou *ab inteſtat*, de bleſſer l'honneur de celui à la ſuceſſion duquel il n'eſt apellé que ſous cette condition, de ne point contriſter ſes manes après ſa mort ? De quel droit peut-il combattre le Mariage du Dé- funt ? Peut-il l'accuſer d'avoir commis des crimes capitaux pendant ſa vie ? Doit-il s'ériger en inſtigateur contre celui qui l'a mis en poſſeſſion de tous ſes biens après ſa mort, par le Teſtament qu'il a fait en ſa faveur ? Ne doit-il pas ſçavoir, cet heritier ingrat, quel eſt le reſpect, la pieté, & la conſide- ration à laquelle cette qualité l'oblige envers ſon bienfaîteur, qui auroit pû inſtituer heritier une perſonne, que ſes mœurs, ſa conduite, ſon attachement, auroient rendu plus digne d'être ſon heritier écrit que lui, qui ne reſpecte, ni la memoire ni le nom d'un homme pour lequel il devroit avoir une ve- neration ſans bornes ; c'eſt auſſi ce qui a obligé le Célébre M. Cujas, de dire que cet heritier ſoit *ex Teſtamento* ou *ab inteſtat*, qu'outre la privation de l'heritage, il doit être condam- né à la reſtitution des fruits, & à la perte de toutes les pré- tentions qu'il pourroit avoir dans l'heritage, conformément à la déciſion de la Loi qu'on vient de citer.

Ajoûtons à toutes ces reflexions, que ſi l'heritier écrit, ou *ab inteſtat*, neglige de pourſuivre la vengeance de la mort, de celui à qui il a ſuccedé, lorſqu'il ſçait à n'en pouvoir dou- ter, qu'il a été aſſaſſiné ; cet heritier tombe non-ſeulement dans l'ingratitude à cauſe de ſa negligence, mais dans l'in- dignité qui le fait priver de l'heritage du Défunt, ſuivant la diſpoſition de la Loi 17. ſurquoi fondé, prétend-il que les liberalités que le Défunt lui a fait par ſon Teſtament, lorſ- qu'il l'a inſtitué ſon heritier univerſel, lui donnent le droit d'être dans l'inaction contre le meurtrier de ſon bienfaîteur ? La memoire du Défunt, la qualité qui eſt attachée à ſa per- ſonne, la pieté, la gratitude, & la conſideration qu'il doit

Dig. de bis qua ut indign.

In l: 2 Cod. ſi omiſſa ſit cauſ. Teſtam.

Dig. de bis que ut indign.

avoir pour le Défunt qui l'a mis en possession de tous ses biens par son Testament, ne sont-ils pas des motifs qui doivent l'obliger à poursuivre la vengeance de sa mort, suivant la décision de la Loi *heredem* 17. & de la Loi *heredes* 1. *Cod. de his quæ ut indignis.* La conduite, le silence, les demarches de cet heritier, qui reste pour ainsi dire, avec les bras croisés ; tout crie, tout s'éleve contre son ingratitude, pour le faire déclarer indigne de joüir de l'heritage de celui dont il voit le meurtrier sous ses yeux, sans qu'il se donne aucun mouvement pour se pourvoir en Justice, pour faire punir ce meurtrier, & le faire perir sur un échafaut ; ainsi que les Loix que l'on vient de citer, l'ordonnent ? N'est-ce pas faire une injure atroce à son bienfaîteur de souffrir que son assassin se promene tranquillement dans une Ville, dans un Bourg, dans un lieu ou le meurtre a été commis, sans se mettre en état de le faire condamner à une peine proportionnée à la grandeur & à l'énormité du forfait, qu'il ne peut pas ignorer ; sur tout lorsque l'assassinat en est public & notoire, *aut sciebat interfectum esse Testatorem*, dit M. Cujas, *aut nesciebat ; sciebat quidem mortuum, sed forte nesciebat interfectum, si sciebat interfectum, nec ultus est, fructus omnes auferentur, nec restituentur actiones.*

La Doctrine de ce Jurisconsulte est adoptée, consacrée, & autorisée par la Jurisprudence Universelle des Arrêts raportés par M. Loüet & son Commentateur, & par Automne Conference du Droit François, Tome I. Robert *rer. judicatar. lib.* 3. *cap.* 7. M. Maynard, Tome 2. liv. 7. chap. 94. & M. Loüet & son Scholiaste ; la raison qu'en donnent tous les Arretistes, est *ne scilicet ad bona per flagitium quæsita veniant :* En effet, c'est une espece de crime de ne point venger la mort de celui, qui par sa derniere disposition nous a laissé la joüissance de tous ses biens, en nous instituant son heritier universel, ou à qui nous sommes en droit de succeder *ab intestat*, parce que l'ingratitude, (la pieté, la consideration que l'on n'a pas pour le Défunt) en ne poursuivant pas le meurtrier, lorsque l'on sçait qu'il a tué notre bienfaîteur,

Dig. de his quæ ut indign.

Ad L. 3. 17. & 20. ff. de his quib. ut indign.

Lett. H. Som. 5. pag. 449. & 450.

Litt. S. Som. 20.

doit nous rendre indignes , & nous faire priver de fon heritage ; d'autant plus que Brodeau en l'endroit allegué , affûre
que celui qui a tué ou fait tuer , être l'auteur de la mort , ou
qui eft envelopé dans la complicité du crime , non-feulement
eft privé de la fucceffion comme indigne ; mais les enfans
après fon decès ; & qu'il fuffit pour tomber dans la peine de
la privation d'un heritage , que celui qui eft heritier de celui
qui a été affaffiné *mortis caufam quoque præbuerit* pour perdre
cet heritage , foit à caufe de fon ingratitude , ou parce qu'il
s'en eft rendu indigne.

TRAITÉ

DE

LA REVOCATION,

ET NULLITÉ DES DONATIONS.

LIVRE SEPTIE'ME.

CHAPITRE PREMIER.

Si celui qui a caché le meurtrier du Défunt , doit être privé de son heritage à cause de son indignité.

UOIQUE la question que l'on va discuter , soit une suite & une dépendance de la précedente , l'on a crû qu'il falloit la traiter dans un Chapitre séparé.

Il n'est personne qui puisse s'imaginer , ni concevoir qu'un heritier écrit , ou *ab intestat* , soit capable d'une perfidie semblable à celle de recevoir & retirer dans sa maison le meurtrier du Défunt ; sur-tout lorsqu'il est son plus

proche heritier, & qu'il se trouve dans le second degré de
parenté ; un procedé si criminel contraire aux Loix du sang
& de la nature, frape d'abord l'esprit de tout le monde, &
donne lieu à tous les gens d'honneur de regarder cet heritier,
comme l'homme le plus indigne d'être dans la societé Civile.
Cependant le cas n'est que trop arrivé à la fin du 16. siécle ;
l'on vit une sœur qui eut la cruauté de retirer dans sa maison
le meurtrier de son frere, dont elle étoit heritiere *ab intestat.*

Une action de cette nature fit beaucoup d'éclat, on la regardoit comme une chose dont nos Arretistes n'avoient point
raporté d'exemple. L'ingratitude de cette sœur soûleva contre elle tous les gens de bien ; on ne pouvoit se persuader
qu'elle ignorat les Loix du Sang & de la nature, & l'on
regardoit l'accusation formée contre elle, comme fausse &
calomnieuse ; cependant le fait étant prouvé & verifié, elle
fut privée de sa succession par Arrêt du 12. Fevrier 1590.

Litt. S. som. marqué par Brodeau sur Mr. Loüer, & par Robert, *lib.* 3.
20. in fine. *rer. Judicatar. cap.* 7. C'est à cette sœur barbare ; c'est à ce
Monstre que l'on peut apliquer avec raison ces paroles de la
Dig. de panis. Loi *Metrodorum* 4. *quod occultari eum non ignorans diu dissi-
mulaverat.* C'est à cette heritiere indigne que l'on doit dire
avec justice, *habebat scientiam & conscientiam criminis,* &
que *malè animata fuerat ergà fratrem,* c'est sur les preuves,
sur les indices, sur les conjectures, *quod cognoverat, nec
indicaverat,* que son ingratitude fut constatée.

Poussons nos raisons plus loin, & disons que l'information étant close & parfaite, & les preuves claires, évidentes
& démonstratives ; l'heritier *ex testamento* ou *ab intestat,* qui
cache & qui retire l'assassin ou le meurtrier du défunt, blesse
tout-à-coup les Loix Civiles, attaque l'honneur & la memoire de son parent ou de son bienfaîteur, & viole en même-
tems la pieté, le respect, la tendresse & la consideration qu'il
devoit avoir pour lui, en recevant dans sa maison ce meurtrier, les mains encore teintes du sang de celui à qui il
doit succeder en qualité d'heritier écrit, ou de successeur
ab intestat ; n'est-ce pas mettre le comble à l'ingratitude & à

la perfidie ; & ne doit on pas préfumer qu'il eft complice , &
particeps homicidii ? Eft-il une injure plus atroce faite à la
memoire du défunt : en faut il d'avantage pour rendre cet
heritier indigne de la fucceffion qu'il auroit recuëillie ; s'il
n'avoit pas fait connoître par fes démarches & fes actions,
qu'il fouhaitoit que le Défunt fut affaffiné, ou qu'il mourut
promptement pour joüir defpotiquement de fon heritage.

Enfin Mr. Cujas nous aprend , que l'heritier qui ne venge
pas la mort du Défunt , lorfqu'il ne peut ignorer qu'il a été
affaffiné *indignus eft*, que la même chofe a lieu, *fi omiferit, ne-*
glexerit; la circonftance d'avoir reçû & retiré dans fa maifon ,
ne forme-t elle pas une preuve complete de fa negligence criminelle, à pourfuivre celui qui a tué fon parent ou fon bienfaîteur ? La verité du fait qui le concerne étant conftatée , ne
doit-elle pas le faire priver de la fucceffion du Défunt ? Surquoi fondé , fa maifon devient-elle un azile pour ce meurtrier ? Pourquoi le reçoit il chez lui ; craint il qu'il foit condamné au dernier fupplice ; veut-il l'arracher aux peines que
les Loix infligent aux affaffins ; ne doit-il pas craindre plûtôt, que le public ne foit perfuadé qu'il eft complice du meurtre ; puifque fur la nouvelle que fon parent ou fon bienfaîteur a été affaffiné , il retire dans fa maifon , celui qu'il devoit pourfuivre en juftice pour le faire punir , fuivant la qualité du crime qu'il vient de commettre ; n'eft-on pas endroit
de dire contre lui , qu'il a comploté la mort du Défunt avec
le meurtrier, puifque la Loi 7. décide en pareil cas, *perfonam*
fpectandam effe, an potuerit facere, & an ante quid fecerit, &
an cogitaverit. Il n'eft certainement perfonne qui ne croye
qu'il n'a reçû ce meurtrier dans fa maifon , que parce qu'il a
réflechi à fes interêts, qu'il a fçû le meurtre commis en la
perfonne du Défunt, qu'il a vû l'Affaffin fe retirer dans fa
maifon, & qu'il ne l'a pas fait arrêter ; parce que tout étoit
concerté entre eux ; c'eft ce que dit Fulbert Evêque de
Chartres dans une de fes Lettres , *quia fcivit infidias illi præ-*
tendendas nec patefecit , deinde quod infidiatores ejus quæ diftur-
bare potuit , non difturbavit ; fed & præfentia fua domum ex

In recitat. fo-
lemnib. ad L. 3.
17. *& 2*o.
Dig. de his
quib. ut indign.

Dig. ad Leg.
Jul. majeft.

Epift. 60. *ad*
Lentericum Ar-
chiepifc. Seno-
nens.

qua S. Ecclesia nostra servire debuerat, eis receptandis dolosè vacuam fecit.

C'est donc une verité constante, apuyée sur les Loix, sur les Docteurs, & sur la maxime des Arrêts, que l'heritier nommé ou *ab intestat*, qui a caché & retiré le meurtrier du défunt dans sa maison, doit être privé de son heritage, à cause de son ingratitude, de sa negligence, & de son impieté, de ne s'être point mis en état de faire arrêter ce meurtrier qui s'est refugié chez lui, ni de poursuivre la vengeance de sa mort. Negligence criminelle & inexcusable, qui n'a pour principe que la perfidie, & la complicité dans laquelle on présume aisément qu'il a trempé; sur-tout lorsque le meurtre a été fait en plein jour dans un endroit public, & qu'il ne peut ignorer; à moins que le meurtrier n'eut été lui même attaqué par le Défunt avec une épée, un pistolet & un fusil, parce que dans une pareille conjoncture, il est permis de repousser la force par la force, qu'il peut arriver que ce meurtrier après avoir tué son agresseur, ait jugé à propros de se retirer dans la premiere maison qu'il a trouvée ouverte, pour éviter d'être arrêté, & que cette maison est celle de l'heritier du Défunt.

CHAPITRE II.

Si un frere ayant sçû le dessein qu'un étranger avoit de tuer son frere, & ne l'ayant point declaré ni revelé, doit être privé de sa succession; & s'il peut être convaincu d'indignité à cause de son silence.

LA question que l'on va traiter, est très notable & a un grand enchaînement avec les deux précedentes. Avant d'entrer dans l'examen de cette question, il est necessaire d'établir un grand principe de droit, d'où dépend la décision.

Dig. ad Leg. Pomp iam de Parricid.

La Loi 2. veut, que le frere qui sçait que son frere devoit être empoisonné par un Medecin qu'il a appellé pendant sa maladie, & qui le lui a caché doit être condamné à l'exil,

parce

parce qu'il est à préfumer que ce frere a confpiré contre la
perfonne de fon frere ; puifqu'il ne lui a pas revelé que ce
Medecin avoit refolu de l'empoifonner : c'eft ce qui eft décidé
formellement par les Loix 6. & 7. fous le même titre qui
le regardent comme complices ; lorfqu'il eft affuré que le
breuvage empoifonné qu'on doit lui faire prendre, eft pour
le faire mourir dans le moment.

Ce principe pofé, comme une regle generale obfervée dans
tous les païs de l'Europe regis par le Droit Romain, on doit
l'apliquer à un frere, lequel ayant fçû le deffein qu'un étranger avoir formé de tuer fon frere, & ne l'ayant ni déferé, ni
revelé, doit être privé de fa fucceffion à caufe de fa perfidie,
qui eft en horreur à tout le monde ; fur-tout à l'égard d'un
frere dont il eft l'heritier *ab inteftat*. Cette perfidie ne met-elle
pas le comble à fon ingratitude ? Le filence myfterieux qu'il
garde, dans le tems que cet étranger lui a declaré fon deffein,
n'eft-il pas une injure atroce qu'il fait au Défunt ? Toutes les
préfomptions, tous les indices, toutes les conjectures concernant ce meurtre réünies enfemble, ne concourent elles pas
à faire préfumer qu'il a comploté avec cet étranger l'affaffinat
de fon frere ? Peut-on en douter après l'Arrêt rendu par le
Parlement de Paris, le 13. Mars 1608. qui eft raporté par
Brodeau fur M. Loüet ? Dans quelle vûë, & à quelle fin Lett. S. Som;
a t-il caché les embûches & le projet du meurtrier ? Les cir- 10.
conftances qui précedent & qui accompagnent le meurtre, ne
portent-elles pas un témoignage contre lui ? La Loi 2. que
l'on a citée plus haut, ne condamne-t-elle pas ce frere à l'é-
xil *ad tempus* ? L'Arrêt qu'on trouve dans Brodeau en l'endroit allegué, n'eft il pas fondé fur la difpofition de cette
Loi ? Cet Auteur l'attefte en termes formels, lorfqu'il dit
(en quoi la Cour par fon Arrêt s'eft entierement conformée
à la difpofition du Droit en la Loi 2.) *ad Leg. Pompci. de Par-*
ricid. Eft-il un motif plus puiffant que celui là, puifque ce
frere *habuerat fcientiam & confcientiam criminis* ; encore une
fois pouvoit-il faire une injure plus atroce à fon frere, que de
ne lui pas reveler le deffein de cet affaffin ? En un mot, ne doit-

G g

il pas être regardé comme complice du meurtre, puisqu'il se rend en quelque maniere par son silence, l'Auteur & la cause de sa mort, suivant la décision de la Loi *Lucius titius 9.* l'autorité de la Glose & de tous les Docteurs & Interprêtes.

Dig. de Jur.
§sii.

C'est donc la perfidie du frere qui a dissimulé à son frere le dessein qu'on avoit de l'assassiner, c'est parce que *ingratus & impius fuit adversus fratrem*, qu'il a été declaré indigne & incapable de lui succeder; c'est parce qu'il paroît au premier coup d'œil, qu'il n'est pas possible qu'un frere souffre qu'un étranger tuë son frere, après qu'il lui en a communiqué son projet; c'est enfin, parce qu'il ne s'est pas oposé à l'execution de ce dessein, qu'il ne s'est pas mis en état de venger la mort de son frere, & qu'il a par là manifesté sa perfidie, qu'il est privé de sa succession; *tamen*, disent les Empereurs Diocletien & Maximien, *si interitum non fuerint ulti, successionem obtinere non possunt*, & pour me servir ici de l'expression de Godefroy, *scientia delicti contrahendi punitur, L. 6. l. 7. ff. ad Leg. Pompei. quin & is qui potuit prohibere, nec prohibuit;* il faut donc conclurre de tout ce que l'on vient de dire, qu'un tel frere doit être en execration à tout le genre humain, & qu'il n'est personne qui ne soit indigné de sa conduite, de son silence, & de sa perfidie, de ne pas reveler le dessein formé contre lui, & ne pas déferer en Justice le meurtrier, pour l'empêcher de l'assassiner; en sorte que son impieté, son avarice, & l'envie qu'il a de voir perir son frere par le fer, par le poison, doit le rendre indigne de sa succession, ayant gardé un trop profond silence là-dessus.

Leg. sororem
Cod. de his quib.
ut indign.

Note *D. in*
cap 8. Novell.
117.

CHAPITRE III.

Si les enfans de celui qui a fait tuer son frere, peuvent nonobstant son ingratitude & son indignité, être admis à la succession de leur oncle, ou si elle doit apartenir aux parens qui sont dans un degré plus éloigné.

CEs deux questions qui n'en font qu'une, a été jugée solemnellement par la Chambre de l'Edit du Parlement de Paris, le 7. Août 1604. ainsi que le remarquent M. Loüet, & après lui son Commentateur. *Litt. S. Som. 10.*

Dans l'espece de cet Arrêt qui a jugé que les enfans de celui qui avoit fait tuer son frere, étoient indignes de succeder à leur oncle assassiné par l'ordre de leur pere, & que les cousins germains devoient recüeillir la succession du Défunt, quoique dans un degré plus éloigné de parenté ; dans l'espece de cet Arrêt, dis-je, on a jugé avec beaucoup de raison & d'équité que *factum patris est factum filii*, que celui qui ne peut pas succeder directement au Défunt, parce qu'il l'a fait assassiner, ne peut pas faire admettre après sa mort ses enfans, quoiqu'ils soient neveux du frere qui a été tué ? Est-il plus juste que l'ingratitude du pere, & son impieté dans le meurtre qu'il a fait commettre en la personne de son frere, profite à ses enfans ? Y a-t-il un droit de representation en pareil cas, pour que le fils puisse succeder à son oncle, que son pere a fait tuer, contre la disposition expresse de la Loi *cum ratio 7. §. 4. ex his quæ per flagitium damnatus acquisiit, portiones liberorum non augentur.* *Dig. de bon. damnator.*

Cette maxime est si certaine, que M. le Président Boyer assûre, que non-seulement le meurtrier est indigne & incapable de succeder à son frere qu'il a tué, *etiam heredes sui, talium turpiter quæsitorum, quæ ab eis tanquam ab indignis auferuntur*, & au n. 14. il s'explique encore plus nettement en *Décis. 25. n. 8.*

ces termes : *concluditur ergo quod licet homicida & ejus filius nepos occifi, poffint fuccedere eidem occifo ; tamen ratione indignitatis & incapacitatis eorum portio, feu pars tanquam ab indignis aufertur, & fifco applicabitur, aliis non exiftentibus fratribus & confanguineis, ut dictum eft, & ita alias fuit per Arreftum Curiæ Parlamenti Parifienfis judicatum, ut refert aufrer. in quarta parte de Arreft. quæft.* 130. C'eft encore ce qui nous eft attefté par Joann. Galli *quæft.* 146. Enfin ces Arrêts ont été fuivis par celui que raporte ce fçavant Magiftrat, rendu par le Parlement de Bourdeaux au même nombre. En forte que l'on peut dire à cet effet, que c'eft là une maxime confacrée par une Jurifprudence depuis plus de trois fiécles, par les Parlemens de Paris & de Bourdeaux ; & qu'ainfi y ayant *rerum perpetuò fimiliter judicatarum auctoritas*, elle doit avoir force de Loi, & qu'on ne peut ni contefter ni combattre. Quelle injure, quelle ingratitude n'eft-ce pas à celui que les Loix du fang & de la nature apellent à la fucceffion de fon frere, de le faire tuer ? Eft-il raifonable, eft-il jufte que fes enfans quoique neveux du Défunt, viennent *ad bona fcelere quæfita* ? La fource impure du meurtrier, ou de celui qui a fait affaffiner fon frere, ne les rend elles pas indignes de la fucceffion, ne viennent-ils pas *ex radice infecta* ? Ne feroit-il pas ridicule que le meurtrier d'un homme, *qui quandam patitur injuriam vel jacturam*, pour me fervir des termes de l'Empereur Juftinien, étant indigne de lui fucceder, & fon ingratitude l'ayant privé de la poffeffion des biens de fon heritage, ne feroit-il pas ridicule, dis je, que lui en étant exclus, fes enfans neveux fuffent en droit de recüeillir cet heritage ? Une femblable propofition n'eft-elle pas condamnée par l'Illuftre & fçavant M. Loüet en l'endroit allegué *faut noter*, dit-il, *que les enfans qui font exclus*, vivente adhuc matre, licet condemnata per Sententiam, *de laquelle il y avoit appel* & morte pendant icelui appel ne pouvoient ex fuo capite *venir à la fucceffion, parce que le mort faifit le vif, & venant à la fucceffion par le moyen de leur mere*, iniquum fuiffet *de fucceder au Défunt homicidé par le moyen de la meurtriere*, parce que venant à la fucceffion, *non tam jure fuo* que par reprefentation de leur pere ou mere dont ils font les images ; on verroit dans la même fucceffion les biens de celui qui a été tué, & les biens du meurtrier ; & ce feroit donner indirectement une recompenfe au crime, & ouvrir la porte à l'impunité des meurtriers & des affaffins ; ce qui eft apuyé fur la maxime du Droit *patris & filiorum una fucceffio, unum Patrimonium, continuatio Dominii ;* d'autant plus que l'équité naturelle veut *ut parentum fucceffio & hereditas, liberis & hereditas addicatur ;* en forte que par le droit de reprefentation (s'il avoit lieu) en faveur des enfans du meurtrier, ou de celui qui a fait tuer fon frere, les deux fucceffions feroient confonduës, & ne feroient qu'un feul & même Patrimoine *in necem* des autres parens, qui quoique dans un degré plus éloigné, n'étant ni complices, ni participans au crime, doivent être preferés aux enfans de ce frere neveu du Défunt.

CHAPITRE IV.

Si le mari qui tuë fa femme qu'il a furprife en adultere, eft privé de la Donation mutuelle, à caufe de fon ingratitude.

LA queftion que l'on va examiner eft fi notable, que je ne puis me difpenfer de la traiter dans ce Chapitre, avec beaucoup d'exactitude & de circonfpection.

Avant d'entrer dans l'examen de cette queftion, il eft neceffaire d'établir un principe de Droit.

Ce principe eft apuyé fur une des Loix qui font fous le titre du *ff. de Negot. geft.* qui décide que *nemo ex fuo facinore, five ex fua improbitate, lucrum & commodum reportare debet.* Suivant ce principe, il eft conftant qu'il n'eft point permis au mari de tuer fa femme, quoiqu'il l'ait furprife en adultere ; mais fi cela arrive, la douleur peut en quelque maniere excufer

Leg. 23.

le meurtre qu'il a commis ; parce qu'on doit paſſer quelque
choſe à un mari, qui dans le premier mouvement de colere,
ſe voyant deshonoré par ſa femme qui viole la foi Conjugale,
& ſoüille le lit nuptial, la punit de ſon crime en lui donnant
la mort ; mais il n'eſt ni juſte ni raiſonnable, qu'il retire
aucun profit, ni aucun avantage du meurtre ; de ſorte que *licet dematur pœna, tamen remanet culpa*, ſuivant la déciſion
d'une des Loix ſous le titre du *ff. de Legat.* 10.

Leg. Ult.

Eſt-il poſſible qu'un mari ſe faſſe juſtice lui-même par un
meurtre qu'il ne devoit pas commettre, quoique ſa femme ait
bleſſé ſon honneur ? Le cas eſt veritablement digne de la
grace du Prince ; mais la grace qui lui eſt accordée, doit-elle
tourner à ſon avantage, contre la diſpoſition expreſſe de la
Loi *ſi ab Hoſtibus* §.1. *non enim æquum eſt mulierem ob facinus,
ſuum dotem lucrifacere.* C'eſt encore ce qui nous eſt apris par
M. Cujas *aliud tamen dicendum*, dit-il, *ſi maritus uxorem
occiderit, aut ejus dolo interierit, tum dos non fiet caduca,
ſed reddetur uxoris heredibus.*

Dig. ſolut. ma-
trim.

In recitat ſo-
lemnib. ad Leg.
3. 17. & 10. ff.
de his quib. ut
inaign.

Ce profond Juriſconſulte va plus loin, dans le même endroit, il ajoûte *vel etiam ſi ipſe uxorem occiderit, auferetur hoc
caſu quaſi indigno, ſed tamen fiſco non vindicabitur, ſed rema-
nebit apud heredes mulieris.* Qu'on me diſe pourquoi le mari
ſe rend indigne de ſa ſucceſſion de la femme qu'il a tuée, parce qu'il la ſurpriſe en adultere ? Surquoi cette indignité eſt-
elle fondée ? N'eſt-ce pas ſur ce qu'ayant pû, & étant même
obligé de faire apeller des témoins pour les faire dépoſer en
Juſtice, ſur l'accuſation qu'il eſt en droit d'intenter contre
ſon épouſe ; il n'a pas voulu la pourſuivre, ni la faire condamner à la peine que les Loix infligent à la femme, qui violant la foi conjugale, merite d'être enfermée dans une maiſon ou Communauté Religieuſe ; mais ſuivant, dans cette con-
jonꞓture, les premiers mouvemens de ſa douleur, & de ſon infamie, il a voulu la ſacrifier par un meurtre volontaire au des-
honneur dont elle le couvre.

Dans des circonſtances ſi funeſtes, & ſi accablantes pour
un mari plein d'honneur & de probité, lui eſt-il permis de

venger lui-même l'injure qui lui est faite par cette femme in-
fidelle ? Peut-il tremper ses mains dans le sang de cette épouse ?
Peut-il ignorer qu'il perd par ce meurtre, & la Donation
mutuelle, & les avantages stipulés par le Contrat de Mariage,
selon la Doctrine de Dumoulin ? Ne sçait-il pas qu'il a été
rendu un Arrêt en pareil cas, raporté par Belut dans ses Annotations sur le Traité du Droit de Batardise de Bacquet ;
conforme au sentiment de Benedictus *verbo mortuo itaque tes-*
tatore & verbo cuidam petro tradiderunt ; conforme à l'autorité d'Alexandre, *lib.* 7. de Dumoulin sur ce Conseil en ses
Notes, & de Dece dans son Conseil 525. n'est ce pas-là *atro-*
cem injuriam in uxorem effundere pour me servir des termes de
la Loi *Generaliter* ? Cet Arrêt étant apuyé sur ce que la Loi
3. *ff. de his quib. ut indign.* décide que si la femme vient à
mourir par la negligence, ou par la faute de son mari, ayant
été institué son heritier universel, soit parce qu'il n'a pas appellé les Medecins pendant le cours de sa maladie, ou qu'il
en ait fait venir un très-ignorant dans sa profession ; ce mari,
dis-je, est indigne de l'heritage de son épouse *quia atroces in-*
jurias in eam effundit ? On ne peut donc pas douter que le
mari qui tuë sa femme surprise en adultere, tombant dans le
cas de l'ingratitude & de l'indignité, est privé de la Donation mutuelle ; d'autant plus que l'usage observé à Toulouse
& à Cahors, veut que le mari qui tuë sa femme, ou qui l'a
fait tuer *nihil lucretur*, & qu'il est privé & exclus de tous
les avantages nuptiaux ; il doit demeurer pour constant que
ce mari qui se rend le meurtrier de sa femme, dans quelle
conjoncture que l'un ou l'autre se trouve, est indigne de la
Donation-mutuelle, & de tous les autres avantages nuptiaux;
d'autant plus que M. le Président Boyer assûre que le mari
est privé de la succession de sa femme, *etiam conjunctis defi-*
cientibus, lorsqu'il la tuë sans aucune limitation ni exception.

Sur la Coû-
tume de Bour-
bonnois art.
229.

Chap. 12. n.
26. *in* 1. n. 34.
& n 88.

Conf. 123.

Cod. de revo-
cand. Donat.

Décis. 25. n.
4.

CHAPITRE V.

Si celui qui tuë son plus proche parent doit être exclus de son heritage, à cause de son indignité.

LA Novelle 118. de l'Empereur Juſtinien apelle à la ſucceſſion *ab inteſtat* du Défunt, le plus proche parent en défaut des freres. Ce qui eſt autoriſé par la Doctrine de Godefroy ſur cette Novelle. *Adgnati non ſunt potiores (quoad jus ſucceſſionis attinet) cognatis & ita abrogatur L. 5. Cod. de legitim. heredib.* Ce qui encore apuyé ſur le §. 3. aux Inſtitutes en ces termes : *ideo nos in plenum omnia reducentes & ad jus 12. tabularum eandem diſpoſitionem exæquantes noſtra conſtitutione ſancimus, omnes legitimas perſonas (id eſt ſive maſculini generis ſive fœmini ſint) ſimili modo ad jura ſucceſſionis legitimæ ab inteſtato vocari, ſecundum ſui gradus prærogativam, nec ideo excludendas, quia conſanguinitatis jura ſicut germana non habent.*

Ces principes poſés ; on ne peut revoquer en doute, que le plus proche parent qui eſt le meurtrier de celui qui l'eſt au même degré, eſt ſon heritier légitime ou *ab inteſtat*, & que ceux qui ſont dans un dégré plus éloigné ne peuvent pas leur conteſter cette qualité : mais le meurtre qu'il a commis en la perſonne de ſon plus proche parent, le rend indigne de cette ſucceſſion ; ainſi que nous l'aprend M. le Préſident Boyer en ſa Déciſion 25.

Eſt il juſte que celui qui a violé les Loix du ſang & de la nature, par le meurtre qu'il a commis de ſon plus proche parent, lui ſuccede *ab inteſtat* ? Devoit-il attenter à ſa vie, s'il vouloit être ſon heritier, ſuivant la Novelle 118 ? Surquoi fondé, a t-il pû lui dreſſer des embûches, & lui arracher la vie ? Lui eſt-il permis de prendre la qualité de ſon ſucceſſeur *ab inteſtat* ; tandis qu'il a les mains teintes du ſang de ſon couſin germain, ou de ſon frere ? Qu'elle injure plus atroce

troce pouvoit-il lui faire, que de le tuer pour devenir plûtôt
fon heritier légitime, lui qui devoit attendre qu'il mourût de
mort naturelle ? Son avidité devoit-elle le porter à faire ce
meurtre, ou à tomber dans ce fratricide ? Les Loix & les
Docteurs s'arment de toute leur feverité, pour punir un meurtrier de cette efpece ; & il n'en eft aucun qui ne l'ait decidé
en termes formels ; on n'a qu'à prendre la peine d'en voir
les autorités dans M. Boyer en l'endroit allegué, & la Loi
Lucius titius 9. le décide précifement.

Difons plus ; eft-il permis au plus proche parent d'empoifonner celui à qui il eft endroit de fucceder ; ne fçait-il pas
que la Loi *Lucius titius* qu'on vient de citer le défend très-
fûrement, & que dans ce cas il eft privé de la fucceffion de
fon plus proche parent qu'il a fait mourir par le poifon ; M.
Cujas décide encore la même chofe. *In hac Lege oftenditur,*
dit-il, *ei qui teftatorem veneno fuftulit, non tantum auferri
quafi indigno portionem hereditatis, ex qua directo ab eo heres
inftitutus eft, L. 1. L. tit. L. Ult. T. de bonis damnator, fed
etiam omnia bona Defuncti teftatoris, quæ per fucceffionem ad
eum pervenerint,* ce que l'on doit entendre de l'heritage *ab
inteftat,* qu'il a pû recüeillir indirectement, quoique confondu dans celui auquel il a fuccedé. Ce grand homme en
donne la raifon quelques lignes plus bas, où après avoir expliqué la même Loi *Lucius titius* 9. *bona autem in hac fpecie
ea intelliguntur fcelere quæfita, quæ morte mariti portionati ab
ea dolo malo, &c.* Maxime qui s'aplique au frere, ou au coufin germain, qui a empoifonné ou fait empoifonner fon plus
proche parent, en vûë de joüir plûtôt de fon heritage ; parce
que dans ce cas on peut lui dire *nihil intereft occidat quis, an
mortis caufam præbeat,* & que c'eft la même chofe d'empoifonner fon frere ou fon coufin germain, ou de le faire empoifonner ; puifque dans l'un & l'autre cas *atrocem injuriam in
eum effundit, & manus impias infert.* d'où il fuit que fon ingratitude le rend indigne, & de l'heritage, & de tous les
avantages qu'il en voudroit retirer directement, ou indirectement.

Dig. de juré fifc.

In L. 9. ad tit. de jur. fifc.

Dig. de jur. fifc.

H h

CHAPITRE VI.

*Si le fils qui a été inftitué heritier par la perfonne que fon
pere a tué, eft indigne de l'heritage, parce qu'il ne
pourfuit pas la vengeance de la mort du Défunt, contre fon meurtrier.*

L A queftion que l'on va traiter eft bien differente de celles que l'on vient d'examiner. Dans celle-ci il s'agit d'un
fils qui fe trouve dans une conjonĉture très-delicate, & pe-
rilleufe. Il a d'un côté la mort du Défunt à venger, contre
celui qui l'a tué, pour ne fe pas rendre indigne de l'heritage
auquel fa qualité d'heritier l'apelle. D'un autre côté s'il pourfuit la vengeance de cette mort contre le meurtrier, il devient
lui-même le meurtrier & le parricide de celui qui l'a mis au
monde ; de forte qu'à tous égards *undiquè funt ambages* pour
ce fils infortuné.

　　Il femble d'abord que le fils inftitué heritier par celui que
fon pere a affaffiné, ne peut fe difpenfer de pourfuivre le
meurtre commis en la perfonne du Défunt ; quoique le meurtrier foit le pere de cet heritier, parce que s'il neglige de le faire,
il tombe dans le cas de la difpofition des Loix qui font fous
les titres du Digefte & du Code, qui s'arment de toute leur
feverité, contre les heritiers inftitués, & les heritiers *ab inteftat* qui ne pourfuivent pas en Juftice la punition de ceux
qui ont tué leurs bienfaiteurs, ou leurs plus proches parens.
Cependant comme le cas dont il s'agit dans la queftion que
je difcute, n'eft pas le même que les autres dont il eft parlé
dans ces Loix, parce que dès que le Défunt qui a inftitué
ce fils heritier, n'a pas changé de volonté, dès qu'il meurt
fans avoir revoqué fon Teftament ; il eft cenfé *remififfe injuriam* felon la Doĉtrine de Balde, *in L. Athleta* §. *Dat re-
miffionem verfic. extra nota quod argumento hujus textus* ; en

*De his quae ut
indign & de his
quib. ut indig-
nis.*

*Dig. de ex-
cufat. tutor.*

forte que ce fils dans une conjoncture auffi délicate , ne doit
point craindre que les parens de celui que fon pere a tué ,
foit avec une épée , ou armes à feu , foient en droit de
le faire déclarer indigne de l'heritage , auquel le Défunt
l'a apellé en l'inftituant fon heritier par fon Teftament ; parce
que fa qualité, celle de fon pere,& la volonté nixe & conftante
du Défunt , le garantiffent de la feverité & de la difpofition
des Loix , s'il neglige de pourfuivre la vengeance de fa mort ;
c'eft ce qui nous eft apris par Alberic de Rofat , & Jafon *in*
prima limitat. Sur la même Loi conforme à la Doctrine de
M. le Préfident Boyer. La raifon qu'en donne ce judicieux
Magiftrat , c'eft qu'il en eft de même dans ce cas , que de celui du fils qui a tué le Défunt , après que fon pere a été inftitué fon heritier, *quod non teneatur pater ulcifci necem Defuncti*
contra filium ; on peut encore en donner une autre raifon
prife de ce que *pater & filius cenfentur una eademque perfona* ,
& que l'on ne doit point venger la mort du Défunt qui a été
tué par le pere ou par le fils , d'une maniere que l'un fe rende
l'accufateur de l'autre ; puifque celui qui a été ou empoifonné
ou affaffiné , ayant eu encore quelques jours à vivre , n'a point
inftitué un autre heritier , ni obligé cet heritier par fon Teftament de venger fa mort , à peine d'être privé de fon heritage , condition qui d'ailleurs paroiffoit illicite , y ayant un
vengeur public , fçavoir le Procureur General du Roy ou fes
Subftituts , qui dès que le crime eft public , ou qu'il leur eft
connu , font obligés d'en pourfuivre la vengeance fuivant les
Loix Romaines , & les Ordonnances de nos Rois.

C'eft donc une verité conftante que le fils qui a été inftitué par le Défunt que fon pere a tué ou empoifonné , ne
tombe pas dans le cas de l'ingratitude ou de l'indignité , s'il
ne pourfuit pas la vengeance de la mort du Teftateur , parce
que c'eft une maxime conftante qui eft marquée par Godefroy
patris cafus filio nec nocet , nec prodeft apuyée fur la Loi 2. §. 7.
ff. de decurionib. nullum patris delictum filio pœna eft.

In L. 1. ff. de
bis quib. ut in-
dign.
Décif. 251 n:
13.

In L. 7. §.2:
lib. 1. tit. 9. ff.

H h ij

CHAPITRE VII.

Si l'homicide est indigne de la succession de celui qu'il a
tué , & s'il peut être institué heritier par le successeur
du Défunt , à cause de son ingratitude & de son in-
dignité.

De his qui-
bus ut indign.
& de his quæ
ut indign.

Cod de revo-
cand. Donat.

O N a cru que les deux questions que l'on va traiter dans
ce Chapitre , devoient être confonduës , parce qu'elles
dépendent en quelque maniere des mêmes principes ; on
le verra par les raisons & les autorités sur lesquelles on les
apuye.

Les Loix Civiles qui font fous les titres du Digeste & du
Code , décident formellement que l'homicide est indigne de la
succession de celui qu'il a tué par le fer ou par le poison , soit
parce que suivant la Loi *Generaliter , atrocem injuriam in eum*
effudit , soit parce que *manus impias in eum intulit* , ce que
l'on doit regarder comme le comble de l'ingratitude & de
l'incapacité , pour le priver de l'heritage de celui dont il a été
le meurtrier ou l'homicide.

Ce principe posé , comme universellement observé dans
tous les Etats de l'Europe , où le Droit Romain est suivi ;
peut-on douter que cet homicide quelque raison qu'il allégue,
pour colorer le crime qu'il a commis en la personne du Défunt , dont il étoit l'heritier *ab intestat* , ou qui l'avoit institué son heritier universel par son Testament ; peut-on douter , dis-je , qu'il n'est , ni suppofition , ni vraisemblance , qui
le garantisse des traits de l'ingratitude qui le rend indigne &
inhabile de la succession à laquelle il étoit apellé , soit par
les Loix Civiles , soit par la derniere disposition de son bienfaiteur ? La haine qu'il a fait éclater contre le Défunt , & l'i-
nimitié qui s'est ensuivie entre l'homicide , & celui qu'il a fait
perir par un coup qu'il lui a porté , par une ingratitude & une
perfidie fans exemple , peuvent-elles lui fervir d'excuse pour

le mettre en poſſeſſion des biens de celui ſur lequel il a porté
ſes mains impies ? Eſt-il quelque motif aſſez puiſſant qui l'ait
ſuſcité à le faire ? A-t-il pû l'empoiſonner, ou lui faire ad-
miniſtrer un breuvage, une boiſſon, une liqueur qui l'ait pré-
cipité dans les horreurs d'une mort funeſte, pour s'emparer
auſſi-tôt de ſon heritage ; les biens du Défunt dont il eſt l'homicide volontaire, ne ſont-ils pas à ſon égard *bona ſcelere
quæſita* ? Et doit-il eſperer une récompenſe de ſon crime auquel il a refléchi depuis ſi long-tems, par les embûches qu'il a
dreſſées au Teſtateur, ou à ſon parent, pour ſe défaire de
lui.

Pouſſons ces reflexions plus loin, & diſons que quand même le parent ou le Défunt, dont le meurtrier ou l'empoiſonneur a anticipé la mort, auroit dit quelques injures à ſon parent qui doit être ſon heritier légitime, ou à celui que l'E-
tranger avoit inſtitué ſon heritier par ſon Teſtament ; eſt-il
permis à l'un & à l'autre de ſe venger de cette injure, par le
glaive ou par le poiſon ? La reconciliation qu'il y a eu entre
l'homicide & le Défunt, ne devoit-elle pas lui faire abandonner le pernicieux deſſein de le tuer ou de l'empoiſonner ?
Surquoi fondé, a-t il pû après cette reconciliation, commettre le forfait qui a tranché le cours de la vie de ſon parent,
ou de cet Etranger qui l'a inſtitué ſon heritier ? Sa cruauté,
& ſa perfidie, meritent elles le ſecours des Loix, pour rendre
ſon meurtre impuni ? Il s'enſuit donc de-là que ce meurtrier,
ou cet empoiſonneur s'eſt rendu indigne de l'indulgence des
Loix, qui n'accordent grace qu'à ceux qui par un cas fortuit
& imprevû, commettent un homicide que la prudence humaine n'a pû, ni prévoir ni prévenir ; & qu'ainſi on peut
s'apliquer à l'un & ou à l'autre ces paroles priſes d'une des
Loix Civiles *ne ad bona per flagitium quæſita veniat*, n'y ayant
que le crime de Leze-Majeſté qui puiſſe rendre un homicide
digne du pardon, & de la grace du Prince ou de la Republique.

La même raiſon qui rend le meurtrier ou l'empoiſonneur
indigne de ſucceder *ab inteſtat* au Défunt, ou de joüir des

*L. Ult. §. præ-
terea de bon.
damnator. au ff.*

biens de l'heritage qui l'avoit inftitué fon heritier univerfel ;
la même raifon, dis-je, le prive du benefice de pouvoir être
inftitué heritier par celui qui a fuccedé au Défunt, ni par
Teftament, ni *ab inteftat* ; en forte qu'il ne peut être regardé
comme tel, ni en prendre la qualité ; parce que (felon la
Cap. 6. de bis Doctrine de Cancerius *variar. refolut.* & du fieur Duperier
quib Nº. 11. dans fes décifions, liv. 4. n. 150.) il ne peut fucceder, ni
Tome II. de mediatement, ni immediatement à celui qu'il a fait mourir,
fes Oeuvres, par le fer ou par le poifon, lorfque le crime eft conftaté, &
pag. 190. qu'il a été déferé en Juftice. Ce que, j'eftime, être fondé fur
L. 194. ff. de cette regle de Droit *qui per fucceffionem quamvis longiffimam*
regul. jur. *Defuncto heredes conftiterunt, non minus heredes intelligun-*
tur, quam qui principaliter heredes exiftunt. D'autant plus qu'il
n'eft pas jufte que ce meurtrier ou empoifonneur *cum damno*
alterius locupletem fieri, que l'heritage du Défunt étant confondu avec celui de fon heritier, ne font cenfés qu'un feul
& même patrimoine, & que l'un ou l'autre viendroit dans
cette conjoncture *ad bona per flagitium quafita.*

CHAPITRE VIII.

Si le frere fubftitué à fon frere en cas de mort, l'ayant tué
ou empoifonné, eft indigne de lui fucceder, ou fi la fubf-
titution doit avoir fon effet nonobftant fon ingratitude.

LEs deux queftions que l'on va examiner font des plus
notables de celles qui doivent entrer dans ce Traité,
mais comme leur décifion eft apuyée fur les mêmes raifons,
& fur les mêmes autorités, on les difcutera en très-peu de
mots.

C'eft un principe de Droit que *nemo debet recipere meritum*
ex maleficio fuo, parce qu'il n'eft pas jufte *ob facinus fuum*
L. 10. §. 1. *aliquid lucrifacere*, fuivant la difpofition d'une des Loix fous
le titre du *ff. folut. matrimon.*

Ce principe pofé; il eſt certain que l'aplication s'en fait naturellement aux queſtions que l'on traite. Le Fondateur du
Fideicommis n'a ſubſtitué un frere à l'autre en cas de mort,
que lorſque le premier viendra à mourir de mort naturelle,
& non par les mains meurtrieres de ſon frere qui lui eſt
ſubſtitué, ſoit par un coup d'épée, ou autres armes, ou
par le poiſon qu'il lui a fait prendre, ou qu'il lui a fait
donner; car ſi le mari qui a tué ſa femme, & qui par une
Loy particuliere, ou par le Statut d'une Ville ou d'une Province *dotem lucrari meruit* après la mort de ſon épouſe, s'en
rend indigne à cauſe de ſon ingratitude *quia manus impias
in eam intulit*, ſoit quelle vienne à mourir du coup que le
mari barbare lui a porté, ou de la bleſſure qu'il lui a fait, ſuivant l'autorité de Godefroy (pourvû que ce ne ſoit point
dans le cas d'un adultere où elle a été ſurpriſe.) Ne doit-on
pas dire la même choſe du frere ſubſtitué à ſon frere qu'il a
tué, ou qu'il a fait empoiſonner, peut-on douter que ce frere
atrocem injuriam in eum effudit ? N'a-t-il pas bleſſé, n'a-t-il pas
contrevenu à la volonté du Fondateur de la ſubſtitution, qui n'a
entendu parler dans le cas de mort, que de la naturelle, & non
d'une mort violente par le fer ou par le poiſon? Qu'importe que
le frere ſubſtitué à l'autre l'ait ſeulement bleſſé, & qu'il ne
ſoit pas mort *eodem inſtanti* ; il ſuffit que la bleſſure qu'il lui
a faite ſoit mortelle, ou quelle ſoit la cauſe, ou le principe
de ſa mort; ainſi que le remarque le Judicieux Interprête
que l'on vient de citer, *quid ſi vulneraverit, idem erit ſi ex
vulnere moriatur ?* Pourquoi ne peut-on pas encore apliquer
cette maxime à ce frere inhumain (quoique ſubſtitué) qui
après avoir fait avaler le poiſon à ſon frere pour recüeillir la
récompenſe de ſon crime, voit à regret que la conſtitution
& la bonté du temperament l'ont empêché de mourir *eodem
inſtanti* ? Il ſuffit qu'il ſoit mort quelques jours après, & qu'il
y ait preuve que c'eſt du poiſon qu'on lui a fait prendre *ut
ſubſtitutionem & actionem amittat.* Parce qu'il en faut toûjours
revenir à ce grand principe de Droit, *nemo debet recipere me-
titum ex maleficio ſuo.*

Note *A. ad
L.* 10. § 1 *ff. ſo-
lut. matrimon.*

Godefroy;
ubi ſuprà. Not:
B.

Le forfait de ce frere a paru si énorme, que la plûpart des Docteurs décident que *frater substitutus in casu mortis non succedit in vim institutionis, interficiendo fratrem cui est substitutus.* La raison qu'en donne M. le Président Boyer est *ne dolus ei prosit* ; d'où il conclud *& sic homicida perdit substitutionem de eo factam post mortem fratris ab eo occisi, & ejus portio accedit aliis fratribus, quia exclusus pro mortuo habetur.*

A toutes ces raisons, j'en ajoûterai une autre qui n'est pas moins essentielle, ni moins décisive. Elle est tirée de la disposition de la Loi *Crimen* 26. dans laquelle le Jurisconsulte Callestratus, dit, qu'il est juste que les criminels ou les malfaîteurs *ex suo admisso, sorti subjiciantur* : Or quelle est la peine attachée au fratricide du frere substitué? Est-il quelqu'un qui ne sçache que c'est l'indignité & la privation du Fideicommis, à cause de son impiété, de son ingratitude envers le Fondateur du Fideicommis, & la cruauté qu'il a exercée envers son frere, qu'il a tué ou fait mourir par le poison; c'est encore son avarice & sa perfidie qui l'ont porté à tuer son frere, ou à l'empoisonner pour joüir du fruit de son iniquité, contre la condition expresse du Fondateur du Fideicommis, qui dans le cas de mort n'a entendu parler que d'une mort naturelle, & non d'une mort violente que lui a causé le frere substitué, par le fer ou par le poison, raisons qui toutes réüniës ensemble, le privent, & de la succession du frere qu'il a tué, & de la substitution en cas de mort.

CHAPITRE IX.

Si celui qui s'est pourvû en cassation du Testament de son pere, peut joüir du benefice de la substitution pupillaire nonobstant son ingratitude.

LA décision de la question que l'on va traiter, dépend de ce grand principe de Droit marqué par Balde, que celui qui attaque ou qui veut faire casser le Testament de son pere, ne peut ni ne doit efperer *ex pupillari & accefforio commodum reportare.*

Ce principe pofé ; on ne peut revoquer en doute que le fils qui pourfuit en Juftice la caffation du Teftament de fon pere, pour lui fucceder *ab inteftat*, & pour le faire annuller, s'il vient à perdre le fruit de fon injufte demande, ne foit privé de l'effet de la fubftitution pupillaire apofée dans le même Teftament en fa faveur ; c'eft la difpofition expreffe de la Loi 22. *is qui contra tabulas*, dit le Jurifconfulte Gayus, *Teftamenti patris bonorum poffeffionem petierit, fi fratri impuberi fubftitus fit, repellitur à fubftitutione ;* c'eft auffi le texte formel de la Loi 8. §. 5. *nec frater impuberis, fi patris non dixit; fed fi in patris obtentum eft, nec hoc valebit.* La raifon qu'en donne le Jurifconfulte dans cette Loi eft *quia pater hoc ei fecit.* *Dig. de vulgari & pupillar.* *Dig. de inofic. Teftam.*

Cette raifon eft fondée fur le §. 2. *tit. de pupillar. fubftitut. duo quodammodo funt Teftamenta, alterum patris, alterum filii, tanquam fi ipfe filius fibi heredem inftituiffet; aut certè unum Teftamentum eft duarum caufarum, id eft duarum hereditatum.* De forte qu'en attaquant la fubftitution pupillaire pour la faire declarer nulle ; on veut par la même voye faire caffer le Teftament du pere : or le fils qui après la mort de fon pere demande la caffation de cette fubftitution, voulant bleffer la memoire de celui qui l'a mis au monde, & la fageffe, l'équité, & le bon ordre qu'il a établi dans fa famille par fon Teftament, fi la demande de la poffeffion des biens de fon pere *contra tabulas*, eft declarée injufte ; quel fruit peut-il efperer de l'injure atroce qu'il fait à celui qui l'a mis au monde ? N'eft-ce pas le comble de l'ingratitude de combattre la derniere volonté de fon pere, contre la Loi des 12. Tables *pater familias uti fuper re tutelare fua legaffet, ita jus efto.* Et contre la difpofition formelle de la Loi 1. *nihil enim eft*, dit l'Empereur Conftantin, *quod magis hominibus debeatur, quam ut fupremæ voluntatis (poftquam jam aliud velle non poffunt) liber fit ftylus, & licitum, quod iterum non reddit, arbitrium*, cette contravention de fa part ne le rend-elle pas indigne de la fubftitution ? Peut-il enfreindre la Loi qu'il lui a impofée *difponat Teftator & erit* *Inftitut. lib. 2.* *Cod. de Sacrof. Ecclef.*

Lex ? Lui eſt-il permis de ſe ſouſtraire à la condition qu'il a miſe à cette ſubſtitution pupillaire, pour devenir plûtôt maître des biens ſubſtitués, & en diſpoſer au gré de ſes déſirs ?

Dig. de vulgari & pupillaris ſubſtitut.

Tout ce que l'on vient d'alleguer pour établir la déciſion de ces deux queſtions, eſt apuyée ſur la diſpoſition de la Loi 22. *is qui contra tabulas Teſtamenti patris bonorum poſſeſſionem petierit, ſi fratri impuberi ſubſtitutus ſit, repellitur à ſubſtitutione.*

Dig. ad Senatus Conſult. Trebellian.

Le Juriſconſulte Papinien décide encore la même choſe en la Loi *ſi Patroni* 55, §. 3. Et il en donne une raiſon que nous ne pouvons ometre, *cur enim non videatur indignus, ut qui deſtituit ſupremas defuncti preces, conſequatur aliquid ex voluntate.* L'ingratitude de ce fils, n'eſt elle pas marquée à des traits qui la rendent bien claire ? Pourquoi attaque-t-il la volonté de ſon pere ? Pourquoi veut-il faire caſſer ſon Teſtament, lorſqu'il eſt revêtu de toutes les formalités requiſes par le Droit Civil ? Eſt-il fondé à demander que la derniere diſpoſition du Défunt ſoit caſſée ? Peut-il dans ces circonſtances rendre la ſubſtitution pupillaire nulle, ſans détruire le jugement que ſon pere a fait par le même Teſtament, concernant cette ſubſtitution pupillaire ? De quel droit peut-il prétendre qu'on lui donne la poſſeſſion des biens *contra tabulas ;* la demande qu'il forme là deſſus ne le rend-il pas indigne de tous les avantages qu'il pouvoit eſperer, en attendant le tems marqué par le Teſtament de ſon pere, pour joüir des biens qu'il lui deſtine par la ſubſtitution pupillaire, à laquelle il eſt appellé, ſi ſon frere vient à mourir dans la pupillarité ? C'eſt la

De legat. præſtand. contr. tabul.

déciſion de la Loi 5. §. 4. *cui conſequens eſt quod Julianus ſcripſit, ſi fratri ſuo impuberi ſubſtitutus ſit, acceperit contra tabulas bonorum poſſeſſionem, denegari ei perſecutionem hereditatis fratris impuberis mortui, cui à patre ſubſtitutus eſt,* ce qui a ſervi de fondement à ce grand principe de Droit établi par Balde, ſur lequel nous avons apuyé notre opinion ſur ces deux queſtions *qui impugnat paternum Teſtamentum, non debet ex pupillari & acceſſorio commodum reportare ;* principe adopté par Godefroy, & ſur lequel il eſt à remarquer que par le mot *acceſ-*

Note A. ad Leg 22. ff. de vulgari.

ſorio, on doit entendre la ſucceſſion de ſon frere pupille à la ſubſtitution duquel il étoit apellé ; ainſi que le porte le texte formel de la Loi 5. au §. 4. que l'on vient de citer, parce qu'en attaquant le Teſtament de ſon pere, il attaque en mê-me-tems celui de ſon frere, qui ne fait qu'un ſeul & même Teſtament *duarum cauſarum, id eſt duarum hereditatum.*

Dig. de Legat.
præſtand.

CHAPITRE X.

Si la veuve qui a pris la Tutelle de ſes enfans, ſe rema-rie ſans avoir fait pourvoir de Tuteur, eſt ſujette aux mêmes peines que celle qui ſe remarie dans l'an de deüil.

QUELQUES Arretiſtes ont examiné la queſtion que l'on va traiter, mais ne l'ayant pas fait d'une maniere à pouvoir ramener la Juriſprudence des Arrêts aux déciſions des Loix Romaines, nous ſommes obligés de nous étendre ſur cette queſtion, & de nous y arrêter plus long-tems qu'eux.

La Novelle 22. de l'Empereur Juſtinien eſt le ſiége de la queſtion que nous diſcutons. Elle la décide nettement & en termes précis, *Si autem tutelam gerat mulier filiorum palam eſt, impuberum exiſtentium jurans non ad ſecundas venire nup-tias, deinde contemnens & prius connubium, & jus jurandum, ad maritum veniat ſecundum, non prius tutorem petens, & ratio-nem reddens, & exolvens omne quidquid hinc debet ; non ſo-lum quæ ejus ſunt, in hypothecam habere Lex permittit filiis, ſed etiam mariti ſubſtantiam trahit cum hypothecis ; ipſi quo-que interdicit filii ſucceſſionem impuberis morientis, licet ex ſubſtitutione pater eam venire ad filii dixerit ſucceſſionem.* Ce n'eſt là que la premiere peine que cette conſtitution inflige à cette mere Tutrice de ſes enfans, qui paſſe à un ſecond Mariage ſans rendre compte, & payer le reliquat de ſon ad-miniſtration Tutelaire ; voici la ſeconde qui eſt beaucoup plus grande *ideoque ſancimus eas quæ ſic peſtiferè de cætero præſument*

Cap. 40.

I i ij

mulieres : super dudum præcedentes pænas , & has sustinere omnes, quas primitùs diximus super his mulieribus, quæ ante lugubre tempus nubunt , & infamiam & alia his inferentes.

Cod. de secund. nupt.

L'autentique _eisdem panis_ quoique tirée de cette Novelle, éclaircit parfaitement tout ce que cette mere peut craindre de son second Mariage , avant d'avoir fait pourvoir d'un Tuteur , & d'avoir rendu compte de son administration Tutelaire ; car après avoir parlé des peines dans lesquelles les veuves qui se marient dans l'an de deüil (parmi lesquelles celle de la perte des fruits de la donation , pour cause des Nôces se trouve comprise.) Justinien ajoûte _item & ea quæ suscepta liberorum Tutela, contra Sacramentum secundò nubit, non priùs Tutorem petens , & rationem reddens & exolvens omne._

Il faut remarquer sur la Novelle que l'on vient de citer, que le serment que la mere Tutrice de ses enfans étoit obligée de prêter , qu'elle ne passeroit pas à des secondes Nôces, a été abrogé , & par la Novelle 94. de l'Empereur Justinien , & par l'autentique _Sacramentum._

Cap. 2.

Cod. quand. mul. tutel offi. cio fungi potest.

Bomy, Statuts & Coûtumes du pays de Provence, pag. 15. 17. & 18.

En Provence le Statut fait par le Roy René , Souverain de cette Province , ordonne en l'article 2. que s'il arrive que quelques femmes veüillent convoler à des secondes Nôces, étant Tutrices de leurs enfans, elles ne puissent le faire sans avoir préalablement rendu leurs comptes , & fait pourvoir de Tuteur à leurs enfans, & en l'art. 5. il est dit que la mere qui veut se convoler à des secondes Nôces , ne peut être Tutrice , si elle ne paye du sien propre toutes les dépenses que les pupilles ont accoûtumé de souffrir , pour l'Inventaire qu'elle est obligée de faire devant un Notaire. L'art. 8. va plus loin , il y est ordonné que si la collusion de la mere avec son second mari peut être verifiée , ou son consentement & intercession pour lui faire donner l'administration Tutelaire, la dot apartiendra de plein droit aux enfans pupilles.

Pag. 21. & 22.

Le Parlement de Provence a rendu quatre Arrêts , ainsi que le remarque le même Auteur , qui ont jugé que la veuve Tutrice de ses enfans qui se remarie avant d'avoir fait nommer un autre Tuteur aux mêmes enfans , & avoir rendu compte

à peine de privation de fa dot , & de fes autres biens qui font
acquis folidairement aux enfans du premier lit , ces Arrêts
font encore raportés par Mourgues en fon Commentaire fur
le Statut , où il dit que *la mere contriftoit par fon fecond Ma-*   Pag. 44. &
riage les enfans du premier lit , & même qu'elle les deshonoroit.   45.
Il ajoûte enfuite fur les autres Arrêts , que la dot & les avan-   Pag. 47.
tages nuptiaux apartiennent aux mêmes enfans , avec fruits
& interêts depuis la conteftation en caufe , mais que fur cette   Pag. 50.
dot la légitime doit être refervée à ceux du fecond lit , & que   Pag. 51.
les biens de cette femme remariée font acquis felon la Jurifprudence des Arrêts aux enfans du premier lit , fans aucune
diftinction des deux fexes.

Le même Bomy dit enfuite que *ce Statut n'a pas feulement*   Pag. 22,
lieu entre les Citoyens d'Aix , mais entre tous ceux du Païs ,
comme il a été declaré par Arrêt le 5. Decembre 1531. entre Gaf-
pard & François Richaud , & Jean Imbert Bourgeois de Cifte-
ron. On voit donc par ces Arrêts que le Statut de Provence
eft une Loi qui doit être inviolablement obfervée dans cette
Province ; fur-tout après les Arrêts raportés par cet Auteur ,
& par Mourgues en l'endroit allegué ; parce qu'il y a *feries*
perpetuò fimiliter judicatarum auctoritas , quæ vim legis obtinere
debet.

Je ne dois point paffer fous filence , que fous les mots de
autres biens , les avantages nuptiaux , & la Donation pour
caufe de Nôces , ou augment de dot , y font compris ; parce
que l'autentique *eifdem pænis* le décide formellement , & que
le Statut & les Arrêts que l'on a cités , font fondés fur le
Droit Commun obfervé en Provence ; c'eft-à-dire , le Droit
Civil.

Ce que l'on vient de dire eft fi certain , que Me. de Vedel   Liv. 4. de fes
affûre que les femmes qui fe remarient *non petitis Tutoribus*   Obfervations
font non-feulement privées de la fucceffion de leurs enfans dé-   fur les Arrêts
cedés , depuis qu'elles ont convolé à des fecondes Nôces ;   de M. de Ca-
mais même de l'augment dotal , & de tous les legs & avan-   tellan , chap.
tages qu'elles peuvent avoir reçûs de leurs premiers maris ,   21. pag. 26.
quand même ils les auroient difpenfées par leurs Teftamens

des peines des fecondes Nôces ; & il l'apuye fur un Arrêt
rendu par le Parlement de Touloufe le 25. Mai 1716. après
partage en la feconde des Enquêtes, vuidé en la troifiéme ;
l'Arrêt a pour fondement & pour motif, felon ce Judicieux Arretifte, l'ingratitude de cette mere qui avoit oublié ce qu'elle devoit à fes enfans, & à la memoire de fon
mari, dont la difpenfe n'alloit point jufqu'à l'affranchir d'un
devoir auffi naturel, que celui de pourvoir à la deffenfe de la
perfonne, & des biens de fes enfans, avant de paffer à un
fecond Mariage ; à quoi l'on doit joindre l'interêt public, qui
exige que les pupilles ne foient point abandonnés, ni livrés
à eux mêmes ; ce qui arriveroit, ainfi que je le crois, s'ils n'é-
toient point pourvûs de Tuteur, avant que leur mere paffât à
un fecond Mariage.

Les raifons fur lefquelles la Jurifprudence des Arrêts du
Parlement de Touloufe, & du Parlement de Provence, eft

Cap. 40.
Note T. fondée, font prifes de la Novelle 22. *tribus maximis neglectis*
dit Juftinien, *deo & defuncti memoria, & charitate filiorum*
& de la Doctrine de Godefroy fur ce Chapitre *quæ contra ju-
ramentum ad fecundas nuptias venit, Deum, mariti memoriam, & charitatem filiorum hic negligere dicitur.* Eft-il une
injure plus vive que celle dont parle ce profond Interprête ?
Cette negligence de fa part n'eft elle pas criminelle ? Quelle
raifon peut elle alleguer pour la colorer ; elle bleffe la memoire de fon mari, & la charité qu'elle doit avoir pour fes
enfans pupilles ; ne font-ce pas-là des moyens d'ingratitude
puiffans pour la faire priver de la fucceffion *ab inteftat* des
mêmes enfans, qui viennent à mourir après qu'elle s'eft remariée ? Et puifqu'elle n'a pas voulu prendre le foin de leur
faire pourvoir de Tuteur, feroit-il jufte qu'elle joüit du fruit
de fon iniquité & de fon dol ? non-feulement en fuccedant
aux pupilles, qu'elle a pour ainfi dire abandonnés ; mais en
joüiffant de l'augment dotal, ou de la Donation *propter nuptias.* L'Empereur Juftinien a tant d'horreur & d'indignation
contre une mere qui paffe à des fecondes Nôces, fans faire
pourvoir de Tuteur à fes enfans, & fans avoir rendu compte

de fon adminiftration Tutelaire qu'il l'apelle *impia conftituta,*
ut ad immaturas nuptias deveniret ; & les Empereurs Valentinien , Théodofe & Arcade , difent très-à-propos contre cette veuve , dont la conduite eft fi irréguliere , &
fi inique , qu'on doit veiller à leurs actions *ne quid incu-*
ria , ne quid fraude depereat ; la décifion de M. Cujas convient parfaitement à notre queftion. Ce grand homme après
avoir dit que les pupilles ont une hypotéque tacite *tam in bo-*
nis matris quam vitrici , dit , *ac præterea ex conftitutione feveri,*
quia non petiit alium tutorem , amittit *jus fuccefifionis filiorum.*
Ce qui eft apuyé fur la Loi *omnem 6.* & fur la Loi *fciant* 10.
Cod. de legitim. hered. qui privent ces meres impies, non-feulement de la fucceffion *ab inteftat* , de leurs enfans pupilles ,
mais même de leur fucceder *jure fubftitutionis* , fi elles n'ont
pas fait pourvoir de Tuteur aux mêmes enfans, avant leur fecond Mariage. La même maxime nous eft encore aprife par
Dece , par Bomy fur les Statuts & Coûtumes du Païs de Provence , & par le fieur Duperier dans fes nouvelles Oeuvres.

Leg. 2. Cod.
quando mulier.
tutel offic. fun-
gi pot.

Ad tit. Cod.
quando mulier.
tutel. offic. fun-
gi pot.

Cod ad Sena-
tus conf. Ter-
tillian.

Conf. 146. in
fine , N°. 13.
pag. 118. Tom.
I. pag. 466.
données au pu-
blic par le fieur
de Corinis.

CHAPITRE XI.

Si la veuve qui s'eft remariée , eft privée de la proprieté
des biens , que l'enfant mort ab inteftat *a du chef de*
l'ayeul ou de l'ayeule, lorfqu'il y a des enfans du pre-
mier lit à caufe de fon ingratitude.

QUOIQUE la queftion que l'on va examiner , ait déja
été traitée par quelques Arretiftes , nous avons crû ne
pouvoir nous difpenfer de le faire d'une maniere claire , &
avec beaucoup de précifion.

La Novelle 22. *cap.* 46. §. *fin autem inteftatus* femble décider d'abord cette queftion. *Sin autem inteftatus* , dit Juftinien , *filius moriatur, jam ad fecundas veniente matris nup-*
tias, aut poftea veniente, vocetur quidem & ipfa cum filii aut

filiæ fratribus secundum nostram constitutionem ab intestato ejus
successionem, sed quanta quidem ex paterna substantia ad filium
pervenerunt, eorum solummodo habeat usum, ad secundas omnino
sive prius, sive postea veniens nuptias ; tel est le premier texte
de ce §. qui reduit la succession de la mere qui s'est remariée
pour la portion qui la concerne *ab intestat*, à l'usufruit en
concours, & *ex capite* avec ses autres enfans freres du Défunt. Quelle injure ne fait-elle pas, & à la memoire de son
mari, & à celle de son fils decedé, de passer à des secondes Nôces ? Cette injure n'est-elle pas atroce ? Peut-elle se
flater de lui succeder pour sa portion en proprieté ; ainsi que
les freres du Défunt ? N'est-ce pas une grande ingratitude de
sa part, de ne pas vivre & mourir dans le veuvage, & de
porter le nom de son mari ; puisque selon le langage des Loix,
la femme *radiis maritalibus coruscat*, & qu'elle deshonore par
son second Mariage, & son Défunt mari, & les enfans du
premier lit.

Dans le second texte du même §. il est ajoûté *in residuis verò*
omnibus rebus quæ aliunde erant filio præter paternam successio-
nem, veniat secundum vocationem nostram quam statim dice-
mus quadam correctione & ea indigere, & plus bas *in quibus*
Note F. ad
dict. §. *solum mater habeat usumfructum.* Surquoi Godefroy s'explique en ces termes : *mater binuba succedens filio ab intestato cum*
aliis Defuncti fratribus, bonorum ejus paternorum solum habet
usumfructum. Et à l'égard de la Donation pour cause de Nôces, *in rebus acceptis Donatione propter nuptias, uxor solum*
§ 1. Cod. de
secund. nupt.
Ad L. 6. Cod.
de secund. nupt.
circa fin. *habet usumfructum ;* ce qui est fondé sur la Loi *hac edict alib.*
& sur la Doctrine de M. Cujas ; parce que la mere qui passe
à un second Mariage *deponit omnem affectionem :* or cet amour,
cette tendresse maternelle, cette pieté, que le second Mariage fait perdre à cette mere, n'est-elle pas *atrox injuria ?* Et
ne doit-elle pas la faire priver, & de la succession *ab intestat*,
de la portion qui la concerne, & de la Donation *propter nup-*
tias à cause de son ingratitude, suivant la décision de la Loi
Cod. de revo-
cand. Donat. *Generaliter ;* comment est-ce que cette femme qui deshonore,
& qui viole la foi Conjugale qu'elle avoit jurée à son premier
mari,

mari, & qui paroît n'avoir plus pour les enfans du premier
lit, les fentimens que les Loix du fang & de la nature doivent
avoir gravé dans fon cœur, depuis qu'elle les a mis au monde ; comment, dis-je, cette femme peut-elle pretendre qu'elle
n'a fait aucune injure à fon Défunt mari, & à fes enfans, qui
puiffe l'exclurre de fucceder à l'un deux, mort *ab inteftat*, en
concours avec fes autres freres, puifqu'elle a étouffe ces fentimens, dès qu'elle a paffé à un fecond Mariage.

Charondas fur le Code Henry, en donne une autre raifon   Note 1. fur l'art. 1. tit. 7. liv. 6.
décifive, *toutefois*, dit-il, *l'experience a démontré que telles*
fucceffions des meres auroient aporté des grandes ruïnes aux fa-
milles paternelles, les meres transferant ou à ceux de leur race,
ou à leurs nouveaux maris les Seigneuries, heritages, & biens
qui leur étoient échûs par la fucceffion de leurs enfans, & pri-
vant d'icelles les vrais & légitimes heritiers du côté dont les
biens font procedés. Ce qui a pour fondement l'Edit des meres
fait à S. Maur par Charles IX. en Mai 1567. d'autant plus
que c'eft une grande injure qu'elle a fait à fon premier mari,
d'avoir convolé à des fecondes Nôces *qui contriftatur ob fe-*
cundas nuptias, & dont les biens ne doivent point paffer aux
enfans du fecond lit, qui font d'une famille étrangere.

Il eft vrai que fur notre queftion les plus fçavans Magiftrats
du Parlement de Touloufe font partagés ; ainfi que le remar-
que Me. de Vedel ; Monfieur le Préfident Cambolas livre   Obfervations fur les Arrêts de Catellan, liv. 4. chap. 13. pag. 16.
5. chap. 45. de fes queftions Notables, ayant voulu éten-
dre la fucceffion de la mere *ab inteftat* aux biens de l'ayeul,
& les autres la reftraindre aux feuls biens du pere de l'enfant
décedé *ab inteftat* ; mais quoique l'opinion de ce profond
Magiftrat ait plufieurs Adherans ; celle de M. de Catellan eft   Liv. 4. ch. 13. Tom. I.
pour la negative felon le même Me. de Vedel, qui apuye fa
décifion fur un Arrêt du Parlement de Touloufe ; à mon
égard, j'eftime, qu'il faut fe déclarer pour la derniere Jurifprudence qui établit un droit nouveau, par plufieurs raifons.
1°. Parce que M. de Cambolas a donné au public fes queftions Notables, la maxime peut avoir changé ; ainfi qu'on
le voit par l'Arrêt raporté par M. de Catellan.

K k

2°. Parce que la Loy comprend l'ayeul fous le nom du pere, felon le fentiment de Me. de Vedel en l'endroit allegué, de même qu'elle renferme les petits-fils, fous le nom de fils ; comme le décide le Jurifconfulte Julien en la Loi 201.

Dig. de ver-bor. fignificat.

jufta interpretatione recipiendum eft, ut appellatione filii, ficuti filium familias contineri fæpe refpondebimus, ita & nepos videatur comprehendi, & patris nomine avus quoque demonftrari intelligatur. Ce qui a donné lieu à cette excellente Note de

Note X. ad dict. L.

Godefroy *patris nomine avus comprehenditur*, apuyée fur cette autre Note du même Interprête *primus gradus continet qua-*

Note S. ad L. 10. §. 13. ff. de gradib. & affinib.

tuor perfonas ; en forte que les biens de l'ayeul étant confondus avec ceux du pere, qui a été inftitué fon heritier, ou qui lui a fuccedé *ab inteftat*, doivent être cenfés *paterna fubftantia.*

3°. Me. de Vedel nous fournit encore une raifon décifive fur cette queftion ; *de là il faut neceffairement conclure*, dit-il, *que fous cette diction de* paterna fubftantia, *les biens provenus de l'ayeul font compris, & que par la difpofition de la Novelle, la mere perd également la proprieté des biens que l'enfant mort* ab inteftat, *a tant du chef de fon ayeul paternel, que de ceux qui lui viennent de fon pere.* A ces raifons j'ajoûterai deux reflexions qui font fans replique ; la premiere eft prife de cette maxime de Droit, *pater & filius cenfentur una eademque perfona* ; l'autre de ce principe du même Droit, *filius ergo heres* ; fur-tout lorfque le pere meurt *ab inteftat*, & qu'il n'a qu'un fils qui eft *fuus heres* felon les Elemens du Droit,

Cap. 1.

& la Novelle 118. de Juftinien.

4°. Me. de Vedel ajoûte encore une autre raifon que l'on ne peut omettre, *il demeure établi, & par les Loix Civiles, & par les Loix Canoniques, que les fecondes Nôces n'ont rien en foi de favorable. Pour les Loix Civiles, & les nouvelles conftitutions des Empereurs ; elles leur ont impofé differentes peines. .... M. d'Olive*, continue-t-il, *liv. 3. chap. 16. obferve que les peines des fecondes Nôces, ne font pas de celles qui meritent des adouciffemens, ni la faveur de l'interpretation ; & je crois cette obfervation conforme à l'efprit des Loix, & des conf-*

titutions renduës contre les secondes Nôces.

5°. Enfin, ce Celebre Arretiste declare qu'elle est sa décision sur cette question en ces termes : *à quoi j'incline encore
plus volontiers, si par les circonstances l'on peut conjecturer, que
les biens parvenus au petit fils du chef de son ayeul, lui ont été
donnés* contemplatione patris, *étant alors proprement biens du
pere.*

Ces mots *ont été donnez contemplatione patris*, m'obligent à dire que Me. de Vedel s'est conformé dans sa déter-
mination à la Doctrine de Godefroy que l'on a citée, au commencement de cette question ; dans laquelle cet Interprête
décide que la mere succedant *ab intestat* à un de ses enfans,
avec les autres freres du Défunt *bonorum ejus paternorum solum habet usumfructum* : or les biens qui sont parvenus au
petits-fils du chef de son ayeul, lui ayant été donnés *contemplatione patris*, sont regardés comme paternels, & non adventifs à ce petits-fils decedé *ab intestat* ; parce que l'ayeul
ne les lui a donnés qu'à cause de son pere qui étoit son fils ;
sur-tout, lorsque cet ayeul dans le Contrat de Mariage de son
fils, fait une Donation entre-vifs au premier mâle qui naîtra
de ce Mariage, pour en joüir & disposer après la mort de
son pere ; parce que dans cette occasion, la Donation est censée faite à ce mâle *contemplatione patris*, puisque c'est le Mariage du pere qui a déterminé l'ayeul à le faire.

En sa Note
F. ad dict. cap.
46. Novell. 22.

Pour ce qui regarde les autres biens adventifs, que le petit-
fils peut avoir acquis d'un autre côté, que de celui de son
ayeul ; il est constant que la mere quoique remariée, y succede
ab intestat pour sa portion en pleine proprieté, la Novelle 22.
l'ayant decidé formellement, ainsi que Godefroy en la Note
qu'on vient de citer, parce qu'ils n'ont été donnés, & ne
sont parvenus au petit-fils que *ejus contemplatione*, qu'il ne
sont pas regardés comme *paterna substantia*, & que cette Novelle ne porte pas l'extension de la peine jusques-là.

Cap. 46. dict.
Novelle 22.

CHAPITRE XII.

*Si l'an de deüil, après lequel la femme peut se remarier,
doit être de 12. mois accomplis ; ou si elle est en droit de
se remarier sans tomber dans une des causes d'ingratitude, marquée par la Loi Generaliter, Cod. de revocand. Donat. en se remariant dans le 10. mois expiré.*

D'Olive liv.
3.ch.3. Cam-
bolas Traité
des oeines des
secondes Nô-
ces, liv. 6. n.
13.

L'ANCIENNE Jurisprudence des Arrêts du Parlement
de Toulouse, dispensoit la veuve d'accomplir les 12.
mois de l'année de deüil, sur le fondement que *annus in-
cæptus habetur pro completo.*

Cette ancienne Jurisprudence avoit même varié sur la question que je traite ; & l'Auguste Compagnie qui sembloit l'a-
voir fixée, l'avoit décidée pour l'affirmative, suivant l'Arrêt
Liv. 2. verbo
Mariage, ar.
27. raporté par M. de la Roche Flavin. Dans ce Contraste pour
la negative & pour l'affirmative, il a fallu rapeller la disposition des Loix Romaines, soit pour fixer & constater la nouvelle Jurisprudence, soit pour sçavoir qu'elle est la route la
plus sûre que l'on doit tenir.

La premiere Jurisprudence étoit fondée sur ce que dit OVIDE
dans ses Fastes.

Liv. 1.
*Per totidem menses à funere conjugis uxor,
Sustinet in vidua tristia signa domo.*

De consola-
tiône.

Note T.

Cap. 43.
Senêque tient encore pour la permission que la veuve avoit
de se remarier après le dixiéme mois expiré depuis la mort de
son mari. Godefroy sur la Loi 2. *Cod. de secund nupt.* assûre
que *tempore Legis Julia miscella, non dum præfinitus erat annus,*
ce qui est établi par la Novelle 22. & par le même Godefroy
en sa Note F. *in L. Ult. Cod. de indict. viduitate tollend.*
Il n'est même personne qui ne sçache que cette Loy a été
abrogée, & que l'on ne l'observe plus, selon la Note de ce

fçavant Interprête. Voilà donc quels font les motifs de cette premiere Jurifprudence ; motifs qui quoique apuyés fur des raifons qui paroiffent équitables , n'ont plus la même force, ni la même folidité.

Note † ad Rubric. titulide indict. viduit, &c.

D'où vient que par la Nouvelle Jurifprudence, on a voulu mettre un frein à la concupifcence des veuves , qui n'attendoient pas les 12. mois accomplis de l'an de deüil , pour paffer à des fecondes Nôces ; parce que cette concupifcence les a faites regarder comme des perfonnes indignes de joüir des avantages , & des liberalités que leurs premiers maris leur avoient faites.

Me. de Vedel, Obfervations fur les Arrêts de Catellan, tom. 2. liv. 4. ch. 71. pag.75.&feqq.

Les Empereurs Gratien , Valentinien, & Théodofe , décident notre queftion nettement en la Loi 2. *fi qua ex fœminis perdito marito, intra anni fpatium, alteri feftinaverit nubere (parvum enim tempus poft decem menfes fervandum adjicimus) tametfi id ipfum exiguum putemus , probofis inufta notis , honeftioris nobilifque perfona decore & jure privetur , atque omnia quæ de prioris mariti bonis vel jure fponfalium , vel judicio Defuncti confecuta fuerat , amittat.*

Cod. defecund. nupt.

M.Cujas affûre encore la même chofe en termes très-clairs: voici fes paroles. *In Lege fecunda hujus tituli definitur tempus , intra quod defunctum maritum muliere lugere debet. Id fuit olim decem menfium , quod etiam fuit jam olim fpatium anni , cum inciperet à Martio & finiretur in Decembri , quod idem eft pariendi legitimum tempus. L. 3. §. Ult. ff. de fuppell. Legat , hæc Lex fecunda addit duos menfes , ita ut mulier fit in luctu duodecim menfibus poft mortem viri, quamquam & hoc ipfum, ait fe exiftimare, effe exiguum tempus ; quod fcilicet pudica mulieres diutiùs colere debeant defunctum , & extendere luctum in longiùs , fed Lex contenta eft anno duodecim menfibus.* Plufieurs raifons concourent à faire priver cette femme de toutes les liberalités & avantages dont il eft parlé dans cette Loi 2.

In L. 2. Cod. de fecund. nupt.

La premiere eft fondée fur l'injure atroce que cette femme fait à fon premier mari, lorfqu'elle paffe à des fecondes Nôces avant l'an de deüil , qui eft de 12. mois accomplis ; cette

Cod. de revo-
cand. Donat.
injure étant une de celle, dont il eſt parlé dans la Loi *Generaliter*, qui fait revoquer la Donation par l'ingratitude du
Donataire.

In L. 1 Cod.
de ſecund. nupt.
La ſeconde raiſon eſt priſe de la Doctrine de M. Cujas
ratio eſt evidens, dit-il, *quia indigna planè eſt, que quidquam
ferat ex prioris mariti bonis cujus injuriam fecit, non ſervata
religione luctûs.*

Note K. ad
cap. 43. No-
velle 22.
La troiſiéme eſt tirée d'une des Notes, où il établit pour
maxime, que tout de même que l'on fait une grande injure
à la femme, en l'obligeant de ne ſe point remarier *ex mariti
mandato, ita injuria marito infertur, ſi eo invito uxori matrimonium permittitur :* or la Loi n'ayant pas voulu permettre à
la femme de paſſer à un ſecond Mariage avant l'an de deüil,
de 12. mois expirés depuis la mort de ſon premier mari ; peut-
on douter que c'eſt lui faire une injure atroce, & ſe rendre
indigne de ſes liberalités, ſi elle ſe remarie avant l'an de deüil
accompli, qui ſuivant la Loi 2. qu'on a citée, & la déciſion
de M. Cujas eſt de 12. mois accomplis.

Cap. 2.
La quatriéme & derniere raiſon eſt apuyée ſur la Novelle
39. dans laquelle Juſtinien après avoir marqué ſon indignation contre les femmes qui ſe remarient, *antequam annus ex-
pleretur, quem lugubrem Leges appellant*, il veut que cette femme ne puiſſe pas joüir des liberalités qu'elle a reçû de ſon
premier mari, & qu'elle en ſoit privée, ſoit à cauſe de ſon
ingratitude, ou à cauſe de ſon indignité, lorſqu'elle vient à
mettre au monde un enfant après le 11. mois expiré, parce
qu'il n'eſt pas à préſumer que c'eſt enfant ſoit le fruit de ſon
premier Mariage, & qu'il n'eſt pas juſte *ut aliquid amplius
habeat caſtitate luxuria, ſed ſubjiciatur hæc ipſa pœnis, pe-
riculumque ſuſtineat etiam circa ſpem ſcripturæ propter ſtuprum :*
en effet, ſi l'enfant né dans le onziéme mois *à morte viri* eſt le-
Cap. 1. n. 21.
gitime; ainſi que nous l'aprend Accaranza *de partu legitimo &
vitali*, & ſi celui qui eſt venu au monde après le 11. mois
à morte Defuncti eſt bâtard & illégitime ſelon le même Auteur;
Cap. . n.
19. pag. 587.
& 588.
en ſorte que cette femme *circa terminum anni luctûs pariens*,
privetur antenuptiali Donatione, ajoûte *Accaranza*, *& om-*

nes secundò nubentis incurrat pœnas ob stuprum. Il est certain que la femme ne peut se remarier qu'après l'an de deüil expiré , qui est composé de 12. mois complets , afin qu'il ne se trouve point entre le premier , & le second mari *turbatio sanguinis ;* ce qui arriveroit sans doute , si la femme étoit en droit de passer à des secondes Nôces après les 10. mois expirés.

C'est sur ces raisons , sur ces autorités que l'Arrêt raporté par Me. de Vedel a été rendu ; quoique ce sçavant Arretiste ne les ait point alleguées pour motif & pour fondement ; mais il allegue d'autres raisons très solides pour l'apuyer ; sur-tout lorsqu'il dit , *le principal motif de la Loy 3. dans la prorogation du délai est l'honnêteté publique , les marques d'affection qu'une veuve doit à la memoire de son mari , le peu de faveur , que les femmes meritent parmi les Chrétiens dans les secondes Nôces : dans cette vûë on ne peut regarder le 12. mois commencé , comme fini ; parce qu'il faudroit pour cela regarder d'un autre œil , que la Loi , les secondes Nôces comme favorables ; & plus bas , les Empereurs Chrétiens animés d'un autre motif , ayant jugé à propos de regler le tems des secondes Nôces après l'année entiere , il n'a plus fallu consulter l'ancienne disposition du Droit sur ce point , comme étant abrogé par les nouvelles Loix ; ainsi il faut conclure qu'aux termes des nouvelles constitutions , & en suivant leur esprit , il faut que l'année de deüil soit accomplie , pour que la veuve puisse sans encourir les peines de la Loi passer à des secondes Nôces.* Liv. 4. chap. 70. Tome II. pag. 76. & 77.

Il doit donc demeurer pour constant , que non-seulement par l'Arrêt raporté par M. de la Roche Flavin en l'endroit allegué , que l'an de deüil composé de 12. mois , doit être revolu & expiré , pour que la femme à cause de son ingratitude & de l'injure qu'elle a fait à son premier mari , par un second Mariage , ne soit point assujetie à cette peine , mais que si elle se remarioit un jour avant l'année de deüil expirée , elle tomberoit dans le cas de l'ingratitude & de l'indignité , *propter turbationem sanguinis ,* suivant l'opinion de M. de Catellan , qui raporte un Arrêt rendu le 2. Mai 1663. qui priva la femme de la succession d'un de ses enfans mort *ab intestat ,* fondé sur Tom. II. liv. 4 ch. 71. page 188. & 189.

ce que plus la femme en pareil cas eſt près du terme que les Loix lui ont preſcrit, plus elle ſemble marquer d'incontinence à ne les pas attendre ; parce que la mort de ſon mari doit être mieux marquée dans ſon ſouvenir, & que cet oubli ne l'excuſe pas. Le ſçavant M. Duperier établit la même choſe pour les peines des ſecondes Nôces dans l'an de deüil, qui doit être fixée par les Loix, dit-il, & par les Conſtitutions des Empereurs, du moins ſelon mon ſentiment, pour les païs regis par le Droit Romain ; car dans les autres païs la Coûtume eſt la Loi que l'on doit obſerver, ſans s'arrêter aux Loix qui ſont ſous le titre du Code *de ſecund. nupt.* ni aux Ordonnances de nos Rois qui ne ſont apuyées que ſur le Droit Civil.

Tom. I. liv. 6. pag. 471. donné au public par le Sr. Decormis Doyen des Avôcats du Parlement de Provence.

CHAPITRE XIII.

Si une femme qui ſe remarie eſt excluſe du Legs qui lui avoit été fait par ſon mari, à condition de demeurer en viduité.

AVANT que j'entre dans l'examen de cette queſtion, il eſt neceſſaire de donner ici l'idée & la définition du Legs.

Lib. 2. tit. 10. de Legat. aux Inſtitutes.

Le Legs eſt ſuivant les Elemens du Droit *Donatio quædam à Defuncto relicta, ab herede præſtanda.* On voit par cette définition que le Legs eſt une liberalité, & une Donation qui eſt émanée de la pure volonté du Teſtateur ou du Codicillant, d'où il s'enſuit que l'heritier inſtitué, ou *ab inteſtat*, ne peut s'exempter, ſous quelque prétexte que ce ſoit, de payer le Legs dont il a été chargé, ſoit par le Teſtament, ſoit par le Codicille du Défunt.

Ces principes & cette définition établis, on va traiter notre queſtion avec beaucoup de préciſion & de netteté ; quoiqu'elle ſoit & notable & fort célébre.

La condition de demeurer en viduité attachée au Legs, que

que le mari a fait à fa femme, paroît d'abord d'autant moins favorable qu'elle eft opofée à l'intérêt de l'État, ou de la Republique, qui ne souffre pas que l'on contraigne la liberté du Mariage ; la rubrique du titre du Code *de indicta viduitate & Lege Julia mifcella tollenda*, montre combien cette contrainte étoit odieufe aux Empereurs, & Godefroy remarque très-à-propos que cette rubrique doit s'entendre *de Legatis viro aut mulieri relictis, fub conditione viduitatis & cælibatus* ; mais la Novelle 22. a diffipé toutes les difficultés que l'on pouvoit faire naître fur notre queftion en ces termes : *non enim volumus deficientium nihil illicitum habentes voluntates fruftrari ; fi enim diceremus oportere mulierem omninò viro præcipiente non nubere, hoc cuftodire : pro amaritudine habuiffet hoc merito Lex ; nunc autem cum fecundò præftò fit Lex, fcilicet ut fi voluerit nubere, accipiat quod relictum eft : noviffimi fceleris eft defpicere voluntatem defuncti ita fluctuantem, ut ei detur licentia nubendi, & accipiendi quod relictum eft, & per omnia contriftandi priorem maritum.* C'eft ce que Juftinien ordonne dans le chap. 44. de la même Novelle ; ce qui porte Godefroy à dire ; *hoc autem jus novum in Legatis viduitatis indicta receptum, abrogat penè titulum de indict. viduit. & omnes Leges quarum fuperiùs mentio facta eft, quibus remittebatur Legatariis conditio viduitatis à defuncto & à Teftatore indicta* ; telle eft la doctrine de ce fçavant Interprête qui établit, & l'ancien & le nouveau Droit Civil, fur la queftion qu'il examine avec tant de clarté & de précifion, qu'aucun Docteur avant ou après lui n'a pû le faire en fi peu de mots. Doctrine dont il n'eft pas permis de s'écarter dans les païs où le Droit Romain eft exactement obfervé.

Mais, nous dira-t-on ; un mari doit-il prolonger fon empire jufques dans le Tombeau, c'eft une fubtilité de dire que les manes du Défunt font contriftés par des fecondes Nôces. Cette objection eft très-fpecieufe, mais il eft fort aifé de la refoudre par cette raifon décifive, que outre que cette condition n'emporte point de neceffité à la femme de refter en viduité, en perdant le Legs que fon mari lui avoit fait, ou

Note K ad dict. rubric.

Cap. 43.

Note † ad dict. cap. 44.

en y renonçant pour paſſer à des ſecondes Nôces ; d'ailleurs elle recompenſe ſeulement l'honneur de la viduité , *vidua eſſe poteſt cum præmio & laude* : en un mot , la déciſion de cette queſtion , dépend beaucoup de la maniere dont les ſecondes nôces ſont regardées dans le Droit Civil.

Liv. 2.

Luberus dans ſes *Digreſſiones Juſtinianeæ* , dit que la veuve à qui le Legs a été fait , tant qu'elle gardera viduité doit être excluſe , & montre que ſi les ſecondes Nôces n'étoient pas défenduës par les Loix , elle ne tomberoit point dans cette peine ; mais que comme elles en parlent en termes durs & odieux. *Matre jam ſecundis nuptiis funeſtata.* Ce ſont les termes de la Loi 3. *Cod. de ſecund. nnpt.* & Valere maxime nous aprend que cette viciſſitude de Mariage eſt un aveu d'intemperance.

Quelques Auteurs ont apellé cette viciſſitude, une honnête débauche ; & l'Hiſtoire aſſûre que l'Autel que les Romains avoient élevé à la pudeur, ne pouvoient être ſervi que par des femmes qui n'avoient point paſſé à des ſecondes Nôces ; parce que la chaſteté de celles qui n'avoient pû ſe borner aux embraſſemens d'un ſeul mari, étoit moins ſûre & plus ſuſpecte : en un mot, la bienſéance veut que le ſouvenir d'un mari ſoit aſſez forte, pour ne porter point ailleurs ſon cœur, & les plus tendres marques de ſon amour. Tertullien porte ſa déciſion ſi loin, qu'étant accoûtumé à outrer tous les devoirs de la pieté, s'emporte furieuſement contre les ſecondes Nôces, & les apelle adultere.

Quoiqu'il en ſoit, les Conſtitutions des Empereurs, & les Loix Romaines ayant défendu les ſecondes Nôces, ſous des peines qu'elles infligent à celles qui ſe remarient dans tous les cas qu'elles ont prévû, & ſur toutes les queſtions qui regardent les ſecondes Nôces ; je ne balance point à me déclarer

Tome I. pag. 488.

pour l'affirmative, & j'apuye mon opinion d'un Arrêt raporté dans le Journal du Palais de la derniere édition, qui a jugé la queſtion en termes formels ; qu'une veuve qui ſe remarie perd le Legs que ſon premier mari lui a fait, à condition de demeurer en viduité ; ce que j'eſtime être fondé ſur ce que ce Legs

eſt penal, & que le mari lors qu'il l'a fait, y a mis cette condition qui doit être regardée comme penale, au cas qu'elle
paſſe à des ſecondes Nôces, ſuivant la maxime de Godefroy
valere omnia quæ Teſtamento vel Codicillis pœnæ cauſa relin-
quuntur, ut ſuprema voluntas Teſtatoris, potior ſit ratione juris
priſe dans les Elemens du Droit. *Et Generaliter ea quæ relin-*
quuntur, licet pœna nomine fuerint relicta, vel adempta, vel
in alium tranſlata, nihil diſtare à cæteris Legatis. Ce qui eſt
une des Conſtitutions de Juſtinien, qui veut qu'elle ait lieu
dans tous les Païs ſoûmis à ſon Empire, Conſtitution qui eſt
encore exactement obſervée dans les Païs où le Droit Ecrit
eſt une Loi generale.

Note I. in
titul. Cod. de
his quæ pœnæ
nomine.

Lib. 2. tit.
20. de Legat. §.
Ult. aux Inſti-
tutes.

CHAPITRE XIV.

Si une mere qui ſe remarie, ayant des enfans de ſon pre-
mier mari, perd dès-lors ſans eſperance de retour la
proprieté des avantages qu'il lui a fait, quoique les en-
fans du premier lit ſoient prédecedés, à cauſe de ſon in-
gratitude.

COMME je me ſuis propoſé d'examiner les queſtions
qui entrent dans ce Traité, par les principes & les maximes du Droit Romain; on ne les a décidées que par les
mêmes principes : je ne me ſuis point attaché à toutes les
queſtions, que les Coûtumes ou Locales ou Provincia-
les peuvent faire naître; parce que je n'ai fait ce Traité que
pour les Païs regis par le Droit Romain.

La Loi 5. décide formellement notre queſtion, contre la
mere qui ſe remarie ayant des enfans de ſon premier mari,
& qui par ſon ſecond Mariage perd tous les avantages, &
toutes les liberalitez que le Défunt lui avoit faites, ſoit dans
le Contrat de Mariage, ſoit par ſon Teſtament; *fœminæ*, diſent les Empereurs, Gratien, Valentinien, & Théodoſe,

Cod. de ſecund.
nupt.

quæ susceptis ex priore matrimonio filiis, ad secundas post tem-
pus luctui statutum transierint nuptias, quidquid ex facultati-
bus priorum maritorum sponsalium jure, quidquid etiam nup-
tiarum solemnitate perceperint, aut quidquid mortis causa Do-
nationibus factis, aut Testamento jure directo, aut Fidei com-
missi vel Legati titulo, vel cujuslibet munificæ liberalitatis
præmio ex bonis (ut dictum est) priorum maritorum fuerint
assecutæ, id totum ita ut perceperint, ad filios quos ex præcedenti
conjugio habuerint, transmittant.

M. Cujas sur cette Loi, ne s'explique pas moins clairement, voici ces paroles. *Sed ut definitur in hac Lege 5. quid-*
quid ex prioris mariti bonis percepit jure Donationis propter
nuptias, vel munere sponsalitio, vel jure institutionis, vel Le-
gati, vel Fidei-commissi, vel quocumque alio titulo, id omne
servare debet liberis susceptis ex priore marito ; c'est-à-dire,
qu'elle en perd la proprieté, dès le jour qu'elle s'est remariée,
& qu'elle n'en a que l'ósufruit, sans qu'elle soit en droit d'en
pouvoir disposer, ni en faveur de son second mari, ni en faveur des enfans du second lir. C'est ce qui nous est apris par

Note *A.* in
L. . . de *secund.*
nupt. au Code.
Godefroy, *quæcumque mulier titulo lucrativo consequitur ex*
bonis mariti, eorum proprietatem, ad secundas nuptias transiens,
tenetur servare liberis communibus.

Cap. 23.   Justinien ordonne la même chose dans la Novelle **22.** *si*
vero expectet quidem tempus mulier, & propterea effugiat præ-
dictas pænas, ad secundum vero veniat matrimonium, priores
negligens nuptias : si quidem non habeat filios (dicatur etiam
denuo) sine periculo est totum ex hoc. Si vero sit soboles, & fi-
lios ex hoc honoratos viderit Lex : tunc omni largitate à viro
ad eam veniente, eam secundum proprietatis privat partem, so-
lum ei derelinquens usumfructum. Et hæc sancita sunt etiam
super ante nuptiali Donatione, & super omni largitate : sive cum
viveret, à viro ad eam veniente, aut etiam ex Testamento, aut
mortis causa Donatione : sive institutionis sit pars, sive Legatum,
sive Fidei-commissum. Telle est la peine que cette constitution inflige à la mere ; dès le moment qu'elle se remarie, elle
perd la proprieté des biens qu'elle avoit eu de son premier

mari, à titre d'inflitution, Donation, Legs, ou Fidei commis, dont la propriété apartient aux enfans du premier lit *codem inſtanti*, fans qu'elle faſſe retour à leur mere, quand même ils font prédecedés.

Ricard embraſſe la Doctrine de M. Cujas & de Godefroy, pour declarer la mere qui fe remarie, privée de la propriété des biens qu'elle a reçû de la liberalité de fon mari, lorſqu'il il y a des enfans du premier lit, la Loy *fæminæ 3. Cod. de fecund. nupt.* dit-il, *publiée de l'autorité des Empereurs Gratien, Valentinien, & Théodoſe, fut la premiere qui fut faite à ce ſujet, & obligea indiſtinctement les femmes ayant enfans de leurs lits, qui paſſoient à de nouvelles Nôces, de reſerver aux enfans de leurs premiers Mariages, tout ce dont elles avoient profité des biens de leur pere :* cette privation de la propriété des biens que le premier mari a laiſſé à ſa femme, qui s'eſt remariée, a un effet ſi prompt & ſi grand, qu'elle eſt tranſmiſe aux enfans du premier lit, dès quelle paſſe à des fecondes Nôces ; fans que le predecés de ces enfans puiſſe operer le retour de cette proprieté, en faveur de leur mere remariée, parce que c'eſt une peine que la Loi inflige, *in odium fecundarum nuptiarum* ; & qui ne peut être ni mitigée, ni remiſe par le même predecés, ſoit parce que *fecundis nuptiis dicuntur liberi exhonorari*, ſoit parce que les fecondes Nôces font une injure atroce au premier mari, & privent cette femme remariée de cette proprieté à cauſe de ſon ingratitude *per omnia contriſtans priorem maritum*, pour me ſervir des termes de la Novelle 22.

A toutes ces autorités il faut joindre celle de Brodeau ſur M. Loüet, qui aſſûre que dans les Païs de Droit Ecrit, la peine des fecondes Nôces comprend toute forte d'avantages, mêmes les fucceſſions, dit-il, *fuivant le texte* de la Loi *fæminæ 3. in princip. de fecund. nupt.* des Henris nous aprend la même choſe, *& Benedictus in cap. Raynutius verbo qui cum alia n. 42. & feq.*

En un mot, s'il reſtoit encore quelque difficulté fur cette queſtion, elle feroit levée par l'Arrêt raporté par les Auteurs

Traité des Donations 3. partie chap. 9. lect. 13. N°. 1171.

Cap. 43. Lett. N. fom. 8.

Liv. 4. ch. 4. queſt. 14.

Tom. I. pag. 312.

du Journal du Palais qui a jugé en termes exprès, qu'une mere qui se remarie ayant des enfans de son premier mari, perd dès ce moment sans esperance de retour la proprieté des avantages qu'il lui a faits ; quoique les enfans du premier lit soient predecedés , ce qui ne permet plus de pouvoir former des contestations là-dessus, après tous les Docteurs, Praticiens & Arretistes que l'on a cités , dont l'autorité est conforme à la décision des Loix & des constitutions du Droit Romain.

TRAITÉ
DE
LA REVOCATION,
ET NULLITÉ DES DONATIONS.
LIVRE HUITIE'ME.

CHAPITRE PREMIER.

Si le Donataire ingrat peut avant la revocation deman-
dée par le Donateur, engager ou hypotéquer les biens
donnez, & s'il est obligé d'en faire décharger le Donateur.

ES deux questions que l'on va traiter n'en forment pour ainsi dire qu'une seule, leur décision
semble d'abord dépendre de ces principes, que
si les biens donnez ont été engagez ou hypotéquez par le Donataire à ses créanciers, avant
la demande du Donateur, pour la faire revoquer *ob ingratitu-*
dinem Donatarii, res transit par le Droit de retour au Donateur
fondé sur cette revocation, *cum suo onere & causa.*

Quoique le Donataire puisse engager & hypotéquer les
biens donnez, qui ont passé de la personne du Donateur à

celle du Donataire par l'acte de Donation, & que celui-ci puisse le faire, comme étant dès lors le veritable proprietaire des mêmes biens, jusqu'au jour que le Donataire a formé sa demande pour faire revoquer la Donation ; ainsi que l'aſſûre M. le Préſident Faber. *Hic autem*, dit-il, *non tantum bonæ fidei poſſeſſor fuit ante Donationis revocationem, ſed etiam verè Dominus.*

Note H in defin. 15. Cod. de revocand. Donat.

Cependant cette maxime certaine, ſuivant l'opinion du ſieur Duperier, que les hypotéques contractées par le Donataire ingrat ſubſiſtent, il eſt pourtant obligé d'en faire décharger le Donateur : car ces hypotéques ſubſiſtent, & étant irrevocables, le Donateur eſt en droit de reprendre les biens *cum ſuo onere & cauſa*, mais le Donataire ingrat eſt obligé d'en faire décharger le Donateur, à qui ſes biens propres ſont hypotéquez à cet effet, dès le jour que l'action eſt introduite par le Donateur contre lui.

Maximes du Droit.Tom 2. pag.50.n.239.

On ne ſçauroit omettre ici l'autorité de Ricard pour la déciſion de ces queſtions, *que ſi la choſe contenuë*, dit-il, *en la Donation n'étoit que hypotequée ou engagée purement & ſimplement ; j'eſtimerois en ce cas que l'opinion de Me. Charles Dumoulin devroit être ſuivie, & le Donateur la revoquant demeureroit à la verité obligé aux créanciers de ſon Donataire, mais que le Donataire ſeroit tenu d'en faire décharger le Donateur. La raiſon de difference eſt, qu'en ce cas la choſe donnée étoit toûjours demeurée vers le Donataire. Il en avoit toûjours été le veritable poſſeſſeur, & l'engagement qu'il en avoit fait étoit relatif à une obligation principale, laquelle demeurant particulierement, c'eſt lui qui la doit acquiter, & qui eſt tenu de décharger l'heritage qui n'y étoit qu'acceſſoirement obligé.* Le ſentiment de cet Auteur eſt apuyé ſur la maxime des Arrêts du Parlement de Bordeaux ; ainſi que le remarque Lapeyrere, ou parlant des hypotéques contractées par le Donataire avant la revocation *ob ingratitudinem*, il dit, *ſecus*, ſi c'eſt par ingratitude.

Tom. I. 3. part. chap. 6. ſect. 3. n.720.

Déciſions du Palais, lettre H. n.45.de la derniere édition.

F. verius in quæſt. 41. &c.

Tous nos Auteurs François tiennent l'affirmative ſur la ſeconde queſtion. Le ſieur Duperier en l'endroit allegué, aſſûre

sûre que le Donataire est responsable au Donateur des hy- Gui Pape, &
in quæst. 1 Du-
ranty, Loyseau
du déguerpis-
sement. liv. 6.
ch. 3. d'Olive
liv. 4. ch. 6. potéques qu'il a contractées après la Donation. Ce que je crois fondé, sur ce que la revocation par l'ingratitude du Do- nataire produit le même effet, que le droit de reversion qui par une fiction de droit, donne une hypotéque au Donateur sur les biens propres du Donataire, lequel par ce moyen lui sont obligez, jusqu'à concurrence de ce dont il doit faire décharger son bienfaîteur, parce que cette revocation est une espece de droit de retour qui doit joüir du même privilege & de la même faveur.

Enfin, quoique les Loix 7. 9. & 10. *Cod. de revocand. Donat.* n'ayent point deffendu aux Donataires de contracter des hy- potéques sur les biens donnez, ni de les engager à leurs créanciers, & quoiqu'ils soient les proprietaires des mêmes biens, & qu'ils soient pris au nombre des possesseurs de bonne foi, dès le jour de l'acte de Donation, il ne s'ensuit pas de- là, que s'ils les ont hypotéquez & engagez à leurs créanciers, ils ne soient obligez (la Donation étant revoquée *ob ingra- titudinem*) d'en faire décharger le Donateur, & que les biens propres de ce Donataire ingrat ne soient affectez & hy- potéquez au Donateur, jusqu'à concurrence des hypotéques & des engagemens qu'il a contractez avec ses créanciers.

CHAPITRE II.

Si le Donataire ingrat ayant vendu les biens donnez, il en doit le prix au Donateur qui a fait revoquer la Donation.

LA question que l'on va examiner est une des plus nota- tables qui entrent dans ce Traité; ce qui m'oblige à le faire avec beaucoup d'exactitude; mais pour la décider for- mellement, il est necessaire d'établir ici un principe de Droit.

Ce principe est, que le Donataire devient proprietaire des *Leg. quisquis*
18 *Cod. de Do-
nationib.* biens compris dans l'acte de Donation, dès le moment qu'il

eſt paſſé en ſa faveur, quand même le Donateur s'en feroit reſerve l'uſufruit pendant ſa vie, & qu'il doit en être regardé comme poſſeſſeur de bonne foi, lorſque les biens lui ont été tranſmis après la Donation.

Ce principe poſé, on ne peut douter que ſi le Donataire ingrat vend les biens donnez peu de tems avant que le Donateur ait formé ſa demande en revocation au Tribunal qui doit en connoître, & qu'il ne les ait aliénez, qu'en vûë de manifeſter ſon ingratitude envers ſon bienfaîteur ; on ne peut douter, dis-je, que les injures atroces qu'il lui a faites, *vel ſi manus impias in eum intulit, vel jactura molem ex inſidiis ſuis ingeſſit, vel vitæ periculum aliquod ei intulerit* (pour me ſervir du texte de la Loi *Generaliter*) le rendent dès lors indigne de la Donation, & que le Donateur *ob ingratitudinem Donatarii* ayant fait revoquer cette Donation par un jugement définitif, il eſt en droit de ſe faire rendre le prix de la vente des biens donnez ; ainſi que l'aſſûre le ſieur Duperier, dont la Doctrine eſt conforme à la déciſion de Dumoulin ſur la Coûtume de Paris, tit. 1. des Fiefs §. 33. *Gloſſ.* 1. *in verbo*, Droit de Relief, n. 57. Ce que j'eſtime être fondé ſur ce que le prix de la vente des biens donnez eſt ſubrogé en la place des mêmes biens ; en ſorte qu'après la vente qui en a été faite par le Donataire qui eſt nanti du même prix, il eſt obligé de le rendre au Donateur, après le jugement rendu contre lui, ſelon cette maxime du Droit *ſubrogatum capit naturam ſubrogati*, ſubrogation qui doit avoir ſon effet : *quanda res data in aliam mutatur*, parce que le prix de la vente des biens donnez, prend la place de la Donation, *non tam ex novo contractu*, qui eſt celui de la vente, *quàm ex antiquo*, qui eſt l'acte de Donation ; d'autant plus que cette ſubrogation tacite ſe fait de plein droit, *vi ipſa*, & par la nature des biens donnez, ſans qu'il ſoit beſoin d'aucune ſtipulation, ſuivant ce grand principe du Droit, *actio quæ ſubrogatur loco alterius* (qui eſt celle qui regarde la reſtitution des biens donnez) *aſſumit naturam, ſive qualitatem intrinſecam, primævam & primordialem.*

C'eſt donc une verité conſtante, ſelon l'autorité des Doc-

Cod. de revocand Donat.

Tom. II. p. 50. n. 239.

teurs, & selon les principes & les maximes du Droit, que le prix de la vente des biens donnez, doit être restitué par le Donataire ingrat au Donateur, dès le jugement rendu en faveur de celui-ci ; qui ordonne la revocation de la Donation *ob ingratitudinem Donatarii*, à cause de la subrogation qui se fait *ipso jure* de ce prix avec les biens donnez, dont ce Donataire est privé par le jugement qui le rend indigne d'en joüir & de les posseder, la Donation ayant été executée, & le Donateur s'étant dépoüillé des biens donnez pour les transporter au Donataire, & dès qu'il a introduit l'instance en revocation contre le Donataire, le titre de celui-cî est vicieux, parce que l'on découvre sa mauvaise foi apuyée sur son ingratitude ? Pourquoi met-il tout en usage pour soûtenir & son titre, & la vente qu'il a fait des biens donnez ; principalement dans un tems voisin de la demander en revocation *ob ingratitudinem* ? Ne s'est-il pas rendu indigne de la liberalité que lui a fait son bienfaîteur par l'injure atroce qu'il lui a fait ? Cette vente est-elle valable, si elle est faite après l'action en revocation formée par le Donateur ? N'est-il pas constant que si elle l'est lors de l'introduction de l'instance, il est obligé de rendre le prix ; puisqu'il en est nanti, suivant la décision de la Loi 7. *antè inchoatum captumque jurgium* — Cod. de revocand. Donat. *vendita, Donata, permutata, in dotem data, cæterisque causis legitimè alienata minimè revocamus.*

Disons plus, il est certain que le Donataire ne peut point être obligé de restituer au-delà de ce qui est demeuré entre ses mains, du prix de la vente des biens donnez, puisque le sieur Duperier dit, que la Donation étant revoquée *ob ingratitudinem Donatarii*, les hypotéques qui ont été contractées — Tom. II. p. 50. n. 239. par celui qui a été declaré ingrat subsistent : or le Donateur ne pouvant donner atteinte à ces hypotéques contractées, avant son action introduire en revocation de la Donation, mais seulement du jour qu'elle a été formée, & l'instance liée entre lui & le Donataire ; on ne peut revoquer en doute que le Donataire ne doit pas être obligé de restituer au-delà de ce qui est resté entre ses mains, du prix de la vente des biens

donnez , autrement il faudroit que toutes les hypotéques
fuffent déclarées nulles , & que le Donateur rentrât dans les
biens compris dans la Donation , avec la franchife & exemp-
tions des mêmes hypotéques contractées par le Donataire ;
tandis qu'il eft conftant que ces biens ne font retour au Donateur que , *cum fuo onere* ; ainfi qu'on l'a établi dans le Chapitre précedent ; Ricard refoût toutes les difficultez qu'on

Tom. I. p
3. ch. 7. fect.
1. n. 734.

pourroit faire naître fur cette queftion , & s'explique en ces
termes : *car autrement ayant un titre en fa faveur, qui ne lui a
pas attribué un fimple droit en la chofe ; mais qui lui en a même transferé la poffeffion , il a eu raifon de fe confiderer comme
un jufte poffeffeur , & fe voyant naturellement capable de poffeder l'effet de la Donation avec la volonté du Donateur en fa faveur ; il avoit eu fujet de croire que les heritiers en s'attachant
à l'intention du défunt , pafferoient par-deffus toutes fortes de
confiderations pour entretenir fa volonté , quoi qu'il en fut , la
Donation fuivie d'execution , ayant pour fondement le confentement de l'ancien Poffeffeur , c'eft un acte qui fubfiftant , jufqu'à
ce qu'il foit ruïné, conferve fon effet , tant qu'il ait reçû atteinte ,*
in Donationibus jure Civili imperitis hactenus Revocatur
Donum ab eo vel ab ea cui Donatum eft , ut fi quidem exter
res , vindicetur : fi confumptat , condicatur eatenus locuple-
tior quis eorum factus eft. L. fi Sponfus 5. §. ult. L. 7. §. idem
ait L. 16. L. 28. §. fi ei decem. L. 29. 30. 31. & 32. §. ait L.
36. 39. 50. & 55. ff. de Donationib. int. vir. & uxor. *& plus*

Idem ibidem.
n. 733.

*haut pour ne laiffer aucun doute fur cette queftion. Le Donatai-
re , dit-il , dans toutes les efpeces de Revocations , encore qu'elles ayent pour fondement la nullité de l'acte, ou même l'incapacité du Donataire , n'eft tenu de reftituer que ce qui lui eft demeuré de la chofe donnée , & ce dont il a profité , & n'eft nullement garant envers celui qui revoque des alienations qu'il en
peut avoir fait, ou des changemens qui y font arrivés par fon fait ,
même pendant le tems qu'il en a eu l'adminiftration , en vertu
de la Donation qui en avoit été faite à fon profit.* Mais il ajoûte
auffi tôt cette limitation que l'on ne doit point perdre de vûë.
La raifon de cette réfolution eft fondée fur ce que le Donataire

ayant un Titre coloré en sa faveur, & étant Possesseur de bonne foi, il a peu disposer des choses données comme de son propre bien, sans en être responsable, sinon en tant qu'il pourroit être convaincu de malversation, & d'en avoir usé de la sorte qu'il a fait dans la prévoyance de la Revocation, à laquelle il s'attendoit. L'opinion de cet Auteur a pour fondement la Loi 7. qu'on a déja citée, & qui sert à la décision de notre question. *Quidquid igitur,* disent les Empereurs Constantin & Constans, *impietatis arguitur, ex titulo Donationis tenet eo quo controversiæ qualecumque principium jussu judicantis datur, matri cogatur reddere.* Or sous ce mot de *quidquid,* il faut y comprendre non-seulement les biens donnés, mais le prix de la vente des mêmes biens que le Donataire est obligé de rendre au Donateur, à compter du jour que celui ci a introduit sa demande en Révocation par l'ingratitude du Donataire : sur-tout lorsque la vente a été faite dans un tems voisin de cette demande, ce que l'on ne doit point perdre de vûë, parce que ce n'est qu'alors qu'il est obligé de restituer le prix au Donateur.

CHAPITRE III.

Si un frere peut exhereder son frere ingrat, & instituer une personne infamé, ou sa concubine, heritiere universelle.

QUOIQUE cette question n'ait aucune connexion avec la *Loi Generaliter.* Comme je me suis proposé de comprendre dans ce Traité tous les cas qui regardent l'ingratitude des Donataires ou des heritiers, leur indignité & leur incapacité, j'ai crû que je ne pouvois la passer sous silence, je vais donc la discuter suivant les maximes du Droit Civil, & l'autorité des Docteurs & Interprêtes.

La Novelle 22. décide formellement notre question en ces

Cod. de revo-
cand. Donat.

Cap. 4 他

termes : *& quoniam fcimus multas fratribus ad invicem fac-*
tas contentiones , illum folùm tanquam ingratam circa fratrem
effectum , participari hoc lucrum non concedimus , qui mortem
voluit fratri aut criminalem inducere contra eum infcriptionem
aut fubftantiæ ei properavit inferre jacturam. On voit par cette
Novelle, que le frere ingrat qui a fait une injure atroce à fon
frere , n'eft pas en droit de faire caffer fon Teftament , ou il
n'a été ni nommé, ni inftitué heritier , fur-tout lorfqu il a attenté à fa vie , ou qu'il l'a accufé d'un crime capital , ou qu'il
lui a fait perdre la plus grande partie de fes biens par un Procès qu'il a intenté contre lui, & enfuite d'un Arrêt ou d'un
Jugement définitif qui en a privé le frere, qui a exheredé
fon frere ingrat par fon Teftament ; ainfi que nous l'aprend
Godefroy *ingratitudo fratri poteft objici , & ob ingratitudinem*
frater fratrem exhæredare poteft.

Note *L. in*
dict. cap. 47.

Cette marque d'ingratitude prouvée par des faits à l'évidence defquels on ne peut fe refufer , porte fon effet fi loin
contre ce frere ingrat , que fi fon frere a inftitué fon heritiere
une femme avec laquelle il avoit un commerce depuis long-
tems , ce premier ne peut faire caffer le Teftament du fecond,
même par la plainte ou querelle d'inoficiofité fur le fondement de fon incapacité , felon la Doctrine de tous les Interprêtes. Comme l'obferve le même Godefroy en l'endroit allegué. *Adeo ut Interpretes exiftimant eo cafu fratris exhæredatæ*
nullam competere quærelam inoficiofi, etiam turpibus perfonis
inft.tutis. Maxime que l'on peut apliquer, non-feulement à la
concubine du frere qui a exheredé fon frere ingrat , mais aux
autres perfonnes qui ont été flétries ou notées d'infamie ; en
forte que cette maxime eft une limitation qu'il faut mettre
à la Loi *Claudius Seleucus* qui declare les concubines incapables d'aucune inftitution, Legs, Donation, ou Fideicommis de la part de ceux avec lefquels elles ont eu un commerce
criminel.

Dig. de his
quib. ut indign.

En un mot , un frere qui fe porte à de pareils excès, peut-
il fe flater qu'il eft en droit de fucceder à fon frere ? Les attentats à la vie d'icelui dont il attaque le Teftament, ne l'en

rendent-ils pas indigne ? Doit-il joüir du fruit de son ingratitude & de son crime, lorsqu'il veut arracher la vie à son frere par le fer ou par le poison ? Les Loix ne s'arment-elles pas de toute leur séverité, contre celui qui blesse les Loix du sang & de la nature ? Lui est-il permis de reclamer le Droit Civil ; tandis qu'il s'est mis en état de faire perir son frere par la main du Bourreau, en l'accusant d'un crime capital ? Surquoi prétend-il faire casser son Testament par la plainte d'inoficiosité après l'indignité dans laquelle il est tombé, qui est publique, & à laquelle sa cruauté envers son frere a donné lieu.

CHAPITRE IV.

Si le pere qui s'est remarié peut priver ses enfans du premier lit ingrats, de son heritage, du droit de légitime, & des avantages nuptiaux.

LA Loi *cum apertißimè* 10. décide clairement la question que l'on va traiter. L'Empereur Justinien si explique en ces termes : *qua propter sancimus ingratos revera liberos neque hoc beneficium quod divalis Constitutio Leonis Augustæ memoriæ eis præstitit in posterum posse sibi vindicare, sed quasi ingratos ab omni hujusmodi lucro repelli.* Ce que ce Grand Prince ordonne encore avoir lieu, dans les personnes des ayeuls, ayeules, bisayeuls, bisayeules, petits fils, & petites filles, arriere petits fils, & arriere petites filles ; or cette liberalité, ce Benefice dont il est parlé dans la Constitution de Leon, n'est pas limité aux avantages nuptiaux ; c'est-à-dire, aux Donations *propter nuptias*, mais il s'étend à l'exheredation, & à la privation de la légitime selon la remarque de Godefroy, dont le pere est en droit d'exclure les enfans du premier lit, quoiqu'il ait passé à des secondes Nôces, *ingrati liberi merito exheredantur* : en effet, le pere n'est-il pas fondé de disposer.

Cod. de secundis nupt.

Note 6. ad dict. L. 10.

de ſes propres biens de la maniere qu'il lui plaît ? Seroit-il juſte qu'il en fût privé, parce qu'il s'eſt remarié ? & ne feroit-ce pas ouvrir la porte à l'impunité de l'ingratitude de ſes enfans du premier lit, après qu'ils ont eu la témerité de maquer de reſpect envers lui en l'inſultant, & en ſe répendant en injures atroces contre celui, que les textes ſacrés ordonent aux enfans d'honorer.

Note D. ad dict. L.

Godefroy que l'on vient de citer l'établit formellemer, lorſqu'il dit *liberi ingrati non admittuntur ad lucra nuptiali, liberis primi matrimonii à Lege data, ideoque juſtè exhæreati liberi inſuperflui partem non veniunt imò nihil vindicare pſſunt*, ne ſuffit-il pas à un pere remarié d'avoir exheredé ſes enfans du premier lit pour des cauſes juſtes, comme celes qui ſont marquées dans la Novelle 115. cette Novelle &la

Cap. 3.

Loi qu'on vient d'alleguer, mettent elles quelque differece entre le pere qui ſe remarie, & celui qui ne paſſe point à es ſecondes Nôces ? Puiſque les Loix parlent en termes geraux, n'eſt-on pas au cas de les apliquer à tous les peres ſns aucune diſtinction, ſuivant la maxime *ubi Lex General.er loquitur, Generaliter eſt accipienda* ; d'autant plus que lrs qu'un pere diſpoſe de ſes biens par ſon Teſtament, c'eſt ſn jugement, c'eſt une déciſion qu'il rend, laquelle oblige ès enfans tels qu'ils ſoient du premier ou du ſecond lit, d ſi ſoûmettre avec reſpect *nihil enim eſt*, dit très-à-propos l'En-

L. 1. Cod de Sacroſanct. Eccleſ.

pereur Conſtantin, *quod magis hominibus debeatur quem ut ſupremæ voluntatis (poſtquam jam aliud velle non poſſunt)li-berſit ſtilus & licitum quod iterum non reddit arbitrium.*

Deſ. 4. Cod. ne filius pro patre.

Ajoûtons à ces réflexions, que le Préſident Faber tint pour l'affirmative d'une maniere préciſe,en faveur des pere-remariés, contre leurs enfans ingrats du premier lit, qu'il eſ en droit d'exhereder & de priver de leur légitime. Voit-on qu ce Sçavant Magiſtrat ait décidé que le pere qui ſe remari ne peut uſer du pouvoir de l'exhèredation envers les enfan du premier lit *inodium ſecundarum Nuptiarum* ? Auroit il mn-qué d'en parler ſi les Loix & les Conſtitutions des Eperreurs Romains avoient attaché une peine au pere qui paſſoit

un

à un fecond Mariage ? Ses enfans font-ils en droit de lui
donner des marques de leur ingratitude à caufe des fecondes
Nôces ? A quel excès, à quels outrages ne fe porteroient-
ils pas, fi le pere quoique remarié, n'étoit pas libre de difpofer
de fes biens, de les exhereder, & de les priver de leur légitime
& des avantages nuptiaux, à caufe de leur ingratitude, les
Loix penultiémes, & dernieres, ont elles lié les mains au pere
remarié, de revoquer les Donations par l'ingratitude de leurs
enfans remariés ? Elles n'en difent pas un mot ? Eft-il
permis de porter fa prévoyance plus loin que la Loy, &
lorfqu'elle ne décide rien là-deffus, peut on fupléér à ce
qu'elle n'a pas voulu ordonner contre un pere au fujet de fes
propres biens, à qui elle n'a pas ôté la liberté d'en difpofer,
pour les donner à des enfans ingrats ; ainfi que l'affûre M⁻.
Cujas, d'où l'on doit conclure qu'on ne peut établir pour
maxime, que le pere remarié n'eft pas en droit d'exhereder
fes enfans du premier lit, ni de les priver de la légitime, &
des avantages nuptiaux à caufe de leur ingratitude ; on peut
donc avec raifon fe fervir ici de l'expreffion d'un Grand Magiftrat. *Flagitium eft ad Legem adjicere aut exigere quod illa
non adjicit nec exigit, imò ftultam videri fapientiam quæ vult
Lege fapientior videri* ; on finira l'examen de cette queftion
par cette refléxion que les Loix Civiles décident, qu'un pere
qui a deffein de desheriter fon fils, ne fe doit pas contenter
de nommer d'autres heritiers ; mais qu'il eft obligé de le
priver expreffement de fa fucceffion & des autres droits qu'il
peut prétendre, autrement on regarde cette difpofition comme n'étant pas faite ferieufement, elle eft nulle, & ne peut
point fubfifter felon Juftinien, *inftitut. lib.* 2. *tit.* 12. *de
exhæredat. liberor.* parce qu'elle eft regardée comme une
veritable préterition.

*Cod de revo-
cand. Donat.*

*Init. Cod de
revocand. Do-
nat.*

CHAPITRE V.

Si le Seigneur peut attaquer l'heritier de son vaßal pour crime de félonie, & faire confisquer le fief en sa faveur, lorsqu'il n'a point accusé ce vaßal de félonie pendant sa vie.

ON a traité dans un des Chapitres du 7. Livre, la question concernant l'ingratitude & la félonie du vaßal envers son Seigneur, pour l'en faire priver pendant sa vie, ou pour toûjours; on va présentement examiner celle qui regarde la demande du Seigneur contre l'heritier de son vaßal, qui tend aux mêmes fins, lorsqu'il ne la point fait pendant la vie du même vaßal.

In L. Genera-liter cod de re vocand. Donat. Balde décide cette question en très-peu de mots, & tient la negative. *Gloßa arguit*, dit-il, *ad feudum quod feudatarius commisit feloniam tamen non est conquestus, & feudatarius decessit, quod hæredi ejus non potest moveri quæstio de felonia licet videatur ipso jure reversum ad Dominum*: la raison sur laquelle sont fondés les sentimens de ce Docteur, & l'autorité de la Gloße est, ainsi que je l'estime, que le Seigneur paroît s'être désisté du crime de félonie, commis par le vaßal, puis qu'il n'en a formé aucune plainte en Justice, pendant qu'il étoit en droit de faire ordonner le Commis, & priver ce vaßal de son fief, à cause de son ingratitude & de l'injure atroce qu'il lui a faite pendant sa vie pour cause de désavû témerai-*Lib. 4. tit.* re. Ce qui est décidé dans les élemens du Droit en ces ter-*4. §. 12. aux* mes: *Hæc actio dißimulatione aboletur, & ideo si quis injuriam* *Instituts.* *de reliquerit, hoc est statim paßus ad animum suum non revocaverit, posteà ex pænitentia remißam injuriam non poterit recolere.* *Note B. in* C'est ce qui est encore décidé par le Jurisconsulte Ulpien *dict. §.* en la Loi *non solùm* 11. §. 1. *ff. de injuriis*, surquoi Godefroy établit cette grande maxime, *contra æquum venit qui remißam injuriam conatur reſtus reſſuſcitare.* La déciſion de cette Loi, & l'autorité de Godefroy, ne forment-elles pas autant d'obſtacles, autant de fins de non-recevoir contre le Seigneur, dans la pourſuite que le Seigneur fait contre l'heritier du vaſſal, pour faire confiſquer le fief par le droit de Commis à ſon profit à cauſe de l'ingratitude, & de la félonie commiſe par le même vaſſal pendant ſa vie ? pourquoi n'a-t il pas pourſuivi & témoigné ſon reſſentiment pour lors ? pourquoi ne s'eſt-il pas pourvû en Juſtice contre ſon vaſſal, dans ce tems-là ? L'injure n'eſt-elle pas perſonnelle ? L'heritier peut-il en être tenu après la mort du vaſſal, & lorſqu'il reconnoît le Seigneur de qui le fief qu'il poſſede releve, & qu'il lui a prêté la foi & homage, doit-il être puni de ſa fidelité envers le même Seigneur ; il n'eſt perſonne qui oſe le ſoûtenir ni l'avancer.

Mais il n'en ſeroit pas de même, ſi le Seigneur ayant formé ſa demande contre ſon vaſſal, pour lui faire perdre ſon fief par droit de Commis à cauſe de ſon ingratitude & de ſa félonie, celui-ci venoit à mourir avant que le Juge eut fait Sentence ou jugement définitif ſur cette demande ; car dès que le Seigneur témoigne par ſa plainte quel eſt ſon reſſentiment de l'outrage & de l'injure atroce que le vaſſal lui a fait par ſon défavû temeraire, ou des excès commis en ſa perſonne, dès que le crime eſt conſtaté, & par la Procedure, & par les dépoſitions des témoins. On ne peut douter qu'il ne ſoit en droit de pourſuivre contre l'heritier du défunt, pour faire confiſquer le fief en ſa faveur à cauſe de l'ingratitude, de la félonie, ou du défavû temeraire fait par le vaſſal avant ſa mort, lors que l'inſtance a été introduite, & qu'elle eſt inſtruite par la conteſtation en cauſe ; parce que ſi le Donateur eſt fondé de pourſuivre la revocation de la Donation par l'ingratitude du Donataire contre ſon heritier après ſa mort, lors que l'inſtance a été formée, & qu'elle a été liée contre le Donataire ingrat pendant ſa vie, *per litis conteſtationem*, ſelon la Doctrine de Ricard, & la déciſion de M. Cujas ; *in titul. Cod. de revocand. Donat.* il eſt certain par la même rai-

Tom. I. 3. part chap. 6. ſect. 3. n. 708, 709. & ſeqq.

N n ij

son que le Seigneur qui a porté sa plainte en Justice contre son vassal pour la félonie dont il l'accusoit, & qui la poursuivie jusques à contestation en cause, peut reprendre l'instance contre l'heritier du même vassal pour le faire condamner à la peine encouruë par le Défunt par son ingratitude, par son désavû témeraire, par son démenti en jugement ou pour son crime, parce que tous les Docteurs & Interprêtes apliquent la Loi *Generaliter* au vassal ingrat, & accusé du crime de félonie ; & que c'est une maxime constante établie par Godefroy, que toutes les actions qui ont été introduites contre le Défunt, peuvent être poursuivies contre l'heritier, quoique suivant un autre maxime *actiones pænales numquam transeunt ad hæredes.*

*Cod de revo-
cand. Donat.*

*Note A. In-
stitut. Cod. ut
actiones ab hæ-
redib. &c.*

CHAPITRE VI.

Si la femme qui sçait que son mari a été tué, n'ayant pas exposé en Justice le meurtre qui a été commis en sa personne, doit être privée de la Donation propter nuptias, & des autres avantages & liberalités que son mari lui a fait. Et si elle en est indigne.

LA question que l'on va examiner est une des plus notables qui entrent dans ce Traité ; ce qui m'oblige à le faire avec beaucoup de netteté & d'exactitude.

Si la memoire d'un mari doit être chere & précieuse à une femme, & si les Loix lui ont défendu de contrister ses manes ; que ne doit-on pas dire d'une femme qui sçachant que son mari a été tué, & qui en est le meurtrier, affecte ou neglige de faire son exposition en Justice contre ce meurtrier ; la conduite de cette femme, son silence depuis cet homicide, & & l'inaction dans laquelle elle demeure, ne font-ils pas présumer qu'elle est complice de ce crime, puisqu'elle n'a fait aucune démarche depuis que son mari a été assassiné, & qu'il a

fallu que le meurtre ait été revelé ; ainſi que celui qui l'a
commis par des perſonnes étrangeres, & qui ni avoient point
d'intérêt.

La conduite de cette femme à ſervi de fondement à tous
les Docteurs & Interprêtes pour établir cette grande maxime,
que la femme *quæ ſcivit necem viri & non revelavit* eſt privée
de tous les avantages Nuptiaux & des liberalités, Legs, &
Donations que ſon mari lui a fait, ſoit par des actes entre-
vifs, ou par ſon Teſtament, c'eſt la Doctrine de Barthole &
d'Hypolite de Marſiliis *in Lege rerum.* De la Gloſſe *in Lege*   Dig. de Pari-
culpâ caret. De Dece ſur cette Loy, & de Boërius *quæſt.* 262.   ricid.
n. 9.   Dig. de di-
verſ. regul.

La raiſon de cette Maxime eſt priſe, ainſi que je l'eſtime,
ſur ce que 1°. la Loy 20. décide que le mari *qui mortem uxor.*   Dig. de his
non deffendit ut indigno dos aufertur, non-ſeulement à   quæ ut indigno
cauſe de ſon ingratitude, mais parce qu'il s'en eſt rendu indigne ; n'eſt-on pas en droit par la même raiſon de priver la
femme des avantages Nuptiaux, & des Legs & Donations
que ſon mari lui a fait, ſoit par des actes entrevifs, ſoit par
ſon Teſtament, lorſqu'elle neglige de pourſuivre la vengeance
de la mort de ſon mari contre le meurtrier, qu'elle ne fait
point ſon expoſition en Juſtice lorſqu'elle ſçait à n'en point
douter, qui eſt celui qui l'a aſſaſſiné. 2°. Les Arrêts raportés
par Brodeau ſur M. Loüet, ayant jugé en termes formels   Lettre H. n. 6.
qu'une veuve qui avoit negligé de ſe rendre Partie en la pourſuite de l'aſſaſſinat commis en la perſonne de ſon mari, &
colludé avec les Accuſés ſes proches parens, & même pro-
curé & conſenti à leur élargiſſement, doit-être non-ſeulement privée de la Tutelle de ſes enfans, mais auſſi declarée
indigne de pouvoir avoir aucune part dans la réparation civile : avec combien plus de raiſon doit-on declarer indigne
des avantages Nuptiaux, & des Legs & Donations faites
par le mari aſſaſſiné à la femme qui neglige de pourſuivre le
meurtre commis en ſa perſonne, & de déferer le meurtrier
au vengeur public pour le faire punir de l'aſſaſſinat, dont elle
eſt aſſûrée d'une maniere à faire préſumer par ſa conduite &

N iij

par fon filence qu'elle à colludé avec l'homicide , & qu'ainfi *pietatis Religionem violare voluit*; d'autant plus que cette veuve *mariti mortem deffendere habuit* , fans quoi *incidit in crimen inultæ mortis* , & tombe dans le cas de l'ingratitude à caufe de l'injure atroce qu'elle fait à la memoire de fon mari , en ne pourfuivant pas la vengeance de fa mort contre le meurtrier qui la tué , dont il eft à préfumer qu'elle eft complice , & qu'il y a une collufion entre l'un & l'autre.

Cod. de his quib. ut indign. Pouffons nos réflexions plus loin , la Loy Sororem 10. décide que fi la femme qui eft accufée d'avoir empoifonné fon mari , ou d'être complice de l'empoifonnement , ne doit pas être privée de la fucceffion ou de l'heritage de fon mari , fi fon innocence eft prouvée , & qu'il paroiffe qu'elle n'a point de part en la mort de fon mari *& neque dolo malo maritum tuum neccatum , neque alias indignam te fucceffione probare poffe confidis* : or la femme qui eft complice du meurtre de fon mari , & contre laquelle les préfomptions font très-violentes , à caufe de fon filence , de fa conduite , & du foin qu'elle prend à ne point pourfuivre le meurtrier en Juftice , cette femme qui a celé pendant long-tems la mort de fon époux , doit être privée de tous les avantages Nuptiaux , & des Legs & liberalitez que le défunt lui a fait , non-feulement à caufe de fon ingratitude envers fon Bienfaîteur , mais à caufe de fon indignité felon cette Maxime de Droit *nemo ex fuo fafcinore fivè ex fuâ improbitate lucrum & commodum reportare debet*. Parce que fuivant la décifion de la Loy 15. *nihil intereft occidat quis an mortis caufam præbeat* , ce que l'on peut appliquer à la femme complice de la mort de fon mari , ou que les indices & préfomptions font paffer pour l'être.

Dig. ad leg. Cornel. de Siccar.

En un mot , la femme qui a fçû que fon mari a été tué , & qui connoît fon meurtrier , ne peut fe difpenfer de le déferer & reveler en Juftice , parce que le mari & la femme *funt tanquàm duo in carne unâ* , parce que fuivant la décifion du Canon *non facientes dift.* 86. celui-là eft fans doute coupable du même crime que l'Accufé , qui neglige de le prévenir lorfqu'il l'auroit pû , ce que la femme n'ayant pas fait avant l'homicide

de fon mari, & negligeant de denoncer le meurtrier, elle fe
rend indigne de tous les avantages Nuptiaux & des Legs de
fon mari ; d'ailleurs, & tout de même que le mari, eft obligé
de pourfuivre la vengeance de la mort de fa femme qui a été
affaffinée, pour qu'il ne foit point privé des avantages Nuptiaux & des Legs & Donations qu'elle lui a fait à caufe de
fon ingratitude qui l'en rend indigne ; ainfi, la femme qui a
fçû l'homicide commis en la perfonne de fon mari, eft obligée
de reve er en Juftice & le meurtre & le meurtrier, par que
l'un & l'autre dans ces deux cas vont (à caufe de l'union in-
diffoluble qu'il y a entre le mari & la femme) d'un pas égal,
avec ceux *qui fuam fuorumque injuriam profequuntur.*

CHAPITRE VII.

Si le pere eft obligé de fournir les alimens à fon fils ingrat.

C'Est une Maxime de Droit & principalement dans les élemens du Droit Ecrit, que *liberorum procreatio & educatio*
eft du Droit naturel, parce que tous les autres animaux en font
capables, & le Jurifconfulte Ulpien le décide en termes exprès dans la Loy 5. §. 1. ajoûtant que l'obligation eft mutuelle & réciproque de l'enfant envers fon pere, & du pere
envers fon enfant. Jufques là que la mere eft obligée de fournir les alimens à fes enfans illégitimes, & les bâtards à leur
mere fuivant le même Jurifconfulte. Juftinien s'explique encore plus clairement fur cette obligation dans la Loy Unique.
§. 5. verf. *fileat. cum ipfe naturalis ftimulus,* dit-il, *parentes
ad liberorum fuorum educationem hortetur.* Et dans la Loy 8.
§. 5. *ipfum autem filium, filios vel filias, & deinceps alere
patri neceffe eft non propter hæreditates, fed propter ipfam naturam & Leges.*

Mais cette obligation ceffe & n'a pas lieu en faveur des
enfans ingrats, qui manquent de refpect envers celui qui les

Lib. 1. tit. 2. in princip. aux Inftitutes.

Dig. de agnof- cend. & alend. liber.

§. 4. dict. L. 5.

Cod de rei uxor. act.

Cod. de bonis quæ liber.

a mis au monde, n'ont pour lui ni la foumiffion, ni l'obéïffance, ni l'amour que les Loix divines & humaines les obligent d'avoir pour lui, c'eft la maxime qui nous eft aprife par
Godefroy *pater tenetur alere*, *filium non ingratum*, & dans
fa Note *A.* fur la Loy 5. §. 11. *ex quibus caufis poteft pater
filium exhæredare ex iifdem poteft ei denagare alimenta & dotem.* Le Préfident Faber embraffe l'opinion de Godefroy, &
s'explique en ces termes. *Ingrato filio ne alimenta quidem præftare pater cogitur.* Ce Sçavant Magiftrat dit encore la même
chofe quelques lignes plus bas. *Nam ex quibus-caufis filium
exhæredare atque à legitimâ aut legitimo fuplemento fubmo-
vere poteft, ex iifdem poteft etiam alimenta denegare.* Ce qui
eft apuyé fur l'autorité de Barthole *ad Leg. fi quis à liberis* §.
idem Julianus. Parce que j'eftime que les mêmes caufes pour
lefquelles un pere peut exhereder fon fils énoncées dans la
Novelle 115. apuyées fur fon ingratitude, & fur l'injure atroce qu'il a fait à fon pere; les mêmes caufes, dis-je, font un
jufte & puiffant motif au pere pour refufer les alimens à fon
fils ingrat : en effet, feroit-il jufte que le pere fut obligé de
nourrir fon enfant qui donne des marques certaines de fon
impieté, de fa défobéïffance, & de fon ingratitude envers
celui qui lui a donné la vie, ce fils denaturé qui infulte fon
pere, qui attente à fa vie, ou à fon honneur, ou qui la défere en Juftice pour un crime capital, merite-t-il d'être reconnu, traité, reçû, aimé de la même maniere que fes autres
freres, qui ont toûjours eu pour leur pere, le refpect, l'a-
mour, la pieté, & la foûmiffion parfaite que les Loix exigent d'eux.

Le Parlement de Provence indigné des deportemens, &
de la mauvaife conduite d'un fils ingrat envers fon pere, ne
balança pas à lui refufer les alimens, qu'il eut la hardieffe &
la temerité de lui demander, ce qui fut jugé en termes formels par Arrêt du mois de Novembre 1665. en la caufe de
Rafpaud pere, conformément a la Doctrine de Godefroy,
de Barthole, & Mr. le Préfident Faber, dans les endroits que
l'on a allegués ci-deffus : en forte que depuis cet Arrêt il n'eft
plus

Note *B. in
L. ult. Cod. de
alend liber.*

*Dig. de agnof-
cend. & alend.
liber.*

Def. 4. *Cod.
ne fi .pro patre.*

*Dig. de agnof-
cend. & alend.
liber.*

Cap. 3.

plus permis de tenir la negative sur la question que l'on vient d'examiner, à moins qu'on ne veüille donner atteinte aux maximes les plus constantes & les plus inviolables du Droit Civil.

CHAPITRE VIII.

Si les heritiers du mari peuvent accuser la femme d'adultere, pour lui faire perdre sa dot & les avantages nuptiaux.

QUOIQUE la question que l'on va discuter paroisse être deplacée, & qu'on dût la faire entrer plûtôt dans ce Traité, on sera pourtant forcé de convenir que je ne pouvois me dispenser, & de l'examiner, & de la comprendre dans ce Chapitre. C'est un grand principe de Droit, que le mari est le premier & principal Accusateur qui soit en droit de venger contre la femme l'Adultere qui a souïllé le lit nuptial, ainsi que le décide la Loi *Quamvis* 30. décision apuyée de l'autorité de Mr. Cujas sur cette Loi, & de Godefroy en la note *N. in hanc Legem.*

Cod. ad L'g. Jul. de adulter.

Ce principe établi, le mari n'ayant point deferé en Justice l'Adultere commis par sa femme pendant sa vie, & n'en ayant point poursuivi la vengeance, il est certain que les heritiers ne peuvent pas être admis à l'accusation d'Adultere, en vûë de lui faire perdre la dot, & les avantages nuptiaux ; parce que le mari n'en ayant pas porté sa plainte, l'injure quelque atroce qu'elle soit est reputée éteinte, celui qui étoit *vindex genialis thori,* n'en ayant point témoigné son ressentiment, *injuriam dereliquit,* & il est censé s'en être deporté, n'ayant point fait informer contre sa femme, ni introduit aucune instance en Justice pour la faire priver des avantages nuptiaux, & de sa dot à cause de son indignité fondée sur l'atrocité de l'injure qu'il lui a faite, en violant la foi conjugale par l'Adultere qu'elle a commis qui blesse l'honneur de son mari,

O o

& de toute fa famille. La raifon qu'on peut alleguer contre les heritiers du mari eft, que l'accufation d'Adultere eft perfonnelle, & qu'elle n'eft accordée ni à l'heritier ni contre l'heritier, *quia potius vindictæ quàm pecuniæ perfecutionem habet.* Ce qui eft fondé fur la Loi *Generaliter.*

Cod. de revocand. Donat.

Ce que l'on vient de dire eft fi certain, que Gomés l'établit précifement. *Si maritus*, dit-il, *jam deceffit & mulier petit dotem, ab hæredibus non poßunt hæredes opponere deadulterio in vita mariti commiſſo ad eam excludendam.* La même chofe nous eft aprife par Jean de Imola & Alexandre, Balde, & Paul de Caftro, c'eft encore la décifion de la Gloſſe fur cette Loi. Gomez en donne la raifon (la même qui eft marquée par Mr. Cujas) *quia eſt accufatio, vel exceptio tendens ad meram vindictam, & ideo non tranfmittitur ad hæredem.*

In Commentar. in L. 83. final. n. 68.
In Leg rei judicatæ §.1.ff. folut. matrim.

Intitul. Cod. de revocand. Donat.

Mais cette maxime reçoit une limitation en faveur des heritiers, qui eft qu'ils font en droit de pourfuivre contre la femme qui a été accufée d'Adultere par fon mari avant fa mort, pour lui faire perdre fa dot, principalement lorfque fuivant l'opinion du même Gomez en l'endroit allegué, l'inftance a été liée avec la femme *per litis conteftationem.* Ce qui eft conforme à la Doctrine de Mr. Cujas en l'endroit allegué, & à l'opinion de tous les Docteurs & Interprêtes, la femme convaincuë d'Adultere par les heritiers de fon mari, ne perd pas feulement fa dot lorfqu'il n'y a point d'enfans, mais les avantages nuptiaux felon la Jurifprudence des Arrêts raportés par Papon conformes à la Loi *Confenfu* 8. §. 4. & au Chapitre *Plerumque de Donationib. inter vir. & uxorem.* Ce qui eft encore fondé, comme je le crois, fur l'injure atroce que la femme à fait à fon mari par l'Adultere qu'elle a commis, injure qui met le comble à fon ingratitude, & lui fait perdre les liberalités, & les avantages nuptiaux que fon mari lui avoit fait fuivant la difpofition de la Loi *Generaliter*, parce qu'elle s'en eft renduë indigne, foit en violant la foi conjugale, foit en bleſſant l'honneur de fon mari.

Liv. 22. tit. 9. arr. 5.

Cod. de repud.

Cod. de revocand. Donat.

La Jurifprudence des Arrêts contre la femme eft fi rigoureufe, que l'on voit dans Automne un Arrêt rendu par le

Conference du Droit Fran-

Parlement de Bordeaux, qui a jugé que l'heritier peut ac- çois Tome I. pag. 544.
cuſer la femme d'Adultere, ſi le mari n'en a rien ſçû pour la
faire declarer indigne des biens de ſon mari. Mais je crois
que l'Adultere de cette femme étoit notoire & public, quoiqu'il ne fût point informé de ſon impudicité ; & qu'ainſi il
ne fut pas difficile à l'heritier d'en faire la preuve, parce que
tout le monde ſçavoit la vie lubrique & l'incontinence de
cette veuve, quoique ſon mari n'en eût rien ſçû pendant ſa
vie, autrement cet heritier n'auroit pas été reçû à la preuve
qu'il demandoit, le mari n'ayant pas témoigné ſon reſſentiment de l'injure atroce que ſa femme lui avoit fait.

Mais ſi le mari s'eſt plaint pendant ſa vie, & s'il a intenté
l'accuſation d'Adultere contre ſa femme, ſoit que le Procès ait
été pourſuivi juſques à la conteſtation en cauſe, ou non, dès
qu'il vient à mourir, ſes heritiers ſont reçûs à reprendre les
pourſuites du Procès commencé par le défunt ; en ſorte que
raportant la preuve de l'Adultere commis par cette femme,
elle doit être privée de ſa dot, & des avantages nuptiaux
qu'elle a reçûs de la liberalité de ſon mari, ſuivant la maxime
des Arrêts raportés par Brodeau ſur Mr. Loüet. Ce que je Lettre I. ſom. 4.
crois avoir pour fondement la diſpoſition de la Loi *Injuria-*
rum 13. dans laquelle le Juriſconſulte Ulpien décide que l'he- Note N. in l. 28. ff. eodem tit.
ritier eſt en droit de pourſuivre l'injure qui a été faite au dé-
funt lorſqu'il y a eu avant ſa mort conteſtation en cauſe. *Se-*
mel autem lite conteſtata hanc actionem etiam ad ſucceſſores
pertinere. Godefroy nous enſeigne la même choſe en ces ter- Dig. de injur.
mes, *ergo ad hæredem non tranſit niſi lite conteſtata :* en un
mot, cette maxime des Arrêts eſt apuyée ſur l'autorité de M.
Cujas conforme à l'opinion de tous les Docteurs & Inter- Intit. Cod. de re ocaud. Do-nat.
prêtes. *Actio injuriarum,* dit il, *non datur hæredi & in hæ-*
redem ſi non fuerit conteſtata à defuncto vel in defunctum.

C'eſt donc une verité conſtante, que les heritiers d'un mari
qui s'eſt pourvû en Juſtice contre ſa femme pour l'accuſer
d'Adultere, ſont en droit de réprendre les pourſuites de cette
accuſation après ſa mort, pour lui faire perdre ſa dot, lorſqu'il n'y a point d'enfans, & les liberalitez qu'elle a reçûës

du défunt, soit à cause de l'atrocité de l'injure, qu'il lui a faite, soit parce qu'elle s'en est renduë indigne par son ingratitude, qui blesse & la foi conjugale, & l'honneur de son mari ; ce qui est fondé sur les décisions des Loix sur l'autorité de tous les Docteurs & Interprêtes, & sur la Jurisprudence universelle des Cours Souveraines du Royaume. Gomez en l'endroit allegué ci-dessus, met cette limitation à l'égard des heritiers, *& ideo non transmittitur ad hæredes antè litem contestatam.*

CHAPITRE IX.

Si le mari qui est presumé avoir tué sa femme trouvée morte dans son lit auprès de lui, étant coûtumier de la battre, est indigne de gagner la dot & les avantages nuptiaux à cause de son ingratitude, lui étant acquis d'ailleurs, ratione statuti vel pacti.

PLusieurs présomptions & conjectures concourent à priver le mari, que le bruit public rend le meurtrier & l'homicide de sa femme, de la dot & des avantages nuptiaux contenus dans le Contrat de Mariage, & qui lui sont acquis. Ces présomptions sont. 1°. Si la femme s'est trouvée morte le matin dans le lit, quoiqu'elle fut la nuit précédente en parfaite santé lorsqu'elle se coucha. 2°. Lorsque son corps étant visité par de Medecins & Chirurgiens après sa mort. Il paroît par leur raport qu'elle a reçû plusieurs coups. 3°. Si le mari étoit coûtumier de battre sa femme, & que les voisins l'ayent deposé étant oüis en témoin dans la Procedure qui a été faite à ce sujet. 4°. S'il n'y a dans la maison d'autres personnes qui y logent, toutes ces présomptions sont très-violentes pour donner lieu au public, & au Juge qui doit connoître de l'homicide commis en la personne de la femme, que le mari en est le seul & veritable meurtrier.

Doit-on croire que tandis que le mari & la femme font logés dans une maison, où il n'y a point d'autres *inquilins*, que cette maison eft fermée dans la nuit, & que le même mari en eft le proprietaire ; doit-on croire, dis-je, que co-habitant avec fa femme, & couchant dans le même lit, fa brutalité, fa colere, & la coûtume qu'il a depuis long tems de battre fa femme, ne foient des conjectures & des in-dices très-forts, pour faire préfumer que c'eft lui feul qui l'a tuée. Sur-tout lorfqu'il eft certain que cette femme joüiffoit d'une fanté parfaite la nuit avant qu'elle fe mît au lit, & que fon corps ayant été vifité, on a reconnu & découvert qu'elle a reçû plufieurs coups qui ont été la caufe de fa mort. Ces indices, ces circonftances ne forment-elles pas un corps de preuves contre le mari, fuivant la décifion de la Loi *Sciant cuncti* 25. *vel indiciis*, difent les Empereurs Gratien, Valen-tinien, & Theodofe, *ad probationem indubitatis & luce cla-rioribus expedita.* C'eft encore la maxime qui eft marquée par Godefroy, *plemiffimæ ac plenæ probationum fpecies funt inftrumenta publica, teftes duo vel plures, facti evidentia, con-feffio judicialis, juxta & urgens præfumptio, indicia Leg.* 21. *infra eodem, indubitata, luce clariora ut hic certa, &c.* Or ne voit-on pas clairement *facti evidentia* dans les emportemens, la cruauté, la coûtume d'un mari à battre fa femme, que fi elle s'eft couchée le foir étant dans une fanté parfaite, & qu'on l'ait vûë le matin morte & criblée de coups qu'elle a reçûs, que c'eft le mari qui la tuée, la maifon n'étant occu-pée que par lui, & en étant le proprietaire ? Peut-on préfu-mer qu'étant fermés tous les deux dans leur chambre & dans la maifon, l'une & l'autre ont été enfoncées, & que ce font des meurtriers qui l'ont affaffinée, tandis que les faits con-traires font d'une évidence à laquelle on ne peut refufer de fe rendre ? Puifque fuivant la Doctrine du même Godefroy. *Indicia valent ad probationes.* Ces indices clairs, certains, & indubitables, forment un corps de preuves contre le mari, qui fervent à le convaincre qu'il eft le meurtrier de fa fem-me.

Cod. de pro-bationib.

Note N. in dict. L. 25.

Note B. in L. 21. *Cod. de probat.*

O o iij

Queft. 261.
n. 2.

Ces raifons font fi preſſantes , fi déciſives , que Mr. le Préſident Boyer aſſûre que le mari qui ſe trouve chargé par tant
d'indices , de conjectures , & de préſomptions d'avoir tué ſa
femme , eſt privé des avantages nuptiaux & de la dot qui lui
étoit acquiſe , *ratione ſtatuti vel pacti* , parce que , *viri pro-*
niores ſunt ad uxores occidendum.

Conf. 121.
Cod. de incol.

Tous les Docteurs & Interprêtes tiennent l'affirmative ſur
notre queſtion , & ſe declarent pour l'opinion de Mr. Boyer.
Balde dans ſes conſeils , Lucas *de penna in L. final. col. 2.*
poſt principium verſ. item , nota quod maritus , & une infinité
d'autres : en effet , ſeroit-il juſte que ce mari joüit du fruit
de ſa méchanceté & de ſon crime ? Le pacte , ou le Statut qui
lui donnent l'acquiſition de la dot , & des gains & avantages nuptiaux , veulent-ils qu'un mari dont les excès , les fu-
reurs , les emportemens & la brutalité , expoſent tous les
jours la femme au danger de perdre la vie , profite injuſtement
des coups qu'il lui a portés pour la faire mourir ? Eſt-il une
ingratitude plus grande ? Les Loix ne s'arment-elles pas de
toute leur ſeverité pour punir l'injure atroce qu'il fait à ſa

Lib. 1. tit. 7.
§. 2. aux Inſ-
titutes.

femme , & puiſque l'Empereur Juſtinien décide dans les élemens du Droit , que le Donataire ingrat eſt indigne de la
Donation qui lui a été faite , & que le Donateur eſt en droit
de la revoquer , *ſi tamen ingrati exiſtant homines inquos Bene-*
ficium collatum eſt , Donatoribus per noſtram conſtitutionem li-
centiam præſtitimus certis ex cauſis eas revocare , ne illi qui ſuas
res in alios contulerint ab his quandam patiantur injuriam. Cet

Cod. de revo-
cand. Donat.

Empereur dit encore la même choſe dans la Loi *Generaliter*
derniere , en ces termes : *vel manus impias inferat* ; ainſi que
l'autentique *quod mater* ſous le même titre du Code , & la

Cap. 35.

Novelle 22. Enfin les coups que la femme a reçûs ſi frequem-
ment d'un mari qui eſt coûtumier à la battre , le danger de
perdre la vie à tous momens , les marques évidentes des playes
que l'on a trouvées ſur ſon corps , lorſqu'on l'a viſitée , prouvent qu'il eſt l'auteur & la cauſe de la mort de ſon Epouſe ,
& qu'il doit par conſequent être privé du gain de la dot , &
des avantages nuptiaux , qu'il étoit en droit d'acquerir , *ra-*

tione statuti vel pacti, selon cette maxime de Droit, *nemo ex suo facinore sive ex sua improbitate lucrum & commodum reportare debet.*

CHAPITRE X.

Si le mari qui tuë sa femme qu'il a surprise en adultere, doit être privé de la dot, & des avantages nuptiaux, à cause de son indignité.

COMME je me suis proposé de faire entrer dans ce Traité, toutes les questions qui regardent l'ingratitude & l'indignité des Donataires, & des heritiers à cause de la connexité qu'elles ont les unes avec les autres, j'ai crû que je ne pouvois me dispenser de comprendre la question que je vais examiner.

C'est une des principales maximes du Droit Civil, que le mari est le premier & le principal accusateur de sa femme, qui a été surprise en adultere, suivant la décision de la Loi *Quamvis* 30. la Doctrine de Godefroy en sa Note N. sur cette question, & de M. Cujas. Mais ce droit que la Loi & les Docteurs lui donnent d'accuser sa femme d'adultere, ne s'étend pas jusques-là qu'il puisse la tuer, lorsqu'il l'aura surprise violant la foi conjugale en se prostituant à un autre.

Cod ad l. jul. de adulter. In hanc L.30.

Tous les Docteurs & Interprêtes tiennent l'affirmative sur la question que l'on traite, & décident en même tems qu'il perd la dot & les avantages nuptiaux, à cause de l'indignité qui l'exclud, de pouvoir les demander & les acquerir. Gomez dans ses résolutions est celui qui s'explique en termes les plus clairs : sur cette question 1°. dit-il, *quia de jure communi mulier propter adulterium non perdit dotem & alia bona,* 2° *quia maritus non potest interficere uxorem ergo non debet aliquid acquirere ex suo facto & delicto culpabili* : en effet, est il juste que le mari qui n'aime point sa femme, colore le meurtre

Gloss. ordinar. & Doct. in L. si ab hostibus §. 1. ff. solut. matrim.

Tome II. Commenter. in L. 83. n. 63.

qu'il a commis du prétexte qu'il l'a furprife en adultere ? Ne
faut-il pas que le crime foit conftaté, qu'il ait accufé fa femme d'adultere, & qu'il ait fait informer fur le même crime ?
Eft-ce que parce qu'il n'y a point d'enfans de fon Mariage,
il eft permis au mari de tuer fon époufe, pour lui faire perdre
fa dot & fes avantages nuptiaux ? N'eft-il pas obligé fuivant
la décifion de la Loi *Quamvis* 30. de porter fa plainte en Juftice, & d'accufer fa femme d'adultere, pour gagner la même
dot & les mêmes avantages nuptiaux ? Lui fera-t-il permis
de fe rendre Juftice lui-même, & d'excufer l'homicide qu'il
a commis de la fuppofition qu'il l'a trouvée, & furprife en
adultere. Mr. Cujas ne nous aprend-il pas le contraire dans
fon Commentaire fur la Loi 4. au même titre du Code,
uxorem autem, deprehenfam per Legem Juliam marito non li-
cet occidere ullo cafu cujufcumque conditionis fit. Ce Jurifconfulte ne décide-t-il pas expreffement qu'il faut que la femme
foit convaincuë d'adultere, pour qu'elle perde fa dot & les
avantages nuptiaux : or comment fera-t-elle convaincuë du
crime qu'on lui impute, (fi le mari la tuë l'ayant trouvée
dans la flagrance du délit) fur ce qu'il dira pour pallier le
meurtre qu'il a commis. Ce prétexte, cette fuppofition ne re-
fifte-t-elle pas aux lumieres du bon fens & de la raifon.

A toutes ces autoritez on ajoûtera la difpofition de la Loi
Si ab hoftibus 10. §. 1. dont voici le texte, *fi vir uxorem fuam*
occiderit dotis actionem hæredibus uxoris dandam effe, procu-
lus ait. Et rectè non enim æquum eft virum ob facinus fuum
dotem fperare lucri facere. Godefroy nous en marque la raifon, *nemo recipere debet meritum ex maleficio fuo :* en effet,
n'eft-il pas injufte qu'un mari qui a tué fa femme fous prétexte
qu'il l'a furprife en adultere, gagne la dot & les avantages
nuptiaux, après qu'il s'en eft rendu indigne par le meurtre
qu'il a commis ? Eft-il un injure plus atroce pour les lui faire
perdre, que d'avoir porté fes mains impies fur la perfonne de
fa femme, pour lui arracher la vie *manus impias intulit*, pour
me fervir de l'expreffion de la Loi *Generaliter* ? L'ingratitude
de ce mari peut-elle être marquée à des traits plus évidens,

que

Cod. ad Leg.
jul. de adulter.

In Leg. ult.
Cod. codem. tit.

Dig. foluto
matrim.

Note B. in
d. L.

Cod. de revo-
cand. Donat.

que par l'homicide de fa femme ? Un tel crime ne le prive-
t-il pas de la Donation de furvie, & des avantages nuptiaux,
fuivant le texte de la même Loi *Etiam Donationes in eos factas everti concedimus.* Ce qui eft un puiffant motif pour faire
revoquer par les heritiers de cette femme, & la Donation
& les avantages nuptiaux.

Enfin, les Arrêts du Parlement de Bordeaux ont jugé formellement la queftion, fuivant Lapeyrere, en declarant le
mari qui a tué fa femme furprife en adultere, indigne des
avantages nuptiaux ; ce qui comprend la Donation de furvie.

Décifions
fommaires du
Palais de la
derniere édi-
tion Lettre *A.*
n. 11.

CHAPITRE XI.

*Si une mere chargée de rendre à celui de fes enfans qui
lui feroit le plus foumis, lorfqu'il auroit atteint l'âge
de fa majorité, peut revoquer fon élection, le nommé
venant à commettre des actes d'ingratitude, de défo-
béïßance & d'indignité, après fon élection qui a été
faite avant la majorité accomplie.*

LA queftion que l'on va difcuter, eft une des plus notables qui entrent neceffairement dans ce Traité ; mais
pour le faire avec beaucoup de clarté & de précifion, il faut
établir quelques principes du Droit.

C'eft un premier principe de Droit, que les élections &
nomination d'heritier, ne font que des fimples deftinations,
qui n'ont leur effet, qu'en tant que la perfonne qui a le pouvoir de la faire, perfifte dans cette élection & nomination
jufqu'à la mort, c'eft ce qui eft decidé par la Loi *Unum ex
familia* § *rogo fundum,* & par la Loi *Cum pater* §. *à filia ff.
de legat.* 2°. C'eft encore ce qui nous eft apris par Mr. Cujas dans fes Obfervations, & par *Surdus Conf.* 264. *n.* 24.

C'eft un fecond principe de Droit, marqué par le même

Liv. 10. ch.
39.

Mr. Cujas dans ses Consultations, que toutes les fois qu'il y a traité de tems, l'heritier doit avoir la liberté d'élire jusqu'au dernier moment de sa vie.

Ces principes posez, il est necessaire d'observer, que si un mari instituë sa femme son heritiere universelle, à la charge de rendre son heritage, ou partie à celui de ses deux enfans mâles qui lui seroit le plus obéïssant, lorsqu'il auroit atteint l'âge de 25. ans ; si la mere fait cette élection, nomination ou remise de tous les biens du défunt à l'un de ses enfans, qui n'a pas pour elle tout le respect & l'obéïssance qu'il doit avoir, s'il se rend rebelle à ses volontez, & s'il se porte envers l'Electrice à des actes d'ingratitude & d'indignité, la mere est en droit de revoquer sa nomination, parce que ce fils ne pouvant la meriter, que par des respects assidus, & par une soûmission & une obéïssance continuelle ; il doit sçavoir qu'ensuite de la condition attachée à son élection, qu'il peut être privé de la grace qui lui a été faite, suivant la *Cod. de Donat que submo-* Loi 1. qui le décide formellement ; sçavoir, qui lui sera le *ao, &c.* plus obéïssant, *tanquàm conditioni seu modo cui non satisfaciens, & Leg. sub quâ Donatum est nolens obtemperare.* L'Electeur ou le Donateur est en droit de la revoquer ; sur-tout, lorsque ce fils ingrat & désobéïssant a reduit l'Electeur ou l'Electrice, à la fâcheuse extrêmité de porter sa plainte des mauvais traitemens de son fils, & de son ingratitude, quand même elle l'auroit desavoüé ; parce que son désavû n'a eu d'autre objet que d'arracher son fils des mains de la Justice qui lui faisoit son Procès, désavû qui n'éface point sa désobéïssance, & ne le purge pas de l'ingratitude & de l'indignité qu'il a encouruë.

Mais quand même il faudroit regarder cette reconciliation comme un obstacle à la revocation de l'élection, dès que ce fils continuë sa revolte, & sa désobéïssance, dès qu'il injurie l'Electrice, & qu'il la traite indignement ; il est constant que la mere est fondée de persister à la revocation de sa nomination, & de soûtenir qu'elle a peu la faire, principalement lorsque ces injures & ces mauvais traitemens sont constatés.

Difons plus, lorfque l'heritier eft chargé de rendre fous condition comme celle-ci, *qui de te benè meruerit*, comme dans l'efpece de cette queftion; la mere Electrice étant chargée de reftituer ou d'élire le pius obéïffant, peut revoquer la nomination qu'elle a fait de ce fils ingrat & défobéïffant, felon la Doctrine de Surdus, *fi nominatio fiat*, dit-il, *antè* *purificatum Fidei commiſſum, ea nominatio nequè tribuit jus no-minato, neque trahit fecum executionem quia dicitur inutili-ter & antè tempus fieri ergo licita eſt variatio, & poteſt depu-tatus à teſtatore alium nominare & is qui poſt eventum condi-tionis nominatur venit admittendus.* Decif. 164. n. 33. & 34.

En un mot, la promeffe & le pacte de ne point revoquer ce que l'on a fait, ne fert de rien dans le cas d'une nomina-tion d'heritier, quoique faite par un Contrat entrevifs; parce que cet acte eft revocable de fa nature, ainfi que le décide Surdus en l'endroit allegué n. 35. & 36. C'eft ce qui a été jugé par Arrêt du Parlement de Grenoble en termes formels, le 3. Juillet 1675. en faveur d'une mere Electrice, qui par un Contrat avoit remis à un de fes fils le plus obéïffant, l'heritage de fon mari, conformement à la condition mife dans le Tef-tament du défunt: Ce fils s'en étant rendu indigne par fon in-gratitude, par les injures & les mauvais traitemens qu'il avoit fait à fa mere, tout cela fervit de motif à cette mere, pour revoquer l'élection qu'elle avoit faite en faveur de ce fils, ainfi qu'il paroît par cet Arrêt raporté dans le Journal du Palais, avec toutes les circonftances du fait qui ont précédé & donné lieu à la revocation de cette nomination. *cod de Sa-crof. Ecclef.*

Tom. I. p. 686. de la der-niere édition.

CHAPITRE XII.

Si un heritier institué, peut faire declarer indigne de la liberalité du défunt, une femme qui a commis adultere avec le Testateur, son mari ne s'en plaignant pas.

AVANT d'entrer dans la décifion de la queftion que l'on va traiter, il faut rapeller un principe de Droit que l'on ne doit point perdre de vûë; ce principe de Droit *Dig. de his* eft pris de la Loi *Claudius feleucus*, qui décide que les Legs & *quib. ut indign.* les liberalitez faites aux femmes adulteres par leurs Corrupteurs ou Concubins, font nuls & illicites; parce qu'ils font contraires aux bonnes mœurs, & à la pureté de la Morale Chrétienne.

Ce principe pofé, on ne peut douter que fi un homme marié fait un Legs confiderable à une femme, *quæ eft in facris mariti*, avec laquelle il avoit un commerce criminel, l'heritier de cet homme ne foit en droit de la faire declarer indigne de la liberalité du défunt, quoique le mari de cette femme ne fe plaigne pas de l'adultere qu'elle a commis, & que le défunt ait mis cette claufe dans fon Teftament, qu'en cas que l'heritier contefte le Legs, le Teftateur le prive de fon heredité.

Cependant c'eft une maxime conftante fondée fur la Loi *Dig de con-* *Quidam in fuo*, que celui qui impofe à fon heritier quelque *ditionib. inftit.* chofe de honteux, ou fi fa difpofition tient du délire & du ridicule, il peut fe difpenfer de lui obéïr fans encourir aucune peine. Jufques-là même qu'il n'eft pas obligé de déferer *Col. de his* à la difpofition du Teftateur, ainfi que le décide la Loi *Uni-* *que pœn. nomi-* *que*; fur-tout lorfque les liberalitez font contraires aux Loix *næ.* & aux bonnes mœurs.

D'ailleurs, quand la débauche d'une femme a été publique, quand fon commerce avec un homme eft fcandaleux;

quand ce commerce trouble la paix du mariage, & fait outrage à l'époufe de celui qui entretient ce commerce, le filence du mari ne peut être opofé pour détruire l'indignité de cette femme, à l'égard du Legs qui lui a été fait à caufe de la différence qu'il y a entre l'accufation pour adultere, & l'exception qui vient de ce crime, l'une étant à fin criminelle pour la punition, & l'autre à fin civile pour faire declarer cette femme indigne de la liberalité du Teftateur ; indignité fondée fur le commerce qu'elle a eu avec le défunt, à qui il a fait violer la faintété du Sacrement de Mariage, & la foi conjugale envers fon époufe ; ce qui eft une injure des plus graves que l'on puiffe faire à une femme.

En un mot, fi c'eft une maxime univerfellement obfervée dans les pays où l'on obferve le Droit Civil, (ainfi que l'affûre Lapeyrere dans fes Décifions Sommaires ;) que la fille entretenuë par un homme marié, eft indigne de recevoir aucun avantage par Teftament, lorfque fon commerce eft prouvé ; avec combien plus de raifon une femme mariée doit-elle être declarée indigne du Legs qui lui a été fait par un homme avec lequel elle a commis adultere, quoique fon mari ne s'en plaigne pas, lorfque l'heritier allegue le crime pour la faire declarer privée de la liberalité du défunt, ainfi que la jugé le Parlement de Provence par Arrêt du 6. Novembre 1673. raporté dans le Journal du Palais ; d'autant plus que la Loi *Claudius feleucus*, *ff. de his quib. ut indignis*, & la Jurifprudence des Arrêts qu'on voit dans Mr. de la Rocheflavin, ne mettent aucune différence entre la fille qui a un commerce avec un homme marié qui lui a fait un Legs, & une femme mariée qui a commis adultere avec un jeune homme, ce qui leve tous les doutes qu'on pourroit faire naître fur cette queftion, lorfque l'adultere eft public, & que l'heritier apuye l'indignité pour lui faire perdre le Legs fur des preuves claires, certaines & évidentes.

Lettre J. n: 5.

Tom. J. pag. 460 de la derniere édition.

Liv. 6. tit. 2. Art. 1.

CHAPITR XIII.

Si le substitué peut faire declarer indigne l'heritier insti-
tué, qui ne poursuit point la vengeance de la
mort du défunt.

C'EST une maxime generale établie par les **Loix Ro**-
maines, que l'heritier *ex Testamento* ou *ab intestat*, qui
ne poursuit point la vengeance de la mort du défunt qui a été
tué, est indigne de son heritage, & doit en être privé ; ce qui
est encore apuyé sur la Jurisprudence des Arrêts du Parlement de Paris, raportés par Mr. Loüet & son Commentateur ; suivant cette maxime on ne peut douter que celui qui
a été institué heritier par un homme qui a été tué, & qui
l'a chargé d'une substitution, s'il neglige de poursuivre le
meurtrier du défunt, ou s'il ne le défere pas au Juge qui doit
le punir, l'heritage apartient au substitué. Parce que le Jurisconsulte Modestin decide en la Loi 1. que les heritiers instituez le sont *primò Gradu*, & les substituez *secundò vel ter-*
tiò. Ce qui est encore fondé sur la Doctrine de **Gabriël Gas**-
tius, qui dit que la substitution est une institution subsidiaire ;
c'est-à-dire, en aide, & pour avoir lieu, si la premiere institution vient à manquer : or l'heritier institué s'étant rendu
indigne de l'heritage, parce qu'il n'a point voulu poursuivre
la vengeance de la mort du défunt contre l'assassin, il est
constant que l'indignité de l'héritier faisant manquer le second dégré, l'institué subsidiairement, ou le substitué doit
remplir sa place ; d'autant plus, que c'est un principe de
Droit établi par le Sçavant **Christofle Harprech**, que l'héritier chargé de rendre la succession à un autre personne, ne
l'ayant pas recüeillie lui-même, parce qu'il n'a point peu le
faire, l'heritier substitué entre en sa place ; d'où il s'ensuit que
le premier heritier s'étant rendu indigne de recüeillir, parce
qu'il n'a pas voulu poursuivre la vengeance de la mort du

Lettre 5. n. 5.

Dig. de vul-
gari & pupil'a-
ri substitut. trac-
tat. de impub.
& al. substitut.

Consultation.
criminal. & ci-
vil.

défunt, pour faire punir le meurtrier du crime qu'il a commis, le substitué entre en sa place, & acquiert tout l'heritage.

Ces autoritez ont pour principe la Loi *Fidei commißum* 26. qui décide que si l'heritier institué neglige de poursuivre l'homicide du Testateur, le substitué est en droit de le faire declarer indigne de l'heritage, *ob id quod necem ejus non vindicaverit.* Ce qui est fondé sur cette grande & inviolable maxime établie par Godefroy, *Fidei commißarius universalis poteft accufare hæredem de inultà morte defunéti ;* de forte que si l'heritier se rend indigne par sa faute ou sa negligence de l'heritage du défunt, parce qu'il n'a pas deferé le meurtre en Justice, & qu'il ne s'est point mis en état de faire punir le meurtrier qui a tué celui qui l'a institué heritier ; le substitué est en droit de le faire priver de l'heritage à cause de son indignité, & de se faire mettre en possession des biens du Fondateur de la substitution, attendu que le même substitué prend la place & remplit le degré de l'heritier, & que la substitution est selon les notions les plus communes du Droit, *fecunda hæredis inftitutio,* ou plûtôt selon la Doctrine de Ricard, la substitution est une subrogation, ou substitution d'une personne à un autre, pour recüeillir le fruit d'une disposition.

Diz. de Senatufconf. Silanian. &c.

Note 4. in dict. Leg. m.

Tome II. Traité 3. ch. 1. part. 1. n. 1.

CHAPITRE XIV.

Si un fils émancipé qui à cause de sa préterition, attaque le Teftament de son pere qui l'a substitué pupillairement à l'un de ses freres, se rend indigne de la substitution, le Teftament ayant été confirmé.

LA question que l'on va examiner est une des plus notables qui entrent dans ce Traité ; ce qui m'oblige à le faire avec beaucoup d'exactitude, & suivant les plus purs principes du Droit Ecrit.

Dig. de his que in test. delegat.

La Loi *Aufertur* 2. décide expressément cette question; *aufertur hæreditas exasse*, dit le Jurisconsulte Marcien, *& ad fiscum pertinet si emancipatus filius contrà tabulas bonorum possessionem patris ut præteritus petierit & ex substitutione impuberis adierit hæreditatem*, ainsi que la Loi *Filium* 5. §. *non solùm ff. de Legat. præstand.* Il est vrai qu'en France les biens substitués dont ce fils s'est rendu indigne (en attaquant le Testament de son pere de la substitution pupillaire, à cause de sa préterition) n'apartiennent pas au fisc, mais au plus proche heritier *ab intestat*; il est pourtant vrai que l'indignité de ce fils émancipé le prive pour toûjours de la joüissance des mêmes biens, parce qu'il a voulu faire declarer nul la derniere disposition de son pere, & qu'il est exclus par-là de succeder à son pere & à son frere, quoiqu'il lui fût substitué pupillairement.

In recitat. solemnib. in Leg. 16. ff. de vulgar. & pupillar.

Mr. Cujas tient l'affirmative sur cette question, apuyé sur la décision de la Loi que l'on vient de citer; voici de qu'elle maniere il s'explique. *Filius emancipatus præteritus substitutus fratri pupillo non admittitur ad substitutionem si agat contrà tabulas.* Et il en donne aussi tôt la raison, *& Generaliter hoc verum est ut is qui impugnat patris judicium, ex quo illud desicit, nihil ex eo consequi possit. Judicium defuncti impugnat primò hæres ex asse scriptus qui repudiat, ideoque hîc etiam repellitur à substitutione pupillari à morte, causâ Donation. item aliis rebus quæ in illum collata sunt :* or le pere ayant par son Testament disposé pour ainsi dire de deux successions, & sa disposition n'étant qu'un seul & même Testament du pere & du fils impubere, le fils émancipé qui demande après la mort de celui qui la mis au monde, *bonorum possessio contrà tabulas*, attaquant *judicium patris*, il se rend indigne de la substitution pupillaire que son pere y a mis en sa faveur, parce

Lib. 2. tit. 16. §. 2. aux Instic tutes.

que selon les élemens du Droit, la derniere disposition du pere qui contient cette substitution *unum Testamentum est duarum causarum, id est duarum hæreditatum tanquàm si ipse filius sibi hæredem instituisset.* C'est donc une grande injure que ce fils émancipé fait à son pere d'attaquer son Testament, & de

demander

demander *bonorum poßeßion. contrà tabulas* , pour le faire annuller , injure qui le rend indigne de joüir du fruit de la fubftitution pupillaire , lorfque le Teftament eft confirmé , & le
prive à jamais des biens compris dans cette fubftitution , pour
les tranfporter aux plus proches heritiers *ab inteftat* qui n'ont
pas attaqué le même Teftament.

Cette maxime eft generalement reçûë en France , felon
la Doctrine de Godefroy , *nota* 5. *intitul. Cod. de his quib.
ut indign.* ou les biens dont l'heritier fubftitué eft privé pour
donner lieu à la fucceffion *ab inteftat* , des plus proches parens du pupille , qui n'ont point demandé la caffation du
Teftament du pere , ni *bonorum poffeffion. contrà tabulas* , à
l'exemple du fils émancipé qui s'en eft rendu indigne ; mais
qui refpectant le même Teftament , & ne l'ayant point attaqué , doivent recüeillir la fucceffion *ab inteftat* du pupille ,
à l'exclufion du même fils émancipé.

Mais il n'en eft pas de même dans les pays où l'on obferve
le Droit Civil , avec beaucoup d'exactitude & de rigueur ,
parce que les biens dont l'heritier écrit , ou *ab inteftat* s'eft
rendu indigne , foit qu'il foit apellé 1°. *gradu* , ou 2°. *gradu* ,
par une fubftitution de quelle nature qu'elle foit , ou qu'il
ait attaqué la derniere difpofition de fon pere , *per bonorum
poffeffionem contrà tabulas.* Car en ce cas , les biens dont il
eft privé , le Teftament qu'il vouloit faire declarer nul étant
confirmé , apartiennent au fifc , fuivant la difpofition de la
Loi *Aufertur* 2. & plufieurs autres qui font fous le même ti-   *Dig. de his
tre* , la Loi 4. & la Loi 8.   *que ut indign.*

TRAITÉ

DE

LA REVOCATION,

ET NULLITÉ DES DONATIONS.

LIVRE NEUVIE'ME.

CHAPITRE PREMIER.

Si la petite fille à qui son ayeule devoit restituer un Fidei-
commis, est indigne de la substitution, parce qu'elle n'a
pas poursuivi la vengeance de sa mort.

 L n'arrive que trop souvent, que les heritiers
instituez, ou substituez, se rendent indignes de
l'heritage du défunt ; les uns pour ne pas venger la mort du Testateur qui a été assassiné ; les
autres, parce qu'ils attaquent le Testament de
celui dont ils devroient respecter, & la memoire & la derniere disposition. Les differens titres du Digeste & du Code,
nous en fournissent une infinité d'exemples, ainsi que les
Docteurs, les Interprêtes, & les Arretistes.

La question que l'on va discuter, est une de celles qui

prouvent démonſtrativement ce que je viens d'avancer, &
l'on n'en doutera pas, lorſque l'on verra quelle eſt l'indignité
que je me ſuis propoſé d'examiner.

Une ayeule ayant inſtitué ſon heritier univerſel par ſon
Teſtament, vient à être tuée, ſa petite-fille à qui elle étoit
chargée de reſtituer un Fidei-commis, ſçachant qu'elle a été
aſſaſſinée, ne ſe met point en état de venger ſa mort, ni de
déferer en Juſtice le meurtrier, quoiqu'elle ſoit informée de
ſon nom & de ſa demeure. Cette petite-fille ſe rend indigne
par ſon ſilence & ſa negligence du Fidei-commis, que ſon
ayeule étoit chargée de lui rendre, ſuivant la déciſion de la
Loi *Propter* 21. §. 1. Sur-tout, lorſque cette petite-fille demande d'être miſe en poſſeſſion des biens de ſon ayeule, enſuite du Fidei-commis qu'elle étoit obligée de lui reſtituer.
Les heritiers *ab inteſtat*, ou l'heritier écrit de cette ayeule,
ne peuvent pas la faire declarer en France indigne de ce Fidei commis, parce qu'elle étoit chargée de le lui rendre par
un Teſtament diſtinct, & ſeparé de la derniere diſpoſition de
l'ayeule. *Neptis quæ poſſeſſionem aviæ petierat*, dit le Juriſconſulte Papinien, *mortem ejus interfectam ſciens non defferende-
rat, Fidei-commiſſum quod avia ex alio Teſtamento nepti debuit
in reſtituendis fiſco bonis non eſſe deducendum placuit, ſi autem negligentia mulier emolumentum bonorum amiſerit: Fidei commiſſum eſſe retinendum, integrato jure debiti rationis
eſt*: en effet, ſeroit-il juſte que la petite-fille qui a un Fideicommis à prendre dans l'heritage de ſon ayeul, que ſon mari
avoit chargé de lui rendre, en fut privée ſur le fondement
qu'elle s'en eſt renduë indigne, parce qu'elle n'a point pourſuivi la vengeance de la mort de cette ayeule ? N'eſt-ce pas
aſſez qu'elle ne puiſſe pas ſe mettre en poſſeſſion des biens,
qui ne ſont point compris dans ce Fidei-commis, & qu'ils
ſoient adjugez aux autres heritiers *ab inteſtat*, qui ont déferé
en Juſtice, & le meurtre & le meurtrier qui a tué l'ayeule.
Peut-on la priver d'un Fidei-commis qu'elle eſt obligée de
lui rendre, qui n'eſt point *in bonis* de cette ayeule, & qui
ne peut être confondu avec les biens qui viennent *ex capite*

*Dig. de Se-
natuſconſ. Cella-
nian.*

de celle qui a été tuée ; puifque c'eft à l'heritier inftitué par
le Teftament de la même ayeule , à pourfuivre la vengeance
de fa mort , & que ceux qui apartiennent à cette petite-fille ,
lui font acquis par le Teftament de fon ayeul qui a fondé ce
Fidei-commis en fa faveur.

Il doit donc demeurer pour conftant , qu'en France la petite-fille à qui l'ayeule eft chargée de rendre un Fidei-commis
par le Teftament de fon mari , ne peut pas être declaré indigne de ce Fidei-commis , parce qu'elle n'a point pourfuivi la
vengeance de la mort de fon ayeule qui a été tuée , & que
les heritiers ne peuvent pas faire condamner cette petite-fille
à en être privée ; & à l'égard des autres pays où l'on fuit le
Droit Civil , le fifc à qui l'heritage de cette ayeule apartient ,
ne peut pas faire ordonner que le Fidei-commis dont elle
étoit chargée envers fa petite-fille , doive être compris dans la
confifcation des biens avitins procedant *ex capite aviæ* , parce
que l'un & l'autre font deux patrimoines differens ; d'autant
plus que cette petite fille n'étant pas heritiere de fon ayeule ,
elle ne peut être declarée indigne du Fidei-commis que celle-
ci étoit obligée de lui rendre , enfuite du Teftament de l'a-
yeul dont l'heritage eft diftinct & feparé de celui de l'ayeule.
En un mot , n'y ayant , fuivant la décifion des Loix & l'autorité des Docteurs & Interprêtes , que l'heritier inftitué ou
fubftitué par la défunte , qui foit obligé de pourfuivre en Juftice la vengeance de fa mort ; & pour ne pas encourir la peine de l'indignité , la petite-fille n'eft point dans le cas des
Loix qui font fous le titre du Code *de his quib. ut indign.*
pour la priver du Fidei-commis dont l'ayeul a chargé fa femme par fon Teftament.

CHAPITRE II.

Si les enfans qui ne pourſuivent pas la vengeance de la mort de leur pere ou mere, ſont indignes de leurs ſucceſſions.

CETTE queſtion a été ſi ſouvent traitée dans toutes les Cours Souveraines de France, qu'elle n'eſt pas preſentement d'une longue diſcuſion.

C'eſt une maxime conſtante, fondée ſur les Loix qui ſont ſous les titres du Digeſte & du Code, *de his quib. ut indign. & de his quæ ut indign.* que ceux qui ne pourſuivent point la vengeance de la mort du défunt, ſont indignes de ſa ſucceſſion.

La Loi *Si filius* 23. décide préciſement cette queſtion, *ſi filius*, dit le Juriſconſulte Triphonin, *patris necem inultam reliquerit quam ſervus detexit & meruit libertatem, dixi non habendum pro Patroni filio, quia indignus eſt.* *Dig. de rui. patronat.*

Le Juriſconſulte Paulus va plus loin ; car parlant des heritiers de celui qui a été tué en termes generaux ; (c'eſt-à-dire, ſoit qu'ils ſoient enfans du défunt, ou qu'ils ne le ſoient pas) dit *hæreditas à fiſco ut indignis aufertur his primum qui cum interfectus eſſet Teſtator apertis tabulis Teſtamenti vel ab inteſtato adierunt hæreditatem aut bonorum poſſeſſionem acceperunt.* M. Cujas en donne cette raiſon déciſive, que ſi les enfans & les autres heritiers ne le faiſoient pas, *inciderent in crimen inultæ mortis & ingrati hæredis*, ou pour me ſervir de l'expreſſion de la Loi 1. *ſivè non deffenſæ mortis.* *Lib. 3 ſententiar. tit. 6. §. 10.*

In paratit. C. de his quib. ut indign.

Cod. ubi cauſæ fiſcales.

C'eſt la déciſion de ces Loix, & l'autorité de M. Cujas, qui ont ſervi de baſe & de fondement à la Juriſprudence des Arrêts de toutes les Cours Souveraines du Royaume, ainſi que l'aſſûrent Papon. Automne dans ſa Conference du Droit François, Tom. I. pag. 449. & 450. M. Loüet en la Lettre *H.* & Brodeau au même endroit en raporte un, qui a jugé *Liv. 21. tit. 7. Art. 1.*

Nº. 5.

Q q iij

en termes formels, que les enfans qui ne poursuivent pas la vengeance de la mort de leur pere contre le meurtrier ou assassin, & qui ne se font pas rendus Parties, étoient indignes de sa succession ; parce que suivant la disposition de la Loi I. c'est une vengeance innocente, légitime, necessaire, & que l'heritier est obligé de poursuivre, *honesta vindicta, & debitum pietatis officium* ; en sorte que l'enfant heritier du pere qui a été tué, negligent ou refusant de poursuivre le crime contre le meurtrier, & de se rendre Partie pour venger sa mort, est non-seulement indigne de l'heritage, mais il doit en être privé à cause de son ingratitude, parce qu'il a étouffé dans son cœur les sentimens d'amour & de pieté, qui devoient l'exciter à faire punir le meurtre commis en la personne de celui qui l'a mis au monde, & qui l'a institué son heritier ; avec cette condition tacite, qu'il poursuivroit le meurtrier qui lui a arraché la vie par un coup d'épée, de poignard, ou de fusil.

Cette maxime est si generale & si inviolable, que le plus proche parent qui poursuivoit le meurtrier de son parent étoit appellé, ainsi qu'on le voit dans l'ancien Testament, tantôt *ultor sanguinis*, & tantôt *redemptor id est assertor qui propinqui interfecti sanguinem vindicabat*, suivant la Doctrine de Mercerus. Jusques-là que l'on trouve que cette Coûtume est si ancienne en France, ainsi que l'observe Gregoire de Tours, que Chrasiminde dit (parlant de la mort de ses pere & mere qui avoient été tués,) *nisi ulciscar interitum parentum meorum amittere viri nomen debeo, & mulier infirma vocari*: en un mot, Aimoinus Monachus voulant établir cette ancienneté, s'explique en ces termes au sujet des enfans de Sadragesille, Duc d'Aquitaine, sous le Regne de Dagobert, *qui Sadragiselli Aquitaniæ Ducis filios paterna hæreditate privavit quod mortem patris sui, ulti non essent, idque secundùm Leges Romanas quæ sancierunt paterna hæreditate privandos eos, qui noluerint interfecti necem vindicare*. D'où il suit, selon l'exemple raporté par cet Historien, que l'indignité des enfans qui ne vengent pas la mort de leur pere ou de leur mere, dont

Cod. de his qui ut indign.

Josué cap. 10. verf. 4.

in the Carthaga r. sanct. p. 347.

Lib. 9. cap. 19.

Lib. 4. de reb. gest. Francor. c. 28.

ils font heritiers, eſt auſſi ancienne que le Droit Civil ou les Loix Romaines, & qu'elle.à ſon époque fixée preſque à la fondation de la Monarchie de France.

CHAPITRE III.

Si le mari heritier de ſa femme qui a été tuée, tombe dans l'indignité, & doit être privé de ſon heritage, parce qu'il ne pourſuit pas en Juſtice le meurtrier de cette femme.

LA liaiſon de cette queſtion avec celle que l'on vient d'examiner, m'oblige à la diſcuter avec beaucoup de préciſion & de netteté.

Cette queſtion eſt décidée par pluſieurs Textes des Loix. La premiere où l'on trouve cette déciſion eſt la Loi *Cum mor-* Dig. de jure fiſci. *tem* 27. où elle eſt traitée avec une grande clarté. L'Empereur Severe ayant ſçû que le mari d'une femme qui avoit été aſſaſſinée refuſoit de ſe rendre Partie, & de pourſuivre le meurtrier de cette femme ; ordonne qu'il a encouru la peine de l'indignité, & qu'il doit être privé de la dot de la défunte qui l'avoit inſtitué ſon heritier, *cum mortem maritus uxoris necatæ*, dit Ulpien, *non deffendit Divus Severus, reſcripſit dotem fiſco vindicandam, prout ad maritum pertineat.* Le Ju- Leg. 20. ff. de his quæ ut indignis. riſconſulte Hermogenien dit encore la même choſe, *ei qui mortem uxoris non deffendit ut indigno dos aufertur :* en effet, ſeroit-il juſte que le mari que ſa femme a inſtitué ſon heritier, joüit du fruit d'une colluſion criminelle avec le meurtrier de la défunte, en refuſant de ſe rendre Partie contre lui, & de pourſuivre la vengeance de ſa mort ? N'eſt-ce pas bleſſer l'amour & la pieté qui ſont inſéparables, de la qualité d'époux & d'épouſe ? Ne ſont-ils pas l'un & l'autre ſuivant le langage de l'Ecriture, *duo in carne* ? L'inſtitution d'heritier que la femme à faite en faveur de ſon mari par ſon Teſtament, ne

doit-il pas le porter à venger l'affassinat commis en la perfonne de la défunte qui étoit en droit , & qui avoit la liberté
de laiffer fes biens a-t-elle perfonne qu'elle auroit voulu faire
fon heritier , qui n'auroit pas fans doute refufé ou negligé
de pourfuivre en Juftice la mort de la bienfaîtrice ? Quelle
injure ne fait-il pas à fa femme de ne fe rendre point Partie
contre fon affaffin dès qu'il a fçû fa mort , & qu'il eft connu
de tout le monde , fa conduite , fon filence , fon refus , tout
crie , tout s'éleve contre lui pour le faire declarer indigne de
l'heritage de la défunte.

Lib. 5. præ-
fumpt. 3. n. 81.   Menoch dans fon Sçavant Traité *De præfumptionib.* examinant les raifons qui ont porté les Loix Romaines à priver
de l'heritage ou de la fucceffion *ab inteftat* , l'heritier qui ne
pourfuit pas en Juftice la punition de celui qui a tué le défunt , s'explique en ces termes ; *octava conjectura doli eft quam*
Lex facit contrà hæredem fcientem occifores ejus cui fucceffit &
non vindicantem mortem ipfius occifi , nam *Lex præfumit dolo*
non vindicare , & proptereà ab eo aufertur hæreditas , tanquàm
ab indigno. Et dans un autre endroit il dit , *cæterum de Leg.*
Propter veneni §. I. procedit , quia non vindicans mortem oc-
cifi , præfumitur particeps homicidii : Or fi celui qui ne pourfuit pas la vengeance de la mort du défunt , qui l'a inftitué
fon heritier , eft prefumé complice de l'homicide ; il eft certain que cette raifon le fait tomber dans la peine de la privation de cet heritage , fondée fur fon indignité à caufe de fon
refus , & de fa negligence à fe rendre Partie au Procès ; fur-
tout lorfqu'il fçait qui eft le meurtrier de celui qui a été tué ,
ou par un coup de fufil , ou par un coup d'épée ou de poignard , & la fucceffion dont il eft privé , dès-lors eft deferé au
plus proche heritier *ab inteftat* du défunt , felon la maxime
generale de France , quoique dans d'autres pays où les Loix
Civiles font inviolablement obfervées , l'heritage eft confifqué & dévolû au fifc , conformément aux Loix qui font fous
les titres du Digefte & du Code.

De h's que u
ind ga.& de bis
quio. ut indign.

CHAPITRE

CHAPITRE IV.

Si le fratricide doit être declaré indigne de la succession de son frere, & si cette indignité passe du pere aux enfans.

C'EST un principe de Droit apuyé sur l'autorité de tous les Docteurs & Interprêtes, que les parricides, fratricides & homicides, sont indignes de succeder à leurs peres, freres ou autres qui les ont institués heritiers par leurs Testamens, & que leurs enfans en sont aussi indignes, parce que *pater & filius censentur una eademque persona*, & que les parens qui sont dans un degré plus éloigné, succedent *ab intestat* à ceux qui ont été assassinés.

Barth. in L. fin. ff. si quis aliquem testar prohibuer Bald. in L. hæredixos. C. de his quib ut indign. &c.

Ce principe posé, on ne peut revoquer en doute que le frere qui a tué son frere, quoique son plus proche heritier *ab intestat*, doit être declaré indigne de sa succession en France, & que cette indignité passe du pere aux enfans, selon le sentiment des Docteurs & Interprêtes en l'endroit allegué. Barthole *in Leg. Codicillis §. Matre*, Paul de Castro, *indictam Leg.* & M. le Président Boyer; en sorte que le frere qui n'est point complice du meurtre de son frere, doit lui succeder *ab intestat*, parce que suivant la décision de la Loi *Sancimus*, & l'autorité de Balde, *in L. data opera quæst. penult. Cod. qui accusar. non poss.* & que le fratricide ne peut nuire aux autres parens qui sont dans le même degré que celui qui a tué son frere, & par conséquent fondés à prendre la qualité d'heritiers *ab intestat*, dès que le fratricide est prouvé, & que le frere a été declaré indigne de la succession.

Dig de Leg. 2. quæst. 25. ni 1. & 2.

Cod. de pænis.

La maxime est si constante & si universellement observée dans les pays où l'on suit le Droit Civil, que plusieurs textes de Loix le décident en termes formels. C'est ce qui nous est apris par la Glosse & par Barthole, *in dict. L. in secund. notabili,*

L. Lucius titius. ff. de inv. fist. &c. col.

R r

4. *verf. hæc fa-*
ciant ad quæst.
Cod. de Fidei-
comm. & in L.
1. verf. extra
quæro. Cod. un-
de vir & uxor.

Quæst. 146.

Liv. 7. *ch.*
94. *Arrêt.* 1.

& par Balde, *in L. eam quàm.* Cette maxime eſt apuyée ſur
la Juriſprudence des Arrêts de toutes les Cours Souveraines
de France; Papon en raporte pluſieurs Arrêts, liv. 21. tit.
1. Arrêt 3. *Anfrerius Capel. Tholoſan.* queſt. 23. Boyer queſt.
25. *Robert rer. judicatar. lib.* 3. *cap.* 7.

Maynard dans ſes queſtions, & Papon liv. 21. tit. 1. Arrêt
22. & tit. 4. & une infinité d'autres : en un mot, un frere qui
tuë ſon frere, ne viole-t-il pas les Loix du ſang & de la nature ? ſon impieté, ſa barbarie, & le crime qu'il a commis
ne le rendent ils pas indigne, ainſi que ſes enfans de ſucceder
à ſon frere, ſoit en qualité d'heritier inſtitué par le Teſtament
du défunt, ſoit en qualité d'heritier *ab inteſtat* ? N'eſt-il pas
certain qu'un ſemblable forfait étant puni du dernier ſuplice,
celui qui en eſt accuſé & convaincu, doit être privé de l'heritage du frere qu'il a aſſaſſiné, parce qu'il a pouſſé ſa cruauté
ſi loin, qu'après avoir étouffé dans ſon cœur tous les ſenti-
mens de l'amour fraternel, & de l'humanité, il a par ſon
impieté merité d'être privé de l'heritage de celui dans le ſang
duquel il a eu la cruauté de tremper ſes mains, ſuivant ce grand
principe de Droit *nemo ex ſuo faſcinore, ſive ex ſua impro-*
bitate lucrum & commodum reportare; c'eſt ce que le Parlement de Paris a jugé par Arrêt du 16. Juillet 1676. contre
celle qui avoit empoiſonné ſes freres, pour recüeillir leur ſucceſſion apellée la Marquiſe de Brinvilliers.

Lettres n. 20.

Il eſt ſi vrai, que la peine de l'indignité que le pere qui
a tué ſon frere encourt, paſſe aux enfans. M. Loüet en
marque un Arrêt rendu par le Parlement de Paris, dont il
donne pour motif que la ſucceſſion du pere & des enfans, *eſt*
una ſucceſſio, unum patrimonium, continuatio Dominii & que
ratio naturalis, ut parentum ſucceſſio, & hæreditas liberis ad-
dicatur deſiderat. Brodeau au même endroit parle de cette
indignité des enfans de celui qui a tué ſon frere, leſquels venant *ex radice infecta*, il n'eſt pas juſte qu'ils ſuccedent aux
biens *ſcelere quæſita*, par le fratricide commis par leur pere.
D'autant plus que ces enfans ſont la vive image du meurtrier,
& que l'on verroit dans une même ſucceſſion, les mêmes

biens du frere qui a été tué, & du meurtrier qui ne fairoient qu'un seul & même patrimoine, ou heritage dans la personne des mêmes enfans; ce qui est fondé sur la disposition de la Loi *Cum ratio* §. *prætereà ut liberorum portiones non augeantur de his quæ damnati patris flagitio acquisierunt*, ce qui, selon le sentiment de M. Loüet, doit s'entendre *de hæreditate*.

Dig. de bon. damnator.

CHAPITRE V.

Si le fils institué heritier par celui que son pere a tué, peut être declaré indigne de recüeillir l'heritage du défunt, parce qu'il n'a point poursuivi la vengeance de sa mort, & si cette indignité a lieu contre le pere institué heritier par celui que son fils a tué.

LEs questions que l'on va traiter, sont une limitation ou exception aux textes des Loix sous les titres du Digeste & du Code, *de his quæ ut indignis*, & *de his quibus ut indignis*; ce qui m'oblige à les examiner & à les décider par les plus purs principes du Droit.

C'est un principe de Droit, qu'il n'est point d'injure plus grande que celle qui regarde le refus de venger la mort de celui qui a été tué, & que ce refus fait tomber l'heritier institué, ou *ab intestat* dans la peine d'indignité qui emporte avec elle la privation des biens de l'heritage du défunt.

Ce principe établi, il est certain qu'encore que l'heritier institué par une personne qui a été assassinée, soit declaré indigne de son heritage, parce qu'il refuse, ou qu'il neglige de se rendre Partie au Procès contre le meurtrier, pour le faire condamner à la peine proportionnée à son crime. Cette obligation, & cette necessité attachée à la qualité d'heritier écrit, n'a pas lieu dans le cas où il s'agit, du fils qui a été institué heritier par un homme qui a été tué par le pere de ce fils, ainsi que nous l'aprenent tous les Docteurs & Interprêtes; Balde

Alberic de Rofa. In L. Cod de his qui ut in liga. fa fon in prima limitat. in dist L. Boër, queft. 25. n. 13. &c.

en marque la raifon, *in L. Athletæ §. dat remiſſionem verſ. extra nota quod argumento hujus textus, ff de excuſat. tutor. quia inſtituendo iſtum vel ejus patrem interfectorem videtur injuriam remiſiſſe* ; fur-tout lorfque le défunt ayant encore vêcu quelques jours après le coup qu'il a reçû, & qui a été la caufe de fa mort, n'a pas revoqué le Teftament par lequel il avoit inſtitué heritier le fils de fon meurtrier, parce que s'il avoit voulu l'exclurre de fon heritage, il n'avoit (durant le peu de jours qu'il a reſté en vie) qu'à faire un dernier Teftament, & inſtituer un autre heritier.

La feconde queftion n'eſt pas d'une longue difcuſſion, parce qu'elle dépend des mêmes raifons & des mêmes principes qui ont fervi à la décifion de la premiere ; car dès que le fils eſt le meurtrier ou l'affaſſin de celui qui a inſtitué fon pere heritier par fon Teftament, ce pere ne peut être declaré indigne de l'heritage du défunt, parce qu'il n'a pas pourſuivi la vengeance de fa mort contre fon fils ; ainfi que nous l'apprennent tous les Docteurs & Interprêtes en l'endroit que l'on a déja cité, par-là même que le Teftateur, *videtur injuriam remiſiſſe* ; lorfqu'ayant encore vêcu cinq ou fix jours après la bleſſure qui lui a été faite, il n'a pas revoqué le Teftament par lequel il avoit inſtitué le pere de fon meurtrier fon heritier : ce qui eſt un veritable département de l'injure qui lui a été faite, parce que *ſtatim paſſus ad animum ſuum non revocavit*, n'en ayant point témoigné fon reſſentiment, & ayant perfeveré dans la derniere difpofition qu'il a faite, *uſque ad ultimum vitæ fpiritum* ; d'autant plus que Dumoulin décide *ad tit. Cod. de his quæ ut indign.* que les enfans envers leur pere ne font pas obligés de venger la mort de ceux dont ils font heritiers, contre celui qui les a mis au monde.

CHAPITRE VI.

Si l'un des parens qui a empêché son parent de faire son Testament, est indigne de lui succeder ab intestat.

AVANT d'entrer dans l'examen de cette question, il est necessaire de remarquer qu'il n'est rien de plus libre, rien de plus important que le droit de disposer de ses biens, soit par des actes *inter vivos*, soit par un Testament, une Donation à cause de mort, ou par un Codicille, suivant cette maxime de Droit *disponat Testator & erit Lex*; de-là cette définition du Testament, *justa voluntatis nostræ sententia de eo quod quis post mortem suam fieri velit*, de-là ce grand principe de Droit établi par Godefroy, *quæ in alienum Arbitrium est collata*; de-là enfin cet autre principe de M. Cujas, qu'en matiere de Testament il faut que *concurrat manifesta voluntas Testatoris.*

Ces principes posez, il est constant que le parent qui a empêché son parent de faire son Testament, est indigne de sa succession *ab intestat*, qui est dévoluë aux autres parens qui ne sont pas complices, de la force & de la violence que celui-là a mis en usage, pour empêcher le défunt de disposer librement de ses biens en faveur de la personne qu'il vouloit instituer son heritier; ainsi que le décide le Jurisconsulte Paulus, *et etiam velut indigno*, dit-il, *aufertur hæreditas qui ab finem vel cognatum cui ipse ab intestato successurus erat, Testamentum facere prohibuit.* La Loi *Eos qui* 2. décide encore la même chose, en voici le texte: *Eos qui ne Testamentum ordinaretur, impedimento fuisse monstrantur velut indignas personas à successionis compendio removeri celeberrimi juris est*: la Loi 1. au même titre du Digeste au §. 1. est aussi formelle que la précedente, & Godefroy nous aprend que l'heritier legitime, ou *ab intestat*, qui empêche le Testateur de faire un autre Testament, est indigne de la succession; Cormier tient

R r iij

Note *F. in L. t.*

Dig. qui Testament fac poss.

In L. 12. ff. de bonor possss. contrà tab.

Sentent. lib. 5. tit. 12. §. 1.

Cod. si quis aliquem Testari prohib. vel coëger.

Note *J. in diss. L.*

l'affirmative contre le parent, qui par force ou violence a
empêché son parent de faire son Testament ; voici ses paroles. *Ceux qu'on montrera avoir empêché que le Testament ne
se fît, doivent sans doute aucune, être deboutez du profit de la
succession comme indignes d'icelle :* en effet, est-il rien de plus
injuste que d'empêcher une personne de disposer de ses biens
librement, & en faveur de qui il lui plaît ? Quelle injure ne
fait on pas à un parent à qui l'on doit succeder *ab intestat*,
de le forcer à mourir *ab intestat* ? M. Cujas décide clairement cette question, & se declare pour l'opinion de Cormier

hæreditas, dit-il, *aufertur ei ut indigno qui Testatorem coëgit
ut se institueret aut qui prohibuerit ne Testamentum faceret vel
mutaret. Toto tit. si quis aliq. Testari prohib. Paul. in 5. sentent.
tit.* 12. *aufertur autem ei soli qui prohibuit,* & quelques lignes plus bas, *nam in dubio is tantùm qui prohibuit repellitur:*
les paroles de ce grand homme ne sont-elles pas claires &
précises ? En faut-il d'avantage pour montrer que la force
& la violence que le parent met en usage, pour empêcher
que son parent ne change ou ne fasse un autre Testament,
pour l'obliger à mourir *ab intestat,* se rende indigne de sa
succession ; sur-tout lorsque les moyens & les voyes iniques
dont il s'est servi sont constatées, & que la preuve des faits
qui en resultent est parfaite.

Enfin, la même indignité a lieu contre le mari, ainsi que

l'observe Me. de Vedel dans le cas où il a par importunité
arraché un Testament de sa femme, & s'est servi du tems de
sa maladie, & de la foiblesse de son état, pour favoriser ses
importunes instances ; parce que suivant la Jurisprudence des
Arrêts qu'il raporte, ce Testament est capté & suggeré, &
manque dans ce qui lui est essentiel ; c'est à-dire, dans la
libre volonté, conformément à la Loi premiere, ff. *de
Testament.* & à la Doctrine de Godefroy sur cette Loi ; parce

que sans cela on est au cas de la décision de Dumoulin ; mais
il faut que ces faits de captation & de suggestion soient prou-
vez ; autrement le Testament seroit confirmé.

CHAPITRE VII.

Si le Legataire qui s'inscrit en faux contre le Testament du défunt, se rend indigne du Legs qui lui a été fait.

LA décision de la question que l'on va examiner, est fondée principalement sur la Loi 4. dans laquelle le Jurisconsulte Ulpien s'explique en ces termes : *Papinianus libro quinto quæstionum ait si quis unum hæredem quasi per falsum adscriptum accusavit, legatum ei non auferre à cohærede relictum quem non inquietavit ;* en sorte que pour ce qui concerne le coheritier dont il attaque l'institution par l'inscription de faux, le Legataire se rend indigne du Legs qu'il étoit chargé de lui payer, dès qu'il vient à succomber dans la demande, quoique les autres coheritiers ne puissent le faire tomber dans la peine de l'indignité, parce que ce Legs ne les regarde pas ; c'est la Doctrine de M. Cujas, *alia est causa, ex quâ indignus quis fit ut si falsum Testamentum dicat, nec obtineat, repellitur enim à Legato quasi indignus. Quid si partem aliquam Testamenti falsam dicat, ut si unum exhæredibus falso adscriptum dicat ; repelletur si Legatum sit relictum ei ab hærede quem inquietavit, si ab alio ei relictum sit nihil ei auferetur, Leg. 4. tit. 5.* Ce Jurisconsulte en donne un peu plus bas la raison. *Si non obtinuerit ab eo hærede repelletur quem inquietaverit, ab alio non repelletur, quia alii negotium non exhibuit :* ce grand homme dit encore la même chose, *ad L. 5. §. 1. ff. eodem tit. qui unum hæredem falso scriptum dicit nec obtinuit non repellitur à Legato, quo ab alio hærede relictum est, nam alium hæredem non inquietavit ;* d'où il suit que si le Legataire ne tient en qualité, qu'un des coheritiers institués, lorsqu'il a formé son inscription de faux dont il a été déchû, il ne peut être déclaré indigne que pour la portion qui concerne ce coheritier, & non pour celle de l'autre coheritier qu'il n'est point

Dig. de his quæ ut indign. auferunt.

In recitat solemnib. ad L. 3. 1° & 10. ff. de his quæ ut indgn.

tenu en qualité au Procès , fur laquelle le Juge ne peut pas prononcer fans rendre le Jugement qu'il fait nul , parce qu'il a prononcé fur une qualité , ni conteſtée ni introduite.

La décifion de ce Jurifconfulte, à l'égard de l'indignité du Legataire qui fuccombe dans l'infcription de faux qu'il a formée contre l'heritier par le Teſtateur, eſt apuyée fur la Loi *Poſt Legatum* 5. §. 1. Paulus dit que celui qui *Legatum fecutus poſtea falfum dixit* (*Teſtamentum*) *amittere debebit quod confecutus eſt.* Or ſi le Legataire qui ayant été payé de fon Legs, doit en être privé pour avoir attaqué le Teſtament par l'infcription de faux, lorfque ce Teſtament eſt confirmé , & qu'il eſt debouté de fon infcription ; à plus forte raifon s'il s'eſt infcript en faux contre la derniere difpofition du Teſtateur, dans laquelle fon Legs eſt compris , doit-il en être declaré indigne, lorfqu'il eſt déchû de fon infcription.

A toutes ces autoritez, on doit ajoûter la difpofition de la Loi *Si Teſtamentum* 6. dans laquelle Ulpien décide, que ſi on attaque un Teſtament par la voye de l'infcription de faux, *ei tamen qui falfi accufat fi fufcepta cognitio eſt non eſt dandum* ? Peut-on douter, que ſi pendant l'inſtance de l'infcription de faux, le Legataire qui la introduite ne peut après la conteſtation en caufe fe faire payer fon Legs, qu'il ne doive en être declaré indigne, auffi-tôt qu'il a fuccombé dans fon infcription, à caufe de l'injure qu'il fait au Teſtateur, qui le prive par le Jugement, qui confirme fon Teſtament, du Legs qu'il lui avoit fait ; indignité fondée fur fon ingratitude , & fur fon impieté contre la memoire de fon bienfaîteur, dont il attaque la derniere difpofition.

En un mot, notre queſtion eſt décidée nettement dans le §. 16. de la Loi 5. ou Paulus dit que le Tuteur qui a été donné à un pupille, ne peut s'excufer de la Tutelle fur le fondement qu'il a attaqué le Teſtament par l'infcription en faux, qui n'a produit d'autre effet que de le priver du Legs qui lui a été fait ; d'où l'on doit conclurre que cette privation fuppofe qu'il s'eſt rendu indigne du Legs qui lui avoit été fait par le Teſtateur , qui l'avoit nommé Tuteur de fon fils pupille,

parce

Dig. de his que ut indign.

Dig. de hereditat petitione.

Dig. de his que ut indign.

parce qu'il a attaqué, & la volonté, & la memoire du défunt; mais il faut pour qu'il ait encouru la peine de l'indignité, qu'il ait perseveré dans l'inscription de faux, *usque ad sententiam definitivam*; ainsi que l'affure Godefroy note *Q. in L. 8. Cod. de his quæ ut indign.* & la décision de M. Cujas *ad L. 5. §. 1. ff. de his quib. ut indign.* l'autorité de Cancerius, *var. refolut. cap. 6. de his quib. ut indign. n.* 22. & du fieur Duperier, Tom. II. n. 151. pag. 191.

CHAPITRE VIII.

Si celui qui a attaqué un Testament par la plainte, ou querelle d'inoficiofité, est indigne du Legs contenu dans le même Testament.

C'EST un principe de Droit, que les enfans qui ont été exheredez ou passez sous silence, sans une juste cause par leurs peres & meres, peuvent former la plainte d'inoficiofité contre leurs Testamens, & declarer qu'ils veulent le faire casser, parce qu'ils n'étoient pas dans leur bon sens dans le tems qu'ils ont fait leurs Testamens; mais il ne faut pas dire qu'ils étoient furieux, il faut au contraire avoüer qu'ils sont bons, mais qu'ils n'ont pas été faits *ex officio pietatis*.

Ce principe posé, si un fils du Testateur a formé la plainte d'inoficiofité, sur le fondement qu'il a été exheredé sans une juste cause, comme si le Testateur avoit été furieux; si ce fils, dis je, vient à succomber, & qu'il soit debouté de sa plainte, il est indigne du Legs contenu dans le même Testament, suivant la décision de la Loi *Papinianus* 8. §. *meminiße. Meminiße autem oportet*, dit Ulpien, *eum qui Testamentum inoficiofum improbè dixit, & non obtinuit id quod in Testamento accepit perdere, & id fifco vindicari quasi indigno ablatum*; la même chose est encore décidée dans la Loi 13. §. 9. en ces termes: *Eos qui quasi indigni repelluntur, id est eos qui*

Dig. de inofic. Testam.

Dig. de jur. fifc.

S   S f

de inoficioso egerunt vel falsum dixerunt Testamentum qui usque ad finem litis opugnaverunt Testamentum.

Recitat. solemnib. in L. 3. 17. & 20. ff. de his quib. ut indign.

M. Cujas examinant cette question, conformément aux Loix que l'on vient d'alleguer, tient l'affirmative en termes formels. Voici ces paroles, *qui inoficiosum Testamentum dicit accusat defunctum quasi furiosum & dementem, L. mater, & L. filia de inofic. L. nec Fidei-commissa inf. de Legat. 3. (alias incipit L. Patronus §. ult.) ideoque qui ita defunctum accusavit indignus est ejus liberalitate.*

Et dans un autre endroit sous le même titre du Digeste *tota hæc Lex,* dit-il, *ferè est de eo qui accusat Testamentum quasi falsum vel inoficiosum, hic removetur ut indignus si usque ad finem litis perseveraverit nec obtinuerit :* en effet, est-il une injure plus grande contre la memoire du défunt, que de l'accuser *quasi furiosum & dementem* ; sur-tout quand la plainte d'inoficiosité est formée par un Legataire fils ou pere, mere ayeul ou ayeule du Testateur, & que par la Sentence sur cette plainte le Testament est confirmé ? Surquoi fondé, ce Legataire a-t-il attaqué la derniere volonté de son bienfaiteur, qui ne la point passé sous silence, & dont la disposition exigeoit de lui le respect & la consideration qu'il étoit obligé d'avoir pour ce Testateur, qui dans le même Testament n'a rien fait que de se conformer aux Loix Civiles, *ni-*

L. 1. Cod. de Sacrof. Ecclef.

hil enim est, dit l'Empereur Constantin, *quod magis hominibus debeatur quam ut supremæ voluntatis (postquàm jam aliud velle non possunt) liber sit stilus & licitum quod iterum non reddit Arbitrium.*

C'est donc une verité constante, suivant la disposition des Loix Romaines, & l'autorité de M. Cujas aux endroits allegués, que les enfans & les ascendans qui forment la plainte d'inoficiosité, & qui la poursuivent jusques à un Jugement définitif, venant à succomber & à être déboutez de leur plainte, sont indignes du Legs ou de la liberalité que le Testateur leur a fait.

CHAPITRE IX.

Si l'heritier qui a empêché le défunt de changer son Tes-
tament, est privé de l'heritage comme indigne.

LA question que l'on va examiner est une des plus importantes qui entrent dans ce Traité; ce qui m'oblige à la
discuter selon les plus purs principes du Droit.

On trouve dans la Loi 1. la décision formelle de la ques-
tion que nous traitons en ces termes : *Civili disceptationi* *Cod. si quis*
aliquid Testat,
crimen adjungitur si Testator non sua sponte Testamentum fecit *prohibuer.*
sed compulsus ab eo qui hæres est institutus, vel à quolibet alio,
quos noluerit scripsit hæredes : Or si celui de qui l'on a extorqué
un Testament dans lequel les heritiers *ab intestat*, sont en
droit de faire priver de l'heritage, l'heritier institué par un
Testament qu'il a surpris, ou plûtôt arraché du défunt, parce
qu'il s'en est rendu indigne; avec combien plus de raison
l'heritier qui par force ou violence empêche le Testateur de
changer son Testament, doit-il être declaré indigne de l'heritage du défunt; sur tout lorsqu'il y a preuve parfaite que le défunt
avoit resolu de faire un autre Testament, ou de changer sa
derniere disposition, mais que l'heritier écrit l'a empêché de
le faire.

Cette maxime est d'autant plus certaine, & qu'elle est ap-
puyée sur la Loi *Eos* 2. sous le même titre du Code, *eos qui*
ne Testamentum ordinaretur impedimenta fuisse monstrantur re-
but indignas personas à successioni compendio removeri cele-
berrimi juris est. Le Jurisconsulte Ulpien décide la même
chose dans la Loi 1. §. 2. *si plures hæredes instituti sint, & om-* *Dig. eodem*
nes dolo fecerint quominùs Testamentum mutaretur dicendum *tit.*
est actiones omnibus denegari quia omnes dolo fecerunt. Pourquoi ces heritiers instituez sont ils non-recevables & sans action à demander d'être mis en possession de l'heritage ? N'est-
ce pas à cause du dol qu'ils ont pratiqué pour empêcher le

défunt de changer son Testament ? Pourquoi ne sont-ils pas en droit de prendre la qualité d'heritiers institués, c'est parce qu'ils s'en sont rendus indignes en empêchant le défunt de faire ou de changer son Testament, *denegari ei debent actiones, denegatisque ei actionibus fisco locum fore.* L'heritage dont ils sont dépoüillés pour être adjugez au fisc ; ne montre-t-il pas que l'empêchement de fait que leur dol leur a suggeré, afin que le défunt ne changeât pas son Testament, les prive des biens de cet heritage à cause de leur indignité, c'est-ce qui nous est apris par Godefroy, *sic interpretor eo, ubi quis vult Testamentum facere vel mutare.*

C'est sur la décision de ces Loix, & sur la Doctrine de Godefroy, que Azor n'a pas balancé de se declarer pour l'affirmative sur cette question ; ainsi que Cormier qui dit que *le Procès qui a été intenté contre celui qui a empêché le défunt de changer son Testament, peut être poursuivi par l'action Civile, & par l'action criminelle* ; c'est-à-dire, qu'il peut être traité extraordinairement pour le faire priver de l'heredité dont il s'est rendu indigne par le dol, la force, ou la crainte ; tant il est vrai que la conduite inique, remplie d'opression & de violence contre le défunt de la part de l'heritier, l'exclud de la possession & de la joüissance des biens de son heritage, & l'empêche de pouvoir prendre la qualité à cause de son indignité, conformément à la maxime des Arrêts raportés par M. Maynard dans ses questions notables, qui ne permettent plus de faire naître des difficultez là-dessus ; d'autant plus que Ricard établit expressément cette maxime : c'est l'usage que l'on observe en France dans le cas de l'indignité. Voici ses paroles ; *parmi nous qui n'avons pas admis ces Loix fiscales, comme nous avons fait voir ailleurs ; cette peine est remise à l'Arbitrage du Juge & à l'équité, suivant laquelle il semble qu'il soit juste, lorsqu'il s'agit d'un empêchement formé à la revocation d'un Testament, de priver absolument l'heritier qui s'est oposé à la volonté du Testateur, de tout ce dont il avoit disposé en sa faveur, & l'adjuger à l'heritier ab intestat, celui qui a exercé cette violence s'étant rendu suffisament indigne de la volonté du défunt.*

Note G. in L. 1. ff. si quis aliquam testar. prohib.

In summ. tit. Cod. si quis aliquem testar. prohib.

Liv. 24. tit. 4. n. 2. de son Code Henry.

Liv. 8. ch. 74.

Tom. I. 3. part. ch. 1. n. 29.

CHAPITRE X.

Si le mari qui a empêché sa femme de faire, ou de changer son Testament, se rend indigne de sa succession.

LE Droit Civil permet au mari *blando sermone*, & par des caresses réïterées de travailler à se faire instituer heritier par sa femme dans son Testament, & décide qu'il n'y a rien de criminel dans la conduite de ce mari; Godefroy nous aprend encore la même chose, fondé sur les textes des Loix que l'on vient de citer.

L. 3. *ff. si quis aliquem Testari proh. b.* & *L. ult Cod. eodem tit.*

Note *O. ad diti. L.* 3.

Mais si le mari empêche la femme de faire ou de changer son Testament, il est certain qu'il se rend indigne de son heritage; c'est la décision formelle de la Loi derniere, *virum qui non per vim nec dolum quominùs uxor contrà eum mutata voluntate Codicillos faceret intercesserat, sed (ut fieri assolet) offensam ægra mulieris maritali sermone placuerat in crimen non incidisse*; mais dès que le mari institué heritier par sa femme dans un premier Testament, veut l'empêcher ou par force ou par dol d'en faire un second; on ne peut revoquer en doute qu'il doit être privé de son heritage, parce qu'il encourt la peine de l'indignité.

Dig. si quis aliquem Testar. prohib.

La Loi *Eos qui* 2. sous le même titre au Code, le décide encore en termes plus clairs. Cette Loi parle en termes generaux *eos qui ne Testamentum ordinaretur impedimento fuisse monstrantur velut indignas personas à successionis compendio removeri?* N'est-il pas certain que sous ce mot *Eos*, toutes sortes de personnes se trouvent comprises sans en excepter le mari, puisque dans le cas de la Loi derniere, il est permis au mari de se faire instituer heritier par sa femme, *blando sermone*, Godefroy n'assûre-t-il pas que ce n'est que dans ce dernier cas que le mari ne peut pas être privé de l'heritage de sa femme? *licet blanditiis permovere testantem, vis sola hac constitutione prohibetur. Institutio facta blando sermone non est* ·

Note *F. in L.* 3. *Cod. eodem tis.*

vitiosa. M. Cujas s'explique auſſi expreſſement, que Godefroy à l'égard de ceux qui ont contraint le Teſtateur ou la
Teſtatrice à les inſtituer heritiers, *aut qui prohibuerit ne Teſ-*
tamentum faceret vel mutaret. Ce grand homme commence à
donner ſa déciſion en ces termes : *hæreditas aufertur ei ut in-*
digno. Le mot *ei* ne reçoit, ni diſtinction, ni limitation, &
M. Cujas n'excepte point le mari du cas de l'indignité, s'il
empêche ſa femme qui l'a inſtitué ſon heritier par ſon premier Teſtament, d'en faire un ſecond.

Le Juriſconſulte Paulus ne met auſſi aucune difference entre le mari & les autres perſonnes inſtituées heritieres par
un premier Teſtament, qui veulent par violence, ou par dol
empêcher le Teſtateur ou la Teſtatrice d'en faire un ſecond,
ou de revoquer le premier, *ei etiam velut indigno, aufertur*
hæreditas qui affinem vel cognatum cui ipſe ab inteſtato ſucceſ-
ſurus erat Teſtamentum facere prohibuit, aut ne jure ſubſiſteret
operam dedit.

Les Loix que l'on vient de citer, & l'autorité de M. Cujas & de Godefroy, ont ſervi de fondement à la Juriſprudence des Arrêts raportés par Charondas dans ſes Réponſes,
& par Automne, qui ont jugé qu'un mari qui empêche ſa
femme de faire ſon Teſtament, ſous l'eſperance qu'un fils va-
letudinaire venant à mourir, il pourroit avoir ſon heritage,
en eſt privé comme indigne après la mort du fils. Cette Ju-

riſprudence a obligé Ricard de tenir l'affirmative ſur la queſtion que nous traitons, en parlant en termes generaux à l'é-
gard de l'indignité dont il s'agit : voici ſes paroles ; *lorſqu'il*
s'agit d'un empêchement formé à la revocation d'un Teſtament,
de priver abſolument celui qui s'eſt opoſé à la volonté du Teſta-
teur, de tout ce dont il avoit diſpoſé en ſa faveur par le Teſta-
ment, & l'adjuger à l'heritier ab inteſtat ; celui qui exerce cette
violence s'étant rendu ſuffiſament indigne de la volonté du dé-
funt, & la préſomption etant que le Teſtateur ayant voulu re-
voquer ſon Teſtament, que ça été pour laiſſer ſes biens à la diſ-
poſition de la Loi, s'il n'aparoit du contraire.

On voit dans les paroles de cet Auteur, que le mari qui

empêche fa femme de faire un autre Teftament, pour revoquer celui qu'elle avoit fait en fa faveur, s'il met en ufage,
ou la violence, ou le dol pour qu'elle vienne à mourir fans
changer fon Teftament, il fe rend indigne de l'heritage,
parce que dès que le dol ou la violence du mari font conftatées, on eft au cas de cette maxime de Droit, *nemo ex fuo
fafcinore vel ex fua improbitate lucrum & commodum reportaret
debet.*

On finira l'examen de cette queftion par la décifion de
Dumoulin en fon Conf. 32. n. 16. où il nous aprend, que
lorfque par une fraude & une voye illicite, le mari a porté
à fa femme un Teftament tout écrit, il eft regardé comme
un captateur, & le Teftament doit être caffé ; d'où il s'enfuit que ce mari eft indigne de l'heritage, & qu'il doit en
être privé, à caufe des moyens iniques qu'il a employés, pour
capter & fuggerer cette derniere difpofition à fa femme pendant fa maladie.

CHAPITRE XI.

*Si le pere ayant été tué par un de fes enfans, les autres
enfans freres du meurtrier, fe rendent indignes de la
fucceffion de leur pere, s'ils ne pourfuivent pas la vengeance de fa mort.*

Toutes les Loix qui font fous les titres du Digefte & du
Code, *de his quibus ut indign. & de his quæ ut indign.*
obligent toutes fortes d'heritiers à pourfuivre la vengeance
du meurtre de celui à qui ils ont fuccedé, *five ex Teftamento,*
ou *ab inteftat* ; fans excepter les freres du meurtrier qui fe
rendent indignes de la fucceffion, s'ils refufent ou s'ils negligent de fe rendre Parties pour faire punir l'affaffin.

Les Arrêts qui font raportés par Papon décident clairement notre queftion, en declarant indigne de la fucceffion

Liv. ... ,
7. Arrêt ...

de son pere, le fils qui ne venge pas sa mort, sur le fondement, ainsi que je le crois, que celui qui ne se rend point Partie au Procès contre le meurtrier de celui qui l'a mis au monde (quoiqu'il soit son frere) est présumé complice du parricide, & que cette présomption le rend indigne de la succession de son pere : en effet, on voit dans la Loi *Si sequens* 15. §. 2. que les heritiers de celui qui a été tué, *qui in ulciscenda morte defuncti cessaverant tàm Testamento quàm ab intestato, auferuntur bona* : or on ne peut douter que sous le mot *hæredibus* de ce §. le fils qui ne venge point la mort de son pere (quoique le meurtrier soit son frere) se rend indigne de sa succession, suivant la décision de la Loi 65. *hæredis apellatio non solum ad proximum hæredem sed ad ulteriores refertur.* D'où il s'ensuit que le fils, qui selon les élemens du Droit étant, *suus hæres* principalement dans le cas où il est question de la succession *ab intestat* ; ce fils, dis-je, qui ne poursuit pas la vengeance de la mort de son pere tué par son frere, doit être declaré indigne de sa succession, ce que l'on vient de dire est si certain suivant les textes des Loix que l'on a alleguées, qu'il a servi de fondement à la Jurisprudence des Arrêts des Parlemens de Toulouse & de Bordeaux, que l'on trouve dans Maynard en ses questions notables & dans Automne, *ad L. hæredes* 17. *ff. de his quæ ut indign.* dans M. le Président Boyer décis. 25. n. 2. & dans Grassus §. *successio ab intestato,* quest. 13. n. 9. en sorte que cette Jurisprudence ayant fixé la maxime, ce seroit aujourd'hui un Paradoxe de soûtenir que le fils heritier *ab intestat* de son pere, n'est pas obligé de se rendre Partie contre son frere, pour le faire condamner à la peine portée par les Loix qui sont sous le titre du Digeste *ad Leg. Pompei de Parricid.* sous prétexte que le Parricide étoit fils du défunt, & que les Loix du sang & de la nature l'exemptent de la poursuite de ce Parricide ; parce que les Loix Civiles obligeant toutes sortes d'heritiers *ab intestat* ou Testamentaires, à poursuivre le meurtrier du défunt, on ne peut se soustraire à leur décision, suivant la maxime de Droit, *ubi Lex Generaliter loquitur, Generaliter est accipienda.*

CHAPITRE

Marginal notes:

Dig. Senatusconss. Sillaniano.

Dig. de verbor. signif. at Lib. 3 tit. 1. §. 2. aux institutes.

Liv. 9. ch. 3.

CHAPITRE XII.

*Si les enfans ne font point privés comme indignes de la
fucceffion de leur pere qui a été affaffiné, lorfqu'il les
a déchargez de cette pourfuite en mourant.*

L A queftion que l'on va traiter, eft une exception à la
maxime generale, qui oblige les enfans à venger la
mort de leur pere qui a été tué, pour ne fe rendre pas indignes de la fucceffion. Car quoique la Loi 21. décide que
tous les heritiers ne peuvent pas negliger ou refufer de pourfuivre en Juftice, contre les meurtriers de ceux qui les ont
inftitués par leurs Teftamens, ou à qui ils ont fuccedé *ab
inteftat*, la décifion de cette Loi doit être reftrainte & limitée dans certains cas.

*Dig. de his
qua ut indign.*

De-là vient que l'on voit que le Jurifconfulte Calliftratus
décide en la Loi *Divus marcus* 2. la queftion que j'examine
en faveur des Efclaves en termes fi clairs, qu'on peut l'apliquer aux enfans; la puiffance du pere fur leurs enfans étant
égale à celle du Patron fur fes Efclaves. Ce Jurifconfulte
dit, que fi le Patron ayant été bleffé allant à fa maifon de
campagne par des voleurs, & ayant deffendu à fes Efclaves par fon Teftament de faire des recherches contre les
meurtriers, *nec pietas pro fervis, nec follicitudo hæredis obtinere debet ut ad pænam vocentur, quos abfoluit Dominus ipfe.*
Godefroy fait une maxime generale de la décifion de cette
Loi, *Teftator poteft fuo Teftamento purgare officium fervorum:*
or fi le Patron peut difpenfer par fon Teftament fes Efclaves
de la peine qu'ils auroient encouruë, en ne rempliffant point
leurs fonctions dans les recherches qu'ils font obligés de faire,
lorfqu'il leur en a donné des ordres exprès; pourquoi ne
pourra-t-on pas argumenter d'un cas à l'autre à l'égard des
enfans à qui les Loix ordonnent, à peine d'être privés de

*Dig. de Se-
natufconful.Sili-
lanian.*

*Note 7. in
L. 3. Cod. fa-
mil. ercifcund.*

T t

la fucceffion de leur pere , de pourfuivre la vengeance de fa mort ? Pourquoi , dis-je , ne peut-on pas apliquer à fes enfans , & la décifion de la Loi 2. & l'autorité de Godefroy , lorfque ce pere les a déchargez de cette pourfuite en mourant , & que la verité de ce fait refulte de fon Teftament , parce que le pere eft cenfé en déchargeant fes enfans de venger fa mort , *injuriam remififfe* , & qu'ainfi , *ceffat injuriarum actio* de la part des enfans , leur pere s'en étant pour ainfi dire deporté par la Claufe qu'il a inferée dans fon Teftament , foit à caufe que cette pourfuite eft trop difpendieufe , & l'heritage de peu de valeur , foit parce que l'affaffin a pris la fuite , & s'eft retiré dans les païs étrangers , où l'on ne peut ni le faire arrêter , ni le faire condamner à la mort. La Loi , les raifons , & les autorités que l'on vient d'alleguer ont fervi de fondement à la Jurifprudence des Arrêts raportés dans le Journal des Audiences , qui a établi pour maxime que les enfans ne font point privés comme indignes de l'heritage de leur pere affaffiné , lorfqu'il les a déchargez de pourfuivre la vengeance de fa mort par fon Teftament ; d'autant plus qu'il paroît par ce Teftament que le défunt , *non revocavit ad animum* , l'affaffinat commis en fa perfonne , & qu'ainfi , *ceffat injuriarum actio* ; de forte que depuis le défiftement de ce pere infortuné , fes enfans ne font plus obligés de fe rendre Partie au Procès pour pourfuivre le meurtrier , mais le vengeur public qui eft en France , M. le Procureur General du Roy , ou fes Subftituts doivent le faire , afin que le crime ne demeure pas impuni.

Tome I. liv. 2. chap. 85.

CHAPITRE XIII.

Si la veuve qui est présumée être d'intelligence avec l'as-
sassin de son mari, se rend indigne de la portion qu'elle
peut prétendre dans la réparation Civile.

PAR l'ancien Droit Romain, les femmes n'avoient point
de portion dans la réparation Civile adjugée aux enfans
de celui qui avoit été assassiné, suivant la raison prise dans la
décision de la Loi *Quod si* 2. ou le Jurisconsulte Paulus dit, *Dig. de inju-*
riis.
quod si viro injuria facta sit uxor non agit quia deffendi uxo-
res à viris non viros ab uxore æquum est ; l'Empereur Justi-
nien décide encore la même chose dans les élemens du Droit, *Lib. 4. tit 4*
§. 2.
contrà autem si viro injuria facta sit, uxor injuriarum agere non
potest, deffendi enim uxores à viris, non viros ab uxoribus
æquum est ; mais par le Droit nouveau, les femmes ont eu la
permission de poursuivre la vengeance de la mort de leurs parens, la décision en est formelle dans la Loi *Uxor tua* 4.
la Loi *de crimine* 12. sous le même titre est encore plus ex- *Cod qui accu*
fare non poss.
presse : en voici le texte, *de crimine quod publicorum fuerit*
judiciorum mulieri accusare non permittitur nisi certis ex caussis
id est, si suam suorumque persequatur injuriam : Or si cette
derniere Loi permet à une femme de poursuivre en Justice
l'injure qui a été faite à elle-même & aux siens ; peut-on douter que sous ce mot *Suorumque* le mari ne soit compris, puisque suivant les paroles de Dieu même, qu'on voit dans les
Textes Sacrez, l'Epoux & l'Epouse, *sunt duo in carne unâ*,
tous les Docteurs & Interprêtes nous aprennent que la femme est en droit, & doit être admise à poursuivre la vengeance de la mort de son mari, Godefroy le dit clairement en sa
note E. *Julius Clarus lib.* 5. *sententiar.* §. *Ult.* quæst. 14. *vers.* *In Leg. 5 Cod*
eodem titulo.
prætereà Ludovicus Romanus. Alexandre & M. le Président *In L. pro hæ-*
rede 5. fin f de
Boyer, quæst. 121. *n.* 2. *acquir. hæredit.*

Disons plus, la femme de celui qui a été tué est obligée

de se joindre aux heritiers du défunt, afin de poursuivre avec eux la vengeance de sa mort, & faire condamner le meurtrier au dernier suplice, autrement elle se rend indigne de la portion qu'elle auroit pû avoir dans la reparation Civile, à laquelle ce meurtrier a été condamné, selon la maxime des Arrêts raportez par Brodeau sur M. Loüet; parce que dès quelle refuse de poursuivre la vengeance de la mort de son mari, ou qu'elle neglige de le faire, on présume ou qu'elle est complice du meurtre, ou qu'elle a colludé avec celui qui l'a tué, & qu'ainsi elle doit être privée comme indigne de la portion qu'elle auroit pû se faire adjuger dans cette reparation Civile, si elle s'étoit jointe au Procès avec les heritiers du défunt.

Lett. H. Sommaire 1.

CHAPITRE XIV.

Si celui qui est substitué au pupille, accusant la mere d'avoir suposé un enfant impubere, se rend indigne de la substitution, parce qu'il a attaqué l'institution du pupille, son état, & la substitution faite par le Testament du pere.

QUOIQUE cette question soit une des plus célébres qui entrent necessairement dans ce Traité, elle n'est pas d'une longue discussion, on va l'examiner & decider en très-peu de mots, & avec beaucoup d'exactitude & de netteté.

Dig. de bis quæ ut indign.

La Loi *Cum tabulis 16.* décide expressément cette question. *Cum tabulis secundis pater impuberi filio, fratris filios cohæredibus datis substituisset, ac substituti fratris filii post mortem pueri (id est pupilli) matrem ejus partus subjecti ream postulassent ut hæreditatem patrui legitimam obtinerent, victis auferendam esse partem hæreditatis ex causa substitutionis respondi.* Ces enfans du frere, du Fondateur de la substitution pupillaire, attaquoient, & l'inftitution du pupille & cette fubftitution, foûtenant que la mere de ce pupille à fupofé un enfant à fon mari, pour faire fubfifter le Teftament, & fur le fondement de la fuppofition, du part les heritiers fubftitués veulent fucceder *ab inteftat*, au Fondateur de la fubftitution; mais leur demande étant injufte & injurieufe à la memoire de leur oncle, & de fon fils pupille, ils doivent être declarés indignes de la fubftitution pupillaire.

Ce que l'on vient de dire eft apuyé fur l'autorité de M. Cujas fur la même Loi qui s'explique en ces termes fur cette queftion. *Pater impuberi filio fubftituit fratris filios, qui funt impuberi patrueles filii, poft mortem patris filius mortuus eft impubes, atque ita extitit cafus fubftitutionis pupillaris. At fubftituti, matrem impuberis fupofiti partus accufarunt, atque ita eum cui fubftituti funt fupofititium dixerunt, volentes fcilicet patruo ab inteftato fuccedere ut totum obtinerent, quoniam non nifi ex parte fubftitutos traditur, non obtinuerunt, itaque indigni funt fubftitutione pupillari, quia de ftatu defuncti impuberis difputarunt atque Teftamentum impugnarunt* : eft-il une injure plus atroce, eft-il une ingratitude plus grande que celle d'attaquer le Teftament de celui qui a fubftitué fon neveu à fon fils, ne fe rend-il pas indigne de la fubftitution par fa conduite & fes injuftes conteftations, ainfi que par l'accufation en fupofition du part formée contre la mere? Le contre-coup de cette accufation ne tombe-t-il pas fur le pupille à qui il eft fubftitué en lui conteftant fon état? Et cet heritier fubftitué au pupille ne va-t-il point par fon accufation rendre le Fondateur de la fubftitution complice de cette fupofition du part, pour faire fubfifter & l'inftitution d'heritier, & la fubftitution qu'il a faite par fon Teftament? Une femblable injure ne rend-il pas ce fubftitué au pupille, indigne du benefice qu'il peut prétendre dans la fucceffion de fon oncle, enfuite de fa derniere difpofition.

Ajoûtons à toutes ces raifons, qu'il eft certain que fi ces neveux du Teftateur avoient réüffi en leur accufation, ils n'auroient pas recüeilli la portion qui étoit contenuë dans

In recital folemnib.

le Teftament de leur oncle par la fubftitution pupillaire, mais
ab inteftat : or ayant fuccombé dans leur accufation & dans
leur demande, ils ne doivent point avoir les biens fubftitués
en vertu de ce Teftament, puifqu'ils n'ont pas voulu s'en fervir, & qu'il n'*. ft pas jufte qu'après l'avoir attaqué ils puiffent s'en prevaloir.

L'indignité de ces neveux fubftituez au pupille eft fi claire
& fi évidente, qu'elle a pour fondement qu'ils n'ont pû accufer de fupofition du part la mere du même pupille ; cette
accufation ne rejaillit-elle pas fur le Teftateur, & n'offenfe-
t-elle pas fa memoire ? L'infamie que cette mere étoit en
danger d'en courir, ne retomboit-elle pas fur toute la famille ?
Peut on douter après cela que les neveux ne fe foient rendus
indignes de la fubftitution pupillaire, puifque par la fuite &
l'évenement ils ont perdu leur Procès, & que leur accufation étoit fauffe & calomnieufe ; d'autant plus que les fubftitués y ont été portés plûtôt par l'ardeur & la cupidité d'a-
voir tous les biens de la fucceffion de leur oncle, que pour
venger fon injure.

Cette injure faite à la femme accufée de fupofition du
part eft commune à elle & à fon mari, à caufe du raport qui
eft entre l'un & l'autre, & de celui qui eft entre le pere &
le fils ? Les neveux fubftitués ont-ils pû foûtenir que le pupille a été fupofé fans offenfer la memoire du pere ? Ont-ils
pû lui ôter l'honneur de l'avoir mis au monde, & d'en être le
pere ? Ont ils pû fans une confpiration manifefte attaquer
le Teftateur, fa veuve & fon fils ? Ne fuffit-il pas que les
fubftitués ayent voulu attaquer l'état de l'enfant, le Teftament du Fondateur de la fubftitution, & l'honneur de la
veuve pour les faire declarer indignes de cette fubftitution.

TRAITÉ

DE

LA REVOCATION,

ET NULLITÉ DES DONATIONS.

LIVRE DIXIE'ME.

CHAPITRE PREMIER.

Si celui qui a été institué heritier en qualité de fils du Teftateur, quoiqu'il ne le foit pas, fe rend indigne de l'heritage de fon pere putatif, la fupofition étant conftatée.

A queftion que l'on va traiter doit être décidée par les maximes du Droit Civil, & par l'autorité des Docteurs.

C'eft un des grands principes du Droit Romain, que la filiation eft une chofe non-feulement *difficilis probationis ac pænè impoffibilis*, fuivant la décifion de la Loi *Quia femper*, & fuivant l'autorité de la Gloffe, *in L. lucius, ff. de conditionib. & demonftrationibus & in L.*

Dig. de in jus vocan l.

Dig. qui funt fui vel alien jur.

Tom I. lib. 1. tit 5. quæst. 4. n. 1. *filium*, M. Cujas, *ad L.* 15. *ff. de probat. & præsumpt.* & Zachias *quæst. medico legal.*

Ce principe posé, on ne peut douter que si un homme institüe son heritier un autre à qui il a donné la qualité de son fils par son Testament, quoiqu'il ne le soit pas ; ce fils putatif ne pouvant pas prouver son état, & étant reconnu pour un suposé dans le public, se rend indigne de l'heritage qui devoit lui être deferé en vertu du Testament de son pere putatif, qui l'a qualifié tel dans l'institution d'heritier faite en Dig. de jur. fisc. sa faveur, ainsi que le décide le Jurisconsulte Hermogenien en la Loi *Aufertur* 46. c'est encore la décision formelle de la Cod de hære-dib instituend. Loi 4. *Si pater tuus*, dit l'Empereur Gordien, *eum quasi filium suum hæredem instituit quem falsa opinione suum esse credebat non instituturus si alienum nosset, isque posteà subditus esse os-*Note C. *tensus est auferendam ei successionem* ; Godefroy expliquant cette Loi en très-peu de mots établit cette grande & importante maxime, *institutio facta de aliquo, tanquàm de filio cum non sit filius, habetur pro non scripta* ; d'où l'on doit conclurre que s'il est prouvé par les heritiers *ab intestat*, qu'il n'est point fils du Testateur, quoiqu'il l'ait qualifié tel dans son Testament, & que sa suposition soit constatée, dès qu'il persiste à vouloir prendre, & la qualité de fils, & celle d'heritier, il se rend indigne de l'heritage qui lui étoit deferé ; sur-tout lorsque l'heritier *ab intestat* est le veritable fils du Testateur, & qu'il conteste l'état de ce fils suposé pour faire casser le Testament qui a été fait en sa faveur, c'est ce qui nous est apris par M. Cujas dans une question presque semblable, *in L.* 15. *ff. de probat. & præsumpt.* en ces termes : *quidam finxit se filium titii, & hoc colore hæreditatem titii invasit, deinde fratribus titii quasi ex defuncti præcepto quædam Fidei-com-missa solvit, accepta cautione quàm vocant manum, id est apocham ex soluti Fidei commissi, ita fratres defuncti illicaverunt quasi filio fratris, quæro si post cognoverunt eum non esse filium, an possint petere hæreditatem. Lex ait, posse, sed necesse est ut probent eum filium non esse & se errasse in cautione :* Or si les freres sont en droit de faire priver de l'heritage comme indigne

digne celui à qui ils avoient fait un acquit d'un Fidei-commis
qu'il leur avoit rendu en qualité de fils du défunt, quoiqu'ils
l'ayent qualifié, & reconnu pour tel ; si ces freres du défunt,
dis je, peuvent le faire declarer indigne de l'heritage de leur
frere, dès qu'ils ont prouvé clairement que c'est un supposé
& qu'il n'est pas fils du Testateur qui l'avoit institué son heritier, à combien plus forte raison le veritable fils de celui
qui a institué un autre en qualité de fils, son heritier universel, est-il fondé après l'avoir fait declarer supposé de le faire
priver de l'heritage à cause de son indignité, apuyée sur ce
qu'il est un imposteur qui veut usurper les biens d'une famille,
auxquels il n'a aucun droit à prétendre, selon la Doctrine de
Godefroy, *in filio indignitas est qui supofititius est.*

Tous les Docteurs & Interprêtes sur notre question, assû-
rent que le fils putatif institué heritier, & qui est découvert
& reconnu supposé, est privé de l'heritage à cause de son indignité, & que les biens du Testateur qui lui avoient donné la
qualité de fils par erreur, sont deferez aux heritiers légitimes, *licet talis filius*, dit Bartole, *sit indignus, non capit fiscus, nec aufert ab eo hæreditatem sed venientes ab intestato :*
c'est encore le sentiment de Balde *in dict. L. de Mathæus de
afflictis instit. quæ sint regalia, de Peregrinus de jure fisc. de
Farinacius in fragmentis tit. fisco quand. appl. n. 22. & Accaranza de partu legitimo.*

Il est vrai que ces Docteurs qui sont tous Ultramontains,
tiennent que l'heritage dont ce fils suposé est privé à cause
de son indignité, *fisco applicatur*, ainsi que l'assûre Accaranza
en l'endroit allegué ; mais en France cette confiscation n'a
pas lieu, & l'heritage dont l'indigne est exclus est deferé aux
heritiers légitimes du défunt, suivant la Jurisprudence universelle de tous les Parlemens du Royaume, contre l'autorité de M. Cujas qui tient la même opinion que tous les Docteurs qu'on vient de citer.

Note K *in
L. 7. Cod de
hæredib. insti-
tuend.*

*In L. si prater
tit Cod de hæ-
redibus insti-
tuend. n. 3.*

*Verb. & que
n. 12. lib. 1. tit.
2. n 4. in fine.
Cap. 5. n 30.*

*Instit. Cod.
de hæredib. in-
stituend.*

Y u

CHAPITRE II.

Si celui qui a été adopté par le Teftateur, avec la qualité
de frere, ayant été inftitué fon heritier au préjudice de
fon fils, eft indigne de l'heritage lorfque le fils légiti-
me attaque le Teftament de fon pere.

QUOIQUE les adoptions ne foient point en ufage en
France, & qu'on n'y en trouve prefque plus de traces,
à la referve de celles qui regardent les inftitutions d'heritier
à la charge de porter les noms & Armes des Teftateurs ;
j'ai crû que je ne pouvois me difpenfer de faire entrer la
queftion que je vais examiner dans ce Traité, parce qu'elle
regarde le Droit Civil qui eft exactement obfervé dans tous
les Etats bien policés de l'Europe, qui eft l'objet que je me
fuis propofé de ne perdre jamais de vûë.

Il arrive prefque tous les jours qu'en Italie, en Efpagne,
en Portugal, en Allemagne, & dans les autres Etats de l'Europe, on adopte une perfonne, ou par l'autorité du Prince,
ou par celle des Magiftrats qui gouvernent la République ;
mais on n'adopte le plus fouvent que ceux ou celles qui ne
font point foûmis à la puiffance de leurs peres. Car fi les uns ou
les autres font *in poteftate parentum*, ils ne peuvent être adop-
tés que par l'autorité des mêmes Magiftrats, fuivant les Elemens du Droit ; & dans ce dernier cas il faut que le pere
naturel donne fon confentement à l'adoption.

Lib 1. tit 11.
§. 1. & 2. aux
Inftitutes.

Ces principes pofés, la décifion de notre queftion eft marquée dans la Loi *Nec apud 7. nec apud Peregrinos fratrem fibi*
quifquam per adoptionem facere poterat. Cum igitur, quod pa-
trem tuum voluiße facere dicis irritum fit, portionem hæredita-
tis quam is adverfus quem fuplicas velut adoptatus frater hæ-
res inftitutus tenet ; reftitui tibi præfes Provinciæ curæ habebit.
Le cas de cette Loy eft marquée à des traits fi clairs, qu'on

cod. de hære-
dib. inftituend.

ne peut le perdre de vûë ; c'eſt un fils légitime qui a été exheredé ſans juſte cauſe par ſon pere qui attaque , & la qualité de frere adoptif, & le Teſtament où l'on lui a donné
cette qualité pour ne pas nommer ce fils légitime. L'adopté
veut ſoûtenir l'inſtitution d'heritier faite en ſa faveur , & ſon
adoption en même-tems. Ses raiſons n'étant ni légitimes ni
bien fondées , il eſt privé de l'heritage , & ſa portion eſt déferée au fils légitime , à qui il eſt obligé de la rendre ; ainſi
que le remarque Godefroy ſur cette Loy , *Non poteſt ut frater* Note 7.
adoptari , & dans un autre endroit , *& ita non applicatur fiſco* Note L. in
portio ejus quem ut fratrem falsò inſtitui ut hic. dict. L.

   M. Cujas tient l'affirmative ſur notre queſtion , & l'établit Inſtit. Cod.
en termes plus clairs que Godefroy. *Quidam habens filium* de hæred b. inſ-
unum extraneum quendam adoptavit in locum fratris quæ adop- tituend.
tio inutilis eſt. Et deux ou trois lignes plus bas. *Ergo qui*
exiſtimabant eum mihi fratrem , ſimul eum inſtitui ut fratrem
ut duplici honore eum afficerem & fratris & hæredis , exhære-
davi autem filium meum , hic fratris adoptivus non erit hæres,
quoniam ut frater inſtitutus eſt , ſed pars ejus hoc caſu non au-
feretur à fiſco , ut ſuprà dictum eſt de patre filii ſupoſititii , ſed
accreſcit pars ejus fratris adoptivi , filio cohæredi quia non eſt
ea indignitas in adoptivo fratre , quæ eſt inſupoſititio filio.

   On voit par ces paroles de ce profond Juriſconſulte , que ce
qui rend indigne le frere adopté du Teſtateur de ſon heritage ,
eſt la prohibition de la Loy 7. qui eſt formelle & déciſive,
en ce qu'elle ne permet point à un pere d'adopter un étranger pour ſon frere , & d'exhereder ſon fils légitime pour inſtituer cet étranger ſon heritier univerſel , puiſque le pere n'a
pû exhereder ſon enfant ſans une juſte cauſe , ni le paſſer
ſous ſilence contre la diſpoſition de la Novelle 115. & les Cap. 3.
Elemens du Droit, *lib. 2. tit. 13.* qui le décident expreſſé-
ment ; en ſorte que le frere adopté ayant voulu ſoûtenir & la
validité du Teſtament & la juſtice de l'exheredation du fils légitime du Teſtateur , & ayant ſuccombé , parce que ces raiſons
n'étoient ni juſtes ni bien fondées , & l'inſtitution d'heritier
ayant été caſſée , il eſt privé de l'heritage à cauſe de ſon in-

dignité, & les biens font déferés au même fils légitime qui eſt en droit de ſucceder *ab inteſtat* à ſon pere, par cette grande Maxime de Droit *filius ergo hæres*, apuyée ſur la Novelle 118. & ſur le §. 2. des Elemens du Droit.

Cap. 1.
Lib. 3. tit.
aux Inſtitutes.

CHAPITRE III.

Si la femme qui s'eſt ſéparée d'habitation d'avec ſon mari, ou qui l'a abandonné volontairement, doit être declarée indigne des avantages nuptiaux.

LA queſtion que l'on va diſcuter doit être décidée par les textes des Loix Civiles, & par l'autorité des Docteurs Interprêtes & Praticiens; on va le faire avec beaucoup d'exactitude & de préciſion.

Cod. ad Leg.
Jul. de adulter.

La Loy *Si mulier* 35. eſt expreſſe ſur cette queſtion; elle ordonne que ſi une femme ſe ſépare d'habitation d'avec ſon mari ſans une juſte cauſe, le mari eſt en droit de l'accuſer d'adultere; ce n'eſt ici que le texte qui eſt renfermé dans le Code de Juſtinien, mais il eſt plus clair & plus formel dans

Tit. de repud.
L. 2.

le Code Theodoſien, en voici le texte: *mulier quæ repudii oblatione diſceſſerit ſi nullas probaverit divortii ſui cauſas abolitis Donationibus quas ſponſa perceperat, etiam dote privatur deportationis addicenda ſuppliciis.* Ce texte ne laiſſe aucune difficulté à former ſur l'indignité de la femme, qui abandonne ſon mari ſans une cauſe juſte & légitime, pour la priver de ſa dot & des avantages nuptiaux, ou de la Donation *prop-*

Note A.

ter nuptias, ſuivant la remarque de Godefroy ſur la Loy 35. que l'on vient d'alleguer. *Pleniore eſt,* dit-il, *hæc conſtitutio in L. 2. Cod. Theodoſ. de repud.* C'eſt encore la diſpoſition

Cod. de repud.

formelle de la Loy *Conſenſus* 8. §. 4. en ces termes: *nam mulier ſi contempta Lege repudium mittendum eſſe tentaverit (ſine juſta cauſa) ſuam dotem & antè nuptias Donationem amittat:* or le *repudium,* dont il eſt parlé dans les Loix Romaines,

Intitul. Cod.
de repud.

étant ſelon l'autorité de M. Cujas, *ſeparatio maritorum,* &

cette féparation d'habitation de la femme d'avec le mari, &
du mari d'avec fa femme, ne pouvant avoir fon effet que lorfqu'il y a une caufe jufte & légitime, dès que la femme voudra par caprice ou par le penchant qu'elle a à fe proftituer,
à violer la foi conjugale, & fe féparer d'habitation d'avec fon
mari, elle fe rend indigne de la Donation *propter nuptias*,
ou des avantages nuptiaux.

M. Cujas examinant cette queftion tient l'affirmative, *ne*
autem fine caufa quæ divertat ei Legibus varia fræna injiciun-
tur puta ut quæ diverterit fine caufa amittat dotem & Dona-
tionem propter nuptias. La décifion de M. Cujas eft conforme à celle du Chapitre *Plerumque* 4. & au fentiment de Bretonier dans fes Obfervations fur le plaidoyer 15. des Henrys
5. qui s'explique en ces termes : *fi la femme a abandonné*
fon mari fans une jufte caufe, fuivant le Chapitre Plerumque
ci-deffus cité. Or n'eft-ce pas abandonner fon mari que de fe
féparer d'habitation d'avec lui fans une jufte caufe ? Lui eft-
il permis de l'abandonner pour courir après un homme auquel
elle fe proftituë, ou avec lequel elle a un commerce criminel ? Cette féparation d'habitation n'eft-elle pas condamnée
par la Morale Chrétienne, & par les Loix Civiles & Canoniques. Les foupçons, les préfomptions de la corruption des
mœurs de cette femme, & le divorce qu'elle a fait avec fon
mari fans une des juftes caufes marquées dans la Novelle
117. & dans la Loy 2. *au Cod. Theodof. de repud.* & dans la
Loy 8. que l'on a cité plus haut ; tout cela, dis-je, font
des raifons & des motifs très-puiffans pour la rendre indigne
des avantages nuptiaux dont elle eft privée au moment quelle
fe fépare d'habitation d'avec fon mari, ou qu'elle l'abandonne pour mener une vie impudique, ou pour avoir un commerce criminel avec un homme auquel elle veut fe proftituer.

Ad Leg. pe-
nult Cod. ad l.
Jul de adulter.

Aux Decre-
tales de Donat.
inter vir & uxor.
Tome II.

Cap. 9.

CHAPITRE IV.

Si la donation à cause de mort, faite à une femme avec la-
quelle le Donateur a eu un commerce criminel est nulle,
& si la Donataire doit en être privée à cause de son in-
dignité.

LE s deux questions que l'on va traiter, se confondent &
dependent des mêmes principes ; en sorte que la decision de l'une emporte celle de l'autre.

Il semble d'abord, que lorsqu'il n'y a ni Sentence ni aucun
acte qui constate le commerce d'une femme mariée avec un
homme qui l'a faite sa Donataire universelle par une Donation à cause de mort, il n'est pas permis à l'heritier *ab intestat*
de blesser l'honneur & la reputation du mari après sa mort,
ni d'attaquer l'état des enfans qui sont nés de son mariage
avec cette femme ; mais comme cette Donation à cause de
mort prend sa cause, son principe & son fondement dans
une turpitude ; c'est-à-dire, dans un adultere que la veuve du
Défunt a commis avec le Donateur : cette turpitude ne doit
pas demeurer impunie, parce qu'elle vient *tam ex parte donan-*
tis quam ex parte petentis ; en sorte qu'on est au cas de la disposition de la Loi *Si ob turpem causam*, dans laquelle le Jurisconsulte Paulus decide que ce que l'on a promis, *ob turpem*
causam exceptione doli mali vel in factum summoveri potest.

Dig. de con-
ditiou. ob tur-
pem causam.
Ce n'est point troubler le mariage, que d'attaquer la Donataire pour l'adultere qu'elle a commis avec le Donateur *per-*
modum exceptionis ? Seroit-il juste qu'un mariage contracté
après la mort du Donateur, peut *mutare causam agendi ?* Ne
faut-il pas mettre une difference entre declarer la Donataire
adultere *ad effectus civiles tantùm*, pour la rendre indigne de
la Donation, & la regarder comme une femme qui a eu un
commerce criminel pour la faire condamner à la peine que
les Loix infligent aux adulteres.

Mr. Cujas examinant cette queſtion, tient l'affirmative & la decide clairement, *igitur utroque caſu, ſive adulterio ſive ſtupro ſit cognita, hæreditas ei aufertur quaſi indignæ* : Or ſi la femme avec laquelle le Teſtateur a eu un commerce adulterin, eſt indigne de l'inſtitution qui a été faite en ſa faveur, lorſque l'adultere eſt ou notoire ou conſtaté, à combien plus forte raiſon la Donataire à cauſe de mort mariée après le decès du Donateur, doit-elle être declarée indigne de la Donation, lorſque le commerce ſcandaleux qu'elle a eu avec le Donateur eſt oppoſé civilement, & par forme d'exception par les heritiers *ab inteſtat* ; ainſi que l'aſſûre Ricard en ſon traité des Donations. Voici ſes paroles ; *neanmoins les Arrêts ont reçû le fait d'adultere lorſqu'il a été oppoſé civilement par les heritiers, & par forme d'exception pour faire annuller une Donation faite entre ceux qui étoient coupables d'une ſemblable conjonction ; ils ont jugé que le public ſeroit trop intereſſé, ſi l'on ſouffroit qu'une Donation qui n'a qu'un crime public pour fondement, eut ſon effet ſous prétexte d'un interêt particulier,* & quelques lignes plus bas ; *c'eſt la raiſon pourquoi la Cour à mis difference entre le premier cas quand les heritiers veulent reveler l'adultere pour en profiter au préjudice de la veuve, en la faiſant priver de ſes conventions matrimoniales qui lui apartiennent, en vertu d'un titre dont le fondement eſt favorable, d'avec le ſecond qui tend à empêcher que le Donataire ne profite de ſon crime & d'un avantage qui lui eſt fait, qui n'a pour fondement qu'une mauvaiſe action.* Le ſentiment de cet Auteur eſt apuyé, ainſi que je le crois, ſur la Loi *Falſi* 5. qui decide que l'on peut attaquer en qualité d'heritier, celui qui avoit fait une fauſſeté qui regardoit l'interêt du Défunt lorſqu'on la pourſuit civilement ; parce que *ea res pecuniarium compendium non aufert.*

Les Loix & les autoritez que l'on vient de citer, ont ſervi de fondement à la Juriſprudence des Arrêts rapportez par Mr. Loüet en la Lettre *D.* par Ricard en l'endroit allegué N°. 404. & 405. & par Mr. de la Roche-Flavin. Cette Juriſprudence des Parlemens de Paris & de Touloſe, eſt encore fon-

In recitat. ſolem. ad Leg. 13. & 14.
Dig. de his quib. ut indign.

Tome I. premiere partie, ch 3. Sect. 8. N°. 402. & ſuivans.

Cod. ad Legl Cornelde Falſi.

Somm. 43. Liv. 6. tit. 40. art. 10 & Liv. 1. tit. 37. art. 4.

dée, selon mon sentiment, sur cette grande maxime du **Droit** Civil, _nemo ex suo facinore, vel improbitate lucrum & commodum reportare debet._

La Jurisprudence des Arrêts est allée plus loin sur une question semblable à celle que l'on examine en faveur de l'heritier institué, ayant établi pour maxime, ainsi que l'assurent les Auteurs du Journal du Palais, que cet heritier institué peut après la preuve d'un commerce criminel, faire declarer indigne une femme legataire qui est accusée d'adultere avec le Testateur, quoique son mari ne s'en plaignît pas : Or le legs étant une Donation & une liberalité faite par un Testateur, dont la femme legataire se rend indigne par l'adultere qu'elle a commis avec le Défunt, lorsque le fait concernant le commerce criminel est constaté, il est certain que lorsqu'il s'agit d'une donation, soit entre-vif ou à cause de mort, faite à une femme qui a commis adultere avec le Donateur, elle se rend indigne de cette Donation si les heritiers _ab intestat_ intentent procès contre elle avec effet, quand même le mari voudroit s'y opposer ; surtout lorsque le commerce criminel, _est notorium facti permanentis quod ita publicè fit ut in aliquo tergiversari non possit & habet facti continuationem_, jusques à la mort du Donateur ou Testateur, parce que ces sortes de Donations ou legs, sont les suites de la turpitude & de l'infâmie qui les a précedez, suivant l'expression de Brodeau sur Mr. Loüet en l'endroit allegué.

Tome I. pag. 460.

Enfin s'il restoit quelque doute sur la question que l'on traite, elle seroit levée par la disposition de la Loi _Cum quidem_, qui decide que l'heritier _ab intestat_, peut opposer à l'heritiere instituée l'adultere qu'elle a commis avec le défunt, pour la faire declarer indigne de l'heritage, cette plainte étant reçûë de la part de tous ceux qui y ont un interêt réel pour la conservation de leurs droits, sur-tout l'heritier _ab intestat_, qui _rem potiùs quam vindictam persequitur_, ce qui est apuyé sur l'Arrêt que l'on trouve dans Mr. Catellan, qui a jugé la question que l'on traite en termes formels ; ce qui a lieu, principalement lorsque le commerce du Testateur ou Donateur

Dig. de his quib. ut indign.

Tome I. Liv. 2. chap. 84.

Donateur à cauſe de mort avec l'heritiere inſtituée ou Donataire, eſt prouvé avant & après le mariage, conformément à
la doctrine de Gomez, *in Leg. Tauri* 50. 51. 52. & 53. *N°. 68.*
item eſt juſtiſſima Lex, dit-il, *quod talis donatio non valeat*
facta etiam concubinæ, regulariter etiam à quolibet privato,
quia apertè fit ex cauſa turpi ; ce qui eſt conforme à l'Ordonnance de 1629. art. 132.

CHAPITRE V.

Si les inimitiez capitales peuvent rendre indigne l'heri-
tier ou le legataire.

L A queſtion que l'on va diſcuter eſt très-importante, &
merite d'être compriſe dans ce Traité ; ce qui m'oblige
à le faire avec beaucoup de préciſion.

On trouve la deciſion de cette queſtion dans la Loi *Si ini-*
micitia 9. en ces termes. *Si inimicitiæ captiales intervenerunt*   Dig. de bis
inter Legatarium & Teſtatorem, & veriſſimile eſſe cæperit Teſta-   que ut indign.
torem noluiſſe legatum ſive fidei commiſſum præſtari ei, cui adſ-
criptum relictum eſt, magis eſt ut legatum ab eo peti non poſſit.
Peut-on douter, ſuivant la diſpoſition de cette Loi, que le
legataire ou le ſubſtitué s'étant rendu indigne du legs, ou du
Fideicommis à cauſe des inimitiez capitales qu'il y a eu entre
lui & le Teſtateur pendant la vie de celui-ci, l'heritier qui
aura été inſtitué par un Teſtament, ne ſoit privé de l'heritage à cauſe de ſon indignité fondée ſur les inimitiez capitales entre lui & le Teſtateur ; ſur-tout lorſque le fait eſt ou
notoire ou prouvé clairement, ou par témoins ou par écrit.

La Novelle 22. nous fournit encore une deciſion for-   Cap. 47.
melle pour appuyer ce que l'on vient d'avancer, *& quoniam*
ſcimus, dit l'Empereur Juſtinien, *multas fratribus ad invi-*
cem factas contentiones, illum ſolum tanquàm ingratum circa
fratrem effectum participari hoc lucrum non concedimus qui
mortem voluit fratri, aut criminalem inducere contrà eum inſ-

criptionem aut substantiæ ei properavi jacturam? Ce deſſein formé de tuer le Teſtateur, l'accuſation d'un crime capital commencée ou pourſuivie contre lui pour le faire condamner au dernier ſupplice, & le procès qu'on a intenté contre le Teſtateur pour lui enlever tous ſes biens pendant ſa vie, ne ſont-ils pas des cauſes & des moyens puiſſans pour rendre l'heritier inſtitué indigne de poſſeder les biens du défunt, lorſque l'une de ces trois cauſes eſt conſtatée? Eſt-il une plus grande ingratitude, une injure plus atroce que l'une de ces trois cauſes marquées dans ce Chapitre? N'eſt-il pas certain que ſi elles font revoquer la Donation *ob ingratitudinem Donatarii*, elles doivent par la même raiſon rendre l'heritier inſtitué indigne de l'heritage, & l'en priver pour donner lieu aux heritiers *ab inteſtat*, de ſe mettre en poſſeſſion des biens du défunt, ſuivant la maxime generale de France, ou à la confiſcation au profit du fiſc dans les autres païs de l'Europe, où l'on ſuit le Droit Civil, après que l'heritier inſtitué aura été declaré indigne de l'heritage.

Mr. Cujas tient l'affirmative, & decide cette queſtion en très-peu de mots, pour ce qui concerne les legats & les Fideicommis ; ce qui doit s'appliquer à l'inſtitution d'heritier, parce qu'on peut argumenter d'un cas à l'autre, *notandum ortis capitalibus inimicitiis inter Teſtatorem & legatarium tacite videtur ademptum legatum vel Fideicommiſſum.* Mr. le Preſident Faber va plus loin que Mr. Cujas, il aſſûre que ſi l'heritier inſtitué attaque la memoire du Teſtateur, *huic tanquàm indigna hæreditas aufertur ;* parce que c'eſt là une preuve que cet heritier inſtitué étoit l'ennemi capital du Teſtateur avant ſa mort, quoique ſon inimitié fût cachée pendant la vie de celui-ci.

Il en eſt de même, ſi l'heritier inſtitué conteſte l'état du Teſtateur pendant ſa vie, ainſi qu'il eſt decidé en la Loi *Si inimicitiæ 9. §. 2. ſi autem ſtatus ejus controverſiam movit denegatur ejus, quod teſtamento accepit, perſecutio.* C'eſt encore la maxime qui nous eſt marquée par Mr. Cujas ſur cette Loi, parce que je crois, que dès que l'heritier inftitué contefte l'état du Teftateur, il devient fon ennemi capital, & que par-là il fe rend indigne de l'heritage, à l'exemple du lega- taire ou du fubftitué qui tombe dans le cas de l'indignité, *fi ftatus controverfiam fecerit Teftatori.* Barbeirac dans fa note 5. §. 25. N°. 2. du livre 2. ch. 7. Grotius en fon Traité de la Guerre & de la Paix, Tome I. parlant d'une accufation atroce faite par le legataire contre le Teftateur, pour fçavoir fi ce legataire eft indigne du legs, dit : *cette préfomption eft fondée fur ce qui arrive ordinairement ; car il fe trouveroit peu de gens qui en ce cas ne revocaffent pas les legs qu'ils auroient fait à un legataire qui fe montre fi indigne des effets de leur liberalité ; de forte que quand il ne paroit point de revocation, on a lieu de croire que le Teftateur, ou n'a pas eu occafion de le faire, ou n'y a pas penfé, ou a crû qu'elle fe fous-entendroit d'elle-même :* maxime que l'on peut apliquer avec Juftice à l'heritier inftitué qui a formé une accufation atroce contre le Teftateur.

  Il doit donc demeurer pour conftant, que fi l'heritier inf- titué devient l'ennemi capital du Teftateur, foit pendant fa vie ou après fa mort, & que l'inimitié foit conftatée, qu'il fe rend indigne de l'heritage ; & que les heritiers *ab inteftat* font en droit de l'en faire priver, fuivant la Jurifprudence uni- verfelle des Cours Souveraines de France ; & pour ce qui concerne les autres païs de l'Europe, où le Droit Romain eft exactement obfervé, l'heritage du défunt *fifco defertur* dès que cet heritier inftitué eft declaré indigne d'en poffeder les biens par une Sentence, ou par un Arrêt, fuivant la difpo- fition des Loix, & l'autorité des Docteurs que l'on a allegué.

CHAPITRE VI.

Si le fils fupofé, que le Teftateur a inftitué fon heritier dans le tems qu'il fçavoit qu'il n'étoit pas fon fils, fe rend indigne de l'heritage.

LA queftion que l'on va examiner, étant une des plus notables du Droit, je me crois obligé de la faire entrer dans ce Traité; parce qu'elle regarde l'indignité d'un fils fuppofé qui a été inftitué heritier par celui qui fçavoit qu'il n'étoit pas fon pere; mais avant que d'entrer dans cet examen, il eft neceffaire d'établir quelques principes.

C'eft un premier principe de droit, que l'inftitution d'heritier faite d'une perfonne fous le titre de fils du Teftateur, dès qu'il paroit qu'il ne l'eft pas, cette inftitution eft nulle, fuivant l'autorité de la Glofe & de tous les Docteurs & Interprêtes fur la Loi *Nemo* 58. parce que l'inftitution d'heritier avec le titre de fils, depend, ainfi que je le crois, de la certitude de l'état de ce fils, lequel eft indigne de l'heritage de celui qui la inftitué fon heritier par fon Teftament, lorfqu'il paroit évidemment qu'il ne l'eft pas.

*Dig. de hære-
dib. inftituend.
& Accaranza
de partu cap. 5.
N°. 25.*

Le fecond principe de droit, eft que fi un Teftateur inftituë un enfant fuppofé fon heritier univerfel, dont il ne pouvoit ignorer l'état, parce qu'il étoit étranger de la famille, l'inftitution eft valable; mais il eft privé de l'heritage à caufe de fon indignité, fuivant la difpofition de la Loi *Aufertur* 46. & l'autorité de Gilken fur la Loi *Si pater*, *Cod. de inftitut. & fubftitut.*

*Dig. de jur.
fifc. N° 11. in
prin.ip. & poft
medium.*

Ces principes pofés, la queftion que nous traitons fera décidée en très-peu de mots par ce dilemme. Ou le pere qui l'a apellé fon fils en l'inftituant fon heritier, fçavoit qu'il étoit fuppofé, ou qu'il n'étoit pas fon fils, quoiqu'il l'eût qualifié tel. Au premier cas, ce fils fuppofé par le pere qui fçavoit qu'il ne l'avoit pas mis au monde, fe rend indigne de l'heritage felon l'autorité d'Accaranza, qui s'explique en ces termes : *in secundo verò casu suprà proposito Teſtatoris ſcilicet filium ſuppoſitum ſcienter hæredis inſtituentis inſtitutio quidem mero jure valet, ut prædiximus, aufertur tamen hæreditas inſtituto tanquàm indigno & fiſco aplicatur.*

L'autorité de ce Docteur est conforme à la décision de la Loy *Aufertur* 46. *aufertur ei quaſi indigno ſucceſſio qui cum hæres inſtitutus eſſet ut filius poſt mortem ejus qui hæres dicebatur, ſupoſitus declaratus eſt.* Il ne faut donc pas, ainſi que je l'eſtime, que le pere ait apellé le ſupoſé qu'il a inſtitué, ſon fils, pour établir qu'il doit être mis en poſſeſſion des biens de l'heritage du Teſtateur, mais qu'il prouve ſa filiation, que celui-ci étoit ſon pere, & qu'il eſt né de ſon Mariage avec une telle, autrement dès que ſa ſupoſition ſera conſtatée, dès qu'il paroîtra qu'il n'eſt pas le fils du Teſtateur, il ſera declaré indigne de cet heritage, parce qu'il n'a pû prouver ni ſa filiation ni ſon état ; ce qui eſt fondé ſur la Doctrine de Godefroy qui dit *in filio indignitas, eſt qui ſupoſititius eſt* ; en ſorte que ſi la ſupoſition eſt évidente, & s'il n'a pas conſtaté ſon état, il doit être declaré indigne de l'heritage de celui qui ſçait qu'il n'eſt pas ſon fils, mais qui a voulu l'inſtituer ſon heritier.

Au ſecond cas, le Teſtateur ayant inſtitué heritier un fils ſupoſé à qui il a donné le titre de ſon veritable fils, ſi la ſupoſition eſt prouvée & découverte, & qu'il ait la hardieſſe de ſoûtenir ſa filiation, & que le titre qui lui a été donné lui apartient ; ce fils doit être declaré indigne de l'heritage du Défunt, ſuivant la déciſion de M. Cujas, *ſicut ſi quis aliquem, hæredem inſtituit ut filium, qui eſt ſupoſititius filius, & eum non ſubſtituiſſet ſi noſſet ſupoſititium omninò inſtitutio non valet, & ei ſupoſititio fiſcus hæreditatem aufert quaſi indigno* ; l'autorité de M. Cujas dans ce dernier cas eſt combattuë par tous les Docteurs & Interprètes. Barthole ſur la Loy *Si pater* 4. *licet talis filius ſit indignus non capit fiſcus nec aufert ab eo hæreditatem, ſed venientes ab inteſtato quia non ſuo facto aut culpâ, ſed ignorantia Teſtatoris inſtitutus eſt, & tenè menti*

Dig. de jur. fiſc.

Note 1. ad L. 7. Cod. de hæredib. inſtituend.

Ad tit. Cod. de hæred. inſtituend.

Cod de inſtitut. & ſubſtitut.

X x iij

perpetuo ; ce font les paroles de ce Docteur. Pourquoi donc
M. Cujas a-t-il foûtenu que l'heritage apartient au fifc ; tandis que Barthole décide que les heritiers *ab inteftat* doivent
& recüeillir & poffeder cet heritage, dès que la fupofition
de l'heritier inftitué en qualité de fils eft conftatée & découverte ? Pourquoi a-t-il dit que le fifc doit être mis en poffeffion des biens du Défunt, lorfque l'heritier inftitué ne prouve pas fa filiation, les heritiers *ab inteftat* lui ayant intenté

N°. 3.
Procès à cet effet : puifque Balde fur la même Loy *Si pater*,
tient l'affirmative fur l'indignité en faveur des mêmes hetitiers

N°. 5. & 7.
N°. 11. & 13.
tit. fifc. qua. d.
apl. tand. n. 21.
ab inteftat, ainfi que Corneus fur cette Loy *Mathaus de af-*
flictis intitul. quæ fint regalia verba & quæ Peregrinus de jure
fifci, lib. 2. tit. 2. n. 4. in fin. Farinacius in fragment. Petrus
Gilken in dict. L. fi pater n. 10. & Accaranza de partu, cap.
5. *n.* 27. M. Cujas encore une fois ne devoit il pas fe déclarer pour l'affirmative ? Pouvoit-il foûtenir avec quelque ombre de raifon que les biens de l'heritage du Teftateur aparte-
noient au fifc, lorfque l'heritier inftitué qualifié de fils dans
le Teftament étoit reconnu & declaré fupofé ; tandis qu'il y
a des heritiers légitimes & *ab inteftat* ? Tant de Docteurs &
Interprêtes n'ont-ils pû le faire rentrer en lui-même pour foûtenir que l'heritage eft deferé dès lors aux mêmes heritiers ;
qu'on fuive l'opinion de M. Cujas pour l'affirmative en faveur du fifc, je ne balance pas un moment à me déterminer
pour la négative, & à embraffer la Doctrine de ceux dont
le fentiment eft conforme aux Maximes generales du Droit

ubi fuprà n.
34.
Civil, en me fervant des paroles d'Accaranza, *& demum*
deftruitur generalis Cujacii fententia in Commentar. intitul. C.
de hæredib. inftituend. ubi indiftinctè afferit à fupofitio patre
quafi indigno hæreditatem fifco auferendam, fi à Teftatore fubf-
titutus datus non eft, in quo fanè confundit cafus diverfos quos
fuprà diftinximus & contrà omnes quin & contrà jura aperta
nulla omninò inftitutione exiftente hæreditatem à fifco auferen-
dam afferit.

CHAPITRE VII.

*Si lorsque le fils supofé eft declaré indigne de l'heritage,
les heritiers fubftitués font préferables aux
heritiers* ab inteftat.

LA queftion que l'on va traiter n'eft pas d'une longue ni
d'une difficile difcuffion, ce qui m'obligera à l'examiner & décider très fuccintement.

C'eft un principe de Droit que la fubftitution *eft fecunda
conditionalis inftitutio,* conformément à la décifion du Jurifconfulte *Paulus. Inftituuntur primò gradu, fubftituuntur fecundò,*
ce qui doit avoir lieu lorfque les heritiers inftituez font indignes ou incapables, de pouvoir recüeillir ou poffeder les biens
de l'heritage du Teftateur, parce que fi l'indignité ou l'incapacité font Legales; c'eft-à-dire, apuyées fur les décifions
du Droit Civil qui regardent un des cas où l'on ne peut avoir
la capacité d'être heritier, foit parce qu'on a encouru la peine
qui eft marquée dans les Loix qui font fous les titres du Digefte & du Code; foit que l'heritier inftitué n'ait pas la capacité
neceffaire pour recüeillir l'heritage, & pour fe mettre en poffeffion des biens qui y font compris, felon le fentiment de
tous les Docteurs & Interprêtes.

*De his quib.
ut indign. & de
his quæ ut in-
dign.*

Ce principe pofé, comment peut-on foûtenir que le fils
fupofé qui ne peut point prouver fon état & fa filiation, étant
indigne de l'heritier du Teftateur qui l'a inftitué fon heritier,
à la charge de rendre & inftituer fon heritage à celui qui lui
a été fubftitué; comment peut-on foûtenir, dis-je, que les
heritiers légitimes, *& ab inteftat* foient preferés au fubftitué,
puifque la fubftitution étant, *fecunda hæredis inftitutio,* le
Teftament ne prend fa force & fa validité que *à fecundo gradu?* L'heritier fubftitué ne rentre-t-il pas au degré de l'heritier
inftitué, qui s'en rend indigne, parce que fa filiation n'étant

pas conftatée , il en eft privé & exclus par le fubftitué ? Le Défunt a-t-il pû mourir , *partim teftatus , partim inteftatus* ? Cette contradiction n'eft elle pas condamnée par les Loix Civiles ; fur-tout à l'égard de ceux qu'elles apellent *pagani qui Teftantur jure communi.*

Ces raifons font apuyées fur l'autorité de tous les Docteurs & Interprêtes. Accaranza s'explique en ces termes fur notre queftion , *quin imò fubftitutos hæredibus ab inteftato dubio procul præferend. putamus.* C'eft encore la Doctrine de Socin dans fes Confeils. Parifius en fon Conf. 44. n. 18. *lib.* 3. du Cardinal Thufeus , Tom. 6. Conc. 109. n. 1. & d'une infinité d'autres qui tiennent l'affirmative, lorfque les heritiers légitimes veulent fucceder *ab inteftat* au Défunt qui a inftitué fon heritier un fils fupofé , lequel s'en étant rendu indigne. *Non eft locus fucceßioni ab inteftato ,* fi le Teftateur a fait une fubftitution en faveur d'un de fes parens , ou d'un étranger , parce que l'inftitution d'heritier faite , *partus fupofiti ab ignaro Teftatore pro non fcripta habetur ;* ainfi que l'affûre Accaranza en l'endroit allegué , *& fubftitutorum caufam confervat ,* principalement quand la fubftitution eft conditionelle contre l'opinion de M. Cujas qui décide que l'heritier inftitué étant un fils fupofé du Teftateur , & reconnu pour tel , *hæreditatem fifco auferendam ,* lorfqu'il n'y a point de fubftitué , ce qui n'a pas lieu dans les pays où l'on obferve le Droit Romain , parce que dès que l'heritier indigne eft privé de l'heritage *fifco defertur ,* & les heritiers légitimes ou *ab inteftat ,* font exclus de la fucceffion felon l'autorité de tous les Docteurs & Interprêtes ; quoique la maxime univerfelle du Royaume , eft que les mêmes heritiers légitimes font préferés au fifc. Ce qui eft apuyé fur la Jurifprudence de toutes les Compagnies Souveraines.

De partu cap. 5. N°. 18.

Confil. 92. verf. fuccedit autem tertiâ difficultas lib. 3.

N°. 30.

Inftit. Cod. de hæredib. inf- tituend.

CHAPITRE

CHAPITRE VIII.

Si l'heritier qui s'eſt inſcrit en faux contre le Codicille,
eſt indigne du Legs qui lui a été fait par ce Codicille,
lorſqu'il ſuccombe dans ſon inſcription en faux.

LA déciſion de la queſtion que l'on va examiner, eſt fondée ſur la Loy *Hæredi* 15. dans laquelle le Juriſconſulte
Papinien s'explique en ces termes : *hæredi qui falſos Codicillos*
eſſe dixit neque obtinuit hæreditas non aufertur ſi tamen ali-
quid à cohærede Codicillis acceperit, ejus actio denegabitur. On
voit par le texte de cette Loy, que ſi le coheritier forme une
inſcription en faux contre le Codicille, où il lui a été fait
un Legs par le Teſtateur, il s'en rend indigne par cette inſcription, & que l'autre coheritier inſtitué eſt en droit de l'en
exclurre à cauſe de ſon indignité ; ce qui eſt apuyé ſur ce
qu'il attaque la volonté du Défunt qui a voulu lui faire ce
Legs, croyant qu'il ne conteſteroit pas la validité de ſon Codicille ; mais cette indignité ne peut avoir ſon effet, qu'après
que le coheritier qui aura formé ſon inſcription en faux aura
ſuccombé, & qu'il en aura été débouté par une Sentence
ou Arrêt diffinitif qui declarera le Codicille valable.

Dig. de his
que ut indi n.

M. Cujas tient l'affirmative ſur cette queſtion, *hæres Co-*
dicillos falſos dixit, dit-il, *nec obtinuit non ideo repelletur à*
principali Teſtamento. L. 5. §. princpale repelletur tamen à Co-
dicillis, ut ſi hæredi aliquid Codicillis prælegatum ſit. Verum
id duplici jure capit, partem à ſemetipſo jure hæreditario par-
tem à cohærede jure Legati. Partem quam jure hæreditario ca-
pit, retinet quaſi ex Teſtamento principali, alteram quam ca-
pit jure Legati retinet, ſed ea à fiſco vindicatur. En France
le fiſc n'exclud pas le coheritier écrit du Legs dont l'autre
coheritier eſt declaré indigne, lorſqu'il n'eſt pas fondé dans
ſon inſcription en faux contre le Codicille qu'il attaque, &

Recitai. ſo-
lemn. ad 15.
ff. de his que ut
maign.

qu'il en eſt débouté , parce que la portion de l'indigne telle qu'elle ſoit *adcreſcit non indigno* , à l'exemple d'un fils ingrat ou d'un coheritier ingrat *cujus pars non ingrato adcreſcit* , ſelon la maxime établie par tous les Docteurs & Interprêtes.

La queſtion que l'on examine reçoit une exception ou limitation , dans le cas du coheritier qui ayant formé une inſcription en faux contre le Codicille où il y a un Legs fait en ſa faveur , & qui s'eſt deporté de ſon inſcription , ſans attendre l'évenement qui peut s'enſuivre de la Sentence ou de l'Arrêt diffinitif qui doit être rendu ; car pour lors on ne peut pas le faire declarer indigne de ce Legs , *quia inchoatam ac-*

Cod. de his
quib ut indign.

cuſationem non pertulit , ſuivant la déciſion de la Loy 8. *&*

En la Note.

contrariam judicis ſententiam non ſuſtinuit , ce qui eſt encore établi par Godefroy ſur cette Loy , & par Cormier dans le

Liv. 24. tit.
4. n. 4.

Code Henry , parce que dès qu'il ne pourſuit point ſon inſcription en faux *veniâ dignus eſt* , & il ne peut plus être declaré indigne du Legs qui lui a été fait par le Codicille.

Enfin , pour reprendre notre queſtion & la décider par les Loix Civiles , on ne peut revoquer en doute que celui qui s'inſcrit en faux contre un Codicille , eſt privé à cauſe de ſon indignité du Legs fait à ſon profit ; il y a pluſieurs textes de

Dig. de his
que ut indign.

Droit qui le décident formellement , tels que ceux de la Loy 5. §. *ille* , §. *atatis & ſeqq.* L. 7. & L. 15. & la Loy *Qui*

Note *J* ad
dict *L.* 6.

falſa 6. *Cod. ad Leg. Corncl. de falſ.* Godefroy dit encore la

Tom. I. 3.
Part. chap. 2.
ſect. 2. n. 206.

même choſe en ces termes. *Id eſt ad Legata.* Mais Ricard s'explique encore plus clairement. *Premierement celui qui s'inſcrivoit temerairement en faux contre un Teſtament , ou contre un Codicille , étoit privé de la diſpoſition qui étoit faite à ſon profit par l'acte dont il avoit revoqué la foi en doute.* Mais il ajoûte auſſi-tôt l'exception dont on a parlé ci-deſſus , *ſuppoſé qu'il eût perſeveré dans ſon accuſation juſques à la fin , & qu'il n'eût point prévenu la prononciation définitive du Juge par un déſiſtement volontaire.*

D'où il s'enſuit , que ſuivant la déciſion des Loix Romaines & l'autorité de Godefroy , il eſt conſtant que celui qui

attaque le Codicille par l'inscription en faux, est indigne du
Legs qui lui a été fait par cette disposition, & que ce Legs,
suivant les mêmes Loix & les Docteurs & Interprêtes, est
adjugé au fisc ; mais selon la maxime generale du Royaume,
apuyée sur la Jurisprudence de tous les Parlemens, ce Legs
est acquis à l'autre coheritier qui n'est point tombé dans le
cas de l'indignité, & qui n'a point de part dans cette inscription en faux.

CHAPITRE IX.

Si le fils qui querelle le Testament de son pere d'inoficiosité,
se rend indigne d'être son heritier, lorsqu'il n'est pas
fondé dans son action.

L. E s questions qui restent encore à examiner sur l'indignité, doivent être decidées par les Loix, ainsi que
celle que l'on va traiter en peu de mots.

Le Jurisconsulte Paulus dans la Loi Papinianus 8. §. 14. *Dig. de Inoff. cios. Testam.*
dissipe tous les doutes que l'on pourroit faire naître sur cette
question ; voici ses paroles. *Meminisse autem oportebit eum qui*
Testamentum inoficiosum improbè dixit & non obtinuit id quod
in Testamento accepit perdere, & id fisco vindicari quasi indig-
no ablatum. Ce Jurisconsulte décide encore la même chose *Dig. de jure fisc.*
dans la Loy 13. §. 9. *eos qui quasi indigni repelluntur summo-*
vendos esse ab ejusmodi præmio, id est eos qui de inoficioso ege-
runt, vel falsum dixerunt. La Loy 18. §. 1. n'est pas moins *Dig de bonor possess. conirà tab.*
formelle, *ei qui contrà tabulas bonorum possessionem accepit,*
tam Legati quam Fideicommissi exactio sed & mortis causâ Do-
nationis retentio denegatur. On trouve dans la Loy *Aufertur* *Dig de his quæ ut indign.*
2. que le fils qui s'est pourvû après la mort de son pere en
cassation de son Testament, ayant succombé, & le Testament ayant été confirmé, quoiqu'il fut émancipé, & qu'il
n'eût pas été nommé dans le Testament ; ce fils, dis-je, se
rend indigne de l'heritage, quoiqu'il s'en fut mis en posses-

fion comme fubftitué à fon frere impubere.

Paulus lib. 4. *tit.* 5. traitant cette queftion , dit , que le fils heritier fubftitué (à qui le Teftateur par fon Teftament à fubftitué fon frere ou un étranger) *fi de inoficiofo dixerit nec obtinuerit* , eft privé de l'heritage à caufe de fon indignité , *& ad fifcum pertinebit.* Ces Loix ne font-elles pas claires, pré-cifes & décifives ? N'eft-ce pas à caufe de l'injure atroce que ce fils a fait à la memoire du Teftateur qui l'a mis au monde , qu'il eft declaré indigne de fa fucceffion ? Car fi le Donateur eft en droit de revoquer la Donation à caufe de l'ingratitude du Donataire, fuivant la difpofition de la **Loy** *Generaliter*, *Cod. de revocand. Donat. quia atrocem injuriam ei intulit ?* Pourquoi le pere ne pourra-t-il pas exhereder fon fils , ou ne le pas nommer dans fon Teftament , pour une des caufes

marquées dans la Novelle 115 ? Pourquoi lors que ce fils manquant de refpe&t à fon pere, ou s'étant marié fans fon con-fentement , fera-t-il fondé de faire caffer fon Teftament par la plainte ou querelle d'inoficiofité ? Sa conduite , fes ac-tions & fa défobéïffance ne concourent-elle pas à le faire ex-hereder par fon pere , & dès qu'il paroît que l'exheredation eft jufte , & que le Teftament eft confirmé , ne doit il pas

être declaré indigne de fon heritage , puifque la **Loy** *Pater puellæ* 12. deffend aux enfans , *calumniofam inoficiofi actionem adverfus juftum judicium Teftatoris inftituere* ; d'autant plus

que fuivant la Do&trine de Godefroy , *exhæredatus præfumi-tur ingratus defuncto nifi merentem fe & ita præfumitur pro ju-dicio defuncti.*

A toutes ces autoritez on ajoûtera celle de M. Cujas qui tranche toute difficulté fur notre queftion , *fententia* §. *hac eft, cum qui egit de inoficiofo in totum vel pro parte nec obti-nuit perdere Legatum fibi Teftamento relictum (quo neglecto elegerat quærelam) perdere Fideicommißum , mortis caufâ ca-pionem & hæreditatis portionem ei relictam , fi qua relicta fit nam id omne ei aufertur quafi indigno cum Teftamentum opug-*

narit , non expugnarit. Cormier dans le Code Henry tient encore l'affirmative , & fe declare pour la déciffion de M.

Cujas en ces termes : *Or celui qui mal à propos aura impugné*
le Teſtament d inoficioſité , doit ſçavoir que s'il ne gagne ſa cauſe
il perdra ce qui lui aura même été laiſſé par le Teſtament , &
lui ſera ôté comme à perſonne qui en eſt indigne : Or ſi celui
qui attaque le Teſtament par la plainte d'inoficioſité , perd
ce que le Teſtateur lui a laiſſé , ne doit-on pas dire la même choſe du fils qui intente cette plainte contre le Teſtament
de ſon pere , lorſqu'il n'eſt pas fondé dans ſon action , & que
ce Teſtament eſt confirmé par une Sentence ou par un Arrêt
diffinitif, puiſque dès lors il ſe rend indigne de ſa ſucceſſion ,
parce qu'il attaque la memoire & la volonté de ſon pere,
quoiqu'il n'eût ni droit ni action pour faire caſſer ſa derniere
diſpoſition.

Enfin , Ricard embraſſe la déciſion de M. Cujas, & prouve en même-tems que l'indignité de ce fils eſt apuyée ſur pluſieurs textes des Loix Civiles. *De même celui qui accuſoit le*
Teſtament de ſon pere d'inoficioſité , dit-il *, & qui ne réüſſiſſoit*
pas en ſon action étoit ſujet à la même peine. Cet Auteur ne parle
dans cet endroit que ſuivant les principes du Droit Romain ,
ainſi qu'on peut le remarquer dans le N°. 205. De ſorte que
dans les pays de l'Europe où l'on obſerve le même Droit ;
l'indignité du fils qui attaque le Teſtament de ſon pere par la
plainte d'inoficioſité , n'étant point fondé en ſa demande ,
continuant dans ſa pourſuite juſques à Sentence ou Arrêt
diffinitif ; dans ce pays-là , dis-je , on ne peut former aucune
conteſtation ſur cette indignité.

Tom. I. ç. ?.
ch. 2. Sect. 2.
N°. 2c7.

CHAPITRE X.

Si celui qui cache le Teſtament , ſe rend indigne de l'heri-
tage ; & ſi celui qui l'a brûlé en haine d'une ſubſtitu-
tion tombe dans la même peine.

CETTE queſtion a été examinée & décidée en termes
ſi clairs , qu'il ſuffit de la propoſer pour être perſuadé

De tabul. ex-bibend. quelle ne reçoit point de difficulté pour l'affirmative.

C'eſt un principe de Droit, apuyé ſur les Loix qui ſont ſous les titres du Digeſte & du Code, que l'heritier inſtitué, & le ſubſtitué qui ſont inſtruits des dernieres volontez du Teſtateur, peuvent obliger ceux qui ſont nantis du Teſtament à *Tit. 7. §. ult.* le repreſenter. C'eſt encore la déciſion du Jurisconſulte Paulus, *lib. 4. ſententiar.* & de M. Cujas ſur le titre du Code, *de tabul. exhibend.* qui aſſûre que ſi celui qui eſt nanti du Teſtament l'avouë, mais qu'il perſiſte à ne vouloir pas le repreſenter, on peut l'y contraindre *extrà ordinem*; c'eſt-à-dire, par l'action criminelle.

Ce principe poſé, il eſt certain que qui cache le Teſtament en vûë d'empêcher l'heritier inſtitué de ſe mettre en poſſeſſion des biens du défunt, de payer les Legs & les Fideicommis, ou pour ouvrir la porte à la ſucceſſion *ab inteſtat*, ſe rend indigne des Legs qui ſont compris dans le Teſtament en ſa faveur, & de pouvoir être un des Succeſſeurs légitimes du défunt à cauſe de l'injure qu'il fait à ſa memoire, & du dol pour profiter, ſoit du Legs, ſoit du Fideicommis ou de la ſucceſſion *ab inteſtat*, de celui qui avoit fait ſon Teſtament dont il s'eſt rendu maître, & qu'il cache pour en retirer des avantages illicites. En effet, ſi par les Loix qui ſont ſous le titre du Digeſte, *ſi quis omiſſa cauſâ Teſtamenti*, celui qui eſt heritier légitime ou *ab inteſtat* voulant ſe deporter de l'inſtitution faite en ſa faveur dans le Teſtament de celui *de cujus bonis agitur*, pour ne pas executer ſa volonté à l'égard des Legs ou des autres charges contenuës dans ce Teſtament; ſi cet heritier *ab inteſtat*, dis-je, n'eſt pas reçû à ſe déſiſter de cette inſtitution, à plus forte raiſon celui qui cache un Teſtament ou qui le brûle pour ne pas payer les Legs & les Fidei-commis, parce qu'il ne doit pas joüir du fruit de ſon crime au préjudice des droits acquis aux Legataires & ſubſtituez, indépendament de l'injure qu'il fait à la memoire du défunt, de qui il devoit avoir la derniere diſpoſition en veneration; ſur-tout lorſqu'il s'agit du Teſtament d'un pere fait ſelon les formalitez preſcrites par les Loix Civiles & par les Ordonnances.

Ricard tient pour l'affirmative en deux endroits de son Traité des Donations, *celui qui cachoit*, dit-il, au N°. 208. *le Testament avoit aussi merité la peine du Talion, & de perdre ce qui lui avoit été donné par l'acte qu'il avoit détourné, comme son dessein avoit été d'en priver ceux qui y étoient apellés aussi bien que lui. C'est aussi la disposition* de la Loy 15. *Cod. de Legat.* & au N°. 220. *car en effet dans le particulier je ne trouve rien de plus équitable que celui qui avoit eu dessein de priver ceux qui étoient apellés par un Testament, du fruit qu'ils en pouvoient esperer, ou en cachant l'acte, ou en détournant furtivement la chose leguée, encoure la même disgrace qu'il avoit voulu faire porter aux autres.*

Tome I. 3. part. chap. 3. sect. 1.

La même peine de l'indignité est infligée à un fils du Testateur, lequel en haine d'une substitution qui y étoit faite en faveur du frere du Testateur, pour l'anéantir par l'inexistance du Testament, a eu la hardiesse de le brûler. La question a été jugée en termes formels, suivant Basset par Arrêt du Parlement de Grenoble du 19. Decembre 1640. ce fils ayant été déclaré indigne de la proprieté de l'heritage de son pere à la reserve de sa légitime; de sorte que cette seconde question (qui a beaucoup de connexion avec la premiere) ayant été decidée avec une grande connoissance de cause, on ne peut ni élever ni faire naître des contestations là-dessus.

Premiere partie, liv. 5. tit. 1. chap. 3.

CHAPITRE XI.

Si celui qui prête son ministere pour un Fideicommis tacite, en faveur d'une personne declarée incapable de le recevoir, se rend indigne du Legs qui lui a été fait, & des biens de l'heritage.

LA décision de cette question prend sa source dans la Loy *Etiam si* 3. dont voici le texte : *Etiam si tacitum Fideicommissum haeredem administrasse aparuerit, Legata tamen*

Cod. ad leg. falcid.

seu Fideicommissa quæ Testamento relicta sunt, præstanda esse ambigi non oportet, ad eum videlicet modum quem Lex falcidia patitur cum quartam quæ aufertur hæredi, qui contrà Legem fidem suam obtulit, Legatariis proficere non placuit. Godefroy voulant dissiper les obscuritez & les doutes qu'on pourroit faire naître sur ce texte, l'explique en termes très-clairs. *Hæres accomodans fidem tacitè de restituendo non capaci privatur omni commodo hæreditario fisco aplicando.* C'est donc une verité constante suivant la décision de cette Loy, & suivant l'autorité de ce Docteur, que celui qui prête son nom dans un Testament par lequel il est institué heritier, pour faire passer par son canal l'heritage par un Fideicommis tacite à un bâtard, ou à un homme qui est mort civilement, se rend indigne de cet heritage.

Le Jurisconsulte Modestin décide encore la même question dans la Loy *Beneficio* 59. §. 1. *prætereà qui non capienti rogatus est restituere hæreditatem, Senatusconsulto Planciano non conceditur quartam retinere, sed ea quarta quam non retinuit ad fiscum pertinet ex rescripto divi Pii :* Or suivant les principes du Droit Civil la falcidie consistant en la quatriéme partie de la succession, & cet heritier institué qui a prêté son ministere frauduleusement à un Fideicommis tacite en faveur d'un incapable, s'en étant rendu indigne à cause de son dol, cette quatriéme partie qui lui apartenoit est adjugée au fisc dans les pays de l'Europe où l'on garde les Loix Romaines, ainsi que nous l'aprend Papinien dans la Loy *Hæres* 11. en ces termes : *Hæres qui tacitam fidem contrà Leges accomodavit in ea parte, quæ fraudem adhibuit falcidiâ non utitur & ita senatus censuit.* La peine de l'indignité s'étend si loin, suivant la Doctrine de Godefroy, que cet heritier *caducum non vindicat exeo Testamento, si liberos habeat.* Cormier dans le Code Henry, liv. 23. tient *l'affirmative d'avantage*, dit-il, *celui qui a été requis de rendre l'heredité à un qui en étoit incapable, ne peut par la disposition du Senatusconsulte Plancian, retenir la quarte falcidie.* De sorte que quelque Legs, quelque liberalité que le Testateur ait fait à l'heritier institué

qui

(marginal notes:)
Dig. ad Leg. falcid.

Dig. de his quæ ut indign.

Note P in dict. Leg. 11.

Ch. 2. premiere part. n. 16.

qui prête son ministere à un Fideicommis tacite, *in fraudem Legis*, pour restituer l'heritage à un incapable de recüeillir ; cet heritier, dis je, se rend indigne de ce Legs.

Enfin, Ricard décide nettement cette question, & ne laisse aucune difficulté à résoudre ; voici ses paroles. *Comme aussi la Loy n'avoit pas estimé juste, que celui qui prêtoit son ministere pour faire passer contre sa prohibition les biens du Testateur à une personne qu'elle avoit declaré incapable de les recevoir, profitât d'un Legs qui ne lui avoit été fait que par un principe de fraude. Leg. 3. Cod. ad Leg. falcid.* Mais cet Auteur se trompe en apliquant au Legs ce que décident cette Loy 3. du Fideicommis tacite, la Loy 11. & Godefroy en la note qu'on a alleguée qui parle *de omni commodò hareditario*, & non d'un simple Legs dont cet heritier se rend indigne ; ainsi que de la falcidie, suivant la disposition de la Loy 59. §. 1. en sorte qu'on doit plûtôt se declarer pour ces divers textes de Loix, & pour la Doctrine de Godefroy, que d'embrasser l'opinion de Ricard. Il est vrai qu'il paroît suivre les Loix Civiles, & Godefroy dans un autre endroit du même Chapitre, & de la même section où il dit, *& ce seroit avec beaucoup moins d'aparence que le Fideicommissaire tacite voudroit conserver ce qu'il s'étoit chargé de restituer à celui qui étoit incapable de recevoir la liberalité du Défunt, puis qu'outre la peine* (qui est l'indignité) *qu'il merite pour avoir engagé sa foi contre la Loy. Il ne peut pas dire qu'il ait la volonté du Testateur pour lui, vû qu'il ne s'étoit servi de son ministere que pour faire passer avec déguisement à la personne prohibée, ce qu'il n'avoit pas peu lui donner directement.* Godefroy tient l'affirmative sur cette question, & va plus loin que Ricard, *hares ex tacito Fideicommisso nihil retinet cum solidum fisco vindicetur.* Ce qui est très-clair, & ne laisse aucun lieu de former des doutes & des contestations sur la peine que les Loix infligent à cet heritier, de qui la fraude étant claire & évidente, doit le faire priver de l'heritage à cause de son indignité, apuyée sur ce qu'il a prêté son ministere pour faire passer l'heritage à un incapable par le Fideicommis tacite con-

Tom. I. 3. part. chap. 2. sect. 2. n. 209.

Dig. de his quæ ut indign.

Dig. ad Leg. falcid.

N°. 221.

Note G. in L. 3. Col. ad Leg. falcid.

tenu dans le Teſtament. C'eſt ce qui nous eſt apris par M.
Cujas qui combat le ſentiment de Govean. *Unde conſequens*
eſt quod ſubjicit in eis fiſcum falcidiam pati, perperam in eam
rem allata, L. 3. Cod. ad Leg. falcid. quæ hoc tantum dicit Le-
gatis & Fideicommiſſis Teſtamento relictis; & prætereà tacito
Fideicommiſſo exhauſta hæreditate, hæredem exiis quæ Teſta-
mento relicta ſunt falcidiam retinere, ex tacito nihil retinere,
quod quidem ſolidum fiſco vindicatur.

Obſervat. lib.
7. cap. 31.

CHAPITRE XII.

Si celui qui eſt inſtitué heritier univerſel, peut accepter une
partie de l'heritage, & rejetter l'autre, ſans ſe rendre
indigne de l'inſtitution.

Ad tit Cod.
de Teſtament.
milit.

C'EST un principe de Droit établi par M. Cujas, qu'il
n'y a que le Soldat qui puiſſe mourir *pro parte Teſtatus,*
pro parte inteſtatus, parce que c'eſt un privilege perſonnel qui
ne peut s'étendre aux autres Citoyens.

Ce principe poſé, la déciſion de cette queſtion ne reçoit

Dig. de acqui-
rend vel omit
tend hæreditat.

point de difficulté, parce qu'on la trouve dans la Loy 1. qui
eſt conçûë en ces termes : *qui totam hæreditatem acquirere po-*
teſt is pro parte eam ſcindendo adire non poteſt; c'eſt encore la
diſpoſition expreſſe de la Loy *Sed & ſi quis 2.* ſous le même

Dig. de Le-
gat. 1. tit. 7.
§. 12.

titre du Digeſte, ainſi que de la Loy *Legatarius 38.* & c'eſt
ce qui nous eſt marqué par le Juriſconſulte Paulus, *lib. 3. ſen-*
tentiar. Or s'il n'eſt pas permis d'accepter une partie de l'heritage, & rejetter l'autre, parce que perſonne ne peut mourir
partim Teſtatus, partim inteſtatus, on ne peut douter que l'heritier inſtitué qui veut diviſer l'heritage pour en prendre une
partie, & repudier l'autre, ne ſe rende indigne de la ſuccef-
ſion, ainſi que le Legataire du Legs qui lui a été fait par le
Teſtateur, parce que d'une part il attaque la volonté du Dé-

Cod. de Cadu-
ſollend.

funt, de l'autre parce que la Loy *Unique* §. *his ita definitis,*
veut qu'il ſoit abſurde, *ejuſdem hæreditatis partem quidem ag-*

noscere, *partem verò respuere*, conforme à la Loy *Quidam* 20. qui en donne la raison, fondée sur ce que les Empereurs Romains ordonnent, *sive in institutione, sive in pupillari substitutione ut vel omnia admittantur vel omnia repudientur.* Ce qui oblige Godefroy d'établir cette grande & importante maxime qui regarde la question que l'on examine, *institutus in diversis partibus non potest unam partem amplecti, alteram repudiare defuncti voluntas scindi non potest.*

Cod. de jur. deliberand.

Note B. in dict. L. 20.

Est-il quelque injure plus atroce que de couper ou diviser la volonté du Testateur ? L'heritier institué peut-il le faire contre ce principe de Droit, *disponat Testator & erit Lex*, est-il à présumer que le Défunt ait voulu que son heritier peut accepter une partie de son heritage, & rejetter l'autre ? L'inexecution de la volonté du Testateur, ne le rend-il pas indigne de l'heritage. M. Cujas combat l'absurdité de cette section, & nous fait entrevoir quelle est l'indignité de cet heritier par ces paroles, *ut quemadmodum hæreditas non potest scindi §. his itaque hac Lege*, Loi 7. & 12. §. *ex Testamento de bonis liberorum, ita nec Legatum scindi potest, quia scindere Legatum est fastidire judicium defuncti & hoc est quod initio hujus partis posterioris proponit Justinian. hæreditatem ab hærede scindi non posse*; c'est donc blesser la volonté du Testateur, c'est insulter à sa memoire, c'est combattre son Testament de couper ou diviser son heritage, pour en accepter une partie & rejetter l'autre, c'est lui faire une injure attroce, c'est par conséquent se rendre indigne de sa succesfion, parce qu'il faut dans le cas du Testament d'un homme *qui Testatur jure communi aut in totum agnoscere aut à toto recedere.* C'est ce que Godefroy nous aprend lorsqu'il dit, *idem institutus & pupillariter substitutus non potest institutionem amplecti & substitutionem repudiare*, parce qu'il faut toûjours en revenir à ce grand principe de Droit que l'on ne doit point perdre de vûë, que *paganus non potest mori partim Testatus, partim intestatus*, ce qui est apuyé sur ces belles paroles de la Novelle 22. *disponat itaque unus quisque super suis ut dignum est, & sit Lex, ejus voluntas sicut & antiquissima nobis*

In titul. Cod. de Caduc. tollend L. Unic. §. his ita definit.

Cap. 2.

Z z ij

Lex, & plus bas, *nullo valente citrà illius voluntatem nec si sacram impetret formam nec si quidpiam aliud omnium, aliquid aliter disponere in rebus alienis.* Ce qui fait voir qu'il n'est point permis à l'heritier institué qu'il est assujetti à la Loy que le Testateur lui a prescrit par son Testament, sans qu'il soit en son pouvoir de disposer des biens de l'heritage que suivant la volonté du Défunt; d'où il suit qu'il ne peut accepter une partie de cet heritage, & rejetter l'autre sans tomber dans la peine de l'indignité.

Tom. I. 2.
part. chap. 1.
sect. 6. N°. 53.
     On joindra à toutes ces autoritez celle de Ricard, qui tient l'affirmative sur cette question, fondée sur les textes des Loix que l'on a alleguées; voici comme il s'explique. *Par le même Droit Romain, celui qui étoit institué pour le tout en une succession, ne pouvoit pas en accepter une partie & rejetter l'autre, non pas même s'il étoit institué en differentes portions, L. 1. & 2. ff. de acquirend. vel omittend. hæreditat. & L. 20. Cod. de jure deliberand.* En effet, surquoi fondé cet heritier, croit-il qu'il peut negliger la volonté du Défunt? Est-il en droit de refuser de l'executer, & d'en accepter la charge? N'est-ce pas lui faire une injure atroce, de ne pas executer ce qui est porté par la derniere disposition de son bienfaîteur? N'est-ce pas en fraindre la Loi qu'il lui a prescrite, le violement de cette Loi ne le rend il pas indigne de l'heritage qui n'est que l'effet de la liberalité du Testateur.

CHAPITRE XIII.

Si celui qui combat un Testament de nullité, est indigne du Legs dont il a été payé, & de la demande de l'heritage.

Recitat. solemnib in L. 5. §.
1. ff. de his quæ
ut indign.
LA question que l'on va traiter est si facile a décider, quelle a pour fondement l'autorité de M. Cujas sur un des textes des Loix Civiles, qu'il nous suffira de citer pour deffendre mon opinion sur cette question.

Il est vrai, que celui qui combat un Testament pour le faire declarer nul, & étant fondé dans les raisons qu'il allegue sur ce qu'on n'y a pas observé les formalitez requises par les Loix, *non repellitur à Legato si non obtinuit*, suivant la disposition de la Loi 24. & la Doctrine de M. Cujas en l'endroit allegué ; mais il est vrai aussi que si le Legataire sçachant qu'il y a un Testament revêtu de toutes les formalitez, l'attaque & le combat par la voye de nullité, si ce Testament est confirmé par une Sentence ou un Jugement diffinitif, il se rend dès lors indigne, parce que la derniere disposition du Défunt étant déclarée valable, & ayant succombé, il n'est plus en droit de demander d'être mis en possession de l'heritage, ainsi que l'assûre M. Cujas dans le même endroit, *vers. prohibend. ait prohibendi scilicet à petione hæreditatis quasi Testamento injusto quàm scilicet intendunt post acceptum Legatum.* La raison de cette décision est apuyée sur le texte de la Loy *Postquam* 43. en ces termes : *postquam Legatum ate accepi hæreditatem peto. Attilicinus quibusdam placuisse ait non aliter mihi adversus te dandam petitionem quam si Legatum redderem videamus tamen ne non aliter petitor hæreditatis Legatum restituere debeat, quam ut ei caveatur si contrà eum de hæreditate judicatum fuerit reddi ei Legatum, cum sit iniquum eo casu possessorem hæreditatis Legatum quod soluerit retinere, & maximè si non per calumniam sed per errorem hæreditatem petierit adversarius, idque & Lelius probat. imperator autem Antoninus rescripsit ei qui Legatum ex Testamento abstulisset causâ cognita hæreditatis petitionem negandam esse scilicet si manifesta calumnia sit :* Or celui qui a été payé du Legs contenu dans un Testament, l'ayant vû & examiné, & n'ayant pas trouvé à propos dans ce tems-là de le combattre de nullité sur le fondement qu'il avoit été fait avec toutes les formalitez requises, & par les Loix Civiles, & par les Loix de l'Etat ; celui-là, dis-je, se rend indigne de la demande d'être mis en possession des biens de l'heritage, parce qu'il le fait sciemment ; en sorte qu'étant debouté de sa demande, *manifesta calumnia*, est d'autant plus, que suivant l'autorité de Mr.

Dig. de his quib. ut indign.

Dig. de petit. hæreditat.

Cujas (en l'endroit si souvent allegué) *ignorantia juris non excusat*, sur tout lorsqu'il sçait, *factum Testamentum vel si juris solemnitates ignorans Legatum acceperit.*

Mais cette maxime reçoit une limitation, qui regarde les femmes, les Rustiques & les Mineurs, qui sont restitués envers l'ignorance, & qui pour avoir attaqué le Testament de nullité, parce qu'il n'étoit pas revêtu des formalités requises, quoiqu'il le fût, ne tombent pas dans la peine de l'indignité dont on vient de parler, ainsi que l'assûre le même M. Cujas en l'endroit ci-dessus. *Id verò æstimabitur ex cujusque personæ conditione, ætate, & persona. Quoniam mulierem ignorantia juris excusabit aut rusticanum ex ætate, quoniam minorem viginti quinque annis ignorantia excusabit. At factum cuilibet ignoranti sine distinctione dabitur petitio hæreditatis licet antè Legatum acceperit*, ce qui est apuyé sur le texte de la Loi 5. §. 1. *vers. prohibendi*, qui semble excepter du cas de cette indignité, *ex cujusque persona, conditione, ætate* ; ce que la même Loy laisse faire à la prudence des Juges qui doivent l'ordonner *causâ cognita*, avec une grande connoissance de cause ; c'est-à-dire, s'ils doivent être dans le cas de l'exception, ou s'ils ne le doivent pas.

Dig. de his quib. ut indign-

Tom. I. 3. part. chap. 2. sect. 2. n. 215.

On ne doit pas omettre l'autorité de Ricard sur cette question qui tient l'affirmative pour le Legs ; voici ses paroles. *La même question ayant été formée à l'égard de celui qui avoit débatu un Testament de nullité ; la Loy a consideré pour lui conserver le Legs, que son action n'alloit pas à contester sa volonté, mais seulement la solemnité de l'acte* ; mais de quelque poids

Dig. de his quib. ut ind gn.

que soit l'autorité de Ricard, il devoit en citant la Loi 5. au §. *Ille*, décider la question concernant l'heritage ; à la demande duquel cette Loi dit qu'ils sont indignes, & non recevables, lorsqu'après avoir reçû le payement du Legs, ils attaquent le Testament de nullité sur le fondement que les formalitez requises par les Loix n'y ont pas été gardées, ainsi qu'il est décidé par le *vers. prohibendi* du même §. & M. Cujas en cet endroit qui résout toutes les difficultés que l'on pourroit former sur notre question.

CHAPITRE XIV.

Si celui qui refuse d'accepter la Tutelle Testamentaire des enfans du Défunt, se rend indigne des Legs que le Testateur a fait en sa faveur dans son Testament.

LA question que l'on va traiter doit être décidée par divers textes des Loix Civiles, & par l'autorité des Docteurs & Interprêtes ; ainsi l'examen que l'on en va faire n'est pas d'une longue discussion, la Loi 5. §. *amittere* est si claire & si formelle, qu'on n'a qu'à la raporter pour être persuadé qu'elle ne laisse aucun doute à lever sur cette question, *amittere id quod Testamento meruit & cum placuit qui tutor datus excusavit se à Tutela :* Or si ce Tuteur Testamentaire perd les Legs que le Testateur a fait en sa faveur dans son Testament, parce qu'il a voulu s'excuser d'accepter l'administration de la Tutelle des enfans du Défunt ; n'est-il pas constant que son excuse l'en rend indigne, & qu'il doit en être privé, puisque le Défunt ne lui a fait cette liberalité que sous la condition expresse ou tacite, qu'il se chargeroit de cette administration Tutelaire, ainsi que le décide la Loi *Etiam* III. en ces termes : *Etiam si partis bonorum se excusaverit tutor (puta Italicarum vel Provincialium rerum) totum quod Testamento datum est ei auferetur.* On voit encore la même décision dans la Loi *Nesennius Apollinaris* 32. & dans plusieurs autres textes que l'on se dispense de citer, parce que cette question ne reçoit point de difficulté pour l'affirmative.

Mr. Cujas s'explique nettement & en très peu de mots, *idem in tutore qui se excusavit, L. Qui tutelam sup. de Testam. tutel.* Godefroi qui se declare pour la doctrine de Mr. Cujas va encore plus loin, disant, *etiam in partem :* En sorte que si le tuteur Testamentaire refuse d'accepter une partie de la tutelle des enfans du Défunt, il se rend indigne des legs faits

Dig. de his qua ut indign.

Dig. de Legat. 1.

Dig. de excusationib.

Recitat. solemn. in L. 5. §. amittere ff. de his quib. ut indign.

Note G. in L. 28. ff. de Testament. inset.

en fa faveur par le Défunt, fuivant cette maxime établie par le même Godefroi, *qui peccat in parte officii in toto peccare*

Note H. in leg. III. ff. de legat 1.

videtur. D'où l'on doit conclurre que l'excufe de ce tuteur de ne point accepter la tutelle, le prive des liberalitez du Défunt, parce qu'il attaque indirectement la volonté de fon bienfaîteur, quoiqu'il ne la combatte que pour une partie de la même tutelle. L'opinion de ces Docteurs eft apuyée fur la

Digeft. de jur. Patronat.

Loi 3. *Si quis tutor datus cum fibi legata effet ancilla & rogatus eam manumittere manumiferit adgnito legato, & tutela pupilli fe excufaverit Divi Severus & Antoninus refcripferunt. Hunc iffe quidem patronum fed omni commodò patronatus carere.* Cette Loi ne marque-t'elle pas clairement l'indignité du Tuteur Teftamentaire, qui fous prétexte d'une excufe refufe d'accepter la tutele ? Son refus n'eft-il pas fuivi de la privation du droit de Patronage ? & cette privation précedée de l'indignité dont on vient de parler, ne l'exclut-elle pas de la partie effentielle de fon legs, à caufe de fon refus.

Enfin Ricard traitant cette queftion par les principes du Droit Civil, embraffe les decifions des Loix & l'autorité des Docteurs que l'on vient de citer. Voici comme il s'explique. *Celui qui refufoit d'accepter la Tutelle que le Teftateur lui avoit commife de fes enfans ou des mineurs qu'il avoit inftitué fes héritiers, perdoit auffi les difpofitions faites en fa faveur. Leg. 3. ff. de Legat. I. Leg. 5. §. amittere, ff. de his quib. ut indign. & Leg. 3. ff. de jur. patronat.*

Il doit donc demeurer pour conftant, que dans tous les païs de l'Europe, où l'on garde le Droit écrit, le Tuteur nommé dans un Teftament aux enfans du Défunt qui refufe d'accepter la tutelle, en tout ou en partie, fe rend indigne des legs que le Teftateur lui a fait par fon Teftament, quand même fon excufe feroit jufte & legitime, parce qu'il feroit abfurde qu'il profitât des liberalitez du Défunt dans le tems qu'il combat fa volonté qui doit être pour lui une Loi, puifqu'elle a été le motif & la caufe finale des difpofitions contenuës dans le même Teftament.

TRAITE'

TRAITÉ,
CONCERNANT LA SUITE
DU LIVRE DIXIÈME.

CHAPITRE PREMIER.

Si une fille accusée de Parricide, condamnée par Contu-
mace, & executée en Effigie, ayant prescrit le crime
dans 30. ans, ne peut (après ce tems expiré préten-
dre dans la succession,) si la prescription de son crime
n'emporte point celle de son indignité, & si les petits
fils ne peuvent demander aucune part dans les biens de
leur ayeul.

UNE fille d'intelligence avec son mari, fait assassiner
son pere, l'un & l'autre prennent la fuite, ils sont con-
damnez par Contumace, & executez en Effigie pour le parricide qu'ils ont commis, ils reviennent dans leur patrie après
30. ans, ils meurent quelque tems après leur retour, les biens
du pere sont vendus, les petits fils demandent partage de la
succession de leur ayeul ; il s'agit de sçavoir si ces petits fils
sont en droit de lui succeder, ou s'ils en sont indignes à cause
du parricide, dont leur pere & mere ont été convaincus.

Il semble d'abord que l'indignité du pere & de la mere
qui ont fait assassiner l'ayeul de ces petits fils, ne peut pas
leur être oposée, parce que selon la Jurisprudence des Arrêts, le petit fils de celui ou de celle qui a renoncé à la
succession de son pere, & admis à la succession de son ayeul ;
ainsi que le remarque Papon, ni sont-ils pas apellés par droit

Liv. 21. tit.
1. Arrêt 21.

A a a

de repreſentation, ſuivant la déciſion de la Novelle 118. par
ces termes : *in proprii parentis locum ſuccedere ſivè ſub poteſ-*
tate defuncti, ſive ſuæ poteſtatis inveniantur tantam de hære-
ditate morientis accipientes partem quanticumque ſint quantam
eorum parens ſi viveret habuiſſet. Le parricide & l'execution
en Effigie ſont preſcrits, puiſqu'il s'eſt écoulé plus de 30.
années, depuis que le crime a été commis, & que cette
preſcription emporte celle de l'indignité, ſuivant la diſpoſition de la Loi *Sicut*, & de la Loi *Eum notiſſimi*, d'où l'on
peut conclurre que l'on n'eſt point fondé à opoſer l'indignité
du pere & de la mere de ces petits fils, pour la faire réjaillir ſur eux, & les priver des biens de la ſucceſſion de leur
ayeul.

Cod. de præſ-
cript. 30. vel
40. annor.

Dig. de bon.
damnator.

Mais la Loi *Cum ratio* ſ. *prætereà*, décide formellement
la queſtion pour l'indignité du pere & de la mere de ces petits fils, qui a paſſé en leur perſonne à cauſe du parricide
commis en la perſonne de leur ayeul ; car elle veut, *ut li-*
berorum portiones non augeantur de his quæ damnati patris fla-
gitio acquiſierunt. Mr. le Preſident Boyer nous aprend encore la même choſe, *ſed primum communius & verius eſt, nam*
ipſe homicida eſt incapax, etiam hæredes ſui talium turpiter qua-
ſitorum, quæ ab eis tanquàm ab indignis auferuntur. L'autorité de ce Sçavant Magiſtrat eſt conforme à la Doctrine de
Socin dans ſes Conſeils, de Balde *in L. hæreditas col. penult.*
verſ. extrà quæro, & une infinité d'autres.

Queſt. 15. n.
8.

Conſ. 124.
in prima queſt.
vol. 2.
Cod. de his
quib. ut indign.

Dig. de jur.
fiſc.

L'autorité des Docteurs que l'on vient d'alleguer eſt ap-
puyée ſur le texte de la Loi *Lucius titius* 9. qui décide que
la mere d'un poſthume dont elle étoit heritiere *ab inteſtat*,
eſt indigne de la ſucceſſion de celui qu'elle avoit fait empoiſonner, quoiqu'elle fût la plus proche parente, & qu'elle
n'avoit point peu acquerir ni recevoir cette ſucceſſion, *quæ*
ſcelere acquiſita probari poteſt.

En effet, quoique les petits-fils ne ſoient point complices
du parricide, ils ne doivent avoir aucune part en la ſucceſſion, ni en retirer aucun profit *ex eorum capite*, puiſque la
Lettres n. 10. maxime des Arrêts que l'on voit dans M. Loüet & ſon Com-

mentaire, les declare indignes de la succession de leur ayeul, par cette raison décisive, que *non suo sed vitio paterno laborant*, leur pere & mere ayant été condamnés & executés en éffigie depuis plus de 30. ans ; d'autant plus que si ces petits-fils étoient admis à la succession de leur ayeul, ce seroit récompenser l'assassinat qui a été commis par la conspiration que l'un & l'autre avoient projetée contre la personne du Défunt, ce qui est défendu en termes formels : parce que c'est un principe de Droit, que *nemo ex suo fascinore, sive ex sua improbitate lucrum & commodum reportare debet.*

Enfin, ces petits-fils doivent avec d'autant plus de raison être exclus de la succession de leur ayeul ; parce que leur demande ne tend qu'à troubler des tiers Acquereurs, dans la possession des biens qu'ils ont acquis à titre onereux, depuis plus de 30. ans ; possession dans laquelle ils ne peuvent être inquietés, puisqu'ils ont joüi des mêmes biens avec titre & bonne foi, qui les mettent à couvert de cette demande après 10. ans, *inter præsentes*, & après 20. ans, *inter absentes*, suivant les textes des Loix qui sont sous le titre du Code de *præscript. long. temporis.* C'est aussi ce que le Parlement de Paris à jugé par Arrêt raporté par Soefue ; de sorte que depuis cet Arrêt, les questions que l'on vient de traiter ne reçoivent point de difficulté, & il n'est plus permis de soûtenir que les petits fils de l'ayeul qui a été assassiné par l'ordre de leur pere & mere, peuvent lui succeder.

Tom. II. cent. 3. ch. 25.

On ne doit pas omettre ici que dans les autres pays de l'Europe, regis par le Droit Ecrit, la succession de cet ayeul est déferée au fisc, suivant la disposition de la Loi *Lucius titius*, & une infinité d'autres textes, & que l'ancienne Jurisprudence des Arrêts des Parlemens de Toulouse & de Grenoble, avoit fixé la maxime conformément aux Loix Civiles qui l'ordonnoient ; mais que la nouvelle Jurisprudence des Compagnies Souveraines des Provinces où l'on observe le Droit Romain, à deferé la portion de l'indigne aux heritiers légitimes de celui qui a été assassiné.

Dig. de jur. fisc.

Enfin, par cette raison on peut tirer une conséquen-

A a a ij

ce, contre le parricide de l'Arrêt rendu par le même Parlement, les Grand'Chambre & Tournelle assemblées le 16. Juillet 1676. contre la Marquise de Brinvilliers ; Marie-Marguerite d'Aubray qui avoit empoisonné son pere, quoique ses enfans n'y eussent point de part, & que leur ayeul ne peut les exhereder, & que l'Arrêt ne les declare point indignes, leur mere l'ayant été.

CHAPITRE II.

Si la mere se rend indigne de la succession Testamentaire de son fils, parce qu'elle ne poursuit pas la vengeance de sa mort, ayant été tué par son oncle, frere de l'heritiere instituée.

IL semble d'abord que la mere qui ne poursuit pas la vengeance de la mort de son fils, qui a été tué par son oncle, ne soit tombée dans l'indignité, & qu'elle doit être privée de la succession Testamentaire, suivant les Loix qui sont sous les titres du Digeste & du Code, *de his quib. ut indign.* la Jurisprudence des Arrêts raportez par Papon, par Automne Conference du Droit François, Tom. I. pag. 655. & 711. & par M. Loüet & Brodeau son Commentateur ; en sorte que si l'heritier ne poursuit pas la mort de celui qui a été tué, il tombe suivant l'expression de M. Cujas *in crimen inultæ mortis & ingrati hæredis*, parce que *honesta vindicta, & debitum pietatis officium est agere circà defuncti vindictam.* Ricard va même plus loin, & il assure que si l'heritier n'a pas prévenu l'accident du meurtre par une negligence affectée, il est indigne de sa succession ; à plus forte raison, lorsqu'il laisse la mort du Testateur impunie, & qu'il n'en poursuit pas la vengeance.

Mais il n'en est pas de même d'une mere instituée heritiere par son fils tué par son oncle, frere de cette heritiere, qui ne

Liv. 22. tit. 1. Art. 2. & tit 7. Arrêt 1. & 2.

Lett. H. n. 5.

In paratit. cod. tit. de his quib. ut indign. Tom. I. 3. Part. ch. 2. sect. 2. n. 110.

peut point être declarée indigne de sa succession Testamentaire, pour n'avoir pas poursuivi la vengeance de la mort de
son fils ; sur-tout lorsque les heritiers légitimes du Défunt
l'ont reconnuë pour heritiere Testamentaire, qu'ils n'ont
point contesté cette qualité, le fils ayant pardonné à son oncle
en mourant, & qu'ils l'ont laissée s'immiscer dans l'heritage,
& faire tous les actes qui sont inséparables d'un heritiere Testamentaire. Cette heritiere ayant pour elle, & en sa faveur
la disposition formelle de la Loi *Sororem* 10. qui la met à cou- *Cod de his*
quib. ut indign.
vert de l'indignité qu'on lui oppose, pour la priver de la suc-
cession Testamentaire de son fils ; il est même des cas où l'on
ne tombe pas dans cette indignité, lorsque l'on ne poursuit
point la vengeance de la mort de celui qui en a institué un
autre son heritier universel, ces cas nous sont marquez par *Quæst.* 25.
M. le Président Boyer, & par Dumoulin, *ad tit. Cod. de his*
quibus ut indignis, que l'on peut appliquer à cette mere
infortunée qui ne s'est point mise en état de poursuivre la
mort de son fils tué par son oncle qui est sa sœur. C'est ce
qui a été jugé par Arrêt du Parlement de Provence, raporté *Tom.* 3. liv.
1. tit. 2. pag.
106.
N°. 210.
par Me. Boniface, Tome troisiéme, page 210. & par l'Au-
teur des additions sur Ricard en l'endroit allegué.

CHAPITRE III.

Si celui qui cache ou qui détourne la chose leguée, est in-
digne de la portion du Legs qui lui apartient, & si l'heri-
tier qui enleve & cache aussi les biens de l'heritage en
fraude des Legataires, se rend indigne de la falcidie.

ON traitera ces deux questions par ordre, & on les dé-
cidera par les textes des Loix qui les concernent, avec
la même précision que l'on a gardée jusqu'à présent. Le texte
de la Loi 6. declare indigne de la falcidie, le Collegataire *Dig de his*
quæ ut indign.
d'une chose leguée qu'il cache ou qu'il détourne ; mais M.

Recitat. fo-
lenn. ad l. 6.
ff. eouem tit.
Cujas décide cette premiere queftion plus clairement, *dicitur ei auferri res fubftractas quafi indigno cui portio hæreditatis
eft relicta id eft legatum L. mulier §. ult. ad Trebell. idem videtur dicendum in quolibet legatario*, & quelques lignes plus
bas : *nam ait proportione competenti hic, cui Legata eft portio
hæreditatis fi aliquid furripuerit ex hæreditate, in eo actionem
legati non habebit, lucrum quod captavit ei auferetur.* N'eft-
ce pas à l'indigne que toute action eft refufée pour la portion
du Legs qui le concerne ? N'eft-ce pas cet indigne qui doit
en être privé pour l'avoir cachée, enlevée, ou détournée
à fon profit ? Le dol & la fraude qui l'ont pouffé à le faire,
doivent-ils être recompenfés, *lucrum quod captavit ei aufe-
rendum eft*, il doit en être privé, dès que l'enlevement ou la
fouftraction font conftatez.

Cod. de Legat.
La Loi *6*. le décide expreffement en ces termes : *non eft
dubium denegari actionem legatorum ei proportione competenti
Note M.
in his rebus quas fubtraxiffe eum de hæreditate aparuerit.* Godefroy fur cette Loi en donne la raifon *& merito, nam legatarius accipere debet ab hærede.*

Tom. I. 3.
part. chap. 2.
fect. 2. n. 208.
Ricard examinant la queftion concernant le legataire, fe
declare pour l'affirmative, *celui qui cachoit le Teftament*, dit-
il, *avoit auffi merité la peine du talion, & de perdre ce qui
lui étoit donné par l'acte qu'il avoit détourné, comme fon deffein avoit été d'en priver ceux qui y étoient apellez auffi-bien
que lui*, & cite pour apuyer fon fentiment les Loix que l'on
vient d'alleguer, qui font voir que cette indignité du Collegataire a lieu, & doit avoir fon effet, dans les pays de l'Europe regis par le Droit Ecrit.

La décifion de la feconde queftion n'eft pas moins claire
que la premiere.

Dig. de his
quib. ut indign.
La Loi *6*. eft expreffe, & diffipe tous les doutes, & toutes les conteftations qu'on pourroit former en faveur du coheritier ou de l'heritier, qui cache ou qui détourne les biens
de l'heritage, *refcriptum eft à principe hæredem rei quam amo-
viffet quartam non retinere.* Ces mots *quartam non retinere* ne
prouvent-ils pas l'indignité de l'heritier ? Son dol, & la frau-

de qu'il a pratiquée en cachant ou enlevant les effets de la
succeſſion, ne doivent-ils pas le priver de la falcidie ? Eſt-
il en droit de la demander, lui qui ne cherche, & qui n'a
d'autre attention que de diminuer, ou de faire perdre les
Legs à ceux à qui le Défunt a voulu faire ſentir les effets de
ſes liberalitez ; Godefroy ne nous l'aprend-il point par cette
maxime, *eripitur enim hæredi non implenti voluntatem defuncti.*

Note *L. in
cap. 3. Noveil.
1.*

M. Cujas dit encore la même choſe conformément à la
Loi que l'on vient de citer. *Hæredi quaſi indigno auferuntur
res ab eo amotæ in fraudem Legatariorum, vel ex eis falcidia
ejus aufertur, & fiſco vindicatur.* L'autorité de ce profond
Juriſconſulte eſt ſemblable à la diſpoſition de la Loi *Paulus*
48. dont voici le texte : *Paulus reſpondit ſi certa portio hæreditatis alicui relicta proponitur, eris res hæreditarias quoſdam
furatus ſit, in his rebus quas ſubtraxit denegari ei petitionem
oportere.* Si ce cohéritier, eſt non-recevable & ſans action
à demander la falcidie ſur les effets qu'il a cachez ou enlevez,
n'eſt-il pas conſtant qu'il en eſt indigne, puiſque Paulus décide qu'il n'a point de droit à prétendre ſur les mêmes effets,
dont il eſt privé à cauſe de ſon indignité, fondée ſur le dol &
la fraude qu'il a pratiqué, pour les cacher ou les détourner
à ſon profit.

*Ad L. 6. ſ.
de his quib. ut
indign.*

*Dig. ad Sena-
tuſconſ. Trebel-
lian.*

Godefroy met une exception en faveur du Legataire qui
prend lui-même, ou qui ſe met en poſſeſſion de la choſe qui
lui a été leguée, exception qui le met à couvert de l'indignité, & qui l'empêche d'en être privé *aliud erit ſi Teſtatoris
juſſu,* ce qui eſt apuyé ſur la déciſion de la Loi 55. & de la
Loi 34. §. 1. mais hors de ce cas on ne peut douter que le Legataire qui cache, qui enleve, qui détourne les effets de l'heritage de ſa propre autorité, ne doive être privé de la falcidie.

Note *M. in
l. 5. Cod. de
Legat.*

*Dig. de le-
gat. 3.
Dig. de Le-
gat. 1.*

A toutes ces autoritez, on ajoûtera celle de Dumoulin qui
établit cette grande maxime contre l'heritier grevé, lequel
étant un des deſcendans du Fondateur du Fideicommis, eſt
privé de la légitime & de la Trebellianique, s'il paroît qu'il
ait ſouſtrait ou enlevé une partie des biens de l'heritage qu'il

*In conſ. 236.
dicii verbo le-
gitima.*

est chargé de rendre au substitué, ce qui tombe dans le cas de l'indignité, dont la privation est une suite necessaire.

Enfin, on ne suit point en France la maxime des Loix que l'on a alleguées ; car l'heritier qui a caché, enlevé, ou détourné à son profit une partie des biens de l'heritage en fraude, & au préjudice des Legataires ou Créanciers, n'est tenu qu'à la restitution des mêmes biens, & jusqu'à la concurrence de leur légitime valeur *si non extent*, quoi qu'on puisse venir par action criminelle contre lui ; sur-tout lorsque cet heritier, *postquam se abstinuit, amovit quia non tanquàm hæres sed ut extraneus fecit, & furti actione creditoribus hæreditariis tenetur.* Ce qui est conforme à la Jurisprudence des Arrêts raportez par Automne, principalement dans le cas où il s'agit d'un heritier par Inventaire, qui doit être encore condamné à une amende ; de sorte que les décisions des Loix ne peuvent être apliquées dans toute la rigueur qu'elles contiennent, qu'aux heritiers instituez dans les autres païs de Droit Ecrit, ou cette indignité doit avoir son effet.

Tom. I. pag. 419.

CHAPITRE IV.

Si le Tuteur ou Curateur qui s'est inscrit en faux contre un Testament, au nom du pupille ou du mineur, est indigne du Legs qui lui a été fait, lorsqu'il vient à succomber dans son inscription.

CETTE question n'étant pas d'une grande discussion, on la traitera avec beaucoup de précision par les Loix Civiles, & par l'autorité des Docteurs qui l'ont décidée ; l'Empereur Justinien dans les Elemens du Droit Ecrit, ne laisse aucune contestation à faire naître sur la négative ; car il décide expressément que le Tuteur ou Curateur qui s'est inscript en faux, contre un Testament, au nom du pupille

Lib. 1. tit. 18. §. 5. aux Institutes.

ou

ou du mineur, n'eſt point indigne du Legs qui lui a été fait
par le même Teſtament s'il vient à ſuccomber dans ſon inſcription. *Sed ſic contrario pupilli nomine cui nihil relictum fue-*
rat de inoficioſo egerit, & ſuperatus eſt, ipſe Tutor quod ſibi in
Teſtamento eodem relictum eſt non amittit : Or ſi la pourſuite
de l'action d'inoficioſité, faite par le Tuteur ou Curateur au
nom de ſon pupille ou du mineur, ne le rend pas indigne du
Legs, lors qu'il a ſuccombé dans ſon action, pourquoi ne
peut-on pas l'apliquer par identité de raiſon, à l'inſcription
en faux, contre le Teſtament qu'il a été introduire en qualité
de Tuteur ou Curateur ; quoique le Défunt lui ait fait un
Legs dans ce Teſtament, puiſque la pourſuite de cette inſcription n'a été faite, & que *ex neceſſitate officii* ; & qu'ainſi
on eſt au cas de cette regle de Droit *officium ſuum nemini*
debet eſſe damnoſum, parce que s'il ne l'avoit pas fait il pourroit être inquieté par le pupille ou par le mineur, lorſqu'ils
ſeroient devenus majeurs, mais s'il n'eſt pas permis d'argumenter d'un cas à l'autre ; que pourra-t-on alleguer contre le texte
de la Loi *Adverſus* 30. §. 1. où l'on voit formellement la déciſion de notre queſtion, conçuë en ces termes : *Tutoribus*
pupilli nomine ſine periculo ejus quod datum eſt agere poſſe de
inoficioſo vel falſo Divi Severus & Antoninus reſcripſerunt, la
diſpoſition de cette Loi n'eſt-elle pas conforme au §. 5. du
titre 18. des Inſtitutes que l'on alléguoit ci deſſus ; Juſtinien
en faiſant ſubſiſter ce Droit en faveur du Tuteur ou du Curateur, à qui le Défunt a fait un Legs par le Teſtament que
l'un ou l'autre s'eſt inſcript en faux ; Juſtinien, dis-je, n'a-
t-il pas confirmé l'ancien Droit Ecrit par le nouveau ? Eſt-ce
que s'il avoit voulu y deroger, il l'auroit rapellé, & ordonné
l'obſervation dans ce §. 5. cependant on ne voit rien dans le
Code qui le faſſe préſumer ; mais s'il reſtoit quelque doute
à lever ſur cette queſtion ; la Doctrine de M. Cujas ne les
diſſiperoit-elle pas, puiſqu'il décide clairement que le Tuteur ou Curateur qui forme une inſcription en faux contre un
Teſtament au nom de ſon pupille ou mineur, venant à ſuccomber dans ſon inſcription, ne ſe rend pas indigne du Legs

Dig. de inoficioſo Teſtam.

Recitat. ſolemn. in L. 5. ad §. atati ff. de his quib. ut indign.

Bbb

fait en fa faveur dans le même Teftament, *Tutor vel Curator qui Teftamentum accufavit pupilli nomine an repellitur à legato fibi relicto, minimè fi officii neceffitate accufavit, & inftantibus fortè parentibus vel agnatis pupilli neceffitas officii eum excufat;* on voit donc par l'autorité de ce Grand homme, que l'on ne peut priver du Legs fait à un Tuteur ou Curateur, qui s'eft infcript en faux contre le Teftament qui le contient, lorfqu'il le fait en qualité de Tuteur ou de Curateur; parce que la neceffité de la charge l'excufe, & le garantit de l'indignité qu'on voudroit lui opofer pour lui faire perdre ce Legs.

CHAPITRE V.

Si le crime commis par le pere, & des freres conjointement, peut réjaillir fur le fils aîné pour le rendre indigne d'une fucceffion d'un parent qui lui apartient.

C'Eſt un principe du Droit Romain, que les peines font perfonnelles, & ne peuvent être infligées qu'à ceux qui font convaincus de crime, & à leurs complices *pœna fuos fequantur autores*, apuyé fur cette maxime du même Droit *noxa caput fequitur.*

Ce principe pofé; on ne peut revoquer en doute que fi un pere & des freres commettent le meurtre d'un parent, que l'indignité eft attachée à leur perfonne, parce qu'ils font convaincus du même crime, & qu'ils font les feuls & les veritables coupables, l'ayant affaffiné conjointement par une confpiration qu'ils ont tramée; de forte que le fils aîné qui ignore & le meurtre & la confpiration, ne peut tomber dans l'indignité de fon pere & de fes freres, parce que l'homicide ne peut réjaillir fur lui qui n'a point trempé dans le crime, & qui n'en eft point complice, l'indignité étant une peine que les Loix infligent, & qui ne peut s'étendre d'un cas à l'autre, & d'une perfonne à une autre, à moins qu'il n'y ait preuve;

qu'étant informé du crime il n'ait point empêché qu'on le commit, ou que la succession qui lui est deferée, fut celle de celui qui a été assassiné ; car en ce cas, il en seroit déclaré indigne, ainsi que son pere & ses freres ; parce que suivant la disposition de la Loi premiere *debitum pietatis officium omisit*, mais lorsque ce n'est point par son dol, ni par la faute que le Défunt a été tué, qu'il n'a point de part dans l'assassinat commis par son pere & ses freres conjointement, la Loi *Indignum* décide expressement que celui-là n'est point indigne de la succession Testamentaire du Défunt qui a été tué. *Indignum esse divus prius illum decrevit (ut & Marcellus libro duoDecimo Digestorum referet) qui manifestissimè comprobatus est id egisse ut per negligentiam & culpam mulier æqua hæres instituta erat moreretur.* D'où il s'ensuit que l'on ne peut comprendre dans la complicité du meurtre commis par son pere, & des freres conjointement, le fils aîné qui n'a jamais sçû qu'ils eussent conspiré la mort du Défunt qui l'a institué son heritier, & qu'il ne peut par conséquent être privé de sa succession, parce que cette complicité ainsi que sa negligence, ou son silence devroient être constatés pour le faire tomber dans le cas de l'indignité, suivant l'autorité de M. Cujas ; *ostendit L. 3. auferri hæreditatem ei cujus negligentiâ Testator interiit.* D'ailleurs seroit-il juste que le crime commis par un frere, réjaillit sur le frere qui n'en est point complice ? Le texte de la Loi *Sancimus* n'est-il pas formel en sa faveur ; ainsi que l'autorité de Balde & de M. le Président Boyer en sa question 25. n. 3. & 10. qui dit que *homicidium fratris non præjudicat alteri fratri sed solum sibi ipsi.*

Enfin, ce Sçavant Magistrat en l'endroit qu'on vient d'alléguer, nous aprend au n. 13. que le fils dont le pere a tué le Défunt qui l'avoit institué son heritier, ne peut point être privé de sa succession, & qu'il ne s'en rend pas indigne, s'il n'a pas poursuivi contre son pere, la vengeance de la mort du Testateur, *nec ipse filius hæres tenebitur vindicare contra patrem proprium necem Defuncti*, conformément à l'opinion de tous les Docteurs & Interprétes ; c'est-ce qui a été jugé par

Cod. de his quib. ut indign.

Dig. de his quæ ut indign.

Ad L. 3. ff. de his quæ ut indign.

Cod. de pæn. In L. data opera quæst. penult. Cod. qui accus. non poss.

Bbbij

Arrêt du Parlement de Paris , raporté par Socfue.

Tome I. cent. 3. cn. 89.

Il doit donc demeurer pour constant , suivant la décision des Loix que l'on a citées , & l'autorité des Docteurs , que le fils aîné d'une maison qui ne poursuit pas la vengeance de la mort du Défunt qui l'a fait son heritier , contre son pere & ses freres conjointement , ne se rend pas indigne de sa succession , & qu'il ne peut en être privé ; sur-tout après l'Arrêt du premier Parlement de France qui l'a jugé en termes formels.

CHAPITRE VI.

Si l'ayeule maternelle est obligée de poursuivre la vengeance de la mort de ses petits-fils , contre sa fille , qui en est l'homicide , & si elle ne retombe pas dans l'indignité.

LA liaison que cette question a avec la précedente , nous oblige à l'examiner de suite.

M. Le Président Boyer en sa question 25. établit pour maxime , que le fils institué heritier par le Défunt que son pere a assassiné , n'est pas obligé de poursuivre la vengeance de sa mort contre son pere , que s'il refuse ou s'il neglige de le faire il n'est point indigne de la succession Testamentaire , & que la même maxime a lieu à l'égard du pere , lequel n'est pas obligé de poursuivre la mort du Testateur , dont il est heritier , *quia videtur injuriam remisisse.*

Cette maxime doit s'apliquer par identité de raison , à l'ayeule heritiere légitime de ses petits-fils , que sa fille a tué par un parricide inoüi. Cette ayeule peut-elle encourir la peine de l'indignité , lorsqu'elle ne se met point en état de faire punir sa propre fille de l'assassinat qu'elle a commis en la personne de ses enfans ? La disposition de la Loi *Si adulterium cum incest. §. liberto* , n'est-elle pas formelle en sa faveur ? Jason ne nous assûre-t-il pas sur la Loi , & sur le §. qu'on vient de citer , que le pere n'est pas obligé de poursuivre , *ne-*

Dig. de adul-ter.

cem Defuncti contra filium; ainsi que M. Boyer en l'endroit allegue? Est il quelqu'un qui puisse soûtenir que la même raison doit avoir lieu dans le cas d'une ayeule, qui ne peut point être privée de la succession légitime de ses petits-fils, parce qu'elle n'a pas poursuivi la vengeance de leur mort contre sa fille qui les a tués; Ciceron dans son Oraison pro Roscio, dit très-à-propos là-dessus, *magna oportet esse peccata filii, quibus non possit animum inducere ut natura plus vincat & amorem illum insitum ejicere ex animo, ut denique patrem se esse oblivifeatur.*

Le profond Dumoulin examinant les questions qui regardent l'indignité des heritiers qui ne poursuivent pas la mort du Défunt, & les cas où certaines personnes peuvent en être dispensées, décide que le pere n'est pas obligé de le faire, lorsqu'il s'agit de son fils qui a tué son frere. On ne peut donc obliger l'ayeule maternelle de se mettre en état de poursuivre en Justice, sa fille qui a tué ses petits, ni la priver de la succession de ses petits-fils; ainsi que l'a jugé le Parlement de Toulouse par Arrêt que l'on trouve dans M. Maynard; c'est ce qui nous est encore attesté par Despeisses, parce qu'il en est de même des peres & meres envers leurs enfans, que des enfans à l'égard de ceux qui les ont mis au monde.

CHAPITRE VII.

Si un pere qui empêche son fils émancipé de tester, est indigne de sa succession.

C'EST un principe de Droit que les enfans émancipés, & qui sont hors de la puissance de leurs peres, ont la capacité de disposer de leurs biens, soit par Testament, soit par une Donation à cause de mort, parce qu'il n'y a que le fils de famille qui, suivant la Loi *Qui in potestate*, étant en la puissance de son pere ou de son ayeul paternel, qui n'ait point cette capacité, quand même l'un ou l'autre lui auroit permis de tester.

Ce principe pofé ; il eft certain que celui qui empêche une perfonne de faire fon Teftament, eft indigne de fa fucceffion,

ainfi que le décide la Loi *Eos 2. eos qui ne Teſtamentum ordina- retur impedimento fuiſſe monſtrantur, velut indignas perſonas à ſucceſſionis compendio removeri celeberrimi juris eſt.* Cette Loi parle en termes generaux, & elle n'excepte perfonne du cas de l'indignité ; fur quoi fondé, ofera-t-on foûtenir que le pere qui empêche fon fils émancipé de tefter, ne peut pas y être compris, contre cette maxime de Droit, *ubi Lex Generaliter loquitur Generaliter eſt accipienda?* De quel droit ce pere peut- il s'opofer à la volonté de fon fils, lorfqu'il n'eft plus fous fa puiffance, & qu'il eft devenu *ſui juris,* lui eft-il permis de l'empêcher de difpofer de fes biens ; tandis que la Loi des 12. Tables lui en donne & le Droit & la Faculté, *pater familias uti ſuper re tutelave ſua legaſſit ita jus eſto* ; n'eft il pas certain

Ad L. 114. §. 6. ff. de Le- gat. 1. in reci- tat. ſolemn.
Note A. in tit. Cod. ſi quis aliq. Teſtar. prohib.vel coe- gerit.

felon la Doctrine de M. Cujas que, *libero homini non poteſt auferri Teſtamenti factio,* parce que la faculté de tefter eft de Droit public ; ce qui donne lieu à Godefroy d'établir cette grande & importante maxime, *criminale eſt quemcumque Teſ- tari cogere* ; maxime qui doit s'étendre à l'empêchement que l'on aporte avec force & violence, contre ceux qui veulent difpofer de ces biens par Teftament, puifqu'elle eft apuyée

Dig. de his quæ ut indig- nis.

de la décifion de la Loi 29. dans laquelle le Jurifconfulte Pau- lus s'éleve avec beaucoup de vehemence, contre ceux qui empêchent le Teftateur de revoquer un premier Teftament, *& impeditus ab ipſis eſt,* ce qui les rend indignes de la fuccef- fion, parce que *ab univerſo judicio priore receſſiſſe is videtur.*

M. Cujas ne s'explique pas moins clairement fur la Loi que l'on vient de citer pour l'affirmative ; voici fes paroles, *hæ- reditas aufertur ei ut indigno qui Teſtatorem coegit ut ſe inſti- tueret aut qui prohibuerit ne Teſtamentum faceret vel mutaret.* Ce grand homme n'excepte perfonne de cette indignité, il parle en termes generaux ; & l'on ne voit pas dans la décifion qu'il donne dans fon Commentaire fur cette Loi, que le pere foit garanti de la peine de la privation de la fucceffion de fon fils émancipé, s'il l'a empêché de faire fon Teftament.

Mais ce qui tranche toute difficulté fur cette queftion , eft le texte de la Loi premiere §. *fi quis Dominus.*

Dig. Si quis aliquem Teftar. prohib.vel coeger.
Troifieme part.
cb. 1. n. 17.

Ricard tient l'affirmative pour faire declarer indigne celui qui empêche un autre de faire fon Teftament en ces termes : *Nous ne devons point particulierement dans notre Droit Fran-ços tout rempli d'équité , laißer de prétention légitime fans ac-tion* ; *ainfi qu'il arriveroit fi la plainte de ceux qui ont interêt d'accufer cette violence etoit étoufée.* Et au n. 19. continuant de traiter cette queftion, il ajoûte. *Il femble qu'il foit jufte lorf-qu'il s'agit d'un empêchement formé à la revocation d'un Tef-tament , de priver abfolument celui qui s'eft opofé à la volonté du Teftateur , de tout ce dont il avoit difpofé en fa faveur par le Teftament , & l'adjuger à l'heritier* ab inteftat *, celui qui exerce cette violence s'étant rendu fuffifament indigne de la volonté du Défunt :* Or fi celui qui empêche un homme de revoquer fon premier Teftament, eft indigne de fa fucceffion; avec combien plus de raifon celui qui à l'exemple du pere empêche fon fils émancipé de difpofer de fes biens par Teftament , puifque l'argument d'un cas à l'autre ne reçoit point de difficulté.

CHAPITRE VIII.

Si la premiere élection fubfifte , lorfque la feconde eft nulle, à caufe de l'incapacité de celui qui eft élû.

IL eft neceffaire de remarquer pour décider la queftion que l'on va traiter , que l'incapacité d'un heritier foit Tefta-mentaire, foit élû conformément à la volonté du Teftateur , l'exclud de l'inftitution, ou de l'élection faite en fa faveur , parce que fon incapacité l'empêche d'acquerir , & de confer-ver l'un & l'autre ; & qu'ainfi la condition concernant l'é-lection demeure fans effet, felon la maxime de Droit *quod nullum eft nullum producit effectum :* Or la feconde élection étant nulle, parce que celui qui a été élû n'a pas la capacité pour acquerir, ni pour conferver l'élection; il eft conftant

qu'elle ne subsiste point, & ne compte pour rien ; d'où il est
necessaire de conclure que la premiere doit avoir son effet ;
sur-tout, lorsque la seconde a été faite de la personne d'un
bâtard, d'un aubain ou étranger, ou d'un homme mort civilement, parce qu'il n'a pas *Testamenti factionem passivam*,
faculté qu'il doit avoir pour qu'il puisse être élû, & que la seconde élection puisse revoquer la premiere.

Comment veut-on que la seconde élection soit valable,
lorsque celui en faveur de qui elle a été faite a une incapacité
personnelle, & qu'il ne peut, ni l'acquerir, ni la conserver,
les Loix qui ont attaché à sa personne la prohibition de posseder les biens de l'heritage qui lui doit être déferé, en vertu
de son élection ne l'en excluent-elles pas ? N'est-ce pas une
peine qu'elles lui infligent de lui avoir ôté la capacité des effets civils ? Cette élection compte-t-elle pour quelque chose ? N'est-elle pas nulle de plein droit ; en sorte que si l'Electeur meurt après la seconde élection ; il est certain que la
premiere doit subsister, & avoir son effet, parce que s'il est

*Lib. 2. tit.
quib.modisTes-
tament. infir-
mant.aux Ins-
titutes.*

constant suivant le §. *posteriore*, qu'un premier Testament n'est
revoqué que par un second parfait & revêtu des solemnitez
requises par le Droit Ecrit ; avec combien plus de raison, la
seconde élection faite en faveur d'un incapable, ne doit-elle
pas avoir son effet ; puisque l'incapacité de celui qui a été élû
donne lieu à rendre la premiere valable ; ainsi qu'il a été jugé

Liv. 5. ch. 36.

par Arrêt du Parlement de Toulouse, raporté par M. de
Cambolas qui en marque les motifs en ces termes. *La raison
de cet Arrêt fut prise de ce qu'encore qu'on ne doutât pas que
la femme dudit Testateur n'eût pû varier, toutefois l'élection
derniere par elle faite, ne pouvoit être dite élection, puisque
par le dernier Testament un incapable avoit été élû, en quel cas
la premiere élection étoit demeurée en son entier.* C'est encore

*Liv. 4. Tom.
2. n 299.*

le sentiment du sieur Duperier ; la raison qu'en donne ce Sçavant, est que la seconde élection est inutile ; & qu'ainsi il faut
que la premiere subsiste conformement à la volonté du Testateur, ou de la Testatrice ; parce que je crois, que si elle
avoit sçû que celui qu'elle avoit élû par son second Testament,

                                                        étoit

étoit incapable de recevoir & d'acquerir l'élection, il ne l'auroit pas sans doute nommé.

CHAPITRE IX.

Si le second Testament auquel un incapable est institué,
rend le premier nul.

LA liaison que cette question a avec celle qu'on vient de
traiter, nous oblige à l'examiner de suite, ce que l'on
va faire en peu de mots.

Il est constant selon les maximes de la France, & celles
du Droit Ecrit, qu'un incapable ne peut, ni acquerir, ni poffeder les biens d'un heritage qui auroit pû lui être déféré
ensuite d'une Institution Testamentaire faite en sa faveur par
le Défunt, s'il avoir, lorsqu'il a été institué, la capacité des
effets Civils ; de laquelle étant privé, soit par les Ordonnances de nos Augustes Monarques, soit par les Loix Civiles ;
il ne peut ni prendre la qualité d'heritier, ni posseder les biens
de la succession.

Ces maximes établies, on ne peut douter, que si un inhabille (comme le Medecin du Défunt) a été institué heritier
par un second Testament, son institution est nulle, & ce second Testament ne revoque pas le premier ; quoique l'un &
l'autre ayent été faits avec les formalités requises à cause
de l'incapacité que les Loix du Royaume, & principalement
l'Ordonnance de 1539. ont attaché à la personne du Medecin
du Testateur, qui s'y trouve compris sous ces mots, *& au-*
tres administrateurs, c'est la Jurisprudence des Arrêts que
l'on voit dans M. Maynard, & dans M. de Cambolas liv. 5. Liv. 8. ch. 50.
de sorte que ce second Testament ne pouvant pas subsister à Chap. 36.
cause de la privation de l'heritage, attachée à la qualité de
Medecin du Testateur, l'heritier qui a été institué par le premier, doit être maintenu en la possession des biens, sans que
les heritiers légitimes, ou *ab intestat*, puissent empêcher que

ce premier Teſtament n'ait ſon effet, ſur le fondement qu'il a été revoqué par le ſecond, parce que le Teſtateur n'a pû dans le ſecond inſtituer un heritier incapable, & que cette inſtitution étant nulle, & ne pouvant ſubſiſter ; il faut neceſſairement que le premier demeure en ſon entier, & ſoit executé. La Juriſprudence Romaine regardant le ſecond Teſtament, comme une diſpoſition de derniere volonté inutile, *& quæ pro non ſcripta habetur*, qui ne peut point operer la revocation du premier, lequel doit avoir ſon effet, l'inſtitution d'heritier étant *caput & fundamentum Teſtamenti*, laquelle étant nulle dans le ſecond, fait revivre & ſubſiſter le premier Teſtament.

CHAPITRE X.

Si la femme qui s'eſt remariée dans l'an de deüil, eſt privée de la ſucceſſion & de la légitime de ſon fils mort ab inteſtat, *après ſa puberté, à cauſe de ſon indignité.*

IL ſemble d'abord que la femme qui s'eſt remariée dans l'an de deüil, ne tombe point dans l'indignité, & qu'elle ne peut point être privée de la ſucceſſion & de la légitime de ſon fils mort *ab inteſtat*, après ſa puberté, puiſque la Loi premiere décide que, quoiqu'elle ait merité la peine d'infamie, elle a la capacité requiſe pour ſucceder *ab inteſtat*, juſqu'au troiſiéme degré *hæreditates ab inteſtato, vel legitimas, vel honorarias non ultrà tertium gradum ſinimus vindicare*, & que cette peine a été abrogée par les Loix Canoniques & le chapitre dernier ſous le même titre.

Cod. de ſecund. nupt.

Cap. unic. de ſecund. nupt. aux Decretales. Cap. 22.

Mais la Novelle 22. ayant derrogé à cette Loi par ces termes : *ſed ſi ſcripti & alii ſint hæredes, ſive etiam ab inteſtato vocentur ad illos venient quæ tali mulieri derelicta ſunt, non enim fiſcus hæc vindicabit (ne aliquo modo videamus talia corripientes fiſci providere utilitati) ſed illa quidem quæ extrinſecus ei derelicta ſunt ad alios venient.* La raiſon qu'en donne Juſtinien ; c'eſt que les femmes qui ſe remarient dans l'an de deüil, contractent *immaturas nuptias*, qui les font tomber dans la peine de l'indignité, laquelle les prive de la fucceſſion, & de tous les profits & avantages qu'elles étoient en droit de prétendre, ſi elles avoient attendu de paſſer à des ſecondes nôces après l'an de deüil, les enfans du premier lit étant par ce moyen *ſecundis exhonorati nuptiis*, qui bleſſent l'honêteté publique.

La Juriſprudence des Arrêts a varié pendant quelque-tems ſur cette queſtion, M. de Cambolas raporte un Arrêt qui a jugé que la femme qui ſe remarie dans l'an de deüil, doit avoir la légitime ſur les biens de ſon fils, quoiqu'elle ſoit privée de ſa fucceſſion; mais il a été jugé ſelon la derniere Juriſprudence atteſtée par M. Maynard qu'elle doit être privée, & de la légitime, & de la fucceſſion, quoique le fils ſoit mort avant que ſa mere ſe remariât, & qu'il n'y eût plus d'enfans en vie, les plus proches parens l'en ayant fait priver à cauſe de ſon indignité; ce qui eſt fondé ſuivant l'opinion de M. de Cambolas en l'endroit allegué ſur la Loi 2. dont la peine a été étenduë par cette derniere Juriſprudence à la fucceſſion, & à la légitime de ſon enfant mort ſans teſter, que les heritiers *ab inteſtat*, ou les plus proches parens de cet enfant, ſont en droit de recüeillir & d'en exclurre cette femme, qui par ſa précipitation à paſſer à des ſecondes nôces dans l'an de deüil, a ſi-tôt oublié la memoire du Défunt, & l'injure qu'elle fait aux enfans du premier lit, leſquels à cauſe de ſon ſecond mariage ſe trouvent en quelque maniere outragés; ce qui doit operer la privation de la fucceſſion & de la légitime, à cauſe du ſoubçon violent d'un commerce illicite qu'elle peut avoir eu dans l'an de deüil, avec l'homme qui a contracté Mariage avec elle.

M. Cujas ſur la Novelle 22. après avoir décidé que la mere ne ſuccede pas à ſes enfans en la moitié des biens, lorſqu'elle ſe remarie dans l'an de deüil, ajoûte, *ne dixeris indiſtinctè in reliquis bonis matrem filio ſuccedere licet hoc in Baſilicis additum ſit nam ex hac Novella in bonis profectis à patre uſumfructum tantùm habet pro parte virili in adventitiis plenum*

Liv. 4. ch. 4.

Liv. 3. ch. 87. & 88.

cod. de ſecund. nupt.

cap. 22.

Ccc ij

jus , unde , inquit , diſcrimen eſt inter bona adventitia , bona profeɛ́ta à patre , bona profeɛ́ta à matre , & hac eſt pæna earum quæ immaturè nubunt. Mais de quelque poids que ſoit l'autorité de ce Grand homme , elle ne peut jamais prévaloir à la Juriſprudence des Arrêts ; ainſi que le remarque M. de Cambolas , qui veut encore que la peine de l'indignité de cette femme s'étende aux biens qui avoient été délaiſſés aux enfans par leur ayeul , ce qui eſt conforme au ſentiment de M. Maynard , qui raporte des Arrêts qui l'ont jugé en termes formels : D'où il s'enſuit que la Doɛ́trine de M. Cujas ne peut être ſuivie en France , parce qu'elle eſt contraire à la maxime fixée par la Juriſprudence des Arrêts ; mais qu'elle doit être obſervée dans les autres pays de l'Europe regis par le Droit Romain.

La rigueur de cette Juriſprudence à l'égard des femmes qui ſe remarient dans l'an de deüil , eſt allée ſi loin à cauſe de leur indignité , qu'elle n'en a pas garenti la mere qui n'a pas atteint l'âge de 25 ans accomplis ; car ſuivant l'opinion de M. Maynard elle ne peut point être rèlevée , & elle eſt punie comme ſi elle étoit majeure , par la privation de la légitime & de la ſucceſſion , quoiqu'il n'y eut point des enfans du premier Mariage ; ainſi que l'aſſûre M. de Cambolas en l'endroit allegué n. 11. après le même M. Maynard.

Enfin , nonobſtant tous les Arrêts que l'on vient de citer , M. de Cambolas dit , que l'indignité de la mere qui eſt privée de la ſucceſſion à cauſe de ſon ſecond mariage dans l'an de deüil , ne doit pas l'exclurre de la légitime , parce qu'elle l'a par droit de nature.

Traité des
ſecondes Nô-
ces n. 7. 8. & 9.

Maynard liv.
3. ch. 89. &
90. & liv. 3.
ch. 86.

Liv. 5. ch. 91.

Liv. 3. ch.
87. & 88.

Ubi ſuprà n.
11.

CHAPITRE XI.

Si le fils légitime du bâtard d'un Prêtre, est incapable de la Donation qui lui a été faite par son ayeul.

C'Est un principe de Droit, qu'en matiere de Donations entre-vifs on doit regarder l'intention du Donateur, & qu'elle est la cause finale de ces Donations, parce que c'est celui qui est la cause finale qui doit être reputé le vrai Donataire.

Ce principe posé ; on ne peut douter que la Donation faite par l'ayeul au fils legitime de son bâtard, ne soit dans le cas de ces liberalités prohibées par les Loix qui sont faites à une personne interposée, parce que le bâtard étant incapable d'une Donation entre-vifs, de là totalité ou de la plus grande partie des biens de son pere, suivant la disposition de la Loi *Licet*, & de la Loi 46. *Cod. de Episcop. & Cleric.* Il a voulu faire passer par le canal de son fils legitime cette Donation, dont il joüiroit pendant sa vie, ce fils étant dans les liens de la puissance paternelle, l'un & l'autre *censentur ana eademque persona* ; en sorte que c'étoit faire fraude à la Loi qui rend les bâtards incapables de tous effets civils qui sont induit, & surpris de l'ayeul une Donation entre-vifs en faveur du fils legitime, du fils naturel du Prêtre, *qui salvis verbis Legis sententiam ejus circumvenit.*

Mais les fils légitimes des bâtards ont la capacité des effets civils, pour acquerir une Donation de leurs ayeuls, lors que ces bâtards sont nez *ex soluto & soluto* ; c'est-à-dire, d'une fille & d'un jeune homme ; mais non lorsqu'ils sont le fruit d'une conjonction illicite, tels que les bâtards qu'on apelle *vulgo concepti*, qui sont même privés par le Droit Civil des alimens ; en sorte que le fils légitime du bâtard étant descendu *ex radice infecta* ; sçavoir, d'un Prêtre & d'une fille, & d'un commerce adulterin, il est incapable d'acquerir & de posseder

cod. de naturalib. liber.

Cc c iij

la Donation qui lui a été faite par son ayeul, parce qu'il y a une grande difference à faire des bâtards, *& filios præsbitero-*

Litt. D. N°.1. *rum*, & que suivant la maxime des Arrêts raportés par Brodeau sur M. Loüet, les petit-fils nez d'un bâtard d'un Prêtre sont

Arrêt 208. incapables des Donations entre-vifs, le Rest en marque encore d'autres qui l'ont jugé en pareil cas conformes à la Doc-

Chap. 2. n. 8. trine de Bacquet en son Traité du Droit de bâtardise; où il dit qu'un homme d'Eglise ne peut donner rien en proprieté à ses bâtards, ni aux enfans légitimes des mêmes bâtards. Le Parlement de Toulouse l'a jugé en termes formels; ainsi que

Liv. 1. ch. 1. n. 1. l'assûre M. de Cambolas.

Il y a donc pour établir cette incapacité des fils légitimes des bâtards, d'acquerir & recevoir les Donations entre-vifs, qui leurs sont faites par leur ayeul, l'uniformité de Jurisprudence des Parlemens de Paris & de Toulouse, qui fixe & qui établit la maxime d'une maniere qu'on ne peut élever, ni faire naître des difficultés sur notre question; sur-tout, lors que c'est un Prêtre qui est l'ayeul & le Donateur de ces enfans légitimes, que l'Ordre du Sacerdoce fait regarder avec indignation (quoique leur état ne puisse pas être contesté,) parce que *non suo sed vitio paterno laborant*; d'autant plus que selon la Doctrine du même M. de Cambolas en l'endroit allegué, les enfans légitimes d'un bâtard ne peuvent être institués heritiers par leur ayeul, qu'au cas qu'il n'y ait point des enfans légitimes.

CHAPITRE XII.

Si la femme qui fait des Fiançailles par parole de présent dans l'an de deüil, est indigne du Legs que lui a fait son mari.

LEs Fiançailles par parole de présent sont regardées comme un vrai & légitime Mariage, suivant la décision des Loix Canoniques, principalement lorsqu'elles ont été suivies de la confommation *per copulam carnalem*, parce que dans ce cas les enfans qui en naiſſent ſont réputez naturels & légitimes dans les pays de l'Europe, où ces Loix Canoniques ſont gardées ; de ſorte que ſi une veuve fait des Fiançailles par parole de préſent dans l'an de deüil, il eſt conſtant qu'elle ſe rend indigne du Legs que ſon mari lui a fait dans ſon Teſtament, ſuivant la déciſion de la Loi *Si qua 2. atque omnia quæ de prioris mariti bonis vel jure ſponſalium, vel judicio defuncti conjugis conſecuta fuerat amittat.* Cette peine eſt encore rapellée & ordonnée par la Novelle 22. en ces termes, *& erit omnino mulier propter nuptiarum feſtinationem infamis, & neque percipiet aliquid horum quæ à priore relicta ſunt ei conſortio neque fruetur ſponſalitia largitate.* Ce qui a porté Godefroy à dire ſur ce Chapitre, *id eſt per legatum aut inſtitutionem :* En effet, n'eſt ce pas deshonorer ſon mari de faire des Fiançailles par paroles de preſent dans l'an de deüil, n'eſt-ce pas manquer de reſpect & de conſideration à la memoire de ſon bienfaiteur ; ces Fiançailles ne donnent-elles pas un grand ſoupçon, & ne font-elles pas préſumer, que la veuve du Défunt a une fréquentation & un commerce illicite avec l'homme qui l'a portée à ſe lier avec lui *per verba de præſenti* ; n'eſt-ce pas là *immaturas contrahere nuptias* pour ſe rendre indigne du legat que ſon mari lui a fait.

Ces Fiançailles par paroles de preſent, étoient regardées comme un vrai & legitime mariage, ſuivant la Juriſprudence des Arrêts raportez par Mr. Maynard, & par Mr. de Cambolas, ſur-tout lorſqu'elles étoient faites dans l'an de deüil, conformément aux Loix Canoniques ; mais par l'Ordonnance d'Henry III. aux Etats de Blois en l'année 1585. que l'on a inſerée dans le Code Henry, il eſt deffendu aux Notaires, à peine de punition corporelle, de paſſer ou recevoir aucunes promeſſes de Mariage par paroles de preſent, d'où il s'enſuit que les Fiançailles par paroles de preſent étant defenduës en France, & ne pouvant être reçuës par les Notaires ceux qui les fairoient ſous ſeing privé, ſeroient regardez comme des perſonnes qui ſont dans un commerce

cod. de ſecund. nupt.

cap. 22.

Note B.

Liv. 3. ch. 96.
Liv. 1. ch. 3.

illicite entre eux, principalement fi elles étoient faites par une femme dans l'an de deüil, parce que pour lors elle tomberoit dans l'indignité à caufe de fes debauches, & de fon incontinence conftatée par fon commerce avec un homme, dans la même année.

Dans les autres païs de l'Europe Catholique, les Fiançailles *per verba de præfenti*, font reputées vrayes & legitimes Mariages, fuivant les divers textes des Loix Canoniques que l'on a allegué ; & comme ces fortes de Fiançailles ne font point deffenduës, on ne peut revoquer en doute que la femme qui fe feroit fiancée par parole de prefent avec un homme dans l'an de deüil, eft indigne du legat que fon mari lui a fait dans fon Teftament.

Receptarum ſentent. Lib. 2. cap. 19.

Mais fi les Fiançailles étoient faites dans l'an de deüil par parole de futur, elle ne perd point le legat que fon mari lui a fait, parce que fuivant la decifion de Paulus, elles font *ſpes futurarum nuptiarum*, qui peuvent être contractées, *tam inter puberes quam inter impuberes*, ainfi que nous l'aprend le texte de la Loi 14. & le Pape Clement IV. dans fon Epi-

Dig. de ſpon-ſalib.

tre 93. où il dit que les Fiançailles *per verba de futuro*, font un Mariage commencé ; mais qui ne peut être reputé tel que par la confommation, ce qui a fervi de motif à la maxime des Arrêts que l'on voit dans Mr. de Combolas, qui l'ont

Liv. 1. ch 2.

jugé de la forte en pareil cas.

CHAPITRE XIII.

Si la femme qui malverſe dans ſon veuvage, eſt indigne de la ſucceſſion de ſes enfans, quoiqu'elle ſe marie avec celui qui l'a renduë enceinte.

L'INJURE que la mere fait à fes enfans lorfqu'elle vit dans l'incontinence pendant fon veuvage, eft fi grave & fi atroce, quoiqu'elle contracte enfuite mariage avec l'homme qui l'a renduë enceinte, ce mariage ne peut la mettre à couvert

vert de l'indignité, qui doit la priver de la succession de ses enfans qui ont précedé cette mere lubrique, ses débauches & son commerce illicite avec cet homme, étant venus long-tems après l'an de deüil ; en sorte qu'étant grosse des œuvres de celui avec lequel elle étoit en concubinage, & ayant mal-versé dans le tems qu'elle étoit en veuvage, elle doit sans difficulté être privée de la succession des enfans qu'elle a eu de son premier mari, surtout lorsque la malversation est constatée, & qu'elle est notoire & publique, ensuite de sa grossesse, selon le sentiment du Président Faber, ainsi que l'a jugé le Parlement de Toulouse par ses Arrêts raportez par Mr. Maynard, & après lui Mr. de Cambolas, parce que le Mariage qui a été contracté ensuite, ne sert que pour l'abolission du concubinage; mais il ne peut la mettre à couvert de l'indignité où elle est tombée, qui doit la priver de la succession des enfans de son premier mari, qui sont morts avant qu'elle passât à des se-condes nôces.

Tib. 5. tit. 7. des. 7. Liv. 3. ch. 99. Liv. 3. ch. 54.

Ces Arrêts sont fondez sur l'autorité de Bartole *in L. si mulier,* où il dit que l'injure est grande lorsqu'elle prend sa source dans le commerce ou le stupre, *viduitate durante & ita injuriantur consanguinei viri jam defuncti ex stupro quod committitur in viduam, sicut duraret matrimonium.* Pourquoi ne peut-on pas appliquer les paroles de ce Docteur aux enfans du premier lit, qui sont encore vivans lorsque leur mere entretient un commerce illicite, & un concubinage avec un homme qu'elle épouse dans la suite, ne sont-ils pas compris parmi les proches parens du premier mari ? L'in-jure ne rejaillit-elle pas sur ces enfans, de même que sur les parens de leur pere ; de sorte que c'est avec beaucoup de justice & de raison, que la femme qui malverse pendant son veuvage, se rend indigne de la succession de ses enfans, & qu'elle en doit être privée quoiqu'elle se marie avec celui des œuvres duquel elle est grosse, d'autant plus que cette maxime est apuyée sur la doctrine de Benedictus *in cap. Raynutius,* & sur les Arrêts que l'on voit dans Mr. de Cambolas en son traité des peres & meres remariées en

Cod. ad Leg. Jul. de adulter.

In verbo qui cum alia N°. 100. & seqq.

D d d

fecondes nôces, & qui eſt encore apuyée ſur la nouvelle Juriſprudence du Parlement de Toulouſe, ſelon le témoignage de Me. Vedel qui établit pour maxime.

SUITE
DU LIVRE DIXIE'ME.

CHAPITRE PREMIER.

Si la femme ſe rend indigne de ſon Doüaire, & doit en être privée lorſqu'elle ſe remarie trois jours après la mort de ſon premier mari.

LES femmes qui ont reçû des liberalitez de leurs premiers maris, ſoit par leurs Contrats de mariages, ſoit par leurs Teſtamens, ne ſçauroient être trop attentives à garder leur pudicité & la foi conjugale qu'elles ont promis à leurs premiers maris, mais principalement dans l'an de deüil ; car ſi elles paſſent à des ſecondes nôces dans la même année, ou quelques jours après leur mort, elles ſe rendent indignes de ces liberalitez, & doivent en être privées, parce que cette précipitation de ſe marier d'abord après le decès, les fait tomber dans une infâmie de fait, quoique l'infâmie de droit, introduite par les conſtitutions de l'Empereur Juſtinien, ait été abrogée en France, & qu'elles n'y ſoient pas obſervées.

Liv. 15. tit. 1. 21. & 14. Cette maxime eſt ſi conſtante, que la Juriſprudence des Arrêts du Parlement de Paris, raportez par Papon, a jugé en termes formels, que la femme qui ſe remarie dans l'an de deüil, eſt indigne de l'heritage de ſon premier mari qui l'a inſtituée heritiere par ſon Teſtament, & qu'elle en doit

être totalement privée , soit *propter turbationem sanguinis* ,
soit à cause de l'honnêteté publique , qui condamnent les secondes nôces lorsqu'elles ont été contractées dans l'an de deüil:
Or si les secondes nôces dans cette année privent la femme
de l'heritage de son mari, qui l'a fait son heritiere, avec combien
plus de raison doit-elle être declarée indigne de son doüaire
si elle passe à des secondes nôces trois jours après la mort de
son premier mari ? Une conduite si oblique ne blesse-t-elle
pas la memoire du Défunt ? Quelle injure ne lui fait-elle pas,
ainsi qu'à la famille dans laquelle elle est entrée , & d'où elle
sort avec tant de précipitation , qu'elle semble avoir oublié
l'honneur & le respect qu'elle doit avoir pour celui dont elle
porte le nom. La Loi 2. ne decide-t-elle pas expressement   *cod. de se-*
que la femme qui se remarie dans l'an de deüil , est indigne   *cund. nupt.*
de tous les avantages qu'elle a reçûs de son second mari.
Cette Loi parle en termes generaux , elle n'excepte pas
même les liberalitez qui sont comprises dans le Contrat de
mariage , ni celles que le Défunt lui a faites par son Testament ; ainsi c'est au cas de la maxime *ubi Lex Generaliter*
loquitur, Generaliter est accipienda , conforme à celle-ci,
ubi Lex non distinguit nec nos distinguere debemus.

    L'Auteur des additions sur Ricard , raporte un Arrêt du   Tom. I. troi-
Parlement de Paris , qui a jugé la question que l'on traite , &   siéme partie,
a fixé la maxime par la derniere Jurisprudence qu'il a intro   ch. 9 sect. 13.
duit concernant l'indignité de cette femme qui se remarie   n. 1179.
dans l'an de deüil , & la prive du doüaire ; de sorte que
l'on ne peut soûtenir la negative sans tomber dans une absurdité qui choque les principes & les maximes du Droit
Civil.

    Ajoûtons à toutes les autoritez que l'on vient d'alleguer ,
que si la femme qui malverse après l'an de deüil, avec un homme sous promesse verbale de Mariage , est indigne de l'augment de dot & des avantages nuptiaux , ainsi que l'assure
Mr. Vedel , quoique cet homme l'ait ensuite épousée , à plus
forte raison celle qui se remarie trois jours après la mort de
son premier mari , doit-elle être declarée indigne du doüaire

à caufe de la précipitation qu'elle a eu de paffer à un fecond Mariage, *propter turbationem fanguinis*, & à caufe de l'injure faite à fon premier mari, précipitation qui donne lieu à des foupçons, qu'elle n'a pas gardé pendant fon Mariage la chafteté qu'exige la fainteté du Sacrement pendant la vie du Défunt.

CHAPITRE II.

Si la femme qui fe remarie dans l'an de deüil, perd le droit d'élection, & fi elle s'en rend indigne.

IL femble d'abord que cette femme ne perd point le droit d'élection, quoiqu'elle paffe à un fecond Mariage dans l'an de deüil, parce que la fainteté du Sacrement la met à couvert des peines que les Loix Romaines infligent à celle qui fe remarie dans la même année, & que cette maxime eft apuyée fur l'autorité de Berengarius Fernand *in pralud.* qui ne met aucune exception entre les premieres nôces & les fecondes, quoique faites dans l'an, & par conféquent qu'on doit fuivre dans la decifion de cette queftion la doctrine & le fentiment du même Auteur, fans que la femme puiffe craindre en fe remariant dans ce tems-là, d'être privée du droit d'élection, & d'en être declarée indigne.

Cap. 3, n. 10.

Mais la nouvelle Jurifprudence a fixé la maxime en jugeant l'affirmative, felon le témoignage de Mr. de Catellan, qui raporte les derniers Arrêts rendus par le Parlement de Touloufe, ce qui, felon mon fentiment, eft apuyé fur la Novelle 22. qui porte que la femme qui fe remarie dans l'an de deüil, *non percipiet aliquid horum quæ à priore relicta funt ei confortio*, conforme à la difpofition de la Loi 2. dont voici le texte, *atque omnia quæ de prioris mariti bonis vel jure fponfalium, vel judicio defuncti conjugis confecuta fuerat amittat:* Or peut-on douter que fous ce mot *omnia*, le droit d'élection ne foit compris ? N'eft ce pas une maxime cer-

Tome III. Liv. 4. ch. 4.

Cap. 22.

Cod. de fe- cund. nup.

taine, que *qui totum dicit nihil excludit.* Mr. Cujas fur la
Loi premiere au même titre , ne s'explique pas moins clairement, lorfqu'il dit : *Et quarta pœna eft fi mulier nupferit intra*
annum luctus , ut quæ et reliquit fuprema voluntate prior ma-
ritus ei auferantur quafi indignæ. La raifon qu'il en donne
eft *quia indigna plane eft quæ quidquam forat ex prioris mariti*
bonis cui injuriam fecit non fervata religione luctus , cum &
mortui fanctè debeat per annum venerationem atque memoriam
habere.

On va plus loin , & l'on dit avec Mr. de Catellan en l'endroit allegué , que le vrai motif de la Jurifprudence du Parlement de Touloufe , eft que la regle n'exclud pas les exceptions ; & bien loin de la detruire , elles ne font que la
mieux établir ; ne faut-il pas mettre une difference entre la
mere qui convole en fecondes nôces dans un tems permis ,
& celle qui fe remarie dans le tems prohibé par la Loi ?
Celle-ci ne laiffe-t-elle pas à la femme qui fe remarie après
l'an , l'ufufruit de tout ce qu'elle a par la difpofition de fon
mari , & par une fuite neceffaire la joüiffance du droit d'élire ?
La femme qui paffe à un fecond Mariage dans l'an , ne perd-
elle pas abfolument dès lors l'ufufruit de ces biens , & par
conféquent la faculté du même droit ? n'eft-il pas conftant
que fi le Teftateur en défaut d'élection , nomme quelqu'un
de fes enfans ; cet interêt ne fubfifte plus , & les biens fe
réüniffent dans la perfonne de celui qui a été nommé par le
même Teftateur.

Mais fi le Teftateur ne l'a point fait par fon Teftament ,
ayant par-là abandonné cette réünion au hazard , il a fait
affez entendre que cela ne lui tenoit pas bien au cœur , &
qu'il n'avoit donné le droit d'élire à fa femme que pour tenir
fes enfans en refpect ? Auroit il pris cette précaution s'il avoit
prévu que pour obliger les mêmes enfans à être en refpect
auprès de leur mere , elle fut fi impatiente & fi preffée pour
des fecondes nôces faites dans l'an de deüil , il n'eft perfonne
qui fe le perfuade , & moins encore que *propter feftinationem*
nuptiarum , elle conferve l'ufage & la faculté du droit d'élec-

rion , qui eſt en quelque maniere une liberalité qu'elle perd ,
& dont elle ſe rend indigne par ſon remariage dans l'an de
deüil.

CHAPITRE III.

Si le muet & ſourd de naiſſance a la capacité de faire Teſ-
tament, pourvû qu'il ſçache écrire, & qu'il ſoit capa-
ble d'affaires par l'écriture.

CETTE importante queſtion devoit être neceſſairement
compriſe dans notre Traité , parce qu'elle a partagé un
illuſtre & ſçavant Magiſtrat , & un très-judicieux & éclairé
Avocat , dont les Ouvrages ont été ſi bien reçûs du public ,
que ſa memoire ſera en veneration à la poſterité , & à la republique des Lettres.

C'eſt un principe de Droit que la capacité de faire Teſtament *non eſt privati hominis ſed Legis aut principis quæ viva*

Dig. de bon.   *Lex*, ſuivant la déciſion de la Loi *Paulus reſpondit* ; & l'au-
libertor.   torité de M. Cujas.

In tit. Cod.   Ce principe poſé ; il eſt conſtant ſuivant la diſpoſition de
qui Teſtam.ſac. la Loi *Diſcretis* 10. au même titre du Code , le muet & ſourd
poſſ. de naiſſance n'a pas la capacité de faire Teſtament , le texte
porte *neque Teſtamentum facere, neque Codicillos, neque Fi-*
deicommiſſum relinquere, neque mortis cauſa Donationem cele-
Lib. 2. tit. *brare*, cette Loi eſt conforme au §. 3. des élemens du Droit
12. aux Inſti- où l'Empereur Juſtinien s'explique en ces termes : *mutus non*
tutes. *ſemper Teſtamentum facere poſſunt*, M. Cujas examinant cette
In tit. Cod. queſtion laiſſe beaucoup de nuages à diſſiper par ſa déciſion ,
qui Teſtament. lorſqu'il dit *mutum neſcientem litteras mortuo eſſe ſimilem nec*
fac. poſſ. *poſſe igitur facere Teſtamentum.* Il paroît d'abord par la déciſion de ce Grand Juriſconſulte que le muet & ſourd de naiſſance eſt capable de faire & écrire ſon Teſtament , parce que
dès qu'il ſçait écrire , il peut faire un Teſtament Clos & myſ-
tique apellé par les Juriſconſultes , *ſolemnel.* Mais la Loi *Diſ-*

cretis que l'on vient de citer laiſſe encore bien des doutes & des difficultés à reſoudre ; car Juſtinien prive de la capacité de teſter tous les muets & ſourds de naiſſance , ſans mettre aucune difference entre ceux qui ſont *litterarum periti* , & ceux qui ne ſçavent point écrire , quel parti prendre dans un contraſte où le péril eſt ſi évident , ſoit pour l'affirmative , ſoit pour la négative ; il faut pourtant ſe déterminer ſur cette queſtion , quoique l'on puiſſe dire avec raiſon *erubeſcimus ſine Lege loqui.*

M. de Catellan raporte un Arrêt rendu par le Parlement de Touloufe , lequel ayant reçû l'heritier Teſtamentaire à la preuve des faits qu'il avoit coarté pour faire confirmer le Teſtament ſolemnel d'un muet & ſourd de naiſſance qui ſçavoit écrire , & qui étoit capable d'affaires par l'écriture , ſemble avoir jugé l'eſpece de la queſtion ; parce que ſi l'incapacité de teſter étoit attachée à la qualité de ce muet ; il eſt conſtant que quoiqu'il ſçût écrire , la Loi l'en ayant abſolument exclus , la preuve ne pouvoit pas être ordonnée ſuivant cet Axiome de Droit *fruſtra admittitur ad probandum quod probatum non revelat* ; c'eſt-à-dire , que cette incapacité legale le privant abſolument du Droit & de la Faculté de teſter , la preuve vocale devoit être rejettée ; mais dès qu'elle eſt admiſe , & que la validité ou la nullité du Teſtament ſolemnel du muet ou ſourd de naiſſance en dépend , il s'enſuit neceſſairement que la capacité de teſter lui eſt attribuée à cauſe de ſa capacité d'affaires par l'écriture ; car on a par cet Arrêt jugé cette queſtion pour l'affirmative en admettant cette preuve ; il paroît que l'autorité de M. Cujas peut avoir ſervi de motif , lorſqu'il aſſûre que le muet & ſourd *neſcientem litteras mortuo eſſe ſimilem nec poſſe facere Teſtamentum* , ce qui fait voir que le muet & ſourd de naiſſance qui ſçait écrire , & qui peut faire ſes affaires par écriture , a la capacité de faire un Teſtament ſolemnel , & que la déciſion de ce Grand homme ait determiné les Juges après le partage qui fut vuidé en faveur de la preuve vocale à laquelle cet heritier fut reçû.

Tome I. liv. 2. chap. 4. *9.*

Me. Vedel combat le ſentiment de M. de Catellan , &

Tome I. liv. 2. chap. 48.

tient qu'un muet & fourd de naiffance eft incapable de faire
Teftament , quoiqu'il fçache écrire , & qu'il foit capable
d'affaires par l'écriture , & il apuye fon opinion de la Loi *Difcretis* fi fouvent alleguée , qu'il affûre parler en termes generaux , & qui n'excepte pas même le muet & fourd dont on
vient de parler , il ajoûte que le Juge ne peut admettre des
diftinctions où la Loi n'a point jugé à propos d'en faire , n'y
ayant que le Legiflateur qui en ait le pouvoir.

Mais de quelque poids que foit l'autorité de Me. Vedel ,
il nous permettra de refuter fes raifons d'une maniere qui ne
reçoive point de contredit. 1°. Les Cours Superieures ont l'autorité & le pouvoir d'expliquer & d'interpréter les Loix dans
tout ce qu'elles contiennent d'obfcur , & de le faire par leurs
Arrêts, parce qu'elles font les dépofitaires de l'autorité du Prince ; de forte qu'on peut retorquer contre ce Sçavant & judicieux Arretifte , cette maxime *non ambigitur Senatum jus
facere poffe* , & à cette regle de Droit *res judicata pro veritate
habetur.* 2°. Les faits dont on demandoit la preuve étoient
fort relevans pour fervir de motif a declarer ce muet & fourd
de naiffance , qui fçait écrire , capable de faire fon Teftament
folemnel , de l'écrire & de le figner au bas de chaque page ;
en forte que la Loi *Difcretis* n'a point prevû ce cas , l'augufte

Note *K. in
L.90. ff. de re-
gul. jur.*

Tribunal a pû le faire , en admettant la preuve de ces faits ,
ainfi que nous l'aprend Godefroy *fed pro ratione circumftantia-
rum facto accomodatur , ideoque quæ Legibus omiffa funt , fu-
pleri folem.* 3°. Enfin pourquoi un muet & fourd de naiffance
qui fçait écrire , & qui eft capable d'affaires par l'écriture , ne
fera-t-il pas capable de faire fon Teftament folemnel , puifque dès qu'il l'écrit lui même , & qu'il le figne de la maniere
qu'on l'a dit ci-deffus , fa derniere difpofition ne peut point
être captée ni fuggerée , & qu'il fuffit qu'elle foit *jufta Teftatio
mentis* ; d'autant plus que fi ce Teftament étoit nul , foit à
caufe de l'incapacité du Teftateur , foit à caufe que l'on ne
pouvoit admettre la preuve par témoins , demandée par l'heri-

Art. 2.

tier Teftamentaire , fuivant l'Ordonnance de 1667. tit. des
faits qui giffent en preuve vocale ou litterale ; on n'auroit pas
manqué

manqué de se pourvoir au Conseil d'Etat du Roi, pour faire casser l'Arrêt sur le fondement qu'il violoit l'Ordonnance de Sa Majesté ; mais parce qu'on a vû que cette preuve étoit très-juste, on n'a eu garde de le faire.

Ce que l'on vient de dire ne doit point choquer Me. Vedel, nous avons crû devoir marquer les raisons qui nous ont determiné pour la capacité du muet & sourd de naissance, qui a fait son Testament solemnel, sçachant écrire & étant capable d'affaire par l'écriture, & pour la preuve à laquelle l'heritier Testamentaire fut reçû, parce que l'Arrêt nous a parû d'une justice indisputable pour l'affirmative que nous tenons avec M. de Catellan.

La question qui regarde les muets & les sourds par maladie, reçoit moins de difficulté que la précedente, parce que j'apuye leur capacité de disposer de leurs biens par Testament sur le §. 3. du titre allegué ci-dessus aux Institutes, qui est conçû en ces termes : *sæpe enim litterati & eruditi homines variis casibus & audiendi & loquendi facultatem amittunt, undè nostra constitutio etiam his subvenit ut certis casibus & modis secundùm normam ejus possint Testari.*

Les cas dont il est parlé dans ce §. sont marqués dans la Loi *Discretis* que l'on a citée plus haut, dont voici le texte : *ubi autem & hujus modi vitii non naturalis sive masculo sive fœminæ accidit calamitas, sed morbus postea superveniens & vocem abstulit & aures conclusit, si ponamus hujusmodi personam litteras scientem, omnia quæ priori interdiximus hæc enim sua manu scribenti permittimus;* ce qui porte Godefroy à dire *mutus & surdus vitio aliquo, sciens tamen litteras Testari sua manu potest.*

Je ne suis surpris que d'une chose qu'avance Godefroy dans une autre Note sur la même Loi, *qui natura talis est scribere non potest,* & je ne doute point que la Doctrine de ce Sçavant Interpréte n'ait determiné Me. Vedel a tenir la négative sur notre question du muet & sourd de naissance qui sçait écrire, ce qu'il a regardé comme impossible, mais nous pouvons l'assûrer, & c'est un fait constant dans notre Province, &

E e e

Note *J. in dict. L. Discretis.*

Note G,

principalement à Marſeille, que le Chevalier de Niozelles muet & ſourd de naiſſance, ſçait lire & écrire, qu'on ne lui a point pourvû de Curateur, & qu'il fait toutes ſes affaires par l'écriture ; de ſorte que pour tirer ces deux Sçavans Auteurs de l'erreur dans laquelle ils ſont tombés l'un & l'autre, j'ai crû devoir raporter ce fait notoire & public en Provence.

CHAPITRE IV.

*Si le mari qui a été inſtitué heritier par ſa femme, l'em-
pêchant de revoquer ſon Teſtament, ſe rend indigne de
la ſucceſſion.*

C'EST un principe du Droit, que celui qui empêche le Teſtateur de changer ſon Teſtament, eſt privé de l'heritage à cauſe de ſon indignité, parce que *ambulatoria eſt hominis voluntas uſque ad mortem*, & qu'il n'eſt point permis à l'heritier Teſtamentaire d'empêcher le Teſtateur de faire un ſecond Teſtament.

Ce principe établi ; on ne peut revoquer en doute que l'he-
ritier inſtitué par le premier Teſtament, ne peut empêcher le Teſtateur d'en faire un ſecond, ou de le changer ; de ſorte que s'il l'empêche de Teſter une ſeconde fois, ou de changer ſa derniere diſpoſition, cet heritier ſe rend indigne de l'herita-ge, & doit en être privé ſelon l'autorité d'Azor, *in ſumma* n. 1. & 2. & le texte de la Loi premiere *in princip.* & la Loi *Si quis dolo* 2. *ff. ſi quis aliquem Teſtar. prohib.* conformes à la déciſion de la Loi 2. Or les Docteurs parlant en termes ge-neraux ; il eſt conſtant que le mari inſtitué heritier par le pre-mier Teſtament de ſa femme, voulant l'empêcher d'en faire un ſecond, ou de changer ſa premiere diſpoſition, ſe rend in-digne de ſon inſtitution, & doit être privé de ſa ſucceſſion Teſtamentaire ; la Juriſprudence des Arrêts eſt conforme aux autorités qu'on vient d'alleguer, ainſi que l'aſſûre M. May-

*tit. cod. ſi
quis aliq. Teſ-
tar. prohib. vel
coëger.*
*Au même tit.
au Code.*

Liv. 2. ch. 74.

nard, parce que la force, la violence, les artifices, & la captation que l'on met en ufage pour empêcher une femme de
changer de volonté, & de faire un fecond Teftament, fi elle
vient à mourir fans avoir pû tefter une feconde fois, rend l'heritier inftitué par le premier Teftament, indigne d'acquerir &
de poffeder les biens de la fucceffion Teftamentaire, tel qu'il
foit, fans mettre aucune diftinction entre l'heritier étranger,
& le mari qui s'eft fervi de ces voyes obliques, violentes &
criminelles pour empêcher la Teftatrice de changer de vo-   Conf. 32. n.
lonté & de faire un fecond Teftament. Dumoulin examinant   16.
notre queftion, la décide en ces termes : *etfi criminofum non*
fit, poftremum uxoris judicium maritali fermone provocare, il-
licito tamen & fraudulento modo id facere non licet. Eh ! quoi
il eft deffendu au mari de fe fervir d'embûches, de fraude &
de tricheries pour furprendre un Teftament de fa femme, &
fe faire inftituer heritier ; & l'on ofera foûtenir que ce mari
peut l'empêcher de faire un fecond Teftament, pour faire un
heritier qu'elle voudra nommer ; ce raifonnement n'eft-il pas
condamné par ce profond Jurifconfulte, lorfqu'il dit au même endroit, *fi importunè, fi intempeftivè fi tunc cum minimè*
negare merito convenit, aut cum iteratas mariti præces, vel
morbus vel alia ratio, graviffimas injurias uxori facit.

Quoique ces prieres réïterées du mari, pendant la derniere
maladie d'une femme qui veut changer fon premier Teftament, & en faire un fecond, doivent s'apliquer feulement
au premier Teftament que le mari veut furprendre de fa femme, ces prieres, dis je, réïterées ne doivent-elles pas s'étendre au cas où cette femme voulant changer fon Teftament,
par lequel elle avoit inftitué fon mari heritier univerfel, elle
fe trouve obfedée, forcée, & accablée par la maladie dont
elle eft atteinte, & par les féductions, les artifices & les menaces de fon mari, à ne point changer fon premier Teftament,
& à le laiffer fubfifter ; car fi felon le fentiment de Me. Ve-   Tome I. liv.
del celui-ci a arraché le premier Teftament de celle-là par im-   2. ch. 98.
portunité, pour favorifer fes prieres & fes inftances importunes ? Ce premier Teftament étant capté & fuggeré, parce

qu'il n'a pas été l'ouvrage de la libre volonté de la Testatrice,
on ne peut douter, ainsi que l'assûre Mornac, que quoiqu'il
soit permis au mari que tout dol & ruse cessant, il puisse être
institué heritier par sa femme, toutefois pouvant user de force
& de menaces pendant sa derniere maladie pour l'empêcher
de faire un second Testament, & de changer de volonté, si
elle meurt sans avoir pû faire ce qu'elle vouloit, si elle avoit
été libre, le mari est indigne de la succession Testamentaire
de sa femme, & il ne peut l'acquerir ni la posseder, parce
que dès qu'il sera constaté par une Enquête, que le mari a empêché sa femme de faire un second Testament, & de changer
de volonté, il est constant qu'il doit être privé de son heritage, suivant la maxime de Droit *voluntas coacta non est vo-*
luntas, conforme à la Loi 4. *velle non creditur qui obsequitur*
imperio patris vel Domini. D'autant plus que la derniere volonté d'un Testateur est selon l'autorité de Godefroy, *qui*
sciens coactus palam vetat aut refragatur.

Dig. de re-
gul. jur.

Note K. in
L. 3. ff. eodem
tit.

CHAPITRE V.

Si un Monastere est incapable de recevoir une Donation
de 30000. liv. qui lui a été faite par une fille en qualité
de bienfaitrice ou Fondatrice.

QUOIQUE les Monasteres qui ne sont point obligés
par les constitutions de l'Ordre, à une pauvreté qui fait
l'essence de leurs obligations, ne soient point incapables des
Donations de sommes considerables qui leur sont faites sous
des certaines conditions, il est des cas où semblables Donations sont nulles à cause de l'incapacité des mêmes Monasteres : en voici l'espece.

Une fille fait une Donation à un Monastere de Religieu-
ses, de la somme de 30000. liv. en qualité de bienfaitrice &
Fondatrice, à condition d'un certain service solemnel, tous
les ans après son decès, & que si elle venoit à sortir du Mo-

naftere, on lui feroit une penfion de 1000. liv.

Les heritiers légitimes de cette fille attaquent cette Donation, & foutiennent qu'elle eft nulle, parce qu'elle emportoit tout l'heritage ou fucceffion de fes biens, & que le Monaftere n'avoit pas la capacité d'acquerir ni de recüeillir la liberalité qui lui avoit été faite. Ils avoient pour eux & en leur faveur cette raifon décifive, que fi cette Donation étoit confirmée les Monafteres feroient plus remplis de Fondatrices & de bienfaitrices que de Religieufes, pour dépoüiller les heritiers des biens qui leur doivent apartenir.

On alleguoit encore pour ces heritiers légitimes l'Ordonnance de 1539. faite par François I. à Villers Cotteretz art. 131. qui declare nulles toutes fortes de Donations faites en faveur des Tuteurs, Curateurs, Bailliftres, & autres Adminiftrateurs; qu'il falloit d'ailleurs empêcher les Monafteres des Religieufes d'acquerir de trop grandes richeffes, qui fuivant l'expreffion de Ricard jettent le déreglement dans les Monafteres. Enfin ils reclamoient en leur faveur les Loix Canoniques, où il eft dit, *mandamus ut abbatem & Monachum ad reftituendam pecuniam compellas*, & les Chapitres *veniens ad nos & ex tua fraternitatis*, fous le même titre.

Cap. ficut tris litteris de Si- mon. aux Decretales.

Enfin, cette Donation étoit l'ouvrage des artifices, & de la féduction des Religieufes, qui fous des conditions colorées d'un voile de pieté, avoient voulu fe rendre Donataires d'une fomme qui confommoit les biens les plus précieux de l'heritage de la Donante, & que le Parlement de Paris avoit jugé la queftion en termes exprès, le 4. Août 1650. qui avoit declaré nulle une femblable Donation.

M. l'Avocat General Bignon ayant montré par fes Conclufions l'incapacité du Monaftere de ces Religieufes, de recevoir cette Donation de 30000. liv. au préjudice des heritiers légitimes, & les conféquences qui s'enfuivroient fi elle fubfiftoit, par Arrêt du même Parlement, elle fut declarée nulle; ainfi qu'on peut le voir dans le Journal des Audiences, où l'on trouve les raifons qui ont fervi de fondement à cet Arrêt.

Tom. II. liv. 1. chap. 37.

CHAPITRE VI.

Si les muets & sourds de naissance sont capables de faire des Donations entre-vifs.

C'EST ici une des questions les plus notables qui doivent être comprises dans ce Traité, mais elle ne doit pas être examinée par les principes & les maximes que l'on a établies dans le Chapitre 4. de ce livre, ce qui nous oblige à la décider par divers textes des Loix Romaines.

Il semble d'abord que le muet & sourd de nature conjointement, soit capable de faire une Donation entre-vifs, suivant la disposition de la Loi *qui id quod* 33. §. *mutus*, où le Jurisconsulte Hermogenien décide la question que l'on traite en ces termes : *mutus & surdus donare non prohibentur* ; mais suivant la Doctrine de Godefroy sur cette Loi, cette capacité n'est attachée qu'au muet & sourd qui ne l'est devenu qu'ensuite d'une maladie, *id est mutus vel surdus*, *vel mutus & surdus ex casu litterarum tamen gnarus L.* 10. *Cod. de Testament.* Ce qui fait voir que le muet & sourd de naissance ne peut point faire une Donation de la totalité ou de la plus grande partie de ses biens.

Mais s'il faut s'attacher au texte de la Loi *Discretis* 10. il est constant que le muet & sourd de nature est incapable de faire une Donation entre-vifs ; sur-tout lorsqu'il ne sçait point écrire, & qu'il ne peut pas gerer ses affaires par l'écriture, ou qu'on lui a pourvû d'un Curateur, comme il est necessaire de le faire selon le §. 4. aux Elemens du Droit Ecrit, *quia rebus suis superesse non possunt*. Dans le Texte de cette Loi *Discretis* notre question se trouve décidée clairement, la raison qu'en donne Godefroy est que *mutus & surdus à natura bona alienare inter vivos etiam non potest* : Or on ne peut douter que la Donation entre-vifs ne soit une veritable alienation ; d'où il s'ensuit que le muet & le sourd de naissance, n'a pas la capacité de faire une Donation.

Dig. de donation. v.

Note Y. in dict. L.

Cod. qui Testament. fac. poss.

Lib. 1. tit. 22. aux Institutes.

Note F. in d'à. L. Discretis.

Ricard se détermine pour la négative en ces termes : *Je crois néanmoins l'opinion contraire plus veritable ; d'autant qu'encore que les Contrats qui consistent en conventions comme peuvent être les Donations, puissent être accomplies par un acte tacite, aussi-bien qu'exprès,* L. 2. §. etiam ff. de pact. *cependant il est toûjours absolument necessaire que ceux entre lesquels les conventions sont faites, soient capables de discerner le merite & la qualité des actes qu'ils passent, & de témoigner leurs volontés avec certitude, ce qui ne peut pas se rencontrer en celui qui est muet & sourd de nature, qui ne peut jamais avoir assés de lumiere, telle vivacité d'esprit qu'il puisse avoir pour penétrer dans le secret des Loix Civiles, ausquelles les Donations sont soumises.* A toutes ces raisons cet Auteur auroit pû ajoûter ; ainsi que je l'estime, que le muet & sourd de naissance à qui on doit faire pourvoir de Curateur, ne pouvant passer aucun Contrat, ni aliener ses propres biens que par l'autorité & du consentement de son Curateur ; sur-tout lorsqu'il ne sçait pas écrire, & qu'il n'est pas capable d'affaires par l'écriture, ne peut pas faire une Donation entrevifs, parce que dans l'état où la nature l'a réduit il doit être reputé *pro mortuo* du moins civilement ; & qu'ainsi il n'a pas la capacité des effets civils.

Tome I. premiere partie, ch. 3. sect. 2. n. 135.

Mais il n'en est pas de même du muet & sourd qui l'est devenu par accident, lorsqu'il sçait écrire suivant le §. *mutus* aux Elemens du Droit, & le texte de la Loi *Discretis* que l'on a si souvent alleguée ; c'est ce qui nous est apris par Ricard en l'endroit ci-dessus : voici ses paroles. *Au reste il résulte assés de ce que nous avons dit ci dessus, qu'en établissant que les sourds & muets de nature conjointement, ou qui l'étant devenus par accident, n'ont point l'art de l'écriture, sont incapables de disposer de leurs biens par Donations entre-vifs & Testamentaires, nous n'avons entendu parler que de ceux qui sont absolument privés de ces deux facultés ; car s'ils en avoient le moindre usage ; en sorte qu'ils pussent comprendre, & se faire entendre, quoiqu'avec toutes les difficultés imaginables, je ne doute pas que leurs dispositions ne fussent bonnes, parce que la Loi ne les déclare incapables, qu'en tant qu'ils se ren-*

Lib. 2. tit. qui Testamentfacere possaus Institutes N°. 138.

contrent dans l'impoſſibilité de ſatisfaire aux formes qu'elle a
introduites, & non par aucune indignité qui ſoit en eux.

C'eſt donc une verité conſtante que le muet & ſourd de
naiſſance qui ne ſçait point écrire, & qui ne peut point faire
ſes affaires par l'écriture, étant pourvû d'un Curateur, ainſi
que la Loi l'ordonne, eſt incapable de faire une Donation entrevifs; mais qu'il n'en eſt pas de même de celui qui ne l'eſt
que par accident, & enſuite d'une maladie, lequel ſçachant
écrire peut faire une Donation entre-vifs, parce qu'il n'a point
perdu la capacité de teſter *& habet Teſtamenti factionem acti-*
vam, qui lui donne la faculté de diſpoſer de ſes biens entre-
vifs.

CHAPITRE VII.

Si le Legs uni-verſel, ou l'inſtitution d'heritier faite au
profit de la ſœur du Tuteur eſt nul, à cauſe de ſon inca-
pacité, & ſi c'eſt un Fideicommis tacite.

CE s deux queſtions ſe confondent, & doivent être traitées & décidées par les mêmes principes, & par les mêmes maximes; on va le faire en très-peu de mots.

Dans la France Coûtumiere on ne connoît point d'inſtitution d'heriter, mais ſeulement la qualité de Legataire univerſel; parce que la maniere de diſpoſer de ſes biens avant de
mourir, eſt differente de celle que l'on obſerve dans les pays
regis par le Droit Ecrit.

Ce principe établi; tout ce qui eſt compris ſous le titre de
Legs univerſel, dans le Royaume où la Coûtume regle la maniere dont on vient de parler; ne peut être fait au profit du
Tuteur par le mineur, qui diſpoſe de ſes biens pour cauſe de
mort, ni en faveur d'un de ſes plus proches parens; parce
que cette diſpoſition qui contient un Legs univerſel eſt un
vrai Fideicommis tacite, défendu par l'Ordonnance de 1539.
par ces mots, *enſemble celles qui ſeront faites durant le tems de*
ladite

Art. 131.

ladite adminiſtration à perſonnes interpoſées. Ce qui eſt exactement obſervé dans les pays bas Autrichiens, enſuite de
l'Ordonnance de l'Empereur Charles Quint, du 4. Octobre
1540.

L'incapacité d'une ſœur du Tuteur qui a été nommée Legataire univerſelle par le mineur dans ſa derniere diſpoſition,
eſt un vrai Fideicommis tacite, parce qu'elle eſt apuyée ſur
les mots de l'Ordonnance de 1539. *à perſonnes interpoſées ;*
ce Legs univerſel n'eſt-il pas fait par un mineur qui eſt encore,
pour ainſi dire, ſous la Tutelle du frere de cette Legataire ;
n'eſt-il pas à préſumer que ce Tuteur en faiſant diſpoſer le
mineur de ſes biens par un acte de derniere volonté, aura ſé-
duit & capté le Legs univerſel fait au profit de ſa ſœur, à
cauſe du pouvoir & de l'autorité qu'il a ſur l'eſprit du mineur ?
Ne peut-on pas opoſer à la Legataire univerſelle la regle de
Droit *velle non creditur qui obſequitur imperio patris vel Do-*
mini ? Peut-on regarder cette diſpoſition comme l'ouvrage
d'une volonté libre, enixe & conſtante du mineur, plûtôt que
comme celui de ſon Tuteur ? N'eſt-il pas conſtant qu'on doit
la regarder comme renfermant un vrai Fideicommis tacite,
qui rend cette ſœur incapable de joüir, de poſſeder & d'acquerir le Legs univerſel.

Ces raiſons ont porté le Parlement de Paris à declarer nul
un Legs univerſel par ſon Arrêt raporté par Soefue, parce Tome I. cent.
3. ch. 32.
qu'il avoit été fait en faveur du Tuteur frere de la Legataire.

Cette Auguſte Cour à qui rien n'échape de tout ce qui eſt
illicite ou prohibé par les Loix ou les Ordonnances du Royaume, pour découvrir ſenſiblement, & la fraude, & l'interpoſition de non compris dans ce Legs univerſel.

On peut par la même parité de raiſon regarder comme un
vrai Fideicommis tacite, l'inſtitution d'heritiere faite en faveur de la ſœur du Tuteur par le mineur, dans ſon dernier
Teſtament, parce que c'eſt un Fideicommis tacite fondé ſur
l'interpoſition de la perſonne de cette ſœur, ſelon cette maxime de Droit *ubi idem jus, ibi eadem ratio ineſſe debet ;*
d'autant plus que l'inſtitution d'heritier dans les pays de Droit

F f f

Ecrit *idem sonat*, que la qualité de Legataire universel dans les pays Coûtumiers, *ergo idem jus statuendum est*, à cause que c'est un Equivalant qui a la même vûë & le même objet.

CHAPITRE VIII.

Si une femme peut faire une Donation à la fille de son mari, & si cette fille a la capacité pour la recevoir.

C'EST un principe de Droit, que le mari & la femme ne peuvent se faire l'un l'autre une Donation entre-vifs que dans leur Contrat de mariage, connuë par nos Ordonnances, & principalement par celle du mois de Février 1731. sous le nom de Donation mutuelle, conforme à la disposition de la Loi 10. mais encore mieux dans les Loix 1. 2. & 3. sous le même titre au Digeste, *ne mutuo amore sese spolient.*

Cod. de Donat. int. vir. & uxor.

Ce principe posé ; on ne peut revoquer en doute, que si les Donations entre-vifs entre mari & femme sont prohibées par le Droit Romain, celles qui sont faites à des personnes interposées pour tourner au profit de l'un des mariés, sont nulles à cause de l'incapacité de ceux ou de celles qui ne font que prêter leur nom au mari où à la femme, pour la faire passer par leur canal à l'un où à l'autre : Or il est constant que la Donation entre-vifs qui est faite par une femme à la fille de son mari est nulle, parce qu'elle n'a pas la capacité requise par les Loix, pour l'acquerir & la recevoir, cette fille & son pere étant censés suivant une infinité de textes de Loix, une seule & même personne, *pater & filius censentur una eademque persona*; sur tout dans les pays regis par le Droit Romain, où les enfans sont sous les liens de la puissance paternelle, & où il n'y a que ceux d'entr'eux qui sont émancipés, qui soient en droit, & qui ayent la capacité d'acquerir & de posseder pour eux, sans que leur pere puisse prétendre d'avoir l'usufruit des biens qui leur apartiennent, ou qui leur sont defferés, soit pour des dispositions entre-vifs, soit par

Teſtament, Codicile, ou Donation, à cauſe de mort, dont ils peuvent diſpoſer *ad nutum*, & de la maniere qu'il leur plaît ; enſorte que, ſi une Donation entre vifs eſt faite par une femme au fils ou à la fille de ſon mari qui les a ſous ſa puiſſance, cette Donation eſt cenſée faite au pere, & par conſéquent, quoiqu'au profit du fils ou de la fille, reputée faite au pere, contre la prohibition des Loix Civiles qui la regardent comme nulle & frauduleuſe, & au profit de celui qui eſt mort incapable de la recevoir & de l'acquerir, met tout en uſage auprès de ſa femme pour l'obliger à la faire en faveur de l'un de ſes enfans, pour en joüir au gré de ſes defirs, *& ſalvis verbis Legum ſententiam earum circumvenire.*

C'eſt ſur ces raiſons, ſur ces autorités que l'on croit que l'Arrêt rendu par le Parlement ; ainſi que l'obſerve Soefue, Tome I. cent. 3. chap. 81. eſt apuyé, puiſque cet Arrêt a jugé *in terminis*, que la Donation faite par une femme à la fille de ſon mari, étoit nulle ; parce que l'incapacité du pere réjaillit ſur la perſonne de ſa fille *quæ eſt pars viſcerum ejus*, & qui n'a fait que prêter ſon nom à cette liberalité, pour la tranſmettre à ſon pere, lequel ne pouvant pas l'acquerir ni la recevoir, l'a en quelque maniere reçûë de la main de ſa fille par l'interpoſition de nom.

CHAPITRE IX.

Si un ſecond Teſtament quoique fait en faveur d'une perſonne incapable, empêche l'execution du premier fait au profit d'une perſonne capable dans certains cas.

LEs qualités des perſonnes & les circonſtances de fait donnent lieu bien ſouvent à la diverſité des Arrêts, & font en même-tems changer la Juriſprudence des Cours Souveraines, parce que pour fixer la maxime il faut neceſſairement, *idem jus eadem cauſa petendi, & eadem conditio perſonarum quæ niſi omnia concurrant alia res eſt.*

Sera-t-on ſurpris après cela s'il paroît tant d'Arrêts qui font
F f f iij

fi differens, & qui femblent le détruire, on ne doit pas l'être fuivant les raifons que l'on vient d'alleguer, parce que la moindre circonftance de fait different, fert de motif à la difference des Arrêts qui paroiffent être opofés les uns aux autres.

Il eft conftant qu'un fecond Teftament fait en faveur d'une perfonne inhabille, comme un bâtard, un Religieux, ou un homme mort civilement, ne peut pas revoquer un premier fait avec les formalités requifes, où l'on a inftitué heritier univerfel une perfonne capable, parce que le fecond Teftament étant nul à caufe de l'incapacité de l'heritier, le premier fubfifte, & le dernier eft fans effet, fuivant cette maxime de Droit *quod nullum eft nullum producit effectum*; de forte qu'il faut neceffairement que celui-ci étant nul, celui-là foit exe-

Cod. de Teftament.

cuté; ainfi que le décide la Loi *Si Teftamentum* 10. *fi Teftamentum jure factum fit & hæres fit capax autoritate refcripti noftri refcindi non oportet*; les Docteurs & les Interprêtes fur cette Loi nous aprenent la même chofe.

Mais il eft des cas où le fecond Teftament fait en faveur d'un incapable, empêche l'execution du premier qui eft auffi parfait que le dernier, un de ces cas eft marqué par l'Auteur des Additions fur Ricard, qui raporte un Arrêt rendu par le

Tom. I. troifiéme partie, ch. 2. fect. 2. n. 233.

Parlement de Provence le 25. Février 1672. qui a jugé qu'un fecond Teftament où l'on avoit inftitué une fille naturelle qui en étoit incapable, quoique nul, empêchoit l'execution du premier fait en faveur d'une perfonne capable, & la fucceffion fut adjugée en conféquence aux heritiers *ab inteftat*; mais cet Arrêt eut deux motifs, qui rendirent l'un & l'autre Teftament nul & fans effet, fuivant le même Auteur. 1°. Que le premier Teftament parfait avoit été revoqué par le fecond en préfence de fept témoins. 2°. Qu'il y avoit des preuves litterales, que l'inftitution d'heritier faite par le premier étoit un Fideicommis en faveur de la fille naturelle. Quoiqu'il ne nous foit pas permis de rien ajoûter à ces deux motifs, apuyés fur des circonftances & des preuves parfaites par écrit; nous croyons que ce Fideicommis étoit fait en fraude des Loix Civiles, &

des Loix du Royaume qui rendent les fils illégitimes incapables des effets civils ; ce qui comprend toutes fortes de dif-
positions entre-vifs, soit à caufe de mortes directes ou in-
directes ; de forte que le premier Testament ne pouvoit point
subsister, non plus que le fecond, & l'un & l'autre étoient
nuls, parce qu'ils n'étoient pas l'ouvrage de la volonté du
Testateur, qui ne vouloit point instituer heritier une perfonne incapable, conformément à la Loi 10. que l'on a alleguée, le Parlement de Grenoble en a rendu un autre, ainfi
que l'obferve Baffet, qui a jugé que le Testament nul par l'incapacité du Curateur qui étoit l'heritier Testamentaire, caffe
& revoque le premier.

Tome I. Liv.
5. tit. 1. ch.
17.

Mais le même Parlement felon le témoignage de cet Arretiste, a jugé par Arrêt du 15. Février 1674. qu'un fecond
Testament où la Testatrice avoit inftitué un incapable ; fçavoir fon Chirurgien, ne revoquoit pas un premier, quoique
fait 20. ans auparavant ; cet Arrêt a eu pour fondement, qu'un
Testament parfait ne peut être revoqué que par un autre qui
foit aussi parfait, & que le fecond étant fuggeré, & la Défunte n'ayant pas fait connoître qu'elle eût la volonté de re-
tracter fon premier Testament, l'institution d'un heritier incapable faite par le fecond, le rendoit nul. On voit donc par
ces Arrêts des Parlements de Provence & de Grenoble, que
les circonstances de fait & les preuves par écrit, ainfi que
les Loix Romaines & les Ordonnances de nos Rois, font
très-fouvent varier la Jurifprudence fur la revocation du premier Testament, par un fecond, & qu'on ne peut point décider les queftions par un ou deux Arrêts que l'on ne peut
apliquer qu'aux Procès, qui contiennent les mêmes circonftances, & les mêmes preuves.

Tome I I.
pag. 438.

CHAPITRE X.

Si les Sujets du Roi qui portent les armes contre lui, font censés rebelles, & s'ils sont incapables de succeder, ainsi que les Regnicoles, & si leurs enfans peuvent succeder à leurs peres.

Cod. ad Leg.
jul. majest.
L
A décision de ces deux questions est apuyée sur la **Loi** *Quisquis* 5. qui porte dans les divers §. qu'elle contient, la peine qui doit être infligée à ceux qui se joignent aux ennemis du Roi, & la confiscation de leurs biens, avec l'incapacité attachée à leurs enfans, pour succeder à leur pere condamné pour crime de rebellion contre son Souverain.

Liv. 8. tit. 5.
   Les Ordonnances raportées dans le **Code Henry**, sont conformes à cette Loi, & à toutes les autres qui sont sous le titre du Code que l'on vient de citer : Or la confiscation des biens de ceux qui portent les armes contre leur Prince, & l'Arrêt qui l'ordonne, & qui les condamne à une peine proportionnée à l'atrocité de leur crime, ne les rend-il pas incapables de succeder ? Ne sont-ils pas censés rebelles au Roi & à l'Etat, dès qu'ils se joignent ou qu'ils vont servir dans les Troupes & dans les Armées des Ennemis ? Est-il permis aux Sujets de porter les armes contre leur Prince, & de violer le serment d'obéïssance & de fidelité ? Ne sont-ils pas indignes de joüir des droits & des privileges qui sont donnés aux autres Sujets ? un Regnicole qui est, en quelque façon, regardé comme un vrai Sujet du Souverain ou de la République, qui lui a accordé ce Titre, ne le perd-il pas avec tous les privileges qui y sont attachés, s'il prend les armes contre lui ou contre la République pour se joindre à leurs Ennemis ? Ne doit il pas être puni de mort, & peut-il conserver la capacité des effets civils, soit pour disposer de ses biens, soit pour recüeillir une succession, puisque la confis-

cation a lieu contre lui ; ainſi que contre les autres ſujets du Prince.

D'ailleurs, ſi les enfans des rebelles au Roi, & de ceux qui prennent les armes contre lui ou contre l'Etat, ſont ſuivant l'autorité de M. Cujas, incapables de recevoir aucune ſucceſſion, *ut ſint perpetuò infames & inteſtabiles, miſeri & egeni non habentes jus capiendæ alienæ hæreditatis* ; comment veut-on que les pères de ces enfans pris les armes en main contre le Prince ou contre la République, ayent plus de droit qu'eux, le ſuplice auquel ils ſont condamnés, & la confiſcation de leurs biens au profit du Roi, ne les rendent-ils pas incapables & indignes de ſucceder ? Les Regnicoles ont-ils plus de droit que les autres Sujets du Roi, ne ſont-ils pas reputés tels ? Ne jouïſſent-ils pas des mêmes privileges ? Pourquoi ne ſeront-ils pas compris dans la prohibition portée par les Loix Civiles, & par les Loix du Royaume ? Surquoi fondé pretendra-t-on qu'ils peuvent porter les armes contre le Souverain ou contre la Republique, ſe joindre à leurs Ennemis, & devenir rebelles ſans tomber dans le crime de leze-majeſté, ſans craindre la confiſcation de leurs biens, ni d'être punis de mort à cauſe de leur rebellion ? Eſt-il quelque Loi qui les garentiſſe de ces peines ? Y en a-t-il quelque autre qui le leur permette, étant convaincus du crime de leze-majeſté qui les maintienne dans la capacité de teſter, & d'acquerir des ſucceſſions pour eux & pour leurs enfans, leſquels à cauſe du forfait de leurs peres, ſont incapables des effets civils. On n'a beſoin pour leur fermer la bouche que de leur alleguer l'Arrêt de Varambon rendu par le Parlement de Paris dont parle Me. Boniface.

In tit. cod. ad l. jul. majeſtat.

Le crime de rebellion ou de leze-majeſté, contient une ſi grande incapacité des effets civils, que dès qu'il a été commis, & qu'il eſt conſtaté, la Donation faite par l'accuſé avant ſa mort, eſt nulle, ſuivant M. Cujas *at Donatio faĉta à reo perduellionis numquam valere poteſt*, parce que celui qui a été rebelle à ſon Prince, ou coupable du crime de leze-majeſté, peut-être pourſuivi & condamné pour ce crime après ſa mort,

Tome II. de ſa premiere Compilation pag. 61.

Ubi ſupra.

mortuus condemnari poteſt , dit ce grand Jurifconfulte , *ex hac caufa.*

CHAPITRE XI.

Si un homme tombé en demence ou un imbecile , eſt capable de faire Teſtament.

C'EST un principe de Droit , que les furieux & ceux qui font tombés en demence , ou qui ne font point dans leur bon fens , font incapables de faire Teſtament , c'eſt la décifion du §. *Præterea* aux Elemens du Droit , & des Loix 16. & 17. fous le même titre au Digeſte , parce qu'ils font fous l'autorité de leurs Curateurs , & que l'adminiſtration de leurs biens leur eſt interdite.

Lib. 2. tit. 12. qui teſtam. fac. poſſ.

Ce principe pofé ; la queſtion que l'on traite peut être fa-
cilement décidée ; car dès qu'il n'aura pas été pourvû d'un Curateur à la demence ou à l'imbecilité d'une perſonne , dès que fon imbecilité n'eſt point actuelle , il faut préfumer qu'il n'eſt point *mente captus* , parce que tout homme eſt reputé *fanæ mentis* , & par une conféquence neceſſaire qu'il a eu la capacité de difpofer de fes biens par Teſtament , felon la Doctrine de Bellus dans fes Conſeils ; parce que fi les fous & les imbeciles ne peuvent pas teſter , ce n'eſt que lorſque leur demence eſt notoire & publique.

Conf. 101. n. 20.

Mais s'il y a une preuve parfaite & univoque des faits d'imbecilité qui ont été coartés , avant , lors & après le Teſta-
ment , on ne peut doüter que le Teſtament de l'imbecile eſt nul à caufe de fon incapacité *quia non habet Teſtamenti fac-
tionem activam* , fuivant la Jurifprudence des Arrêts raportés dans le Journal du Palais , parce que quand même un homme feroit reputé imbecile *& mente captus* , s'il a des intervales dilucides , pour me fervir ici de l'expreſſion de la Loi *Furiofum* 9. & du §. 1. aux Inſtitutes , *lib.* 2. *tit.* 12. *quo furor ejus in-
termiſſus eſt jure teſtati eſſe videtur* ; c'eſt à-dire , *tempore inter-
miſſi*

Tome I. pag. 728. & 729.

Cod. de Teſ-
tament.

miſſi furoris ; ainſi que le décide Paulus, ce que Godefroy connoît & marque par le mot *Dinduciæ* en ſa Note V. ſur la Loi qu'on vient de citer , parce qu'il peut arriver que celui qui eſt dans la demence ou dans l'imbecilité , ne l'ait été que par accident , & enſuite d'une maladie. Ce qui doit faire préſumer , que lorſqu'il a fait ſon Teſtament il étoit en parfaite ſanté ou *ſanæ mentis* ſuivant l'autorité de Barri en ſon Traité , *de ſucceſſionib.* & de Bellus en ſon Conſ. 101. d'où il s'enſuit , que ſi l'on ne prouve pas que l'imbecile étoit en demence , avant , lors & après le Teſtament ; c'eſt-à-dire , dans une imbecillité actuelle , on ne peut pas ſoûtenir qu'il étoit incapable de reſter , & que ſon Teſtament eſt nul.

Lib. 3. ſentent. cap. 4. §. 5.

Lib. 1. tit. 7. n. 40. & 41.

Diſons plus, la nomination d'un Curateur , (ainſi que nous l'aprenent Surdus dans ſes déciſions, Barry en l'endroit allegué , & le Cardinal de Luca en ſon Traité *de Teſtament.*) n'eſt pas toûjours une preuve évidente d'une imbecilité actuelle, capable d'empêcher celui qui en eſt attaqué de faire un Teſtament , parce que d'un côté il peut arriver que cette imbecilité ne ſoit qu'une ſuite d'une maladie dont il peut revenir & recouvrer ſon bon ſens ; d'un autre côté celui qui eſt *mente captus* , ou tombé en demence , peut avoir ſuivant la déciſion de la Loi *Furioſum* alleguée ci deſſus, *Sancimus itaque tale Teſtamentum hominis , qui in ipſo actu Teſtamenti tentus eſt pro nihilo eſſe ; ſi verò voluerit in dilucidis intervallis aliquod condere Teſtamentum vel ultimam voluntatem , & hoc ſana mente inceperit facere & conſummaverit nullo tali morbo interveniente ſtare Teſtamentum ſive quamcumque ultimam voluntatem cenſemus.* Sur-tout , lorſqu'il paroît par les diſpoſitions contenuës dans le Teſtament ; de ſorte que s'il l'a fait de la même maniere qu'un homme de bon ſens l'auroit fait , & qu'on voye qu'il avoit l'uſage libre de la raiſon & de ſes ſens ; il eſt conſtant qu'on ne peut la faire caſſer , parce qu'il avoit dans ces intervalles dilucides la capacité de diſpoſer de ſes biens, & que ſon Teſtament *eſt juſta voluntatis illius ſententia.*

Déciſ. 92. n. 4. Diſcurſ. 78. n. 6.

L'Auteur des Additions ſur Ricard raporte un Arrêt rendu par le Parlement de Provence le 12. Decembre 1675. qui a

Tome I. troiſiéme partie ch. 1. n. 31.

jugé que l'on doit admettre à la preuve de l'imbecilité d'esprit, quoique l'acte porte que le Testateur étoit en son bon sens, parce qu'il apartient plûtôt aux Medecins à en juger qu'aux Notaires qui se trompent souvent à cause de l'inegalité de certains esprits ; cet Arrêt est conforme à un autre que l'on Liv. 5. ch. 9. trouve dans M. d'Olive, rendu par le Parlement de Toulouse ; d'où l'on doit conclure que ce n'est qu'après une preuve parfaite que l'on peut décider, si celui qu'on supose imbecile *& mente captus* a été capable de tester, parce que cela dépend de la déposition des témoins *omni exceptione majores*, qui doivent en porter témoignage d'une maniere univoque ; sur-tout, pour le fait qui concerne la demence lorsque le Testament a été fait, ainsi qu'avant ou après.

Ubi supr.à n. 31. Ricard examinant cette question la décide en ces termes : *le surplus dépend de l'office du Juge ; c'est à lui de connoître si le Testament est fait d'un sens rassis, & avec une déliberation sufisante. Il doit, s'il le trouve necessaire, entendre les Medecins & les autres qui ont conversé avec le Testateur, & qui en ont vû les actions réiterées, pour aprendre la qualité de son esprit, particulierement dans le tems auquel il a fait son Testament ; car il n'est pas extraordinaire de voir des persçnnes entierement dans la demence, produire des pensées capables de tromper les mieux sensés, quoiqu'elles partent de leur imagination blessée, & parler de telle sorte, qu'un entretien de deux ou trois heures n'aura pas été capable de faire découvrir leur foiblesse.* Peut-on s'expliquer sur cette question plus judicieusement, & avec plus de solidité que cet Auteur, ne resout-il pas en peu de mots tous les doutes & toutes les difficultés qui peuvent s'élever.

Ros. Roman. *n. 3.* Le Docte Zacchias dans ses questions *Medico legales* Tome II. décis. 4. assûre que le raport d'un Medecin est absolument necessaire, pour décider si l'imbecile a eu la capacité de tester Nᵒ. 12. *& attestatur Medicus cui tanquam perito standum est juxta Doctrinam Bartoli in L. 2. n. 3. ff. de Testament.* & dans la décision 34. il parle en ces termes sur notre question, *tum etiam* *Iib. 2. tit. 5.* *n. 7.* *quia est inspectione Testamenti rite & solemniter facti contrarium aparet* ; ce qui est encore décidé par Mantica *de conjec-*

sur. ultimar. voluntat. & par Honded dans ses Conseils. La raison qu'aporte Zacchias pour établir la validité du Testament dè celui qui est tombé en demence, c'est que lors qu'il y a des témoins qui déposent *de tempore conditi Testamenti. Hieronimam sanæ mentis fuisse sufficit pro illius validitate, quamvis antea demens extitisset cum integritas mentis solum de tempore Testamenti exigatur.* Ce qui est apuyé sur la décision de la Loi 2 & de la Loi *Qui Testamento* §. *quæcumque versic. ne furiosus* L. 2. & L. *Furiosum* au tit. du Code, *qui Testament. facere poss.* & sur une des Loix Canoniques qui est formelle sur notre question.

Conf. 78. n. 61. lib. 2,

Dig. de Testament.
Cap. ult. de succes. ab intestat. aux Decretales.

CHAPITRE XII.

Si celui qui a capté & suggeré un Testament en sa faveur, se rend indigne de la succession du Défunt, & si le Legataire est dans le même cas.

LA suggestion, suivant l'idée que nous en donne Ricard, n'est autre chose qu'une fausseté déguisée avec un peu de vrai-semblance, & dont l'artifice est d'autant plus à craindre, qu'il a aparemment plus de raport avec le vrai, & dans un autre endroit du même Chapitre. Il la donne encore plus étenduë, voici comme il parle : *Quant à la suggestion nous avons dit ci dessus, que c'est une fausseté artificieusement déguisée, parce que celui qui s'en sert substitue sa volonté au lieu de celle du Défunt, & fait tant néanmoins par adresse & par mauvais artifice, que le Testateur la consent & la prononce ; mais comme cette action est voilée d'un masque, il est assés difficile d'expliquer en quoi elle consiste, & si pour y donner lieu il est necessaire qu'il y ait quelque espece de force, & de violence, ou si une simple persuasion suffit.* Et de-là il en tire cette juste & necessaire conséquence que, *toute disposition qui n'a point tiré son principe de l'esprit du Testateur, doit être dite suggerée, & en conséquence declarée nulle, soit qu'il soit induit avec quelque sorte*

Tome I. troisiéme partie, ch. 1. n. 27.

N°. 39.

N°. 46.

de force & de contrainte, ou bien par une simple persuasion : Des maximes de Ricard & de l'idée qu'il nous donne de la suggestion, il s'ensuit necessairement que la force & la violence y ont plus de part que la simple persuasion dont parle Ricard ; quoi qu'à prendre la persuasion dans sa propre & veritable signification, on peut dire avec le Jurisconsulte en la Loi premiere §. 3. *persuadere est plusquam compelli atque cogi sibi parere,* parce que le Testament doit être *justa voluntatis nostræ sententia,* & comme l'observe Godefroy sur la Loi premiere en sa note F. *quæ non est integra, quæ justè captiva, quam liberam esse nescimus.*

Ce que l'on vient de dire est apuyé sur l'autorité de Dumoulin dans ses Conseils, où il dit que, *lorsque le Testateur a de son propre mouvement, de sa pure volonté, & avec un jugement ferme & libre disposé de ses biens, son Testament est valable & hors d'atteinte ; mais lorsqu'il est écrit, fait, & suggeré par l'heritier ou les Legataires, on regarde ce Testament,* contra jus compositum, & suggeré, parce que, *mera fictio est dicere illum nuncupasse quod nec ab illius ore, nec ab illius judicio profectum fuit.*

Un pareil Testament peut-il subsister ? Ne doit-il pas être regardé comme l'ouvrage de l'heritier institué, ou des Legataires ? Peuvent-ils se flater que la force, la violence, les artifices, & la persuasion qu'ils ont employé avec tant d'art & d'adresse, ne doivent pas être punis ? Ne se rendent-ils pas indignes, & de l'institution d'heritier, & des Legats qui leur ont été faits ? La volonté d'un Testateur doit-elle dépendre *ex alieno arbitrio ?* Et ces ouvriers d'iniquité qui trament depuis long-tems de se rendre maîtres de l'esprit du Testateur ; doivent-ils se flater que leur crime, leurs embûches, & leurs ruses seront recompensés, & qu'ils joüiront tranquillement des fruits que leurs mauvaises pratiques leur ont inspiré, pour surprendre un Testament qui n'est point l'ouvrage de la volonté du Défunt, dès que la captation & la suggestion seront constatées, & que les faits sont capables de leur nature, d'induire une force & une violence ; ainsi que le Parlement de

(marginal notes)
Dig. de servo corrupt.

Dig. qui Testament. facere poss.

Cons. 34. n. 2.

Provence l'a jugé si souvent par ses Arrêts, qui forment *series rerum perpetuò similiter judicatarum autoritas quæ vim Legis obtinere debet.*

La Loi & les Docteurs marquent plusieurs cas qui rendent un Testament capté & suggeré : Le Jurisconsulte dans la Loi premiere décide qu'il est regardé comme tel, lorsque le Testateur *non sua sponte Testamentum fecit*, & qu'il a été poussé à le faire par l'heritier institué, ou par quelque autre.

Menoch assure qu'un Testament est censé suggeré *ab insolitis ut est immodica diligentia*, parce que l'on doit présumer que ces clauses insolites, & la grande diligence, ou plûtôt la diligence précipitée dont on se sert pour faire disposer de ses biens une personne, tient de la violence & de la persuasion qui tombe dans le cas de la suggestion.

Dumoulin sur le titre du Digeste *de verbor. obligat.* nous aprend que la disposition d'un Testament suggeré est nulle, lorsqu'elle ne prend pas sa source dans le propre mouvement du Testateur, ce qui, selon mon sentiment, est une preuve qu'il y a été induit par force, & que ce Testament n'est pas l'ouvrage d'une volonté libre, enixe & constante du Testateur ; d'où l'on doit conclure, que lors que ce fait est constaté, celui qui a mis en pratique ce mouvement est privé de l'heritage ou du Legat qui lui a été fait à cause de son indignité.

Poussons nos reflexions plus loin, un Testament fait par suggestion, pratique, & captation, n'est-il pas nul ? La Loi *Captatorias*, la Loi *Illa institutio ff. de hæredib. instituend.* ne les condamnent elles pas. La Jurisprudence des Arrêts, ainsi que l'assûre M. Maynard ; & après lui Automne sur la Loi *Jubemus*, n'improuve telle-pas une disposition Testamentaire qui a été suggerée, ainsi que Coquille Mantica *de conject. ultimar. voluntat. & Mathæus de afflictis*, en sa décision 149. Or si cette disposition est nulle, & si elle ne peut produire aucun effet, soit en faveur de l'heritier, soit en faveur du Legataire qui l'a captée ; il est constant que de quel côté que vienne la suggestion, celui d'entr'eux qui l'a pratiquée est pri-

Dig. si quis aliq. Testar. prohib. vetuerger.

De præsumt. lib. .... 20 n. 28. & lib. 4. præj. 12.

N°. 31. & 32.

Cod. de Testament. milit.

Liv. 8. ch. 59.
Cod. de Testament.

Quæj. 293. Lib. 2. tit. 6. n. 10.

G g g iij

vé de l'inftitution ou du Legat à caufe de fon indignité, *&*
locus eft fucceffioni ab inteftato.

De præfumpt.
Lib. 4. præ-
fampt.12.n.10.
Menoch nous aprend que toutes qu'il y a perfua-
fion ou grande pratique, le Teftament eft nul, parce qu'il eft
regardé comme capté & fuggeré ; c'eft encore la Doctrine
Conf. 339.
n. 1.
Lib. 2. cap. 31.
de Paul de Caftro, *de afflictis*, décifion *69. & de alciat pa-*
rergon jur.

Mais pour conftater la fuggeftion, il faut coareter des faits
relevans qui refultent des indices & des circonftances preffantes, comme lors que l'inftitution d'heritier eft faite *ad inter-*
rogationem ejus, qui a apellé le Notaire & les témoins, ainfi
Ubi fupra n.3.
N°. 15.
que l'obferve Menoch. Il faut encore qu'un étranger fe trouve
inftitué heritier, fuivant le même Auteur en l'endroit allegué, au préjudice des heritiers légitimes & de tous les proches parens ; il faut enfin que les indices & les circonftances
qui naiffent du Teftament, foient claires & preffantes, fuivant
Cod. de in-
offic. Teftam.
Dig. folut.
matrim. n. 3.
& 4.
la Loi 14. & le texte de la Loi 10. §. 1. à la décifion defquelles eft conforme le fentiment de Menoch en l'endroit ci-deffus.

Tome I.troi-
fiéme partie,
ch. 1. n. 47.
& 48.
Ricard examinant cette queftion, s'explique en ces termes:
De forte que cette matiere eft prefque toute renfermée dans les
préfomptions, qui eft la preuve la plus incertaine de celles qui
font en ufage ; ce qui fait que la Cour s'y arrête fort rarement,
& il conclud fon fentiment en difant. Le voyant en effet par
les plaidoiries de femblables caufes, qu'un grand apareil de faits
de fuggeftion eft fouvent ruiné en deux mots, par ceux qui ont
interêt de faire executer les Teftamens. Mais de quelque confideration que foit l'opinion de cet Auteur; nous croyons que
lorfque les faits de fuggeftion & de captation font puiffans
& relevans, & qu'ils font conftatés d'une maniere à pouvoir
induire, que le Teftament n'eft pas l'ouvrage de la volonté
du Défunt, l'accufation en eft infaillible, parce que pour
lors *nec tantum accipimus fed repofcimus*, fuivant l'expreffion
Note K. in
Teftament. mi-
lit.
L. 11. cod. de
de Godefroy, *nobis vel aliis hæredem captantes, idque aucu-*
pium hæreditatis, fecretum voluntatis alienæ, parce que fuivant la décifion de Surdus & de Menoch. Le Teftateur étant

attaqué d'une grande & dangereuse maladie, la disposition
Testamentaire qu'il fait *ad interrogationem alterius*, est censée
suggerée & captée ; ainsi que dans le cas où l'on induit le ma-
lade de revoquer un premier Testament, pour le faire instituer herltier par le dernier.

Consf. 415.
n. 53.
Consl. 45. n.
36.

En un mot, on a vû dans l'Arrêt celebre rendu par le
Parlement de Provence, contre les Vallavicilles de la ville
de Toulon, qui avoient capté le Testament du sieur Delevil,
que les moyens de suggestion étant bien coaretés, & circons-
tanciés, le Testament fut cassé ensuite de l'Enquête qui fut
ordonnée, & les heritiers Testamentaires privés de la succession à cause de leur indignité apuyée sur la captation.

CHAPITRE XIII.

Si l'heritier & le Legataire ayant contre-venu à la volonté
du Testateur, doivent être privés de la succession & du
Legs, & s'ils s'en sont rendus indignes.

CETTE question est si notable, que nous avons crû ne
pouvoir pas nous dispenser de la comprendre dans ce
Traité ; on va l'examiner avec beaucoup d'exactitude & de
circonspection, & l'on apuyera la décision que l'on en donnera sur les vrais principes du Droit Ecrit, & sur l'autorité
des Docteurs.

Quintilien voulant marquer que la volonté du Défunt est
une Loi que l'heritier institué, & les Legataires doivent exactement observer, dit, très-à-propos, *non aliud videtur sola-*
tium mortis quàm voluntas ultra mortem.

Les Loix Civiles ont été si attentives à veiller à l'execution des Testamens que l'on voit dans la Novelle 1. que l'Empereur Justinien l'ordonne en termes formels : que celui qui
n'executera pas la volonté du Défunt, sera privé de tous les
avantages, & de toutes les liberalités qu'il avoit fait à son
profit, *sancimus eos qui ab aliquibus scripti sunt haredes auts*

Cap. 1.

meruerunt Fideicommissa per universitatem forsan, aut per spe-
ciem, aut Legatum, necessitatem habere quæcumque Testator &
honorans eos disposuerit omnimodo ea complere, si quod præcipi-
tur legitimum sit, & dans le §. I. du même Chapitre, il ajoûte
Si quis autem non implens quod dispositum est, sed dum compe-
tat ei qui honoratus est quod relictum est etiam ex decreto judi-
cis admonitus annum totum protraxerit, non agens hoc quod
præceptum est, si quidem aliquis illorum fuerit qui necessario ex
Lege præcipiunt, in plus autem quàm quod Lex ei dare vult
scriptus est hæres, tantùm accipiat solum, quantùm Lex ei dari
secundum quartam ab intestato partem concedi aliud vero totum
auferri.

Cod. de Fi-
deicommiss.
 De-là l'Autentique *hoc amplius. Hoc amplius qui Defuncti*
judicium Lege non repræsentatum, monitus à judice intra an-
num non implet excluditur eo quod præter debitum naturale per-
Cod. de Sa-
cros. Ecclés.
ceperit ex eodem judicio; de-là cette importante maxime *dis-*
ponat Testator & erit Lex; de-là cette expression de la Loi
premiere, *nihil est quod magis hominibus debeatur quàm ut*
supremæ voluntatis postquam jam aliud velle non possunt liber
sit stylus & licitum quod iterum non redit arbitrium; de-là en-
Note E. in
cap. 1. Novell.
1.
fin cette excellente Note de Godefroy, *voluntas Defuncti ab*
hærede implenda.

 Cette obligation, cette necessité à laquelle l'heritier & le
Legataire sont assujetis d'executer la volonté du Défunt, les
privent & les rendent indignes de la succession & du Legat,
à cause de l'ingratitude & du défaut de pieté & de considé-
ration, qu'ils ont pour celui qui leur a laissé tous ses biens,
principalement lorsque les plus proches parens qui ont été
exclus de la succession, se sont pourvûs au Juge pour obliger
l'heritier Testamentaire à ne point contrevenir à la volonté
du Testateur, ou lorsque cet heritier a fait la même chose
contre le Legataire, parce que dès lors l'un & l'autre sont en
Note J. in
§. 1. d.t. cap.
1.
demeure; ainsi que l'assûre Godefroy *sed dum quod jussus est*
facere recusat.

 L'heritier institué & le Legataire, sont si adstraints à remplir les conditions attachées à l'institution & au Legat, qu'ils
ne

ne leur est point permis d'y contrevenir, parce que la volonté du Testateur *dicitur Domina & Regina.* Jusques-là que s'ils veulent enfraindre ces conditions, ils sont l'un & l'autre privés de la succession & du Legat, soit à cause de l'injure qu'ils font au Défunt de contrevenir à sa volonté, qui les fait tomber dans l'ingratitude, soit à cause de leur refus réïteré qui les rend indignes des bienfaits dont le Défunt les a comblés, parce que selon l'autorité de Dumoulin sur la Coûtume de Paris *conditionis natura ea est ut prius debeat impleri quàm sortiatur effectum*, ce qui est conforme à la Doctrine de Bartole, qui nous aprend que *quando modus respicit favorem Testatoris, hæredis aut tertii sumitur pro causa finali, & tunc deffectus ejus Legatum reddit nullum*, maxime qui par identité de raison s'aplique à l'heritier, lorsqu'il contrevient à la volonté du Défunt, & qu'il refuse, ou neglige d'executer la condition attachée à l'institution d'heritier.

Tit. 1. des Fiefs. §. 20. Gloss. 7. n. 1.
Sur la Loi *Quibus* §. ff. *de conditionib. & demonstrat.*

La Loi *Ei qui* 13. est si claire qu'il ne faut qu'en raporter le texte, pour être persuadé qu'elle décide expressement cette question *ei qui ita hæreditatem vel Legatum accepit si decem dederit neque hæreditas neque Legatum aliter adquiri potest, quàm si post impletam conditionem, id egerit scriptus hæres vel Legatarius, per quod hæreditas aut Legatum adquiri solet:* Or si l'heritier institué & le Legataire ne peuvent ni acquerir ni recevoir la succession & le Legs, qu'après avoir rempli la condition sous laquelle l'institution & le Legat ont été faits, il est constant que l'un & l'autre en sont privés, soit à cause de leur ingratitude fondée sur l'injure qu'ils font à la memoire du Défunt, soit à cause qu'ils s'en rendent indignes, en ne remplissant point la condition oposée dans le Testament.

Dig. de condit. institut.

M. Cujas examinant notre question concernant une condition juste, & qui n'est point contre les bonnes mœurs, porte son sentiment en ces termes: *ergo si filia non præbeat obsequium matri, si per eam fiat quominus consobrino nubat nullo modo capiet hæreditatem maternam*, & plus bas: *mortuo autem consobrino post mortem Testatoris, si per eum non stetisset dum vixit quominus nuptiæ fierent filia repellitur ab hæreditate ma-*

In L. 2. & 3. Cod. de inst. tit. & substit.

H h h

terna ; de quel poids n'est pas le sentiment de ce Jurisconsulte ; ne sçait on pas qu'elle vaut une décision ? N'est-elle pas conforme à la disposition de la Loi 2. au même titre du Code ; d'où il suit que l'heritier, tel qu'il soit, qui contrevient à la volonté du Testateur, est non-seulement privé, mais indigne de sa succession.

Cujas. Ubi supra.

Ce Grand homme pose un autre cas, que l'on ne peut obmettre en traitant cette question, en voici l'espece : *ut ecce Legato ita relicto sub hac conditione si titio decem dederit, mortuo filio vivo Testatore debetur Legatum, mortuo titio post mortem Testatoris antequam Legatarius decem solvat non debetur Legatum,* pourquoi ce Legataire est-il privé du Legat qui lui a été fait ? N'est-ce pas parce qu'il s'en est rendu indigne ? N'est-ce pas à cause de l'injure qu'il a fait au Testateur, qui doit être regardée comme atroce, parce qu'il a contrevenu à la vo-

Cod. de revocand. Donat.

lonté du Défunt, suivant la disposition de la Loi *Generaliter* ? N'est-ce pas à cause de sa negligence à executer la condition attachée à la liberalité qui lui a été faite ? Enfin n'est ce pas à cause de son ingratitude, marquée au coin de son retardement, que le Legat lui est ôté pour être deferé à l'heritier institué, qui l'aura interpellé d'executer la condition attachée au même Legs.

Si les textes des Loix que l'on vient de citer, & l'autorité des Docteurs ne suffisent pas pour apuyer l'affirmative que nous embrassons ; en voici d'autres qui acheveront de déterminer ceux qui pourroient pancher en faveur de la négative. Menoch *lib.* 4. *præf.* 198. *n.* 8. nous aprend que la volonté du Testateur *dicitur Regina & Domina* ; & qu'ainsi il faut l'accomplir exactement & ponctuellement.

Tome I. seconde partie, ch. 2. n. 58.

Ricard se declare formellement pour l'opinion que je tiens en ces termes : *C'est le sujet pourquoi les Loix ont pris soin de faire tant de differentes Ordonnances pour l'execution des Testamens, jusques là même que l'Empereur Justinien en sa Novelle de* hæred. falcid. *veut que si l'heritier institué après avoir été* admoneté *par le Juge d'accomplir la volonté du Testateur, n'y satisfaisant pas dans l'an qu'il demeure privé du profit qui lui pourroit venir du Teſtament.* Telle eſt la peine que cette conſtitution inflige à l'heritier inſtitué, il eſt privé, ainſi que je le crois de la ſucceſſion, parce qu'il a mepriſé d'executer la volonté du Défunt, parce qu'il s'en eſt rendu indigne, ſoit à cauſe de ſon refus, ſoit à cauſe de ſa demeure, il en eſt privé parce qu'il eſt ingrat envers ſon bienfaiteur, dont il outrage la memoire en n'executant pas la condition à laquelle ſon inſtitution étoit aſſujettie, & il ne peut l'acquerir que lors qu'il aura rempli cette condition dans le tems fixe par la même Novelle. Il en eſt enfin exclus ſuivant l'expreſſion de la No- *Cap. 43.* velle 22. *noviſſimi ſceleris eſt deſpicere voluntatem Defuncti;* ce qui eſt conforme à ce qui eſt décidé par l'Autentique *cui* *Cod. de in-* *relictum* qui regarde un Legat fait à une femme, à condition *dict. vidui tol-* qu'elle ne paſſera pas à des ſecondes Nôces. *Contractis nup-* *lend.* *tiis res data vindicari poteſt quod ſic admittitur ac ſi ei relictum* *vel ordinatum non eſſet.*

On finira l'examen de cette queſtion, qui meriteroit une grande diſſertation en renvoyant ceux qui voudront enco-re mieux s'inſtruire, qu'ils ne le peuvent, par ce Traité aux textes des Loix qui ſont ſous le titre du Digeſte, *de condi-* *tionib. & demonſtrationib.* nous nous bornerons à l'autorité de St. Leger dans ſes réſolutions Civiles, où il nous aprend *Cap. 142.* que la contravention à la volonté du Teſtateur, prive le Le-gataire & l'heritier de ſes liberalités; privation qui, ſuivant mon opinion, n'eſt qu'une peine proportionée à l'injure qu'ils ont faite au Défunt, en ne ſe conformant pas à ſa vo-lonté, & en n'executant pas les conditions ſous leſquelles l'inſtitution & le Legat ont été faits, ce qui les fait tomber tout à coup dans l'ingratitude & dans l'indignité par leur ré-fus ou par leur mepris à les remplir.

CHAPITRE XIV.

Si le Notaire peut recevoir un Testament dans lequel son
fils est institué heritier, & si ce fils est inhabile
à la succession.

ON a examiné dans un autre endroit de ce Traité la
question, qui concerne l'incapacité de celui qui a écrit
le Testament du Défunt qui l'a institué son heritier. On va
presentement discuter celle qui regarde le Notaire, qui a reçû
la disposition Testamentaire, par laquelle son fils est institué
heritier ; tant par le Droit Ecrit que par les Loix du Royaume, pour suivre le plan que nous nous sommes formé dans
ce Traité.

Ad tit. Cod. Par le Senatusconsulte Libonien ; qui, selon M. Cujas fut
de his qui sibi fait sous le Consulat de Statilius Taurus, & de Libon. Celui
adscrib. qui avoit écrit le Testament du Défunt, dans lequel il avoit
été institué Heritier Legataire, ou Fideicommissaire, encou-
roit la peine *Legis Corneliæ Testamentariæ*, quoiqu'il l'eût fait
par l'ordre & le dictament du Testateur, parce que *hoc facien-*
tem & audentem, dit ce Judicieux Docteur, *Senatusconsul-*
tum Libonianum redigit ad pænam falsi proinde non tantùm fal-
sum punitur. sed etiam quasi falsum ex hoc Senatusconsulto ta-
metsi id quod sibi adscripsit pro non scripto habeatur L. 1. *ff. de*
iis quæ pro non script. habent.

Ce Grand homme va plus loin, quelques lignes plus bas,
où il ajoûte *hæreditatem autem quam sibi adscribit volente Tes-*
tatore pertinere ad substitutum, vel cohæredem vel iis deficien-
tibus ad legitimum hæredem, quod Senatusconsulto Liboniano
fiscus non vocatur, ergo licet cadat relicto Testamentarius, non
ideo tamen minus punitur. On voit par la décision de M. Cujas, que celui qui a écrit le Testament d'une personne, même par son ordre, est non seulement privé à cause de son indignité, de tous les avantages, & de toutes les liberalités que

le Teftateur lui a dicté, lorfqu'il a écrit fa derniere difpofition ; mais qu'il doit être puni très-feverement *propter quafi
falfum*, dans lequel il eft tombé.

On ne connoit point en France les Teftamens nuncupatifs,
dont il eft parlé dans plufieurs titres du Digefte & du Code
de Teftamentis, & dans les Elemens du Droit ; fur-tout depuis les Ordonnances de Charles IX. aux Etats d'Orleans,
art. 27. & de Henry III. aux Etats de Blois, art. 165. ainfi
que par l'Ordonnance de 1667. tit. des faits qui giffent en
preuve vocale ou litterale, conforme à l'Ordonnance de   *Art. 2.*
Moulins art. 54.

Il faut donc que dans le Royaume, ceux qui veulent difpofer de leurs biens par Teftament, les faffent écrire & recevoir par des Notaires, qui font perfonnes publiques & apellés en France, Juges Cartulaires ; mais il ne leur eft point
permis de recevoir des Contrats au profit de leurs parens ;
ainfi que nous l'aprend Mornac fur la Loi *Pater*.   *Dig. de Tef-*

Il leur eft même défendu de recevoir des Teftamens, dans *tibus.*
lefquels lui ou fes plus proches parens font compris en qualité de Legataires *ob fufpicionem falfi* ; ainfi que le décide Dumoulin fur la Loi premiere §. *Similis de verbor. obligat*. Ce   *No. 67.*
profond Jurifconfulte obferve encore dans un de fes Confeils, *Conf. 12.*
comme une des plus grandes & importantes maximes, qu'un
Notaire ne peut pas recevoir un Teftament où fon fils eft
inftitué heritier ; la raifon, ainfi que je le crois, en eft bien
fenfible ; fçavoir, que *pater & filius cenfentur una eademque
perfona* ; fur-tout, lorfque le fils eft encore dans les liens de
la puiffance paternelle.

Le fieur Duperier fi fçavant dans le Droit Ecrit, affûre que *Tome I S.*
le fils émancipé de celui qui a écrit le Teftament, eft inca- *pag. 449.*
pable du Legs qui lui a été fait, conformement à un Arrêt
rendu par le Parlement de Provence en l'année 1645. Or fi le
fils émancipé de celui qui a écrit le Teftament eft incapable
du Legat qui a été fait en fa faveur, parce qu'il eft l'heritier *ab inteftat* de fon pere, & qu'il femble que ce Legs ait
été fait à une perfonne qui n'a fait que prêter fon nom, & de

qui le pere est heritier legitime, s'il vient à mourir sans tester; que ne doit-on pas dire du fils qui est sous la puissance du pere Notaire, lequel a reçû le Testament où ce fils est institué heritier; celui-ci ne tombe-t'il pas dans la peine portée par le Senatusconsulte Libonien *ob suspicionem falsi*; & celui-là n'est il pas indigne de la succession pour avoir acommodé son nom en faveur de son pere, qui étant une personne publique, ne doit point recevoir cette disposition Testamentaire; mais faire connoître au Testateur d'en envoyer prendre un autre à cet effet, suivant la Doctrine de Dumoulin.

Conf. 31. 32. 33. & 34.

La Jurisprudence des Arrêts du Parlement de Provence, n'est pas moins certaine sur notre question; il y en a deux qui l'ont jugé en termes exprès, le premier est celui de Braqueti du 14. Janvier 1621. le second a été rendu le 25. Février 1647. en sorte que, depuis ces Arrêts on ne peut revoquer en doute, qu'un Notaire ne peut recevoir un Testament où son fils a été institué heritier, sans tomber dans la peine *Legis Cornelia Testamentaria*, & que ce fils est indigne de la succession Testamentaire que son pere a surpris du Testateur, à cause de la confiance que celui-ci avoit en lui, qu'il a violée pour usurper cette succession.

Tom. I. premiere partie, chap. 5. sect. 10. n. 540.

Enfin, Ricard traitant la question qui regarde le Notaire, qui reçoit un Testament dans lequel il lui est fait un Legs, la décide en ces termes: *La raison de cette disposition étant generale, & resultant de la maxime de Droit dont nous avons parlé, que personne ne peut faire foi où il s'agit de son propre interêt, il y a lieu de l'étendre aux Notaires, & à toutes autres personnes necessaires par la Coûtume, pour la perfection d'un Testament,* & dans le N°. 547. *Au reste, il n'y a pas lieu de faire une difficulté particuliere, sur ce que l'Ordonnance ni nos Coûtumes ne parlent pas expressement des Notaires; mais seulement des Curés, des Vicaires, & des témoins, tant parce que la raison de la prohibition est sans doute beaucoup plus forte à l'égard des Notaires que des témoins; d'autant qu'ils ont plus de part dans la solemnité de l'acte, que par la consideration de ce que nos Coûtumes en parlant des témoins, ont sans doute com-*

pris les *Notaires qui tiennent lieu de témoins* : Or s'il est défendu aux Notaires de recevoir un Teftament, où il leur a
été fait un Legat ; ne doit-il pas auffi leur être défendu de le
faire , dans le cas où il s'agit d'une inftitution d'heritier en faveur de fon fils , qu'il a encore fous fa puiffance , & qui n'eft
regardé par le Droit Civil, que comme ne faifant qu'une feule
& même perfonne avec lui.

CHAPITRE XV.

*Si le motif qui donnoit lieu à l'incapacité , étant ceffé , la
perfonne incapable peut acquerir & recevoir une fucceffion ou un Legat.*

QUOIQUE cette queftion foit fort vafte , felon l'idée
que l'on peut s'en former ; on va la renfermer dans fes
juftes bornes , pour ne rien avancer qui ne convienne aux
Loix, & aux autorités des Docteurs qui doivent la décider.

La Loi *Si fervus* 82. eft fi claire & fi expreffe pour l'affirmative , qu'il ne faut qu'en raporter le texte pour le démontrer. Le Jurifconfulte *Terentius Clemens* , confulté fur la
même queftion , concernant un Efclave qui avoit été inftitué
heritier, la décide en ces termes : *Si fervus ejus qui capere non
poteft hæres inftituatur , & antequam juffu Domini adeat hæreditatem manu miffus alienatufve fit , & nihil in fraudem Legis factum effet , ipfe admittitur ad hæreditatem* ; ne peut on
pas apliquer l'efpece de cette Loi à un homme qui s'eft fait
Religieux par force , crainte , ou violence , inftitué heritier
par fon parent qui ne pouvoit pas fçavoir fon incapacité ,
ni la Profeffion de fes vœux qu'il a faite pendant fon abfence ;
cependant ce Religieux reclame de fes vœux dans les cinq
ans prefcrits par les Loix Canoniques , & il eft remis au fiécle & *videtur quodammodo novus homo* , l'incapacité fondée
fur fon état Religieux , & fa Profeffion étant levées , où plûtôt furmontées par la Sentence des Commiffaires deleguós

*Dig. de ac-
quirend. hære-
ditat.*

in partibus regni, felon le Concordat, il eft que ce nouvel homme remis au fiécle étant devenu libre & capable de fucceder, eft en droit de faire valoir le Teftament qui a été fait en fa faveur, parce que *nihil in fraudem Legis factum eft*, ce qui doit operer pour lui, *ut admittatur ad hæreditatem.*

Col. de Donat. int. vir. & uxor.

On voit dans la Loi *Donatio* 3. une difpofition femblable ; l'Empereur Antonin ordonne dans cette Loi que la Donation que la femme a fait à fon mari de fes Efclaves, & de plufieurs autres biens, doit fubfifter, fi la Donatrice étoit *fua poteftatis cum donaret vel patris fui voluntate id fecit, & in eadem voluntate Donationis ufque ad ultimum vitæ perfevera-*

Note R.

vit. Godefroy nous enfeigne la même chofe dans une de fes Notes fur cette Loi *Donatio facta ab uxore morte ejufdem ut fi ea in poteftate erat patris ejus morte confirmatur.* Ne voit-on pas évidemment dans cette Loi, & dans la Doctrine de Godefroy, que l'incapacité de la Donatrice étant levée ; parce que le pere fous la puiffance duquel elle étoit lors de la Donation, n'a pas reclamé contre cette liberalité, qu'elle a laiffé fubfifter pendant fa vie, & jufques à fa mort ; ne voit on pas, dis-je, que cette Donation, eft hors d'atteinte, & que le Donataire doit-être maintenu en la poffeffion des biens donnés *quia ad ultimum vitæ perfeveravit*, & que l'état de la Donatrice ne peut être contefté après fon decès, qui a

Inftit. cod. de Donat. int. vir. & uxor.

mis la Donation hors d'atteinte ; M. Cujas ne s'explique pas moins clairement que Godefroy, voici fes paroles. *Quod ab initio eft inutilè confirmari etiam ac convalefcere poteft ut oratione Severi & Antonini & Senatufconfulto Donatis inter virum & uxorem etfi ab initio fuerit inutilis convalefcit & confirmatur filentio Donatoris, morte Donatoris adeoque non confirmaretur fi abeffet Senatufconfultum.* Pourquoi cette Donation nulle à caufe de l'incapacité du Donateur lorfqu'il l'a faite, devient-elle valable ; n'eft-ce pas à caufe que le filence & la mort du même Donateur la ratifie, & qu'elle acquiert par cette confirmation la force & l'efficace qu'elle n'avoit point par l'incapacité de celui qui a fait la Donation, felon cette regle de Droit *confentit qui non repugnat*, apuyée fur

la

la Loi 12. en un mot, c'est le silence, c'est la mort du Dona- *Dig. de spon-*
salib.
teur incapable, qui étoit en droit de faire annuller la Donation, & qui ne la point fait, quoiqu'elle fut prohibée par
le droit public, qui la rend inébranlable en faveur du Donataire.

On ne peut passer sous silence la Loi *Si maritus* 10. au même titre du Code, sa décision est si nette, qu'il ne faut que
le seul texte pour faire voir qu'il convient parfaitement à
cette question *si maritus quondam uxoris tuæ cum sui juris esset*
in eam prædia, vel Donationis titulo contulit, & in ea voluntate
usque ad mortem suam duravit, ex oratione divi severi confir-
mata est Donatio. Ici la Donation étoit nulle, l'incapacité du
Donateur; sçavoir, le mari, étoit marquée au coin qu'on ne pouvoit ni l'ignorer, ni la méconnoître; cependant elle est declarée
bonne, le motif de l'incapacité qui devoit la faire casser est
levé, le silence de la Donatrice jusqu'à sa mort, l'a fait subsister; de sorte que la prohibition de la femme de donner à
son mari étant dissipée, & la Donation étant hors d'atteinte
à cause de la persévérance de celle qui l'a faite jusqu'au dernier moment de sa vie; on est au cas de la maxime qui nous
est aprise par Godefroy en sa Note *G.* sur cette Loi *separato-*
rum separata esse debet ratio, & de cet Axiome de Droit, *su-*
blata causa tollitur effectus.

La même chose est encore marquée dans la Loi *Si quidem*
13. sous le même titre au Code, lorsque la Donation est confirmée par le Testament du mari Donateur, qui confirme la
Donation entre-vifs qu'il a fait à sa femme, ainsi que l'en-
seigne ce Sçavant Interprête en sa Note *Q.* sur cette Loi. *Hac*
innuit Donatione inter vivos per maritum uxori non deberi fac-
ta ejusque æstimationem, sed rem tantum ex Donatione morte
confirmata, ut confirmatio Donationis inter virum & uxorem
facta in Testamento non intelligatur esse nova dispositio, sed ve-
teris corrobatio, & retrotrahatur.

Mr. Cujas paroît embrasser la Doctrine de Godefroy sur *In dict. tit.*
Cod. de Donat.
int. vir. &
uxor.
cette question, lorsqu'il dit *nec mutavit voluntatem ut hodiè*
post Senatusconsultum confirmari Donationem silentio & morte

Donatoris id est si numquam dixerit sed pænitere. Il faut donc suivant la Doctrine de Godefroy & de M. Cujas, une perseverance, un consentement tacite du mari Donateur, jusqu'à sa mort, pour valider la Donation faite à sa femme, qui à cause de son incapacité ne pouvoit, ni acquerir, ni recevoir cette Donation, mais la prohibition de donner ayant cessé, & la personne de l'incapable étant libre du jour de la mort du Donateur, la Donation ne peut être ni débatuë ni contestée.

cod. de Donat. int. vir. & uxor,

La Loi 24. va plus loin; elle ordonne que la Donation entre-vifs, que le mari a fait à sa femme avant d'être condamné à une mort civile, ou au dernier suplice, est valable, parce que depuis la condamnation elle n'a pû être revoquée, qu'elle devoit l'être auparavant, & que cette Donation *ante tempus criminis ac reatus collata in uxorem, quia pudicitia præmio cessit observanda est.* Ce qui oblige Godefroy de dire *adeo ut si vir Donationem non revocavit ante suplicium uxor Donationem consequatur.*

Note Z. in dist. L.

cod. de Donat. int. vir. & uxor.

La Loi *Donationes* 25. n'est pas moins expresse. Un pere fait une Donation entre-vifs à son fils qu'il a sous sa puissance, la Donation est nulle, selon les Loix Civiles, parce que le fils de famille n'a pas la capacité de la recevoir, lorsqu'il est sous les liens de la puissance paternelle, cependant cette Donation est inébranlable, & subsiste après la mort du pere Donateur; ainsi que celle de la femme en faveur de son mari *ita firma esse per silentium Donatoris vel Donatricis sancimus si usque ad quantitatem legitimam, vel eam excedentes fuerint intimatæ;* c'est-à-dire, insinuées : Or si le silence du pere Donateur ou de la femme Donatrice, rend les Donations faites en faveur du fils de famille ou du mari valables, quoique l'un & l'autre n'ayent pas la capacité de recevoir ces Donations; on ne peut revoquer en doute que la prohibition ayant cessé par la mort du Donateur ou de la Donatrice, la personne incapable d'acquerir ou de recevoir la Donation, ne soit libre pour l'un ou pour l'autre, & que les Donations subsistent. La raison qu'en donne M. Cujas en l'endroit allegué ci-dessus, c'eſt que *hodiè & ſi non intervenerit ſpecialis confirmatio vel rati habitio patris poſt emancipationem , ſola morte ſi non mutarit voluntatem expreſſe Donatio collata in filium confirmatur ex L.* 25. *quæ eſt Juſtiani , & ideo ſecundum eam Legem ſi quid Donavit, filio familias pater , id eſt ei in Teſtamento jure Legati vel Fideicommiſſi non valebit ut Legatum vel Fideicommiſſum , quamvis dixerit ſe Legare , non enim verbum Lego facit ſemper Legatum ; ſed valebit ut confirmatio vetuſtioris Donationis , exemplo Donationis inter virum & uxorem.* On a été obligé de raporter ici les paroles de ce Grand Jurisconſulte , pour faire voir avec quelle ſolidité il eſt entré dans le ſens & dans l'explication de cette Loi.

Ricard eſt le dernier des Auteurs qui ait traité & decidé cette queſtion , voici ſes paroles : *Comme auſſi le motif qui donnoit lieu à la prohibition ayant ceſſé , la perſonne interdite, de donner ou de recevoir devient libre , comme s'il n'y avoit jamais eu d'empêchement , parce que dans toutes les eſpeces que nous avons propoſées dans cette ſection , ce n'eſt pas la haine qui produit l'incapacité , mais une certaine qualité accidentelle , laquelle étant ſujette à changement , ne produit plus d'effet , ſi-tôt qu'elle ceſſe de ſubſiſter.* Ce que cet Auteur apuye ſur la Juriſprudence des Arrêts du Parlement de Paris , qui met notre queſtion pour la déciſion qui la concerne au point de l'évidence , à laquelle on ne peut refuſer de ſe rendre , parce que ces Arrêts ſont fondés ſur cette maxime de Droit *ceſſante cauſâ , ceſſat effectus.*

Tom. I. premiere partie; ch. 3. ſect. 16. n. 768.

Nº. 769.

Fin ~~du premier Tome~~

TABLE
DES MATIERES
CONTENUES EN CE VOLUME.

G

L

M mm

S

Fin de la Table des Matieres.

APROBATION.

J'AY examiné par Ordre de Monseigneur le Garde des Sceaux, *un Traité* (composé par Mr. A. D. L. R. Avocat au Parlement de Provence,) *de la Revocation & de la nullité des Donations, Legs, Institutions, Fideicommis, & Elections d'Heritiers par l'ingratitude, l'incapacité & l'indignité des Donataires Heritiers, Legataires, Substitués & Elûs à une Succession.* Je n'ai rien trouvé qui puisse empêcher l'impression. A Paris ce 28. Decembre 1734. Signé, RASSICOD.

PRIVILEGE DU ROY.

LOUIS PAR LA GRACE DE DIEU, ROY DE FRANCE ET DE NAVARRE : A nos amez & féaux Conseillers, les gens tenans nos Cours de Parlement, Maîtres des Requêtes ordinaires de nôtre Hôtel, Grand Conseil, Prévôt de Paris, Baillifs, Senéchaux, leurs Lieutenans Civils, & autres nos Justiciers qu'il apartiendra : SALUT, nôtre très-cher & bien-amé le Sr CARANOVE, ancien Capitoul de la ville de Toulouse; Nous ayant fait remontrer qu'il souhaiteroit faire imprimer & donner au Public, *un Traité sur la Revocation & nullité des Donations, Legs, &c. par l'ingratitude des Donataires,* par le Sieur A. D. L. R. Avocat en Notre Cour de Parlement de Provence; les Plaidoyers du Sr. de Montaudier Avocat en Notre Cour de Parlement de Toulouse. Et la Conference sur la Declaration du 15. Janvier mil sept cens trente-un, concernant les Curés Primitifs, & s'il nous plaisoit lui accorder nos Lettres de Privilege sur ce necessaires; offrant pour cet effet de les faire imprimer en bon papier & beaux caractéres, suivant la feüille imprimée & attachée pour modéle, sous le contre-Sel des Présentes. A CES CAUSES, voulant traiter favorablement ledit Sr. Exposant, & reconnoître son zéle; Nous lui avons permis & permettons par ces présentes, de faire imprimer lesdits Ouvra-

ges ci-deffus fpecifiés à un ou plufieurs Volumes, conjointement ou fépa-
rement, & autant de fois que bon lui femblera, fur papier & caractetes
conforme à ladite feüille imprimée & attachée fous notreut contre-Scel, &
de les vendre, faire vendre, & débiter par tout Notre Royaume, pendant
l'efpace de fix années confécutives, à compter du jour de la date defdites
Préfentes ; Faifons défenfes a toutes fortes de perfonnes de quelque qualité & condition qu'elles foient, d'en introduire d'impreffion étrangere, dans
aucun Lieu de Notre obéïffance : Comme auffi a tous Imprimeurs, Libraires & autres, d'imprimer, faire imprimer, vendre, faire vendre, débiter
ni contrefaire lefdits Ouvrages ci deffus expofez, en tout ni en partie, ni
d'en faire aucun Extrait, fous quelque prétexte que ce foit, d'augmentation,
correction, changement de titre ou autrement, fans la permiffion expreffe,
& par écrit dudit Sr. Expofant, ou de ceux qui auront droit de lui, à peine
de confifcation des Exemplaires contrefaits, de fix mille livres d'amende
contre chacun des contrevenans, dont un tiers à Nous, un tiers à l'Hôtel-
Dieu de Paris, l'autre tiers audit fieur Expofant, & de tous dépens, dom-
mages & interêts ; A la charge que ces Préfentes feront enregiftrées tout
au long fur le Regître de la Communauté des Libraires & Imprimeurs de
Paris, dans trois mois de la datte d'icelles ; que l'impreffion defdits Ouvrages fera faite dans Notre Royaume, & non ailleurs ; & que l'Impétrant fe
conformera en tout aux Reglemens de la Librairie ; & notament à celui du
dixiéme Avril 1725. & qu'avant que de les expofer en vente, les Ma-
nuferits ou imprimez qui auront fervi de copie à l'impreffion defdits Ouvrages, feront remis dans le même état, où les Approbations y auront été
données ès mains de Notre-très-cher & Féal Chevalier, Garde de Sceaux
de France, le Sieur Chauvelin ; & qu'il en fera enfuite remis deux Exemplaires de chacun dans notre Bibliothéque publique ; un dans celle de notre
Chateau du Louvre, & un dans celle de notre très-cher & Féal Chevalier
Garde des Sceaux de France le Sieur Chauvelin ; le tout à peine de nullité des
Préfentes : du contenu defquelles vous mandons & enjoignons de faire jouïr
ledit Sr. Expofant ou fes ayans Caufe, pleinement & paifiblement, fans
fouffrir qu'il leur foit fait aucun trouble ou empêchement ; Voulons que la
copie defdites Préfentes, qui fera imprimée tout au long au commencement
ou à la fin defdits Ouvrages, foit tenuë pour dûement fignifiée, & qu'aux
Copies Collationnées par l'un de nos Amez & Féaux Confeillers & Secre-
taires, foi foit ajoûtée comme à l'original : Commandons au premier notre
Huiffier ou Sergent, de faire pour l'execution d'icelles, tous Actes requis
& neceffaires, fans demander autre permiffion ; & nonobftant Clameur de
Haro Chartre Normande, & Lettres à ce contraires : Car tel eft notre
plaifir. Donné à Paris le feptiéme jour du mois de Janvier, l'an de grace
mil fept cens trente-cinq, & de notre Regne le vingtiéme. Par le Roi en
fon Confeil. Signé S A I N S O N.

*Regiftré fur le Regiftre IX. de la Chambre Royale des Libraires & Imprimeurs
de Paris, N°. 38. fol. 24. conformément aux anciens Reglemens confirmez par celui du 28. Février, 1723. A Paris le 8. Janvier 1735.*

Signé, G. M A R T I N, Syndic.

Imprimé en France
FROC011904060720
24425FR00014B/598